国学经典读本丛书

国 语

张华清 译注

丁 鼎 审订

山东画报出版社

济 南

图书在版编目（CIP）数据

国语 / 张华清译注；丁鼎审订. —济南：山东画报出版社，2014.7（2024.5重印）
（国学经典读本丛书）
ISBN 978-7-5474-0831-5

Ⅰ.①国… Ⅱ.①张… ②丁… Ⅲ.①中国历史—春秋时代—史籍 ②《国语》—注释 ③《国语》—译文 Ⅳ.①K225.04

中国版本图书馆CIP数据核字（2012）第236037号

GUOYU
国语
张华清 译注　　丁　鼎 审订

丛书策划　尹奎友
责任编辑　赵祥斌
装帧设计　王　芳
封面设计　博文斯创

主管单位　山东出版传媒股份有限公司
出版发行　山東畫報出版社
社　　址　济南市市中区舜耕路 517 号　邮编 250003
电　　话　总编室（0531）82098472
市场部（0531）82098479
网　　址　http://www.hbcbs.com.cn
电子信箱　hbcb@sdpress.com.cn
印　　刷　金世嘉元（唐山）印务有限公司
规　　格　140 毫米 ×203 毫米　32 开
16.5 印张　280 千字
版　　次　2014 年 7 月第 1 版
印　　次　2024 年 5 月第 2 次印刷
书　　号　ISBN 978-7-5474-0831-5
定　　价　54.00 元

出版说明

国学原指国家设立的学府，如小学、太学、国子监等。《周礼·春官·乐师》："乐师掌国学之政，以教国子小舞。"孙诒让《周礼正义》："国学者，在国城中王宫左之小学也。"由此可知，在周代，国学是国家所办的一种贵族子弟学校。到了汉代，在京师设太学，为中央最高学府。隋代以后的历朝历代都设国子监，而国子监内同时也设太学。

国学作为学问一说，始于20世纪初期西学东渐、文化转型的历史背景下。1902年秋，梁启超写信给黄遵宪提议创办《国学报》，"以保国粹为主义"，使用了"国学"一词。1906年9月，章太炎在东京发起国学讲习会，不久之后又在此基础上成立了国学振起社。到"五四"爱国运动前后，北京大学文科研究所设立了国学门，出版《国学季刊》；清华大学成立了国学研究院，编印《国学论丛》；章太炎在上海等地演讲国学，出版了《国学概论》，国学研究之风大盛。至此，"国学"一词完成了由"国家设立的学府"向"我国固有的文化学术"意义的转变。

20世纪90年代以来，国学再度复兴，国学热一浪高过一浪。民间出现了以传授国学为主的私塾和国学馆，有的中小学校开设了国学课，北京大学、清华大学、中国人民大学等诸多大学相继创办了国学研究机构。这些举措，既带动了系统而精深的专业化国学研究，也带动了面向社会大众的常识性国学教育。

国学作为我国固有的文化学术，其主要内容是什么呢？1906年，章太炎在日本主编同盟会的机关报《民报》，刊登《国学振起社广告》，圈定国学讲授内容为："一、诸子学；二、文史学；三、制度学；四、内典学；五、宋明理学；六、中国历史。"（按"内典"即佛典）按照传统的分类，国学包括经、史、子、集四部，以经部、子部为重，尤倾向于经部。现在我们通常所说的国学，是指以先秦经典及诸子学为根基，涵盖了两汉经学、魏晋玄学、宋明理学和同时期的汉赋、六朝骈文、唐诗、宋词、元曲与明清小说并历代史学等在内的一套完整的文化学术体系。

要学习国学、研究国学，首先要做的是回归国学经典文本的阅读。近代以来，胡适、梁启超、顾颉刚、鲁迅、汪辟疆、朱自清、钱穆等著名学者都曾为国人开列过国学必读书目。20世纪90年代，北京大学、清华大学的学者、教授们也为学生开列过应读书目。我们此次策划出版"国学经典读本丛书"，就充分参考了以上大家、学者的意见，推出了《周易》《诗经》《大学·中庸》《左传》《论语》《孟子》《国语》《战国策》《史记》《汉书》《后汉书》《三国志》《老子》《庄子》《韩非子》《列子》《荀子》《孙子兵法·孙膑兵法》

《世说新语》《颜氏家训》《金刚经·心经》《坛经》《百喻经》《近思录》《传习录》《楚辞》《古文观止》《唐诗三百首》《宋词三百首》《元曲三百首》等三十种，呈现给广大读者。本丛书充分借鉴前人的研究成果，对所选国学经典进行注释、翻译，对难字加以注音，有的还在篇前加以导读性质的题解。其中，古文辞类各书采用原文加注释和译文的形式，诗词类各书采用原文加注释、赏析和辑评的形式；对于大部头的原著采用选编的方式，选择其重要且可读性强的篇章。丛书追求注释简明，译文通达。本丛书的编辑出版，旨在为国学爱好者提供一套浅近晓畅的国学读本——通过难字注音，使读者诵读经典顺畅无碍；通过题解、注释、翻译和赏析，令读者领悟国学经典的内在魅力，彰显国学经典的现代价值。

山东画报出版社

2012年3月

前　言

《国语》是我国古代最早的一部国别史。它记载了上起西周穆王征犬戎（约公元前976），下至韩、赵、魏灭智伯（公元前453），共约五百三十年的历史。全书共二十一卷，包括《周语》三卷、《鲁语》二卷、《齐语》一卷、《晋语》九卷、《郑语》一卷、《楚语》二卷、《吴语》一卷、《越语》二卷。本书的编纂，以“国”为纲，记“语”为主，围绕历史事件，通过人物言谈、对话和辩难驳诘等形式，生动地记录了自西周穆王至东周贞定王期间，周王室与鲁、齐、晋、郑、楚、吴、越等七个诸侯国的“邦国成败、嘉言善语”，因此被命名为《国语》。

《国语》一书除《周语》与《郑语》记述了西周史事外，其余各语所记都是春秋时期各诸侯国的史事，与《左传》记事的时间跨度大致相同。《国语》与《左传》记事有同有异。二书所载相同者有六十余事。《左传》只简略地记述了春秋时期周王室的一些事件，而《国语》则记载了穆、恭、厉、宣、幽、惠、襄、定、简、灵、景、敬十二王的许多大事，为研究周王室提供了较丰富的珍贵资料。《左传》对齐桓公称霸的历史记述较为简略，《国语·齐语》则较详细地记述了管仲相齐桓公称霸的业绩。《左传》对越灭吴的记载略而不详，《国语》之《越语》则生动详尽地记载了越王勾践如何忍辱负重，发愤图强，最终灭吴的历史。《左传》记事，偏重于记述重大历史事件，《国语》则注重记述当时一些重要历史人物的言论。《国语》与《左传》在内容上可以相互参证，相互补充。由于《左传》是《春秋》三传之一，故而被称为《春秋内传》，《国语》与《左传》相辅相成，因此被称为《春秋外传》。

《国语》具有重要的史学价值。首先，为西周史和春秋史研究保存了丰富而宝贵的历史资料，反映了两周时期周王室及主要诸侯国的政治、经济、军事、外交、文化、风俗等方面的状况，记载了先秦时期朝聘、宴飨、祭祀等方面的礼仪、典制和法规，保存了当时丰富的民谚、歌谣和神话传说。其次，《国语》开创了以国分类记事的国别史编纂体例，对后世史学产生了很大影响。陈寿的《三国志》、常璩的《华阳国志》、崔鸿的《十六国春秋》等都是在《国语》体例的影响下写成的历史名著。

《国语》具有较高的文学价值。它以简洁、凝练的语言和生动、传神的笔法，奠定了在先秦历史散文中比较重要的地位。《国语》的写作风格以纪实为主，注重客观描写，它不像《左传》《史记》那样以“君子曰”或“太史公曰”来表明作者的价值判断，而是通过有关史事的客观描述，让读者自己去品味、揣摩作者的写作意图。《国语》对各国史事的记述，详略不同，文风各具特色。如《周语》三卷重在阐明礼法，倡导政教。其文篇幅较长而语气婉和，论辩深入而教化倾向明显；《鲁语》二卷，记述了鲁庄、僖、文、宣、成、襄、昭、哀等君主在位期间的史事。各条大多是篇幅短小，语言隽永，不以长篇论辩见长，却在三言两语间生动地记述了史实，刻画出形象丰满、个性突出的人物形象；《晋语》系统地记述了晋武、献、惠、怀、文、灵、景、厉、悼、平、定、哀等君主在位期间的史事，跌宕起伏、淋漓尽致地记述了骊姬乱政、重耳返国等重要历史事件；《越语》重点记载范蠡说勾践史事，讲阴阳刚柔、持盈定倾之术，颇近于黄老道家；《吴语》《越语》之述事状物则文字流畅整饬，颇有气势。《国语》各部分的语言风格特点，正如清代学者崔述所说："周鲁多平衍，晋楚多尖颖，吴越多恣放。"（《洙泗考信录·余录》）

关于《国语》的作者，历史上多有争议。唐宋以前，人们都认为《国语》是与孔子同时代的左丘明所著。此说最早见于司马迁的《史记·太史公自序》，其中有"昔西伯拘羑里，演《周易》……左丘失明，厥有《国语》……《诗》三百篇，大抵贤圣发愤之所为作也"之语 。班固《汉书·艺文志》春秋家列《国语》二十一篇，注曰："左丘明著。"此后，三国时的韦昭和唐代的刘知几及宋代的司马光等均认可这种说法。按照他们的说法，孔子作《春秋》后，左丘明为之作传，即《春秋左氏传》。后来，左丘明"雅思未尽"，便又"稽其逸文，纂其别说"，即根据编撰《左传》剩余的材料又编著了这本《国语》。然而，宋代以来，“左丘明著《国语》”之说遭到许多学者的质疑。宋代的朱熹、陈振孙、吕大圭、郑樵和清代的尤桐、刘逢禄、皮锡瑞、康有为、梁启超等学者均对“左丘明著《国语》”的说法表示怀疑。其主要根据便是《左传》和《国语》两书不论在体例、篇幅，还是在风格、记言、叙事等方面都表现出鲜明的区别，因而认定两书非出自一人之手。并进而认定《国语》非左丘明所作。康有为在《新学伪经考》中甚至认为，今本《国语》是经刘歆割裂为《左传》后的残余又加补缀而成。不过，上述种种怀疑《国语》为左丘明所作的观点都未提出确凿的文献根据，不足取信。考诸文献，揆诸情理，我们认为司马迁《史记》、班固《汉书》和韦昭《国语解序》等认为以《国语》为左丘明所编作的说法是可以信从的。可能是左丘明根据当时各国史官所记载的文献资料，再加以整理润色，因此所记各国之《语》详略不同，风格迥异。不能根据其中各部分在风格、体例、语言方面有差异而否定《国语》为左丘明所编作的传统说法。《四库全书总目》史部七杂史类《国语》提要所说：“《国语》出自何人？说者不一。然终以汉人所说为近古。所记之事与《左传》俱迄智伯之亡，时代亦复相合。中有与《左传》未符者，犹《新序》《说苑》同出刘向，而时复抵牾，盖古人著书各据所见之旧文，疑似存疑，不似后人轻改也。”此说甚为通达，可以信从。

现在传世的《国语》版本，有明道本和公序本两个系统。所谓明道本，是指刻于北宋仁宗明道二年（1033）的版本，此本依据仁宗天圣七年（1029）本刻印而成，因而又被称为天圣本，或者天圣明道本，是现在所知最早的本子。清朝学者黄丕烈、钱曾、钱大昕、王煦、顾广圻及今人吴绍烈、潘景郑等均以明道本为《国语》善本。所谓公序本，是指北宋宋庠的《国语补音》本。宋庠字公序，因而此本被称为公序本。《四部丛刊》初编本《国语》、董增龄《〈国语〉正义》以及绍兴图书馆藏文盛堂藏版南宋鲍彪原本《〈国语〉〈国策〉合注》均属公序本系统。两种版本各有长短，今人俞志慧《〈国语〉韦昭注辨正·前言》对两本优劣详加比对，可供参考。1978年，上海师范学院古籍所吴绍烈等校点的《国语》，据《四部备要》排印清代士礼居翻刻明道本为底本，参校了《四部丛刊》影印明代翻刻公序本，后又于1998年修订重版，是当今较为完善的版本。

《国语》现存最早的注本是三国时韦昭的《国语解》。在韦昭注之前，汉代著名学者如郑众、贾逵等已为《国语》作过注解。韦昭注之后，出现了一系列研究《国语》及《国语》韦著的著作：晋五经博士孔晁注《春秋外传国语》，宋代学者宋庠著《国语补音》，清代有洪亮吉《韦昭国语注疏》、董增龄《国语正义》、汪远孙《国语校注本三种》、姚鼐《〈国语〉补注》、刘台拱《〈国语〉补校》等等。

近几十年来，在普及国学热潮之中，一些集解、全译、选译本和评注本相继面世。如徐元诰的《国语集解》，邬国义、胡果文、李晓路的《国语译注》，李德山的《国语注评》，薛安勤、王连生的《国语译注》，尚学锋、夏德靠的

《国语译注》等。这些现代译注对于学习和研究《国语》大有裨益。但由于《国语》一书篇幅较长，加上注释和译文，便成了鸿篇巨制，一般读者难以卒读。有鉴于此，我们从《国语》中精选部分篇章进行译注，以减轻一般读者的阅读负担。本书每篇分为三部分：原文、注释和译文。原文以上海师范学院古籍所吴绍烈等先生校点的《国语》1998年修订本为底本；注释广泛参考吸收了《国语》旧注及近年研究成果，力求语词训诂准确，典制考辨详实；译文努力追求信、达、雅的标准，在力求准确的同时，较为灵活地处理古汉语与现代汉语在语法、用词等方面的差异，做到语句的通达和简洁。

本书由张华清译注，由丁鼎审订。由于时间仓促和水平所限，疏漏不当之处，在所难免，敬请专家和读者批评指正。

丁　鼎　张华清

2014年5月20日

目　录

卷一　周语上

卷二　周语中

卷三　周语下

卷四　鲁语上

卷五　鲁语下

卷六　齐语

卷七　晋语一

卷八　晋语二

卷九　晋语三

卷第十　晋语四

卷十一　晋语五

卷十二　晋语六

卷十三　晋语七

卷十四　晋语八

卷十五　晋语九

卷十六 郑语

卷十七 楚语上

卷十八　楚语下

卷十九　吴语

卷二十　越语上

卷二十一　越语下

附录

卷一　周语上

祭公谏穆王征犬戎

穆王将征犬戎〔1〕，祭公谋父谏曰〔2〕：“不可。先王耀德不观兵〔3〕。夫兵戢而时动〔4〕，动则威；观则玩，玩则无震〔5〕。是故周文公之《颂》曰〔6〕：‘载戢干戈，载櫜弓矢〔7〕。我求懿德，肆于时夏，允王保之〔8〕。’先王之于民也，懋正其德而厚其性〔9〕，阜其财求而利其器用〔10〕，明利害之乡〔11〕，以文修之〔12〕，使务利而避害，怀德而畏威，故能保世以滋大〔13〕。

【注释】

〔1〕穆王：西周第五位王，姬姓，名满，周昭王之子。“穆”是其谥号。征：上讨下曰征。犬戎：又称西戎，是古代戎族的一支，活动于今陕、甘一带。　〔2〕祭（zhài）公谋父：祭公，字谋父，周公旦之后，为周穆王卿士。因封于祭（今河南荥阳东北），故称祭公。〔3〕耀：彰明，崇尚。观：给人看，展示。　〔4〕戢（jí）：收敛，收藏。时：适时。　〔5〕玩：轻率。震：威慑力。　〔6〕周文公：周公旦。“文”是其谥号。《颂》：指《诗经·周颂·时迈》篇，内容是赞

美周武王的功绩。〔7〕载：乃，于是。櫜（gāo）：古代用来盛东西的大袋子，这里用作动词，意为“收藏”。〔8〕懿：美好。肆：布施。时：通“是”，这。夏：华夏，中原地区。允：信，确实。〔9〕懋：勉励。厚：形容词用作动词，使……敦厚。〔10〕阜：厚，丰富。求：古“赇”字，财物，财富。器：指兵甲之类的武器。用：指耒耜之类的农具。〔11〕乡：通“向”，方位，处所。〔12〕文：礼法。修：教导。〔13〕保世：守住世袭的职务。世，世袭（职位）。滋：益，更加。

【译文】

周穆王将要征讨犬戎，祭公谋父劝谏说：“不可以。先王历来崇尚德治而不炫耀武力。军力平时要集聚起来，在适当的时候才动用，一动用就显示出它的威力；如果（时常）炫耀武力就会显得轻率，轻率就没有威慑力。所以周公旦在《诗经·周颂·时迈》中说：‘收起盾和戈，装好弓和箭。我们周王崇尚美好的德行，并将它布施到华夏大地，我们周王一定能保持住这种美德。’先王对待百姓，勉励他们端正德行而敦厚性情，丰厚他们财物，为他们提供便利的器物用具，使他们明白利害的所在，并用礼法教导他们，使他们能趋利避害，感怀德政而惧怕威力，因此周代才能保住世袭地位而不断壮大。

“昔我先王世后稷〔1〕，以服事虞、夏。及夏之衰也，弃稷不务，我先王不窋用失其官〔2〕，而自窜于戎、狄之间〔3〕，不敢怠业〔4〕，时序其德〔5〕，纂修其绪〔6〕，修其训典，朝夕恪勤〔7〕，守以敦笃，奉以忠信，奕世载德〔8〕，不忝前人〔9〕。至于武王，昭前之光明而加之以慈和〔10〕，事神保民，莫弗欣喜〔11〕。商王帝辛，大恶于民〔12〕。庶民不忍〔13〕，欣戴武王[14]，以致戎于商牧[15]。是先王非务武也，勤恤民隐而除其害也[16]。

【注释】

〔1〕世：世代。父子相继曰世。后稷：后，本义为君王，这里是“掌管”的意思。稷，一种谷物，古代以为百谷之长。后稷本义为掌管农业生产，后以为官名。周的始祖弃曾在虞舜时掌管农业，因而也被称为“后稷”。 〔2〕不窋（zhú）：周代始祖弃的后代。用：以此，因此。官：职务。 〔3〕自窜于戎、狄之间：指不窋在夏太康时失官后自夏迁于邠（今陕西彬县一带）。邠，邻近戎、狄，故言戎、狄之间。自，只身。窜，逃窜，逃避。 〔4〕怠：懈怠，荒废。业：祖业。 〔5〕时：时时，一直。 〔6〕纂：古同“缵”，继承。绪：事业。 〔7〕朝夕：早晚，整日。恪勤：恭敬勤奋。 〔8〕敦笃：敦厚朴实。奕（yì）世：一代接一代。载：传承。 〔9〕忝：辱没。〔10〕昭：彰显，发扬。前：先王。 〔11〕莫弗：莫，没有人。弗，不。 〔12〕辛：商纣王名。大恶：指为政暴虐。 〔13〕不忍：不能忍受。 〔14〕戴：拥戴。 〔15〕致戎：兴兵征讨。韦昭注“戎，兵也”。商牧：指商都城附近的牧野。 〔16〕勤：忧虑。恤：怜惜。

【译文】

“过去我们先王从始祖弃开始就世代掌管农业，做虞舜、夏禹的农官。到了太康乱政的时候，荒废了农业生产，我们先王不窋因此失去了农官的职务，独自逃窜到荒蛮的戎、狄地区，但不敢荒废祖业，时时谨守先王美德，继续修治先王的事业，学习先王训导和典章，整天谨慎勤奋，坚守着敦厚、朴实的传统，奉行着忠实、诚信的准则，世代传承美德，从没辱没先人。到了武王，他发扬先王美好德行而更加慈惠与平和，侍奉神灵，养育百姓，神灵和百姓没有不高兴的。商朝末代君王辛，对百姓暴虐严酷。百姓难以忍受，欣然拥戴武王，兵临商都外的牧野。这并不是先王喜欢动用武力，而是忧虑怜惜百姓疾苦而为民除害。

“夫先王之制〔1〕：邦内甸服〔2〕，邦外侯服〔3〕，侯、卫宾服〔4〕，蛮、夷要服〔5〕，戎、狄荒服〔6〕。甸服者祭，侯服者祀，宾服者享，要服者贡，荒服者王。日祭、月祀、时享、岁贡、终王〔7〕，先王之训也。有不祭则修意〔8〕，有不祀则修言〔9〕，有不享则修文〔10〕，有不贡则修名〔11〕，有不王则修德，序成而有不至则修刑。于是乎有刑不祭，伐不祀，征不享，让不贡，告不王。于是乎有刑罚之辟〔12〕，有攻伐之兵，有征讨之备，有威让之令，有文告之辞。布令陈辞而又不至，则增修于德而无勤民于远〔13〕，是以近无不听〔14〕，远无不服〔15〕。

【注释】

〔1〕先王之制：荀子在《荀子·正论》中认为“先王之制”是汤、武之制，即为商朝至周初的一种区域划分制度。 〔2〕邦内：又称“王畿”“邦畿”，是天子直接管辖的地方，约方圆千里。《诗经·商颂·玄鸟》云“邦畿千里，维民所止”。甸服：古代区域划分的五服之一，在王畿之中，主要是缴纳种田所得农作物来服事帝王。甸，王田。〔3〕邦外：相对邦内而言，指王畿以外的地方。侯服：王畿外五百里领地为侯服，担任王畿的守望工作。侯，通“候”，守望，守候放哨。〔4〕侯、卫：侯，侯圻。卫，卫圻。从侯圻到卫圻共有五圻，即侯圻、

甸圻、男圻、采圻、卫圻。宾服：从侯圻到卫圻总称宾服，以宾客的身份按时朝见进贡以服事天子。〔5〕蛮、夷：距王城三千到四千里之间地区。据《周礼》，卫圻之外五百里为蛮圻，蛮圻之外五百里为夷圻。〔6〕戎、狄：距王城四千到五千里之间地区。〔7〕日祭：负责供给天子每日祭祀所用物品。月祀：负责供给天子每月祭祀所用物品。时享：负责供给四季祭祀进献所用物品。岁贡：每年向天子纳贡。终王：君主终生只需在即位之初朝见天子一次。〔8〕意：意志，思想。〔9〕言：言辞，此指政令。〔10〕文：礼法。〔11〕名：尊卑的名号。〔12〕辟：法律，法规。〔13〕勤：烦劳。〔14〕近：指邦内。〔15〕远：指邦外。

【译文】

"先王定下的制度：天子直辖的方圆千里之内的王畿为甸服，王畿外五百里的地区为侯服，从侯圻到卫圻二千五百里的地区为宾服，离王城三千至四千里的蛮夷地区为要服，离王城四千到五千里的戎狄地区为荒服。甸服地区负责天子日祭所需物品的供给，侯服地区负责天子月祀所需用品的供给，宾服地区按四时进奉时鲜物品，要服地区一年进贡一次，荒服地区君主即位之初朝见天子一次。按照所在服列的不同，诸侯有每天供给祭祀用品的，有每月供给祭祀用品的，有定期进贡时鲜的，有每年纳贡的，有终生一朝见的，这都是先王的训导。如果有不供给日祭物品的诸侯，天子就要反省自己的思想；如有不供给月祀物品的诸侯，天子就修明政令；有不按四时进贡祭品的诸侯，天子就修治礼法；有不纳岁贡的诸侯，天子就修正名号；有不来朝见天子的就修治文德。如果这些都做了还有不履行职责的，就要修治刑罚进行惩处。这样以来就有了处罚不供给日祭的，攻伐不月供祭祀的，征讨不按时令进贡的，谴责不纳岁贡的，通报不来朝见天子的。这样便有了量刑定罪的法律，有攻伐的武备，有征讨的军需，有谴责的命令，有文告类的言辞。如果颁布政令，发出文告还有不履行职责的，就进一步修治德行，而不轻易烦扰百姓辛苦远征。这样以来，邦内没有不听从的，邦外没有不臣服的。

“今自大毕、伯士之终也〔1〕，犬戎氏以其职来王〔2〕，天子曰：‘予必以不享征之，且观之兵。’其无乃废先王之训而王几顿乎〔3〕！吾闻夫犬戎树惇〔4〕，帅旧德而守终纯固〔5〕，其有以御我矣〔6〕！”

【注释】

〔1〕大毕、伯士：犬戎的两位君主。终：终老，死。　〔2〕职：职守，所在服列应尽的职责。来王：来朝见天子。犬戎在荒服之列，君主继位之初要来朝见周天子。　〔3〕几：危险。顿：颓败。〔4〕树惇：犬戎君主的名字。一说，树惇也作“树敦”，指立性敦厚。韦昭注曰“言犬戎立性敦厚也”。　〔5〕帅：遵循，秉承。纯固：忠诚，专一。　〔6〕以：凭借，依靠。御：抵抗，抵御。

【译文】

“现在自从大毕、伯士两位君主死后，犬戎的继任君主按照他们的职守在即位之时来朝见天子。天子却说：‘他们不按时令进献贡品，我一定要讨伐他们，而且对他们动用武力。’天子这样做，恐怕是抛弃先王的遗训而自陷于危险颓败之地啊！我听说犬戎的现任君主树惇，能够秉承先人美德而忠诚专一，他有抵抗我们征讨的能力！”

王不听，遂征之，得四白狼、四白鹿以归。自是荒服者不至。

【译文】

周穆王不听劝阻，于是出兵征讨犬戎。结果，只获得了四匹白狼、四只白鹿而回。从此之后，荒服地区的诸侯便不再来朝见周天子。

密康公母论小丑备物终必亡

恭王游于泾上[1]，密康公从[2]，有三女奔之[3]。其母曰：“必致之于王[4]。夫兽三为群，人三为众，女三为粲[5]。王田不取群[6]，公行下众[7]，王御不参一族[8]。夫粲，美之物也。众以美物归女[9]，而何德以堪之[10]？王犹不堪，况尔小丑乎[11]？小丑备物，终必亡。”康公不献。一年，王灭密。

【注释】

〔1〕恭王：西周第六位王，名繄扈（yī hù），周穆王之子。“恭”是其谥号。泾：水名。　〔2〕密康公：密，姬姓小国，在今安定阴密县。康公，密国国君。　〔3〕奔：古代无媒而娶妇叫做奔。此指投奔，投靠。　〔4〕致：进献。　〔5〕粲：美好的东西，此指美貌的人。　〔6〕田：通“畋”，打猎。　〔7〕公：指诸侯。下众：对百姓谦谨，不敢轻视。下，谦谨。众，百姓。　〔8〕参一族：娶同一族三

女为妇。参（sān），通“三”。一族，同族。〔9〕女：通“汝”，你。归：通“馈”，赠送。〔10〕而：通“尔”，你。堪：承受。〔11〕小丑：指小人物。丑，类，辈。

【译文】

周恭王到泾水边游玩，密康公随从前往，有同族的三个女子来投奔密康公。康公的母亲说：“一定要把她们献给恭王。三只野兽为群，三个人为众，三个女子为粲。天子打猎时不捕杀成群的野兽，诸侯对待百姓也要谦虚谨慎，天子娶妇不在同一族中娶三个女子。粲是美好的事物。众人把美好的事物送给你，你有什么德行来承受呢？天子尚且难以承受，何况你这样的小人物呢？小人物却拥有美好的东西，终究要灭亡。”康公不愿意献出美女。一年后，恭王灭掉了密国。

邵公谏厉王弭谤

厉王虐，国人谤王〔1〕。邵公告曰〔2〕：“民不堪命矣〔3〕！”王怒，得卫巫，使监谤者，以告，则杀之。国人莫敢言，道路以目。

【注释】

〔1〕厉王：西周第十位王，名胡，谥号“厉”，周夷王之子。虐：暴虐。谤：公开指责别人的过失。〔2〕告：劝告，劝谏。邵公：邵穆公，名虎，谥号“穆”，周厉王卿士。〔3〕堪：承受。命：政命，政令。

【译文】

周厉王为政暴虐，都城的百姓都纷纷指责他。邵穆公劝谏说：“百姓忍受不了您的政令了。”厉王大怒，找到一名卫国巫师，让他监督那些指责自己的人，一旦发现，就杀掉他们。国都的百姓于是乎都不敢说话了，在路上见面也只能使眼色来相互打招呼。

王喜，告邵公曰：“吾能弭谤矣，乃不敢言〔1〕。”邵公曰：“是障之也。防民之口，甚于防川。川壅而溃〔2〕，伤人必多，民亦如之。是故为川者决之使导，为民者宣之使言。故天子听政，使公卿至于列士献诗〔3〕，瞽献曲〔4〕，史献书，师箴〔5〕，瞍赋〔6〕，矇诵〔7〕，百工谏〔8〕，庶人传语，近臣尽规，亲戚补察，瞽、史教诲，耆、艾修之〔9〕，而后王斟酌焉〔10〕，是以事行而不悖〔11〕。民之有口，犹土之有山川也，财用于是乎出；犹其有原隰衍沃也〔12〕，衣食于是乎生。口之宣言也，善败于是乎兴，行善而备败，其所以阜财用、衣食者也〔13〕。夫民虑之于心而宣之于口，成而行之，胡可壅也？若壅其口，其与能几何〔14〕？”

【注释】

〔1〕弭：止，制止。乃：他们。　〔2〕壅：堵塞。溃：崩塌。〔3〕公卿：三公九卿，指朝廷中的高级官员。列士：即元士。古代称呼天子之上士为元士，以区别于诸侯之士。　〔4〕瞽：盲人，瞎子。此指盲乐师。　〔5〕师箴：师，少师。箴（zhēn），箴言，劝告的话。〔6〕瞍（sǒu）：没有眸子的盲人。韦昭注“无眸子曰瞍”。　〔7〕矇：

有眸子而看不见的盲人。韦昭注“有眸子而无见曰蒙（矇）”。〔8〕百工：古代掌管各种工艺生产的官员。　〔9〕耆（qí）、艾（ài）：泛指老人。古时六十称耆，五十称艾。　〔10〕焉：兼语词，于之。〔11〕悖：违逆。　〔12〕原：广阔的平地叫原。隰（xí）：低洼潮湿的地方叫隰。衍：低而平坦的地方叫衍。沃：能够灌溉的土地叫沃。〔13〕阜：厚，丰富。　〔14〕与：语气词。几何：多久。

【译文】

厉王非常高兴，对邵穆公说：“我能制止百姓指责了，他们不敢乱说了。”邵穆公说：“这是堵塞他们啊。封住百姓的嘴远比堵塞河道的危害大。被堵塞的河道崩塌了，伤人一定很多，封住百姓的嘴也是这样。因此治理河流的人要疏通河道使之畅通，管理百姓的人要引导他们畅所欲言。因此，天子治理政事，让公卿大夫以至于上士献诗讽谏，瞽献乐曲，史官献书，少师献言，瞍诵读，矇吟咏，百官劝谏，百姓传递自己意见，近臣尽力规劝，亲族查补缺漏，盲乐师及史官进行教诲，年高位重的老臣加以修正，然后天子再斟酌取舍，这样以来就政令通达而无所违逆了。百姓有嘴，就像大地有山河一样，财物用品都由此而产出；又像大地有高原、湿地、平川、沃野一样，衣服和食物都由此而产出。嘴是用来发表言论的，国家政事的好坏得以体现，推行好的政令，预防意想不到的祸患，这才是充实国家财政、保证百姓衣食丰足的做法。百姓心中考虑的事情就会通过嘴巴说出来，考虑好了就要去做，怎么可以堵塞呢？如果堵住嘴巴不让他们说话，那能维持多久呢？”

王不听，于是国莫敢出言[1]。三年，乃流王于彘[2]。

【注释】

〔1〕国：都城。莫：没有人。　〔2〕流：流放。彘：晋国地名，在今山西北部。

【译文】

厉王不听劝告，于是都城的百姓没人敢说话。三年后，国人将厉王流放到彘地。

芮良夫论荣夷公专利

厉王说荣夷公〔1〕，芮良夫曰〔2〕："王室其将卑乎〔3〕！夫荣公好专利而不知大难〔4〕。夫利，百物之所生也〔5〕，天地之所载也，而或专之〔6〕，其害多矣。天地百物，皆将取焉，胡可专也〔7〕？所怒甚多，而不备大难，以是教王，王能久乎？夫王人者，将导利而布之上下者也，使神人百物无不得其极，犹日怵惕，惧怨之来也〔8〕。故《颂》曰〔9〕：'思文后稷〔10〕，克配彼天。立我蒸民〔11〕，莫匪尔极〔12〕。'《大雅》曰〔13〕：'陈锡载周〔14〕。'是不布利而惧难乎？故能载周，以至于今。今王学专利，其可乎？匹夫专利，犹谓之盗；王而行之〔15〕，其归鲜矣〔16〕。荣公若用，周必败。"

【注释】

〔1〕说：通"悦"，喜欢，宠幸。荣夷公：荣国的国君，为周厉王卿士。"夷"是其谥号。　〔2〕芮（ruì）良夫：周厉王大夫，又称芮

伯。 〔3〕其：难道。卑：微，衰落。 〔4〕专：擅，独占。不知大难：指不懂得预防大的祸难。 〔5〕百物：指万物，各种事物。〔6〕或：有人。 〔7〕胡：怎么。 〔8〕日：每天。怵惕（chù tì）：警惕戒惧。 〔9〕《颂》：指《诗经·周颂·思文》。 〔10〕思：发语词。文：《谥法》上说“经天纬地曰文”，指具有雄才大略。后稷：名弃，周代的始祖。 〔11〕蒸民：百姓，大众。蒸，众多。〔12〕莫:没有人。匪：不。尔：你。 〔13〕《大雅》：指《诗经·大雅·文王》。 〔14〕陈：布施。锡：通“赐”，赐给。载：承载。〔15〕而：如果。 〔16〕鲜：少。

【译文】

周厉王宠幸荣夷公，大夫芮良夫说：“周王室大概要败落了！荣夷公喜欢独占财利而不知道防备大的灾祸。财利，是由万物所生，天地所承载，如果有人要独占它，那害处就多了。天地万物，都要依靠它来生存，怎么能独占呢？如果独占，惹怒的人一定很多，却不懂得防备大灾祸，用这种方法教导天子治理政务，天子的统治能长久吗？做天子的，要调节财利使它合理地分配给官员和百姓，让神、人和万物都得到最大的好处。即使这样，还每天感到警惕不安，惧怕会招致怨恨。因此，《诗经·周颂·思文》上说：‘雄才大略的始祖后稷，功业能够与上帝相匹配。让百姓得以安定生活，无不受到您的恩惠。’《诗经·大雅·文王》上说：‘（文王）广泛地布恩赐利，使周世系得以传承。’这不正是既布施财利又心怀忧惧吗？因此能承载周道，直到现在。现在厉王却学着独占财利，难道可以吗？百姓独占财利，还被称为盗贼；厉王如果这样做，归附的人就少了。如果任用荣夷公，周王室一定会败落。”

既[1]，荣公为卿士，诸侯不享[2]，王流于彘。

【注释】

〔1〕既：之后，后来。　〔2〕享：进献。

【译文】

后来，荣夷公被任命为卿士，诸侯都不再前来进贡，（最终）厉王也被流放到彘地。

邵公以其子代宣王死

彘之乱[1]，宣王在邵公之宫[2]，国人围之。邵公曰："昔吾骤谏王[3]，王不从，是以及此难[4]。今杀王子，王其以我为怼而怒乎[5]！夫事君者险而不怼[6]，怨而不怒，况事王乎?"乃以其子代宣王，宣王长而立之。

【注释】

〔1〕彘之乱：指公元前841年周厉王被国人驱逐，最后死于彘之事，历史上称之为"彘之乱"。　〔2〕宣王：西周第十一位王，名靖，周厉王之子。在邵公之宫：彘之乱，宣王投奔邵公处避难。　〔3〕骤：屡次。　〔4〕及：至，导致。　〔5〕其：大概。怼（duì）：怨恨。〔6〕君：此指诸侯。

【译文】

周厉王被流放到彘的时候，他的儿子周宣王逃到邵公家避难，王都的百姓围住了邵公的住宅。邵公说："过去我屡屡劝谏厉王，厉王不听从，因此才导致了这场灾难。现在如果杀了厉王的儿子（宣王），厉王大概以为我怨恨他而迁怒于他的儿子吧！侍奉诸侯的人置身险境而不怨恨，即使有怨言也不会发怒，何况是侍奉天子呢？于是拿自己的儿子代替宣王（交给王都的百姓），等宣王长大又立他做了周王。

仲山父谏宣王立戏

鲁武公以括与戏见王〔1〕，王立戏。樊仲山父谏曰〔2〕："不可立也！不顺必犯，犯王命必诛，故出令不可不顺也。令之不行，政之不立。行而不顺，民将弃上。夫下事上，少事长，所以为顺也。今天子立诸侯而建其少〔3〕，是教逆也。若鲁从之而诸侯效之，王命将有所壅〔4〕；若不从而诛之，是自诛王命也。是事也，诛亦失，不诛亦失。天子其图之〔5〕。"王卒立之〔6〕。鲁侯归而卒〔7〕，及鲁人杀懿公而立伯御〔8〕。

【注释】

〔1〕鲁武公：春秋时期鲁国国君，名敖，鲁献公之子。括：武公长子。戏：武公次子、括的弟弟，即后来的鲁懿公。　〔2〕樊仲山父：仲山父，周宣王卿士，因采邑封在樊，故称樊仲山父。　〔3〕建：立，选择。　〔4〕壅：堵塞，行不通。　〔5〕图：考虑。　〔6〕卒：最终。　〔7〕卒：死。　〔8〕鲁人杀懿公而立伯御：指鲁懿公九年（前807），鲁人杀了鲁懿公，立懿公之兄括之子伯御为君。

【译文】

鲁武公带着长子括和括的弟弟戏来朝见周宣王，宣王要立戏为鲁太子。仲山父劝谏说："不可以立戏为太子！废长立幼不合礼法，鲁国一定不会听从，不听从天子的命令一定要讨伐，因此天子发布政令不能不顺从礼法。政令不能实行，政权就难以确立。政令即使被实行，如果不顺乎礼法，百姓也将会抛弃天子。下级侍奉上级，年轻的侍候年老的，这才是顺乎礼法。现在天子为诸侯立储君却废长立幼，这是教诸侯忤逆"立长"的礼法。假如鲁国听从天子安排，而诸侯都效法它，天子的政令就行不通了；假如鲁国不听从安排而天子讨伐他，这是天子您自己破坏了先王的遗命。这件事，是讨伐也不对，不讨伐也不对。天子还是好好考虑一下吧。"宣王最终还是立戏为鲁太子。鲁武公回国后就死了，后来，鲁国人果然杀了懿公而立他哥哥括的儿子伯御为鲁君。

穆仲论鲁侯孝[1]

三十二年春[2]，宣王伐鲁[3]，立孝公，诸侯从是而不睦[4]。宣王欲得国子之能导训诸侯者[5]，樊穆仲曰："鲁侯孝。"王曰："何以知之？"对曰："肃恭明神而敬事耇老[6]；赋事行刑，必问于遗训而咨于故实[7]；不干所问[8]，不犯所咨。"王曰："然则能训治其民矣。"乃命鲁孝公于夷宫[9]。

【注释】

〔1〕穆仲：仲山父。“穆”是其谥号。鲁侯：指鲁孝公，名称，鲁懿公之弟。 〔2〕三十二年：指周宣王三十二年，即前796年。 〔3〕伐鲁：因鲁人杀懿公而立懿公兄子伯御为鲁君，故而宣王伐鲁。结果杀了伯御而立鲁懿公之弟称为鲁君，即孝公。 〔4〕不睦：不相亲睦。 〔5〕国子：姬姓国家君主子弟。 〔6〕耇（gǒu）：老人面部寿斑。此指老人。 〔7〕咨：询问。故实：旧例。 〔8〕干：犯，触犯。 〔9〕夷宫：宣王的祖父夷王的庙。

【译文】

三十二年春天，宣王出兵讨伐鲁国，杀了伯御，立孝公为鲁君，诸侯国从此不相和睦。宣王想从姬姓诸侯子弟中挑选能够训导诸侯（使之和睦）的人，仲山父说：“鲁孝公深谙孝道。”宣王说：“怎么知道的呢？”仲山父回答说：“（鲁孝公）严肃恭顺地侍奉神灵而敬重老者；发布政令、执行刑法一定依据先王遗训，参照过去的旧例；从不忤逆先王的遗训，不触犯处事的成规。”宣王说：“这样，那么就应该能够训导诸侯、治理百姓了。”于是在夷宫任命鲁侯来训导诸侯。

仲山父谏宣王料民

宣王既丧南国之师[1]，乃料民于太原[2]。仲山父谏曰：“民不可料也！夫古者不料民而知其少多，司民协孤终[3]，司商协民姓[4]，司徒协旅，司寇协奸[5]，牧协职[6]，工协革[7]，场协入[8]，廪协出[9]，是则少多、死生、出入、往来者皆可知也。于是乎又审之以事，王治农于籍[10]，蒐于农隙[11]，耨获亦于籍，狝于既烝[12]，狩于毕时[13]，是皆习民数者也，又何料焉？不谓其少而大料之，是示少而恶事也。临政示少，诸侯避之。治民恶事[14]，无以赋令[15]。且无故而料民，天之所恶也，害于政而妨于后嗣。”王卒料之，及幽王乃废灭[16]。

【注释】

〔1〕丧：亡，丧失。这里指被姜戎打败一事。南国之师：指前往征伐姜戎的军队。南国，江、汉一带，地处南方，古称南国。师，军队。　〔2〕料：核算，统计。　〔3〕司民：官名，掌管百姓人数，负责户口登记等。协：掌管。孤终：此指出生和死亡的人数。孤，指无父的孩子。终，死。　〔4〕司商：官名，负责为新生儿赐族授姓。〔5〕司寇：官名，掌管诉讼刑狱。奸：邪恶，此指邪恶的人、犯法的百姓。　〔6〕牧：牧人，掌管六畜养殖的官员。　〔7〕工：官名，掌管各种工艺生产。革：变，更。此指工匠人数变动。　〔8〕场：指场人，掌管场圃的官员，负责收藏管理珍贵物品。　〔9〕廪：指廪人，掌管粮仓的官员。　〔10〕王治农于籍：古代为表示对农业重视，每年春耕之前，天子亲自率诸侯到籍田象征性地耕作，又称“亲耕”。籍，即籍田，古代天子有籍田千亩。　〔11〕蒐（sōu）：春天打猎叫做蒐。　〔12〕狝（xiǎn）：秋天打猎叫做狝。既烝：指仲秋时节。〔13〕狩：冬天打猎叫做狩。毕时：指冬闲时节，农务结束之时。〔14〕恶事：厌倦政事。　〔15〕赋令：发布政令。　〔16〕幽王：名宫涅（shēng），西周最后一位王，周宣王之子。

【译文】

宣王南征的军队覆灭之后，就在太原统计起全国百姓的数量。仲山父劝谏说："百姓的数量不能统计啊！古代不用统计就知道百姓的多少，掌管人口户籍的官员统计出生的孩子和死去的老人，掌管颁姓赐族的官员按姓氏统计人口，管理师旅徒役的官员统计可以充实军备的人数，掌管刑罚的官员统计犯人的数量，管理畜牧养殖的官员掌管辖区的从业人口，管理百工的官员掌管工匠进出变更情况，管理场圃的官员掌管财物的收藏入库，管理粮仓的官员掌管谷物出库使用。这样以来，人口多少、百姓生死、财物收支、人员出入，都可以熟知。同时又在具体事务中加以审查，天子春天到籍田亲耕治理农业，农闲进行田猎，锄草和收割庄稼也要亲自到籍田，秋季在烝祭之后田猎，冬季农事结束进行冬猎，这都是熟练掌握百姓数量的机会，又何必刻意统计呢？不觉得百姓少却统计全国的人口，这是彰显您人口不足而厌恶修治政事。执掌政事却彰显不足，诸侯都会躲避您。治理百姓却厌恶修治政事，就没法颁布法令。况且，无缘无故而统计百姓数量，上天也会厌恶，这种做法不仅不利于为政而且也妨害后代。宣王最终还是统计了人口，到了他的儿子幽王时，西周就灭亡了。

西周三川皆震伯阳父论周将亡

幽王二年，西周三川皆震[1]。伯阳父曰[2]："周将亡矣！夫天地之气，不失其序[3]；若过其序，民乱之也。阳伏而不能出，阴迫而不能烝[4]，于是有地震。今三川实震，是阳失其所而镇阴也[5]。阳失而在阴，川源必塞。源塞，国必亡。夫水土演而民用也。水土无所演，民乏财用，不亡何待？昔伊、洛竭而夏亡，河竭而商亡[6]。今周德若二代之季矣[7]，其川源又塞，塞必竭。夫国必依山川，山崩川竭，亡之征也[8]。川竭，山必崩。若国亡不过十年，数之纪也[9]。夫天之所弃，不过其纪。”

【注释】

〔1〕西周：指西周王城镐京。三川：指洛水、泾水、渭水。〔2〕伯阳父：宣王和幽王两朝太史，又称史伯，太史伯。〔3〕序：时序，指春夏秋冬四时顺序。〔4〕烝：升，升腾。〔5〕镇：压，压制。〔6〕伊洛：伊水和洛水。河：黄河。〔7〕二代之季：指夏商两代末年。〔8〕征：征兆。〔9〕纪：数始于一，终于十。所以古代以十为纪。此指十年。

【译文】

周幽王二年，西周都城镐京附近的洛水、泾水、渭水地区同时发生地震。太史伯阳父说：“周朝要灭亡了。天气和地气交替运行，不能乱了秩序；如果打乱秩序，百姓就要动乱。阳气潜伏在下而不能出来，阴气压迫阳气使之不能上腾，这样便有了地震。现在三条大河一起震动，这是因为阳气失位而被阴气压制的缘故。阳气失位，而被阴气压制，河源头一定被堵塞。河源堵塞，国家定会灭亡。水土滋养万物而供给百姓生活物用。水土不能滋养万物，百姓财用就会匮乏，国家怎么能不灭亡？过去伊水、洛水干涸而夏朝灭亡，黄河水枯竭而商朝灭亡。现在周朝的德行好像夏商末年，三川的源头又被堵塞，源头堵塞河流一定会枯竭。国家的生存一定要依靠山川，山崩河枯，这是国家败亡的征兆。河流枯竭，山也会随之崩塌。如果这样下去，国家要灭亡不会超过十年，十是计数的极限。上天要抛弃的，不会超过十年。

是岁也，三川竭，岐山崩〔1〕。十一年，幽王乃灭，周乃东迁。

【注释】

〔1〕岐山：周朝重要发源地，在今陕西省宝鸡市境内。崩：倒塌。

【译文】

这一年，洛水、泾水、渭水枯竭，岐山崩塌。周幽王十一年，西周灭亡，周平王被迫向东迁都洛阳。

郑厉公与虢叔杀子颓纳惠王

惠王三年〔1〕，边伯、石速、蒍国出王而立子颓〔2〕。王处于郑三年。王子颓饮三大夫酒，子国为客〔3〕，乐及遍儛〔4〕。郑厉公见虢叔〔5〕，曰："吾闻之，司寇行戮，君为之不举〔6〕，而况敢乐祸乎！今吾闻子颓歌舞不息，乐祸也！夫出王而代其位〔7〕，祸孰大焉！临祸忘忧，是谓乐祸，祸必及之。盍纳王乎〔8〕？"虢叔许诺。郑伯将王自圉门入〔9〕，虢叔自北门入，杀子颓及三大夫，王乃入也。

【注释】

〔1〕惠王：东周第五位王，名凉（或作阆），周釐（或作僖）王之子。三年：当为"二年"，即前 675 年。 〔2〕边伯、石速、蔿（wěi）国：周朝大夫。子颓：周庄王幼子，釐王的弟弟、惠王的叔父。周惠王即位后第二年（前 675），边伯、石速、蔿国等五大夫联合国内外力量将周惠王赶走，立子颓为周王。史称"子颓之乱"。 〔3〕子国：指蔿国。客：上客，上宾。 〔4〕遍儛：指六代乐舞。即黄帝时期的《云门》、唐尧时期的《咸池》、虞舜时期的《箫韶》、大禹时期的《大夏》、殷商时期的《大濩》、周朝的《大武》。儛，古同"舞"。 〔5〕郑厉公：郑国国君，名突，郑庄公之子。虢叔：虢公林父，周惠王卿士。 〔6〕不举：古代遇到大的天灾人祸，君王都要取消盛馔，停息声乐，称之为不举。 〔7〕出王：使惠王出奔，赶走惠王。〔8〕盍：何不。 〔9〕圉门：南门。韦昭注曰"圉门，南门也"。

【译文】

周惠王二年（前 675），周朝大夫边伯、石速、蔿国驱逐了惠王而立子颓为周王。惠王在郑国避难三年。子颓请三位大夫宴饮，尊蔿国为上宾，席间将六代乐舞，即黄帝时期的《云门》、唐尧时期的《咸池》、虞舜时期的《箫韶》、大禹时期的《大夏》、殷商时期的《大濩》、周朝的《大武》演奏一通。郑厉公前去拜见虢公林父，说："我听说，司寇处决犯人时，君主取消盛馔、停息乐舞，怎么敢以祸为乐呢！现在我听说子颓等整日歌舞不息，这就是以灾祸为乐啊！驱逐天子，而自己取代他的王位，没有比这更大的灾祸了！面临灾祸，而不知道忧虑，这就是以灾祸为乐，灾祸一定会降临到他们身上。我们何不趁早迎接惠王复位？"虢公林父同意了。郑厉公带着宣王从王城南门进入，虢公林父从王城北门进入，一起杀死子颓和三位大夫，惠王才得以入城。

内史过论神

十五年[1]，有神降于莘[2]。王问于内史过，曰[3]："是何故？固有之乎[4]？"对曰："有之。国之将兴，其君齐明[5]、衷正[6]、精洁、惠和，其德足以昭其馨香，其惠足以同其民人[7]。神飨而民听[8]，民神无怨，故明神降之，观其政德而均布福焉。国之将亡，其君贪冒、辟邪、淫佚、荒怠、粗秽、暴虐，其政腥臊[9]，馨香不登[10]。其刑矫诬，百姓携贰[11]，明神不蠲而民有远志[12]。民神怨痛，无所依怀，故神亦往焉，观其苛慝而降之祸[13]。是以或见神以兴，亦或以亡。昔夏之兴也，融降于崇山[14]；其亡也，回禄信于聆隧[15]。商之兴也，梼杌次于丕山[16]；其亡也，夷羊在牧[17]。周之兴也，鸑鷟鸣于岐山[18]；其衰也，杜伯射王于鄗[19]。是皆明神之志者也[20]。"

【注释】

〔1〕十五年：指周惠王十五年，即前662年。〔2〕莘（shēn）：古代虢国地名，在今河南省莘原。〔3〕内史：官名，西周始置，常奉王命策命臣下。过：内史之名。〔4〕固：原来，曾经。〔5〕齐：同一，公正。〔6〕衷正：中正，无邪。〔7〕同：和睦，团结。〔8〕飨：通"享"，享用。听：服从，听命。〔9〕腥臊：鱼腥和狐臊，即难闻的气味。此指政治黑暗、腐败。〔10〕登：升，升腾。〔11〕矫诬：假借名义诬陷无辜。携贰：怀有背离之心。

〔12〕蠲（juān）：古同“涓”，清洁。韦昭注“蠲，洁也”。 〔13〕苛慝（tè）：残暴邪恶。 〔14〕融：祝融，中国上古神话人物，后人尊为火神。崇山：又名崇高山，即今河南嵩山。 〔15〕回禄：传说中的火神。信：古代行军在一地驻扎两宿叫做信。聆（qín）隧：夏时地名。 〔16〕梼杌（táo wù）：传说为远古“四凶”之一，是鲧死后的怨气所化。次：古代行军驻扎在一个地方两宿以上叫做次。 〔17〕夷羊：古代传说中的神兽、怪兽。牧：指牧野，在今河南淇县附近。〔18〕鸑鷟（yuè zhuó）：凤凰的别名。 〔19〕杜伯：陶唐氏之后，为周朝大夫。杜国，伯爵，故称杜伯。鄗：也作镐，即镐京。〔20〕志：记录，记载。

【译文】

周惠王十五年，有神灵降在虢国莘地，宣王询问内史过说：“这是什么缘故？过去有过这类事情吗？”内史回答说：“有过。国家将要兴起的时候，它的君主通常明察一切、中正无邪、精粹纯洁、仁惠和顺，他的政德足可使祭品更加芳香，他的仁惠足以使百姓同心同德。神灵欣然享用祭品而百姓乐于听从政令。百姓和神灵都没有怨恨，所以神灵降临，来观察他的德政而赐给他福佑。国家将要灭亡，他的国君贪图财利，辟邪不正，纵欲放荡，荒怠政务，粗浊污秽，凶恶残暴。他的政治黑暗，祭品的香气掩而不彰。他的刑法曲诬不信，百姓怀有叛离之心。神灵认为祭品不洁而百姓产生了反叛之心，百姓和神灵都怨恨，没有谁依附归顺他。所以神灵也降临到他那里去，观察他的暴虐邪恶，降给他灾难。因此，有时神灵出现国家兴旺，有时神灵出现国家衰亡。从前夏代兴起的时候，祝融降到崇山；夏败亡时，回禄在聆隧住了两晚。商代兴起的时候，梼杌在丕山住过；商代败亡时，夷羊降在牧野。西周兴起时，鸑鷟在岐山鸣叫；西周衰亡时，杜伯在鄗射杀宣王。这都是神灵降临人间的记载。”

王曰：“今是何神也？”对曰：“昔昭王娶于房[1]，曰房后，实有爽德[2]，协于丹朱[3]，丹朱凭身以仪之[4]，生穆王焉。是实临照周之子孙而祸福之。夫神壹不远徙迁[5]，若由是观之，其丹朱之神乎？”王曰：“其谁受之？”对曰：“在虢土。”王曰：“然则何为？”对曰：“臣闻之，道而得神，是谓逢福；淫而得神，是谓贪祸。今虢少荒[6]，其亡乎？”王曰：“吾其若之何？”对曰：“使太宰以祝、史帅狸姓[7]，奉牺牲、粢盛、玉帛往献焉[8]，无有祈也[9]。”

【注释】

〔1〕昭王：西周第四位王，名瑕，周康王之子。房：古国名，在今河南遂平。 〔2〕爽德：失德，此指与丹朱私通，有失贞德。〔3〕协：要好。丹朱：尧的儿子。 〔4〕凭身以仪之：即与之私通。〔5〕壹：一心，专一。 〔6〕少：通“稍”，逐渐，渐渐。荒：荒淫，荒废。 〔7〕帅：带领。狸姓：指狸姓之人，丹朱的后人。 〔8〕奉：通“捧”，带着。牺牲：古代祭祀所用牲畜。粢盛：古代盛在祭器内以供祭祀的谷物。 〔9〕祈：祈求。

【译文】

惠王说：“现在这个是什么神呢？”回答说：“过去周昭王从房国取了亲，称之为房后，她有失贞德，与丹朱要好。丹朱与她私通生下了穆王。这次神灵降临莘地是丹朱下来考察周的子孙而降给他们福祸。神灵专一而不远迁，由此看来，大概是丹朱神降临了吧?”惠王说:“谁将接受他的福或祸呢?”回答说:“神灵降在虢国的土地上。”惠王说:“那么是为什么呢?”回答说:“我听说,实行仁道而神灵降临,这就叫做迎福,荒淫无道而神灵到来,这就叫做遭逢祸患。现在虢国政治逐渐荒废,恐怕要灭亡了吧。”惠王说:“我们将怎样办呢?”回答说:”派宰相率领祝、史,带上丹朱的狸姓后代,奉上祭祀的牛羊粮食,玉器、束帛前往莘地献给神,不要有什么祈求。”

王曰:“虢其几何〔1〕?”对曰:“昔尧临民以五,今其胄见〔2〕,神之见也,不过其物。若由是观之,不过五年。”王使太宰忌父帅傅氏〔3〕及祝、史奉牺牲、玉鬯往献焉〔4〕。内史过从至虢,虢公亦使祝史请土焉。内史过归,以告王曰:“虢必亡矣,不禋于神而求福焉〔5〕,神必祸之;不亲于民而求用焉,人必违之。精意以享,禋也;慈保庶民,亲也。今虢公动匮百姓以逞其违,离民怒神而求利焉,不亦难乎!”十九年,晋取虢〔6〕。

【注释】

〔1〕其:大概。几何:多久,指国家存在时间久暂。 〔2〕胄:后代,后裔。见:出现。 〔3〕太宰:也称“冢宰”,《周礼》以冢宰为六官之首,总理全国政务。忌父:即周公忌父,时为惠王太宰。傅氏:丹朱之后,狸姓,在周为傅氏。 〔4〕祝史:祝官、史官的合称。玉鬯(chàng):古代祭祀用的以圭为柄的灌酒器。 〔5〕禋(yīn):诚心祭祀。 〔6〕十九年:指周惠王十九年,即前658年。

【译文】

惠王说:“虢国还能维持多久?”回答说:“过去尧五年一

巡狩，现在他的后代出现，虽然是神出现了，也不会超过这个数。由此可见，（虢国灭亡）不会超过五年。”于是，惠王派太宰周公忌父率领丹朱傅氏后人和太祝、太史到虢国并献上祭祀的牛羊、玉鬯。内史过也跟着到了虢国，虢国国君也派祝史前去，并请求神灵赐给土地。内史过回国，将情况告诉惠王说：“虢国一定会灭亡，不诚心祭祀却向神灵祈福，神灵一定会降灾给他；不亲爱百姓而向百姓求索财物，百姓一定会背叛他。诚心诚意地进献贡品，这叫做洁祀；慈爱地保育百姓，这叫做亲民。现在虢公使百姓困乏劳顿，来放纵自己的邪恶行径，使百姓叛离，神灵愤怒，却求神赐给土地，这不是很困难吗！”惠王十九年，晋国灭掉了虢国。

卷二　周语中

富辰谏襄王以狄伐郑及以狄女为后

襄王十三年[1]，郑人伐滑[2]。王使游孙伯请滑[3]，郑人执之[4]。王怒，将以狄伐郑[5]。富辰谏曰[6]：“不可。古人有言曰：‘兄弟谗阋，侮人百里[7]。’周文公之诗曰[8]：‘兄弟阋于墙，外御其侮。’若是则阋乃内侮，而虽阋不败亲也[9]。郑在天子，兄弟也。郑武、庄有大勋力于平、桓[10]；我周之东迁，晋、郑是依[11]；子颓之乱，又郑之由定。今以小忿弃之，是以小怨置大德[12]也，无乃不可乎！且夫兄弟之怨，不征于他[13]，征于他，利乃外矣。章怨外利[14]，不义；弃亲即狄，不祥；以怨报德，不仁。夫义所以生利也，祥所以事神也，仁所以保民也。不义则利不阜，不祥则福不降，不仁则民不至。古之明王不失此三德者，故能光有天下，而和宁百姓，令闻不忘[15]。王其不可以弃之。”王不听。十七年，王降狄师以伐郑。

【注释】

〔1〕襄王：东周第六位王，名郑，周惠王之子。十三年：即前

639年。〔2〕滑：姬姓小国。〔3〕游孙伯：周大夫。请滑：为滑请免。〔4〕执：扣押，拘捕。〔5〕以：凭借。狄：隗姓国家。〔6〕富辰：周襄王大夫。〔7〕谗阋（chán xì）：攻讦争吵。〔8〕周文公：周公旦，“文”是其谥号。诗：指《诗经·小雅·棠棣》。〔9〕败：破坏。亲：亲情。〔10〕郑武、庄：指郑武公和郑庄公。郑武公，郑国国君，名滑突，郑桓公之子。周幽王被废，郑武公以卿士身份辅助周王室。郑庄公，郑国国君，名寤生，郑武公之子。平王东迁，桓王即位，诸侯有人不来朝见，郑庄公奉命讨伐。平：周平王，名宜臼，西周幽王之子。桓：周桓王，名林，周平王之孙。〔11〕晋、郑是依：指周东迁，凭借郑武公和晋文公之力。〔12〕忿（fèn）：怨恨。置：放弃。〔13〕征：征召。此指求助。他：此指狄人。〔14〕章怨外利：张扬内部矛盾而使外人得利。〔15〕令闻：美好声誉。

【译文】

周襄王十三年，郑国攻打滑国。襄王派游孙伯为滑国求情，郑国人扣押了游孙伯。襄王大怒，打算借助狄国力量讨伐郑国。富辰劝谏说：“不可以。古人有句话说：‘兄弟在墙里争吵，但能抵御侮辱自己的外人。’周公旦在《诗经·小雅·棠棣》中说：‘兄弟在墙内争吵，却会共同抵御墙外侮辱自己的外人。’像这样，兄弟的争斗是内部的，即使争斗却不会伤害亲情。对天子来说郑国是兄弟之邦，郑武公、郑庄公在平王迁都、桓王平乱中立下大功；我们周得以东迁便是依靠着晋文公、郑武公；子颓之乱，又是郑厉公帮助平定的。现在因为小小的怨忿而抛弃它，这是因小的怨怒而抛弃大的恩德，这样恐怕不行吧！况且兄弟之间的怨忿不求助外人来解决，求助外人，则会使外人获利。张扬兄弟之间怨忿而使外人获利，这是不义；抛弃亲族而亲近异族狄人，这是不祥；用怨忿来回报恩德，这是不仁。义能够产生财利，祥能够侍奉神灵，仁能够保育百姓。不行义财利就不会丰厚，不吉祥福气就不会降临，不仁德百姓就不会归附。古代圣明的君王都不会抛弃这三种美德，因而才能拥有整个国家，使百姓和睦安宁，美好名声久传不衰。大王还是不要抛弃这些美德。”襄王不听劝谏。十七年，襄王调动狄兵攻打郑国。

王德狄人[1]，将以其女为后。富辰谏曰：“不可。夫婚姻，祸福之阶也[2]。由之利内则福[3]，利外则取祸。今王外利矣，其无乃阶祸乎？昔挚、畴之国也由大任[4]，杞、缯由大姒[5]，齐、许、申、吕由大姜[6]，陈由大姬[7]，是皆能内利亲亲者也[8]。昔鄢之亡也由仲任[9]，密须由伯姞[10]，郐由叔妘[11]，聃由郑姬[12]，息由陈妫[13]，邓由楚曼[14]，罗由季姬[15]，卢由荆妫[16]，是皆外利离亲者也。”

【注释】

〔1〕德：感激。狄人：指狄国国君。〔2〕阶：阶梯。〔3〕由之利内则福：《国语集解》本“由之”在“则福”之后。〔4〕挚、畴：任姓国家。大任：指太任，周王季的妃子，周文王的母亲。〔5〕杞、缯：姒姓国家。大姒：指太姒，周文王的妃子，周武王的母亲。〔6〕齐、许、申、吕：姜姓国家。大姜：指太姜，周太王的妃子，周王季的母亲。〔7〕陈：国名，妫姓，舜的后代所建。大姬：周武王的长女，周成王的姐姐，嫁给虞胡公而封在陈。〔8〕亲亲者：使亲人亲睦。〔9〕鄢（yān）：国名，妘姓。仲任：仲任氏之女。〔10〕密须：国名，姞姓。伯姞：密须国的大女儿。〔11〕郐（kuài）：国名，妘姓。叔妘：郐国的小女儿。〔12〕聃（dān）：同

"聃",国名,姬姓。文王的儿子聃季的封国。郑姬:郑国女子,聃季的夫人。聃郑同为姬姓,这是同姓为婚,不合礼制。〔13〕息:国名,姬姓。陈妫:陈国女子,做息侯夫人。〔14〕邓:国名,曼姓。楚曼:邓国女子,楚武王的夫人。〔15〕罗:国名,熊姓。季姬:姬姓女子。〔16〕卢:国名,妫姓。荆妫:卢国女子,做了楚国的夫人。荆,指楚国。

【译文】

襄王非常感激狄君,准备立他的女儿为王后。富辰说:"不可以,婚姻是招致福祸的阶梯,由此给本国带来好处便是福,对他国有好处而对本国不利便是祸。现在大王与狄国结为婚姻对我们不利,这难道不是招致灾祸的阶梯吗?过去挚国和畴国因为太任得福,杞国、缯国因为太姒得福,齐国、许国、申国、吕国因为太姜得福,陈国因为太姬得福,这都是婚姻关系给本族带来好处、使家族亲睦的典范。相反过去鄢由于娶了仲任氏的女儿而亡国,密须由于娶了伯姞而亡国,郐由于娶了同姓女子叔妘而亡国,聃由于娶了同姓的郑姬而亡国,息因为娶陈妫而亡国,邓因为楚曼嫁楚而亡国,罗因为娶季姬而亡国,卢因为嫁荆妫给楚国而亡国,这些都是对外族有利,而导致亲人背离而亡国的例子。"

王曰:"利何如而内,何如而外?"对曰:"尊贵、明贤、庸勋〔1〕、长老、爱亲、礼新、亲旧。然则民莫不审固其心力以役上令〔2〕,官不易方〔3〕,而财不匮竭,求无不至,动无不济。百姓兆民〔4〕,夫人奉利而归诸上,是利之内也。若七德离判〔5〕,民乃携贰〔6〕,各以利退,上求不暨〔7〕,是其外利也。夫狄无列于王室,郑伯南也〔8〕,王而卑之,是不尊贵也。狄，豺狼之德也，郑未失周典，王而蔑之[9]，是不明贤也。平、桓、庄、惠皆受郑劳，王而弃之，是不庸勋也。郑伯捷之齿长矣[10]，王而弱之，是不长老也。狄，隗姓也，郑出自宣王，王而虐之，是不爱亲也。夫礼，新不间旧，王以狄女间姜、任，非礼且弃旧也。王一举而弃七德，臣故曰利外矣。《书》有之曰：'必有忍也，若能有济也。'王不忍小忿而弃郑，又登叔隗以阶狄。狄，封豕豺狼也，不可猒也[11]。"王不听。

【注释】

〔1〕庸：通"用"。勋：功。此指有功之人。 〔2〕审固其心力：尽心竭力。 〔3〕易方：改变政令。 〔4〕百姓：百官。兆民：大众。十亿曰兆。 〔5〕七德：指上文中提到的尊贵、明贤、庸勋等。离判：抛弃背离。 〔6〕携贰：怀有二心。 〔7〕暨：至。 〔8〕南：通"男"，男服。 〔9〕蔑：轻视。 〔10〕郑伯捷：郑文公，名捷。故称郑伯捷。齿长：指年纪大。 〔11〕封豕：大猪。封，大。猒（yàn）：古同"厌"，满足。

【译文】

襄王说："怎样是对内有好处，怎样是对外有好处？"回答说："尊重显贵，彰明贤者，任用有功的人，敬重年长的人，爱护亲族、礼遇新人、不忘故旧。如果做到这些，那么百姓就没有谁不竭心尽力为君主效命，官府不用变更法令，财物就不会匮乏，官府的需求没有达不到的，做事便可顺利成功。百官和百姓都争相向朝廷献利，这就是对内有好处。如果背弃这七种德行，百姓就会怀有二心，每个人都为自己谋利，官府的要求达不到，这就是对外有利。狄国是夷狄之邦，在周王室没有地位，而郑却位列男服，大王却轻视他，这就是不尊敬显贵。狄人的德行如同豺狼一般，而郑国一直守循着周室的法制，大王却蔑视它，这是不彰明贤者。平王、桓王、庄王、惠王都受到过郑国的恩惠，大王却要抛弃它，这是不任用有功的人。郑文公年长，大王却把他当作年轻人看待，这是不尊敬年长者。狄是隗姓国家，郑出自宣王，大王却虐待它，这是不爱护亲族。就礼来说，新人不可以替代旧人，大王却要用狄国女子取代姜氏、任氏女为王后，这不仅有违礼法，而且是抛弃故旧之嫌。大王这一举动而抛弃七种美德，所以臣认为这样做让外人得利。《尚书》中说：'只有忍耐，事情才会成功。'大王不忍小的忿恨而抛弃郑国，还要娶叔隗为王后引狄入室。狄人像野猪豺狼一样，是不会满足的。"襄王不听。

十八年，王黜狄后〔1〕。狄人来诛杀谭伯〔2〕。富辰曰："昔吾骤谏王〔3〕，王弗从，以及此难。若我不出，王其以我为怼乎〔4〕！"乃以其属死之〔5〕。

【注释】

〔1〕黜：罢免，废黜。　〔2〕谭伯：周大夫，食邑在谭（今河南武陟），史称谭伯。　〔3〕骤：屡次。　〔4〕怼（duì）：怨恨。〔5〕属：部属。

【译文】

十八年，襄王废了狄后。狄人前来报复，并杀了谭伯。富辰说："过去我多次劝谏大王，大王不听，以至于遭此祸难。

如果我不出来抗击狄人，大王大概会认为我怨恨他呢!”于是便率领自己的部属与狄人力战而死。

初[1]，惠后欲立王子带[2]，故以其党启狄人。狄人遂入，周王乃出居于郑[3]，晋文公纳之。

【注释】

〔1〕初：当初。　〔2〕惠后：周惠王王后。王子带：周惠王之子，周襄王之同母弟，或称叔带。　〔3〕出居：出奔避难。

【译文】

当初，周惠王王后想立自己的小儿子叔带为王，因此叔带让他的党徒为狄人做内应。于是狄人攻入了周的都城，襄王出奔到郑国避难，后晋文公杀王子带并护送襄王回国就位。

襄王拒晋文公请隧

晋文公既定襄王于郏[1]，王劳之以地[2]，辞，请隧焉[3]。王不许，曰：“昔我先王之有天下也，规方千里以为甸服[4]，以供上帝山川百神之祀[5]，以备百姓兆民之用，以待不庭不虞之患[6]。其余以均分公侯伯子男，使各有宁宇，以顺及天地，无逢其灾害，先王岂有赖焉[7]。内官不过九御[8]，外官不过九品[9]，足以供给神祇而已[10]，岂敢猒纵其耳目心腹以乱百度[11]？亦唯是死生之服物采章，以临长百姓而轻重布之，王何异之有？

【注释】

〔1〕晋文公：晋国国君，名重耳，晋献公之子，为春秋五霸之一。郏（jiá）：地名，在今河南洛阳附近。　〔2〕劳：慰劳，犒赏。　〔3〕隧：一说，据《国语》韦昭注：“隧，六隧也。周礼：天子远郊之地有六乡，则六军之士也；外有六隧，掌供王之贡赋。唯天子有隧，诸侯则无也。”一说，贾逵注《国语》曰：“隧，王之葬礼，开地通路曰隧。”晋代杜预沿袭贾逵的说法，在注解《国语》时说，“阙地通路曰隧，王之葬礼也。诸侯皆悬柩而下。”案：据下文“亦唯是死生之服物采章”之句，可推断此处“隧”当为丧葬之礼，非六隧也。　〔4〕规方千里：指王畿内千里之地。　〔5〕祀：祭祀。　〔6〕不庭：不直，变乱。不虞：没有意料之事。　〔7〕赖：利，私利。　〔8〕内官：宫中女官。九御：是宫中九种女官，也是帝王的妃子。　〔9〕外官：朝廷上的官吏。九品：即九卿。　〔10〕神祇（qí）：天神地祇。　〔11〕百度：指各种法规、法纪。

【译文】

晋文公把周襄王护送回郏地复位，襄王赏赐土地给他，文公推辞不要，请求襄王允许他死后能用天子的隧礼安葬。襄王没有答应，说：“过去我们先王取得天下，规划京畿方圆千里的地方作为甸服，用来供给祭祀上帝山川神灵的祭品，用来贮备官员和百姓的财用，以应对意想不到的变乱和灾害。其余的土地按不同标准均分给公、侯、伯、子、男，使他们都有安定的居处，以顺应天地的意志，免于遭受灾害，先王哪有什么私利可图呢？他宫中的女官不过九御，朝廷上的官员不过九卿，仅能够供奉天地神灵罢了，哪敢放纵自己的声色口腹的欲望而破坏法纪呢？只是在生前死后衣服、器物的色彩和纹饰方面，与臣民有所不同，以表明天子是治理百姓的君王，以示尊卑不同，除此之外，天子与其他人有什么不同呢？

“今天降祸灾于周室[1]，余一人仅亦守府[2]，又不佞以勤叔父[3]，而班先王之大物以赏私德[4]，其叔父实应且憎，以非余一人，余一人岂敢有爱[5]？先民有言曰：‘改玉改行[6]。’叔父若能光裕大德[7]，更姓改物[8]，以创制天下，自显庸也，而缩取备物以镇抚百姓，余一人其流辟旅于裔土[9]，何辞之有与？若由是姬姓也，尚将列为公侯，以复先王之职，大物其未可改也。叔父其懋昭明德[10]，物将自至，余何敢以私劳变前之大章，以忝天下[11]，其若先王与百姓何？何政令之为也？若不然，叔父有地而隧焉，余安能知之？”

【注释】

〔1〕今：现在。天：上天。祸灾：指王子带勾结狄人叛乱之事。〔2〕余一人：古代天子自称。也写作“予一人”。 〔3〕佞：善。勤：劳。叔父：天子称同姓诸侯年幼者为叔父。 〔4〕班：分。大物：指隧礼。 〔5〕爱：吝惜。 〔6〕改玉改行：古代佩玉，以玉节行，具有严明的等级，佩玉改变，步伐也要跟着变化，同时代表着身份的改变。 〔7〕光裕：发扬光大。大德：美德。 〔8〕更姓改物：指改朝换代，自立为王。 〔9〕裔土：边疆。 〔10〕懋：勉励。〔11〕忝：辱没。

【译文】

“现在上天降给我们周室灾难，我自己也仅仅守住王室的府藏，我又因为无能而烦劳叔父，如拿先王的丧葬大礼来酬劳您对我的私惠，这也是叔父所应该反对并且憎恶的。因为这不是我个人的财物，否则，我怎敢吝惜呢？前人有句话说：‘佩玉变了，步伐就要改变。’叔父如果能发扬光大美德，改换朝代，为天下创造新的制度，显示您的功业，从而取得天子的礼法来镇抚百姓，我即使被流放到边远地区又有什么可说的呢？如果现在还是我们姬姓的天下，您还将是诸侯，担负着恢复先王礼制的职责，那天子的隧礼制度还是不可改变。叔父还是继续努力发扬美德，那样的话隧礼就自然会得到，我哪里敢为了私惠而改变前代的的规章制度，以辱没天下，那我如何面对先王和百姓？又如何颁布政令呢？如果不这样，叔父有土地而设隧，我哪里能知道呢？”

文公遂不敢请，受地而还。

【译文】

晋文公于是不敢再请求隧礼，接受封赏土地就回国了。

阳人不服晋侯

王至自郑[1]，以阳樊赐晋文公[2]。阳人不服，晋侯围之。仓葛呼曰[3]：“王以晋君为能德，故劳之以阳樊[4]，阳樊怀我王德[5]，是以未从于晋。谓君其何德之布以怀柔之[6]，使无有远志[7]？今将大泯其宗祊[8]，而蔑杀其民人[9]，宜吾不敢服也！夫三军之所寻[10]，将蛮、夷、戎、狄之骄逸不虔，于是乎致武。此羸者阳也[11]，未狎君政[12]，故未承命。君若惠及之，唯官是征[13]，其敢逆命，何足以辱师！君之武震，无乃玩而顿乎[14]？臣闻之曰：'武不可觌，文不可匿[15]。觌武无烈[16]，匿文不昭。'阳不承获甸，而祇以觌武[17]，臣是以惧。不然，其敢自爱也？且夫阳，岂有裔民哉[18]？夫亦皆天子之父兄甥舅也，若之何其虐之也？"晋侯闻之，曰："是君子之言也。"乃出阳民[19]。

【注释】

〔1〕王：指周襄王。自郑：王子带之乱，襄王于郑国避难，后在郑伯与晋侯的护送下回国复位，因此说自郑。 〔2〕阳樊：地名，在今河南济源县，当时在周天子"王畿"之内。 〔3〕仓葛：阳樊城中人。 〔4〕劳：慰劳，犒劳。 〔5〕怀：思。 〔6〕布：布施。怀：来。柔：安抚。 〔7〕远志：叛离之心。 〔8〕泯：灭。宗祊(bēng)：宗庙，家庙。 〔9〕蔑：通"灭"。 〔10〕寻：指讨伐，征伐。 〔11〕羸：弱。 〔12〕狎：熟悉。 〔13〕官：官吏。征：召。 〔14〕玩：轻慢。顿：疲敝。 〔15〕觌（dí）：显露。匿：隐藏。 〔16〕烈：威武，威严。 〔17〕不承获甸：阳樊原在王畿之内，属于甸服之列。现赐给晋君，因而说不承获甸。祇（zhī）：恰好。〔18〕裔民：边远蛮夷地区的百姓。 〔19〕出：使……出，解除包围。

【译文】

周襄王从郑国回到王都复位，把王畿内阳樊城奖赏给了晋文公。阳樊人不服从管理，晋文公便派兵包围了阳樊。阳樊人仓葛大声说道："周王以为晋君能推行德政，故而才以阳樊城犒劳您，阳樊百姓感怀周王的德政，因此才不肯服从晋国的管理。大家都以为您将布施什么德政来感化安抚我们，让我们消除叛离之心。现在却要毁掉我们的宗庙，屠杀我们百姓，我们不服从管理还真是对的。诸侯三军是用来征讨的应该是蛮、夷、戎、狄的边民，他们骄横、放肆、不恭，因而要武力征讨。我们这些瘦弱的阳樊人，还没有熟悉您的政令，所以不肯服从。您如果对我们施加恩惠，我们都乐于听从官员的调遣，哪里敢抗逆政令，更用不着您兴师动众！您如此炫耀武威，恐怕是滥用武力而使军队疲敝吧？我听说：'武力不要随意展示，文德不要刻意隐藏，随意展示武力就会失去威严，刻意藏匿文德就无法彰显。'阳樊人在失去了甸服之列的地位之后，又刚好遇到您大肆展示武力，因此我感到很畏惧。如果不是这样，谁敢吝惜自己而不服从管理呢？再说阳樊并没有蛮夷之地的边民，都是周天子的近亲，您怎么能虐杀他们呢？"晋文公听了这些话，说："这是道德高尚人所说的话呀！"于是解除了对阳樊的包围。

襄王拒杀卫成公

温之会[1]，晋人执卫成公归之于周[2]。晋侯请杀之[3]，王曰："不可。夫政自上下者也，上作政，而下行之不逆，故上下无怨。今叔父作政而不行，无乃不可乎[4]？夫君臣无狱[5]，今元咺虽直[6]，不可听也。君臣皆狱，父子将狱，是无上下也。而叔父听之，一逆矣。又为臣杀其君，其安庸刑[7]？布刑而不庸，再逆矣。一合诸侯，而有再逆政，余惧其无后。不然，余何私于卫侯[8]？”晋人乃归卫侯。

【注释】

〔1〕温之会：周襄王二十年（前632），晋文公与齐、鲁、秦、宋、蔡、郑、陈、莒、邾等国诸侯在温地召开盟会，史称“温之会”。温，在今河南温县。　〔2〕晋人执卫成公：卫成公与大夫元咺闹矛盾，会盟期间，诸侯们临时组成审判团来审理卫成公，并将他押送到周王都城（事见《左传·僖公二十八年》）。卫成公，卫国国君，名郑，卫文公之子。　〔3〕晋侯：指晋文公。　〔4〕无乃：恐怕。　〔5〕狱：争讼。　〔6〕元咺（xuǎn）：卫国大夫。　〔7〕庸：通“用”，需用。　〔8〕私：偏爱。

【译文】

在温地的诸侯盟会上，晋人抓捕了卫成公并将他押送到王都。晋文公请求杀了卫成公，周襄王说：“不可以。政令是君主制定而臣下推行的，君主制定政令，而臣下执行不违抗，因而君上和臣下都没有怨恨。现在叔父您制定政令却不照此办事，恐怕不可以吧？君臣之间不存在诉讼，现在元咺即是有理，也不能受理这个案件。如果君臣之间都可以有了诉讼，那父子之间也将产生诉讼，这就没有尊卑上下了。可叔父您却受理了元咺的诉讼，这是第一点违背了政令。又要为了臣子而杀掉他的君主，那还需用刑法干什么？有刑法而不用，这是第二点违背了政令。与诸侯一次会盟却两次违背政令，我担心您今后将难以号令诸侯了。如果不是这样，我又怎么会偏爱卫侯呢？”晋人于是就放卫成公回国了。

王孙满观秦师

二十四年〔1〕，秦师将袭郑，过周北门〔2〕。左右皆免胄而下拜〔3〕，超乘者三百乘〔4〕。王孙满观之〔5〕，言于王曰：“秦师必有谪〔6〕。”王曰：“何故?”对曰：“师轻而骄，轻则寡谋，骄则无礼。无礼则脱〔7〕，寡谋自陷。入险而脱，能无败乎？秦师无谪，是道废也。”是行也，秦师还，晋人败诸崤〔8〕，获其三帅丙、术、视〔9〕。

【注释】

〔1〕二十四年：指周襄王二十四年，即前628年。 〔2〕周：周的都城洛邑。 〔3〕左右：车左、车右。免胄：摘掉头盔。 〔4〕超乘：跳跃上下车，不庄重。三百乘：三百辆战车。 〔5〕王孙满：周朝大夫，名满，周襄王之孙。 〔6〕谪：惩罚，贬谪，此指遭受挫败。 〔7〕脱：散漫。 〔8〕崤（xiáo）：晋国地名，在今河南陕县东。 〔9〕丙、术、视：指崤之战中秦国三员大将白乙丙、西乞术、孟明视。

【译文】

周襄王二十四年，秦军准备偷袭郑国，路经王城洛邑的北大门。约有三百多辆战车的车左、车右只是摘下头盔、没解甲就下车致敬，然后跳跃上车。周大夫王孙满看到这些，对襄王说：“秦军一定会遭受挫败。”襄王说：“为什么?”王孙满回答说：“秦军轻率而骄横，轻率则缺少谋略，骄横则没有礼数。

没有礼数就会行为涣散，缺少智谋就会自陷于险境。既入险境又行为涣散，能不失败吗？秦军如果不溃败，这只能说是没有天理了。”这次行动，在回国途中，秦军在崤山被晋人打败，三员大将白乙丙、西乞术、孟明视也被俘虏。

定王论不用全烝之故

晋侯使随会聘于周〔1〕，定王享之肴烝〔2〕，原公相礼〔3〕。范子私于原公曰〔4〕：“吾闻王室之礼无毁折〔5〕，今此何礼也?”王见其语，召原公而问之，原公以告。

【注释】

〔1〕晋侯：即晋景公，名獳（nòu），晋成公之子。随会：姓祁，名会，晋国正卿。因随和范两地曾是其采邑，故又称随会或范子。聘：古代国家之间遣使访问叫做聘。 〔2〕定王：周定王，东周第九位王，名瑜，周顷王之子。肴烝：将煮熟牲体节解，连肉带骨放在俎上，以招待宾客。 〔3〕原公：原襄公，周王卿士。相：引导，辅佐。〔4〕范子：指随会。私：私下，暗地里。 〔5〕毁折：指切碎，分割。

【译文】

晋景公派随会到周进行访问，周定王用肴烝款待他，原襄公陪同接待。随会私下问原襄公说：“我听说王室的宴饮之礼牲体是不切割的，现在的酒宴用的是什么礼节呢?”定王看到他们私下交谈，便召来原公询问，原公把随会的话告诉了定王。

王召士季[1]，曰："子弗闻乎，禘郊之事[2]，则有全烝[3]；王公立饫，则有房烝[4]；亲戚宴飨，则有肴烝。今女非他也[5]，而叔父使士季实来修旧德，以奖王室[6]。唯是先王之宴礼，欲以贻女[7]。余一人敢设饫禘焉，忠非亲礼[8]，而干旧职，以乱前好[9]？

【注释】

〔1〕士季：随会的字。　〔2〕禘郊之事：古代天子祭祀始祖和天神的大型祭祀活动。禘，祭昊天圜丘曰禘。郊，在南郊祭祀上帝曰郊。〔3〕全烝：祭祀用整个牲体，不分割。　〔4〕王公：天子和诸侯。立饫（yù)：韦昭注"立谓立行礼不坐也。立曰饫，坐曰宴"。房烝：宴饮用半个牲体。　〔5〕女：通"汝"，你。他：别人，外人。〔6〕奖：此指辅助。　〔7〕贻：赠送，此指招待。　〔8〕忠：厚。亲礼：指招待亲戚的宴飨之礼。　〔9〕干：违背，触犯。旧职：先例。前好：指过去的友好关系。

【译文】

定王召随会过来，对他说："您没听说过吗，像禘郊类的大祭牲体不切割，天子诸侯站着进行饫宴时才用半个牲体，招待亲戚的家宴则用些切割了的熟肉。今天您不是别人，晋侯派您来重修晋国与王室过去的友好关系，来辅助我们王室。只有用先王的宴饮之礼，来款待您。我怎么敢摆下房烝、全烝之宴呢，这决非是接待亲戚的宴飨礼节，还违背了先例，损害了过去的友好关系。

"且唯戎、狄则有体荐[1]。夫戎、狄，冒没轻儳[2]，贪而不让。其血气不治，若禽兽焉。其适来班贡，不俟馨香嘉味[3]，故坐诸门外，而使舌人体委与之[4]。女今我王室之一二兄弟，以时相见，将和协典礼，以示民训则。无亦择其柔嘉[5]，选其馨香，洁其酒醴[6]，品其百笾[7]，修其簠簋[8]，奉其牺象[9]，出其樽彝[10]，陈其鼎俎，净其巾幂[11]，敬其祓除，体解节折而共饮食之。于是乎有折俎加豆，酬币宴货，以示容合好，胡有孑然其效戎、狄也？

【注释】

〔1〕体：整个牲体。荐：进献。 〔2〕冒没：通“冒昧”，行为莽撞。轻儳（chán）：轻率。 〔3〕班贡：进贡。俟：待。 〔4〕舌人：古代的翻译人员。周代称为“象胥”，汉代称为“舌人”，南宋以后改为“通事”。 〔5〕柔嘉：细软精美的食物。 〔6〕醴：甜酒。〔7〕笾：竹器，古代祭祀和宴会时用以盛放果品等。 〔8〕簠簋（fǔ guǐ）：指簠与簋，古代祭祀和宴飨时盛放黍、稷、粱、稻等饭食的器具。 〔9〕牺象：古代饰有鸟形、鸟羽或象骨的酒器。一说为牺尊和象尊的合称。 〔10〕樽彝：古代祭礼用的酒器。 〔11〕巾幂（mì）：古代覆盖、裹扎东西的巾。

【译文】

“况且王室只有在招待戎狄之人时才用全牲。因为戎狄之人行为莽撞轻率，贪婪而不知礼让。这种性格若不加调治，就会像禽兽一样。他们到王都来进贡时，不用馨香美好的酒食来招待，将他们安置在门外，让翻译人员把整个牲体丢给他们。现在你们晋国是王室的兄弟之邦，我们依礼会面，要以恰当的礼节，来为百姓作个表率。因此我们选取了柔软精美的鱼肉，选用了香美的菜肴，准备了清洁甘甜的美酒，准备了大量盛放食物的竹器和簠簋等食器，捧来了鸟羽、象骨花纹的杯子，抬出了酒器，摆上了鼎俎，洗净了覆盖礼器的巾幂，恭敬地打扫了殿堂，分解牲体、切好了牲肉，然后大家一起来宴饮享用。于是就有了切割牲体等待客的礼仪，有了宴饮中酬宾的礼物，以表示亲近友好，哪能像对待戎狄那样用全牲招待呢？

"夫王公诸侯之有饫也，将以讲事成章[1]，建大德、昭大物也，故立成礼烝而已[2]。饫以显物，宴以合好，故岁饫不倦，时宴不淫[3]，月会、旬修、日完不忘[4]。服物昭庸[5]，采饰显明，文章比象[6]，周旋序顺，容貌有崇，威仪有则[7]，五味实气[8]，五色精心[9]，五声昭德[10]，五义纪宜[11]，饮食可飨，和同可观，财用可嘉，则顺而德建。古之善礼者，将焉用全烝？"

【注释】

〔1〕讲事：研究军旅大事。章：章程。　〔2〕立：站着。烝：升，进献。　〔3〕时：四时。淫：沉溺。　〔4〕月会：每月核算。旬修：每旬的事情。日完：一天做的事情。　〔5〕庸：功。　〔6〕文章：指花纹的纹理。　〔7〕崇：敬。则：法度。　〔8〕五味：指酸、甜、苦、辣、咸五味。　〔9〕五色：指青、白、赤、黑、黄五色。〔10〕五声：指宫、商、角、徵、羽五音。　〔11〕五义：指父义、母慈、兄友、弟恭、子孝。

【译文】

"王公诸侯站立着举行饫宴，是要研究军国大事，制定法规章程，建立大功德、表彰大事物，所以站着完成礼节，宴饮也只用半个牲体罢了。站着饮酒为了突显礼节，举办宴会是为表示和睦友好，所以每年都举行立饫不觉厌倦，每季都举行宴饮不觉过量，每月、每旬、每天的事情都烂熟于心。服饰和器物的华美能够彰明功绩，彩色的配饰可以显示德行，花纹的纹理可以比拟物象，招待应酬井然有序，容貌很恭敬，威仪有法度，美味的食物充实气志，缤纷的色彩净化心灵，纷呈的乐声彰显德行，繁复的纲纪约束行为，酒饭可口，气氛和谐，酬礼可嘉，一切都依礼而行，于是德政就建立起来了。古代精通宴饮礼仪的赞礼者，哪里用得上全牲呢？”

武子遂不敢对而退[1]。归乃讲聚三代之典礼[2]，于是乎修执秩以为晋法[3]。

【注释】

〔1〕武子：指随会。　〔2〕聚：汇集，汇编。三代：指夏、商、周。　〔3〕执秩：主管爵秩的官名。这里指晋文公所制定的执秩之法。《左传·僖公二十七年》记载：“（晋文公）于是乎大蒐以示之礼，作执秩以正其官。”

【译文】

随会于是没敢应对便告退了。回国后便开始研习并汇编夏、殷、周三代的典制礼法，于是对晋文公所制订的执秩之法作了修订，作为晋国的法规。

刘康公论鲁大夫俭与侈

定王八年，使刘康公聘于鲁[1]，发币于大夫[2]。季文子、孟献子皆俭[3]，叔孙宣子、东门子家皆侈[4]。

【注释】

〔1〕刘康公：名季子，周顷王之子，为东周刘国的开国君主，史称刘康公。〔2〕发币：分发见面礼物。〔3〕季文子：季孙行父，鲁国正卿。“文”是其谥号。孟献子：仲孙蔑，鲁国正卿。“献”是其谥号。〔4〕叔孙宣子：叔孙侨如，鲁国下卿。“宣”是其谥号。东门子：指公孙归父，鲁国大夫。

【译文】

周定王八年，派遣刘康公出使鲁国访问，并分发见面礼物给鲁国大夫。季文子、孟献子都很节俭，而叔孙宣子、东门子家都很奢侈。

归，王问鲁大夫孰贤？对曰：“季、孟其长处鲁乎！叔孙、东门其亡乎！若家不亡，身必不免。”

【译文】

回来之后，定王询问鲁国大夫谁贤能？刘康公回答说：“季孙氏、仲孙氏大概能够在鲁国长久安身立命，叔孙氏、东门氏大概要败亡吧！如果家族侥幸不亡，他们本人一定逃不掉祸患。”

王曰：“何故？”对曰：“臣闻之：为臣必臣，为君必君[1]。宽肃宣惠[2]，君也；敬恪恭俭，臣也。宽所以保本也[3]，肃所以济时也[4]，宣所以教施也，惠所以和民也。

本有保则必固，时动而济则无败功，教施而宣则遍，惠以和民则阜[5]。若本固而功成，施遍而民阜，乃可以长保民矣，其何事不彻[6]？敬所以承命也，恪所以守业也，恭所以给事也，俭所以足用也。以敬承命则不违，以恪守业则不懈，以恭给事则宽于死，以俭足用则远于忧。若承命不违，守业不懈，宽于死而远于忧，则可以上下无隙矣[7]，其何任不堪？上任事而彻[8]，下能堪其任，所以为令闻长世也[9]。今夫二子者俭，其能足用矣，用足则族可以庇。二子者侈，侈则不恤匮，匮而不恤，忧必及之，若是则必广其身。且夫人臣而侈，国家弗堪，亡之道也。”

【注释】

〔1〕为臣必臣，为君必君：徐元诰《国语集解》本注曰“臣尚敬，君尚惠也”。 〔2〕肃：整。宣：遍。 〔3〕本：根基，基业。〔4〕济：成，成就。 〔5〕阜：厚。 〔6〕彻：通达。 〔7〕上下：指君臣。隙：间隙，矛盾。 〔8〕任：委派，派遣。 〔9〕令闻：美好的名声。

【译文】

定王说：“为什么呢？”刘康公回答说：“我听说：作臣子的一定要遵守为臣之道，作君主的一定要恪守为君之道。政令宽和、吏治严整、教化周遍、待民慈惠，这是君主应该做到的；敬事君上、谨慎守家、恭顺为政、作风俭朴，这是臣子应该做的。政令宽和才能保障基业，吏治严整才能完成政务，处事公正才能实施教化，待民慈惠才能和睦民众。基业得到保障就一定稳固，适时行动而政令畅通就没有办不到的事情，教化周遍就会普及，待民慈惠来和睦百姓就会物用富足。如果基业稳固而政令畅通，教化周遍而百姓物用富足，这样才可以长久地保育百姓，还有什么事情不顺畅呢？敬事君上以完成君命，谨慎持家以守住家业，恭顺为政以处理公务，作风俭朴以丰足财用。以敬上的态度来承受君命就不会违抗，以谨慎的态度来守护家业就不会懈怠，以恭顺的态度来处理公务就会避免受到刑戮，以俭朴来丰足财用就会远离困乏的忧愁。如果遵守君命不违抗，守护家业不懈怠，不犯法令而远离忧愁，就可以君臣没有矛盾了，还有什么事情办不好呢？君上行政通达，臣下胜任其职，所以国家能够美名远扬且长治久安。现在季孙氏、仲孙氏节俭，他们财用能够满足，财用满足家族就能得到庇护。叔孙氏、东门氏奢侈，奢侈就不会考虑匮乏，匮乏而不去考虑，忧患一定会降到他们头上，如果这样那么他们一定会加大搜刮百姓来满足他们奢侈的生活。何况作为臣子如果奢侈，国家将不能承受，这是自取灭亡的做法。”

王曰：“几何[1]？”对曰：“东门之位不若叔孙，而泰侈焉[2]，不可以事二君。叔孙之位不若季、孟，而亦泰侈焉，不可以事三君。若皆蚤世犹可[3]，若登年以载其毒[4]，必亡。”

【注释】

〔1〕几何：多久。 〔2〕泰侈：骄纵奢侈。 〔3〕蚤世：指早死。 〔4〕登年：犹延年，指长寿。载：行，行使。毒：害，毒害。

【译文】

定王问：“他们还能维持多久？”刘康公回答说：“东门子

在鲁国的地位不如叔孙宣子，却比叔孙宣子骄纵奢侈，恐怕难以侍奉两个君主了；叔孙宣子的地位比不上季孙、仲孙，却也比他们奢侈，恐怕难以侍奉三个君主了。如果他们短寿还可免于灾祸，假若他们长寿而多行不义，一定会举家败亡。”

十六年，鲁宣公卒[1]。赴者未及[2]，东门氏来告乱，子家奔齐。简王十一年，鲁叔孙宣伯亦奔齐，成公未殁二年[3]。

【注释】

〔1〕鲁宣公：鲁国国君，名馁，鲁文公之子。　〔2〕赴：通“讣”，讣告。　〔3〕殁（mò）：死，去世。

【译文】

周定王十六年，鲁宣公去世。报丧的使臣还没到王都，东门氏就来报告发生变乱，东门子家逃往齐国。周简王十一年，叔孙宣子也逃到齐国，事情发生在鲁成公去世前二年。

王孙说请勿赐叔孙侨如

简王八年[1]，鲁成公来朝[2]，使叔孙侨如先聘且告[3]。见王孙说[4]，与之语。说言于王曰：“鲁叔孙之来也，必有异焉。其享觐之币薄而言谄[5]，殆请之也[6]。若请之，必欲赐也。鲁执政唯强，故不欢焉而后遣之。且其状方上而锐下[7]，宜触冒人。王其勿赐。若贪陵之人来而盈其愿[8]，是不赏善也，且财不给。故圣人之施舍也议之，其喜怒取与亦议之。是以不主宽惠，亦不主猛毅，主德义而已。”王曰：“诺。”使私问诸鲁，请之也。王遂不赐，礼如行人。及鲁侯至，仲孙蔑为介[9]，王孙说与之语，说让。说以语王，王厚贿之[10]。

【注释】

〔1〕简王：东周第十位王，名夷，周定王之子。　〔2〕鲁成公：鲁国国君，名黑肱，鲁宣公之子。　〔3〕叔孙侨如：指上文的叔孙宣子。　〔4〕王孙说：周大夫。　〔5〕觐：臣子朝见君主。谄：讨好、奉承。　〔6〕殆：大概。　〔7〕方上：指上额方。锐下：指下颏尖。〔8〕贪：贪婪。陵：侵凌。盈：满足。　〔9〕介：副手。　〔10〕贿：财物，此指赏赐财物。

【译文】

简王八年，鲁成公要来朝见，派叔孙侨如先行进献聘礼并且告知此事。叔孙侨如见到周大夫王孙说，并和他交谈。王孙说对简王说：“鲁国叔孙氏来聘，一定有别的目的。他朝见时聘礼少，而言辞谄媚，大概是他自己主动请求来的。如果是自己要来的，一定是想得到赏赐。叔孙氏作为鲁国执政而势力强大，鲁君即使不高兴也不得不派他来。况且他的脸上额方，下颏尖，这种人最好冒犯他人。大王还是不要赏赐他。如果贪婪而强势的人来了，而满足他的私欲，这就是奖赏恶人了，况且赏赐的财物也难以满足他的欲望。因此圣人在给与不给问题上要权衡考虑的，在喜怒取予问题上也要权衡考虑。因此不主张太宽厚慈惠，也不主张太严厉苛刻，主张依德而行罢了。”简王说：“好的。”简王于是派人暗中到鲁国打听，果然是叔孙自己请求要来的。简王便没赏他财物，以接待普通使节的礼节接待了他。等鲁侯到来的时候，仲孙蔑为副手，王孙说和他交谈，他很谦逊。王孙说把情况告诉了简王，简王赏赐了仲孙蔑大量的财币。

卷三　周语下

单襄公论晋将有乱

柯陵之会[1]，单襄公见晋厉公视远步高[2]；晋郤锜见，其语犯[3]；郤犨见，其语迂[4]；郤至见，其语伐[5]；齐国佐见，其语尽[6]。鲁成公见，言及晋难及郤犨之谮[7]。

【注释】

〔1〕柯陵之会：周简王十一年（前575），诸侯在柯陵（今河南新郑附近）举行盟会，史称柯陵之会。　〔2〕单襄公：单国国君，名朝，为周王卿士。晋厉公：晋国国君，名寿曼，晋景公之子。〔3〕郤锜：名锜，郤克之子，晋卿。犯：冲撞，凌犯。　〔4〕郤犨（chōu）：名犨，郤扬之子，晋卿。迂：迂阔不经。　〔5〕郤至：名至，郤犨之侄，晋卿。伐：夸耀。　〔6〕齐国佐：齐大夫国武子。尽：言辞直白，无所避讳。　〔7〕晋难：晋国的责难。指在此之前，晋曾联合诸侯讨伐郑国，鲁国未能按期参与，受到晋君的责难。郤犨之谮：郤犨对晋侯说鲁成公的坏话。

【译文】

在柯陵盟会上，单襄公看到晋厉公走路时昂首阔步，郤锜言辞凌人，郤犨谈吐迂远不经，郤至言辞虚夸，齐国的大臣国佐说话无所顾忌。鲁成公见到单襄公，谈到晋国对鲁国的责难以及郤犨在晋侯面前说自己坏话的事。

单子曰："君何患焉[1]！晋将有乱，其君与三郤其当之乎[2]！"鲁侯曰："寡人惧不免于晋，今君曰'将有乱'，敢问天道乎，抑人故也[3]？"对曰："吾非瞽、史，焉知天道[4]？吾见晋君之容而听三郤之语矣，殆必祸者也。夫君子目以定体[5]，足以从之，是以观其容而知其心矣。目以处义[6]，足以步目，今晋侯视远而足高，目不在体而足不步目，其心必异矣。目体不相从，何以能久？夫合诸侯[7]，民之大事也，于是乎观存亡。故国将无咎，其君在会，步言视听，必皆无谪[8]，则可以知德矣。视远，日绝其义；足高，日弃其德；言爽[9]，日反其信；听淫[10]，日离其名。夫目以处义，足以践德，口以庇信，耳以听名者也，故不可不慎也。偏丧有咎，既丧则国从之。晋侯爽二[11]，吾是以云。

【注释】

〔1〕患：忧虑，担心。　〔2〕当：承受，遭受。　〔3〕抑：或者。人故：人为的原因。　〔4〕焉：哪里，怎么。　〔5〕目以定体：目光引导四肢行动的方向。体：四肢。　〔6〕义：通"宜"，恰当（的方向）。　〔7〕合诸侯：指召开诸侯大会。　〔8〕谪：谴责，指责。　〔9〕爽：差错。　〔10〕淫：过滥，过度。　〔11〕二：两个方面。

【译文】

单襄公说："你有什么好担心的呢？晋国将有动乱，大概晋厉公和郤锜、郤犨、郤至他们要遭难了吧。"鲁成公说："我担心难以逃避晋国的责难，如今您却说'晋国将有动乱'，斗胆问一下这是上天的意志呢，还是人为的原因呢？"单襄公回答说："我不是盲乐师和太史，哪里知道上天的意志呢？在盟会上，我看到晋君的仪容，听了郤氏三大夫的言辞，推想他们恐怕要遭受祸患。君子以目光引导身体行动的方向，脚步随之而行，因此观察一个人的仪容就能了解他的内心。目光应注视恰当的方向，脚步应与目光一致，如今晋厉公昂首阔步，目光不能引导身体行动的方向，而脚步又不与目光相一致，他的内心一定有别的想法。目光和行动不协调，怎么能长久呢？参加诸侯盟会，是事关国家百姓安危的大事，从中可以观察一个国家生死存亡的命运。所以，一个国家如果没有灾祸，它的国君在盟会上的言辞行为都无可指责，这样就可以了解他的美好德行。目视远方，就会一天天偏离恰当的位置；脚步抬高，就会一天天抛弃谦谨的德行；言语差错，就会一天天丧失信用；听信乱言，就会一天天毁掉自己善辨是非的声名。眼光确定方向，脚步践行道德，嘴巴维护信用，耳朵明辨是非，所以不能不慎重啊。这四者中任何一个功能丧失都会带来灾祸，国家也会随之遭殃。晋侯丧失了两个方面，因此我说他将有祸患。

"夫郤氏，晋之宠人也，三卿而五大夫[1]，可以戒惧矣。高位实疾颠[2]，厚味实腊毒[3]。今郤伯之语犯，叔迂、季伐[4]。犯则陵人，迂则诬人，伐则掩人。有是宠也，而益之以三怨，其谁能忍之！虽齐国子亦将与焉。立于淫乱之国，而好尽言，以招人过，怨之本也。唯善人能受尽言，齐其有乎？吾闻之，国德而邻于不修，必受其福。今君偪于晋而邻于齐〔5〕，齐、晋有祸，可以取伯〔6〕，无德之患，何忧于晋？且夫长翟之人利而不义〔7〕，其利淫矣，流之若何〔8〕？”

【注释】

〔1〕三卿而五大夫：三个卿，五个大夫，言郤氏甚得晋君恩宠。〔2〕疾：速。颠：陨落，颠覆。〔3〕厚：浓郁。腊（xī）：极，非常。〔4〕伯：郤锜。叔：郤犨。季：郤至。〔5〕偪（bī）：同“逼”，靠近。〔6〕取伯：即称霸。伯，通“霸”。〔7〕长翟之人：指鲁大夫叔孙侨如（亦称叔孙宣子）。他的父亲曾打败狄人（翟，通“狄”），俘虏了长翟侨如，于是就给儿子取名为“侨如”。〔8〕流：流放。

【译文】

“郤氏一族是倍受晋君宠幸的人，共有三人为卿、五人为大夫，应该警惕了。地位高也就意味着覆灭快，味道浓郁的东西常常毒性也大。如今郤锜言辞冲撞，郤犨言谈迂阔不经，而郤至则自我夸耀。言语冲撞就容易欺凌别人，言谈迂阔就容易诽谤别人，自我夸耀就会掩人之美，郤氏受这样的恩宠再加上这三个招人怨恨的恶习，谁还能容忍他们呢！即便是齐国的国佐也将要遭受灾祸。处在淫荡动乱的国家，却喜欢直言不讳地发表言论，揭示别人的过错，这是招致怨恨的根本。只有善于听取意见的人才能接受别人直言不讳的批评，齐国有这样的人吗？我听说，实行德政的国家与不修德政的国家为邻，一定能从中得到好处。如今您的国家靠近晋国而又与齐国为邻，齐、晋如果有灾祸，您就可以称霸诸侯了，应该担心的是您否具备了美好的德行，晋国有什么可担心的呢？况且叔孙侨如好利而不行仁义，他贪得无厌，把他驱逐出朝怎么样？”

鲁侯归，乃逐叔孙侨如。简王十一年，诸侯会于柯陵。十二年，晋杀三郤〔1〕。十三年，晋侯弑〔2〕，于翼东门葬〔3〕，以车一乘〔4〕。齐人杀国武子。

【注释】

〔1〕三郤：指郤锜、郤犨、郤至。 〔2〕弑：封建时代称臣杀君、子杀父母为弑。此指被杀。 〔3〕翼：在今山西沁水以西，是晋国的别都。 〔4〕车一乘：丧礼只用一车四马。依礼诸侯的丧礼用车七乘，此指没以诸侯之礼葬晋侯。

【译文】

鲁成公回国后，就赶走了叔孙侨如。周简王十一年，诸侯在柯陵会盟。十二年，晋厉公杀了郤锜、郤犨和郤至。十三年，晋厉公被栾书等人杀死，葬在翼城东门，葬礼也只用了一辆车四匹马。同年，齐灵公杀了国佐。

单穆公谏景王铸大钱

景王二十一年〔1〕，将铸大钱〔2〕。单穆公曰〔3〕：“不可。

古者，天灾降戾[4]，于是乎量资币，权轻重，以振救民[5]。民患轻，则为作重币以行之，于是乎有母权子而行[6]，民皆得焉。若不堪重，则多作轻而行之，亦不废重，于是乎有子权母而行，小大利之[7]。

【注释】

〔1〕景王：东周第十二位，名贵，周灵王次子。　〔2〕大钱：面值大的钱币。　〔3〕单穆公：周朝大夫，单靖公的曾孙。　〔4〕戾：至，到。　〔5〕振救：拯救，救助。　〔6〕权：辅助，协同。　〔7〕小大：指小钱和大钱。

【译文】

周景王二十一年，准备铸造大面额的钱币。单穆公说："不可以。古时候，天灾降临，于是度量货币，权衡轻重，来救济百姓。百姓忧虑钱币过轻，就为他们铸造大额钱币以行于世，于是大钱协同小钱一起流通，百姓都从中得到好处。如果百姓担心虑钱币过重，就为他们铸造小钱以行于世，也不废除大钱，于是小钱协同大钱流通使用。这样，无论是铸造小钱还是大钱，都有利于百姓。

"今王废轻而作重，民失其资，能无匮乎？若匮，王用将有所乏，乏则将厚取于民。民不给，将有远志[1]，是离民也。且夫备有未至而设之，有至而后救之，是不相入也[2]。可先而不备，谓之怠；可后而先之，谓之召灾。周固羸国也[3]，天未厌祸焉，而又离民以佐灾[4]，无乃不可乎？将民之与处而离之，将灾是备御而召之，则何以经国？

国无经，何以出令？令之不从，上之患也，故圣人树德于民以除之。

【注释】

〔1〕远志：指远离逃亡之心。　〔2〕入：混同。　〔3〕固：原本。羸：瘦弱。　〔4〕佐：助，助长。

【译文】

“如今大王废除小钱而铸造大钱，百姓手头的小钱没法使用，财用能不匮乏吗？如果百姓财用匮乏，大王的财用也将由此缺乏，财用缺乏就会加重对百姓的征敛。百姓众难以供给，便会产生远走叛离之心，这是逼迫百姓叛离啊。况且措施，有用来事先防范的，也有灾后补救的，这是不能混同的。可以提前做好防范而没有做，这叫做怠慢疏忽；应该灾后补救的措施却在灾害前用了，这叫做招致灾祸。东周王朝原本就是羸弱的小国，上天还接连不断地降下灾祸，而陛下又铸造大钱来离散百姓以加剧这种灾难，恐怕不可以这样吧？可以与百姓和睦相处却要非离散他们，可以防备抵御的灾害却非要把它招来，这样还如何治理国家？治国没有策略，如何下达政令？下达政令百官听从，这是君主所应该忧患的，所以圣人要在百姓中施加恩德来消除这些忧患。

“《夏书》有之曰〔1〕：‘关石和钧〔2〕，王府则有。’《诗》亦有之曰〔3〕：‘瞻彼旱麓，榛楛济济〔4〕。恺悌君子，干禄恺悌〔5〕。’夫旱麓之榛楛殖〔6〕，故君子得以易乐干禄焉。若夫山林匮竭，林麓散亡〔7〕，薮泽肆既，民力雕尽〔8〕，田畴荒芜，资用乏匮[9]，君子将险哀之不暇，而何易乐之有焉？且绝民用以实王府，犹塞川原而为潢汙也[10]，其竭也无日矣。若民离而财匮，灾至而备亡，王其若之何？吾周官之于灾备也，其所怠弃者多矣，而又夺之资，以益其灾，是去其藏而翳其人也。王其图之[11]！”

【注释】

〔1〕《夏书》有之：今本《尚书·夏书》未见此句。之，指“关石和钧，王府则有”这句话。〔2〕关石和钧：此指均衡赋税。关，平衡；石，古代一百二十斤为一石。钧，古代三十斤为一钧。〔3〕《诗》：指《诗·大雅·旱麓》。〔4〕榛楛：榛木与楛木。泛指丛生的杂木。韦昭注“榛，似栗而小。楛，木名”。〔5〕干禄：追求功名利禄。恺悌：和乐平易。恺，乐也；悌，易也。〔6〕旱麓：旱山脚下。旱，山名。麓，山脚。〔7〕林麓：山林。〔8〕雕：通“凋”，凋敝。〔9〕田畴：泛指田地。资用：钱财费用。〔10〕潢汙：也作“潢污”，积聚、不流动的水。〔11〕图：考虑。

【译文】

“《夏书》中说：‘均衡赋税，王室的库藏就会富足。’《诗·大雅·旱麓》上也说：‘看那旱山脚下，榛树、楛树丛生。欢乐平和的君子，追求福禄也欢乐平和。’旱山脚下的榛树、楛树长得多茂盛，所以君子能平易和乐地求得福禄。如果山林枯败，湖泊水尽，民力凋敝，田地荒芜，钱财费用紧缺，君子哀愁险灾还来不及，哪里还有什么欢乐平和呢？况且搜尽民财来充实王室府库，这就像堵住河源来积存死水一样，很快就会干涸。如果百姓叛离而财用匮乏，灾害到来又没有防备措施，大王将怎么办呢？我们周王室的官员在灾害预防方面，所懈怠疏漏的地方太多了，现在又要夺取百姓的财用，来加重这些灾祸，这是夺取他们的贮藏而置他们于死地啊。大王还是仔细考虑一下吧！”

王弗听，卒铸大钱。

【译文】

周景王不听劝阻，最终还是铸造了大钱。

宾孟见雄鸡自断其尾

景王既杀下门子[1]。宾孟适郊[2]，见雄鸡自断其尾，问之，侍者曰：“惮其牺也[3]。”遽归告王曰：“吾见雄鸡自断其尾，而人曰‘惮其牺也’，吾以为信畜矣[4]。人牺实难，己牺何害[5]？抑其恶为人用也乎，则可也。人异于是。牺者，实用人也。”王弗应。田于巩[6]，使公卿皆从，将杀单子[7]，未克而崩[8]。

【注释】

〔1〕下门子：景王之子子猛的老师。案：景王嫡长子早死，便立庶长子子猛为太子，后又想改立庶子子朝为太子。下门子是子猛的老师，为达目的故先杀掉他。　〔2〕宾孟：周朝大夫，当时做子朝的老师。　〔3〕惮：惧怕，害怕。牺：祭祀时所杀的牲畜，亦称牺牲。古代祭祀用的牺牲必须色泽鲜亮、羽翅完整，雄鸡为避免被用作牺牲而

自断其尾。〔4〕信：诚，确实。畜：此指牲畜之本能。〔5〕人牺：为人作牺牲。己牺：为自己活命作牺牲。〔6〕巩：在今河南巩县西南。〔7〕将杀单子：韦昭注曰“王欲废子猛更立子朝，恐其不从，故欲杀之”。单子，指单穆公。〔8〕崩：古代称帝王去世曰崩。

【译文】

周景王杀了太子子猛的老师下门子。子朝的老师宾孟前往城郊，看见一只公鸡啄断自己的尾巴，便向随从询问其中的原因，随从回答说：“害怕被当作祭祀的牺牲。”于是马上回去报告景王，说：“臣看见公鸡啄断自己的尾巴，随从告诉我说‘害怕被当作祭祀的牺牲’，我认为那确实是动物的本能。为人祭祀做牺牲（献出生命）很难，为自己能存活牺牲一点羽毛有什么害处呢？大概是牲畜讨厌为人所用才那么做，那倒是无可厚非的。但人与牲畜有所不同。像牺牲那样被宠幸的，都是君王要重用的人。”景王没有回答。他到巩去打猎时，让公卿大臣们陪着一起去，将要杀掉单穆公，还没动手自己就死了。

卷四　鲁语上

曹刿问战

长勺之役[1]，曹刿问所以战于庄公[2]。公曰："余不爱衣食于民，不爱牲玉于神[3]。"对曰："夫惠本而后民归之志，民和而后神降之福。若布德于民而平均其政事，君子务治而小人务力；动不违时，财不过用；财用不匮，莫不能使共祀[4]。是以用民无不听，求福无不丰。今将惠以小赐，祀以独恭。小赐不咸，独恭不优[5]。不咸，民不归也；不优，神弗福也[6]。将何以战？夫民求不匮于财，而神求优裕于享者也，故不可以不本。"公曰："余听狱虽不能察[7]，必以情断之。"对曰："是则可矣。知夫苟中心图民，智虽弗及，必将至焉。"

【注释】

〔1〕长勺之役：指周庄王十三年（前684），齐国和鲁国在鲁国长勺交战，以齐国战败告终。长勺，地名，在今山东省曲阜市境内。

〔2〕曹刿：曹沫，鲁国大夫。庄公：鲁国国君，名同，鲁桓公之子。

〔3〕爱：吝惜。　〔4〕共：通“供”，供奉，供给。　〔5〕咸：都，此指普及。优：充裕。　〔6〕福：赐福。　〔7〕狱：诉讼，案件。

【译文】

在鲁国和齐国的长勺之战中，曹刿问鲁庄公凭什么和齐国打仗。庄公说：“对百姓我从不吝惜衣服和食物，祭祀神灵我从不吝惜牛羊和玉器。”曹刿回答说：“从根本上施加恩惠百姓才会诚心归附，百姓和睦神灵才会降给他们福佑。如果能广泛布施恩德，又公正地处理政事，使官吏专心处理政事，百姓尽力开展生产；军国大事不占用农时，官府财用不铺张浪费，这样国家财用就不会短缺，百姓也能供给祭品。这样以来征用百姓没有不听从的，祈求降福没有不满足的。如今您只给百姓一点小恩惠，仅仅是自己恭敬地向神灵供奉祭品。小恩惠不能普及百姓，独自供奉难以充裕。恩德布施不普及，百姓便不会归附；供奉祭品不充裕，神灵就不会降福。您将拿什么和齐国作战呢？百姓追求的财用不匮乏，神灵追求的祭品充裕，因此不能不抓住根本问题。”庄公说：“我审理百姓的案件时虽然不敢说明察秋毫，但力求以情理判断。”曹刿回答说：“这就可以了。假如从内心里为百姓考虑，即使智慧达不到，也一定能达到目的。”

曹刿谏庄公如齐观社

庄公如齐观社〔1〕。曹刿谏曰：“不可。夫礼，所以正民也。是故先王制诸侯〔2〕，使五年四王、一相朝〔3〕。终则讲于会，以正班爵之义[4]，帅长幼之序[5]，训上下之则[6]，制财用之节[7]，其间无由荒怠。夫齐弃太公之法而观民于社[8]，君为是举而往观之[9]，非故业也[10]，何以训民？土发而社，助时也。收攟而蒸[11]，纳要也。今齐社而往观旅[12]，非先王之训也。天子祀上帝，诸侯会之受命焉。诸侯祀先王、先公，卿大夫佐之受事焉。臣不闻诸侯相会祀也，祀又不法。君举必书[13]，书而不法，后嗣何观？”公不听，遂如齐。

【注释】

〔1〕如齐观社：到齐国观看祭祀土地神活动。案：公元前 671 年，齐国借举行社祭的机会，进行阅兵，以炫耀武力，并邀请各国诸侯前去观看。 〔2〕制：制约，管理。 〔3〕五年四王、一相朝：诸侯五年之内，四次派使臣聘问天子，一次亲自去朝见天子。 〔4〕班：次第。爵：爵位。 〔5〕帅：理顺。 〔6〕则：规范。 〔7〕节：法度。 〔8〕太公：齐国的始祖太公望，以吕为氏，姜姓。 〔9〕是举：这件事。 〔10〕故业：先例。 〔11〕攟（jùn）：古同“捃”，拾取。蒸：冬祭曰蒸。 〔12〕旅：军事演习。 〔13〕举：举止，行为。

【译文】

鲁庄公准备到齐国去观看社祭。曹刿劝阻说：“不可以。礼，是用来规范百姓行为的。所以先王为诸侯制定礼法，规定诸侯每五年要四次派使臣聘问天子，一次亲自朝见天子。朝见结束还要聚集在一起讲习礼仪，来明确爵位次第，理顺长幼的顺序，讲求上下的规范，制定财物调用的标准，这期间不能随意缺席或怠慢。如今齐国抛弃了始祖姜太公所定的法规，让百姓观看社祭，国君您为这件事前往齐国去观看，这在以前是没有先例的，这样还如何训导百姓呢？春天大地生机萌发，举行社祭是为了辅助时气。冬天农忙结束后举行社祭，是要向土神进献五谷。如今齐国举行社祭却让诸侯去观看军事演习，这不合乎先王的遗训。周天子祭祀上帝，诸侯要参与祭祀而接受政命；诸侯祭祀先王先公，卿大夫要辅助并接受任务。我没有听说过诸侯集会观看祭祀的事情，况且这个祭祀又不合乎礼法。君王的言行举止史官都是要记录下来，记录不合礼法的事，子孙后代将怎么看待这件事呢？”庄公不听劝告，还是去了齐国。

匠师庆谏庄公丹楹刻桷

庄公丹桓宫之楹〔1〕，而刻其桷〔2〕。匠师庆言于公曰〔3〕：“臣闻圣王公之先封者，遗后之人法，使无陷于恶。其为后世昭前之令闻也〔4〕，使长监于世，故能摄固不解以久。今先君俭而君侈，令德替矣〔5〕。”公曰：“吾属欲美之〔6〕。”对曰：“无益于君，而替前之令德，臣故曰庶可已矣〔7〕。”公弗听。

【注释】

〔1〕丹：红色。此指涂上红漆。桓宫：鲁庄公父亲鲁桓公的庙堂。楹（yíng）：厅堂前部的柱子。　〔2〕桷（jué）：方形的椽子。　〔3〕匠师庆：即鲁国掌管工匠事务的大夫，名庆。　〔4〕令闻：美好的声名。　〔5〕替：废弃。　〔6〕属：辈，等。　〔7〕已：停止。

【译文】

鲁庄公要用红漆涂染他父亲桓公庙堂上的楹柱，并在方形的椽子上雕刻花纹。匠师庆对庄公说："我听说先代圣明的开国王公，给后人留下处事的礼法，使后人免于沦落到暴虐无道的境地，这是为了让后代彰显前人的美好名声，并长久加以借鉴，所以能够长期不懈地保持基业稳固，并久远传承。如今，您的父亲桓公节俭而您却奢侈，您父亲的美德被抛弃了。"庄公说："我们只是想把庙堂整修得好看些。"回答说："这样做对您没有好处，却抛弃了先君的美好德行，所以我说这件事还是就此作罢吧。"庄公不听劝告。

夏父展谏宗妇觌哀姜用币

哀姜至〔1〕，公使大夫、宗妇觌用币〔2〕。宗人夏父展曰〔3〕："非故也〔4〕。"公曰："君作故。"对曰："君作而顺则故之，逆则亦书其逆也。臣从有司，惧逆之书于后也，故不敢不告。夫妇贽不过枣、栗〔5〕，以告虔也。男则玉、帛、禽、鸟，以章物也。今妇执币〔6〕，是男女无别也。男女之别，国之大节也，不可无也。"公弗听。

【注释】

〔1〕哀姜：鲁庄公夫人，齐襄公之女。哀是其谥号。　〔2〕公：鲁庄公。宗妇：同宗大夫之妇。觌（dí）：拜见。币：古人相见时所持的礼物，如玉帛之类。　〔3〕宗人：又称宗伯，周代掌管宗庙祭祀的

官。夏父展：夏父是其氏，展是其名。　〔4〕故：先例，旧例。〔5〕夫妇贽不过枣、栗：这种说法与《礼记》相吻合。《礼记·曲礼下》称“妇人之挚，椇、榛、脯、脩、枣、栗”。夫，发语词。〔6〕执币：指以玉帛等作为见面礼。

【译文】

鲁庄公夫人哀姜嫁到鲁国时，庄公让同宗大夫和他们的妻子带上玉、帛之类的礼物去拜见哀姜。宗人夏父展说：“这样做不符合先王定下的规矩。”庄公说：“国君可以创制规矩。”夏父展回答说：“国君的创制合乎礼法就可以成为规矩，违反礼法也将记载他违礼的行为。我作为宗人，担心这违礼的事情被记载传于后世，因此不敢不告知其中的利害。妇人的见面礼物只是些枣、栗之类的东西，以表示虔诚而已。男人的见面礼物则有珠玉、丝帛、禽鸟之类，以此来表明身份和地位的不同。如今女人也以玉、帛一类的东西作礼物，这是男女无别了。男女间的区别，是国家的大礼节，不能弃之不顾啊。”庄公不听。

臧文仲如齐告籴

鲁饥[1]，臧文仲言于庄公曰[2]：“夫为四邻之援，结诸侯之信，重之以婚姻，申之以盟誓[3]，固国之艰急是为[4]。铸名器[5]，藏宝财，固民之殄病是待[6]。今国病矣，君盍以名器请籴于齐[7]！”公曰：“谁使?”对曰：“国有饥馑，卿出告籴，古之制也[8]。辰也备卿[9]，辰请如齐。”公使往。从者曰："君不命吾子，吾子请之，其为选事乎[10]？"文仲曰："贤者急病而让夷，居官者当事不避难，在位者恤民之患，是以国家无违。今我不如齐，非急病也。在上不恤下，居官而惰，非事君也。"

【注释】

〔1〕饥：谷物不收，饥荒。《尔雅·释天》"谷不熟为饥，蔬不熟为馑"。 〔2〕臧文仲：姬姓，臧氏，名辰，谥文。因其排行第二，故称臧文仲，鲁国正卿。 〔3〕申：重申，加强。 〔4〕固：本来。〔5〕名器：国家重器，指钟鼎之类。 〔6〕殄（tiǎn）：绝，灭。病：困顿。 〔7〕盍：何不。籴（tiào）：买进粮食。 〔8〕告：请求。〔9〕辰：臧文仲之名。备卿：谦词，指位在卿大夫之列。 〔10〕选事：自选差使，自己找事做。

【译文】

鲁国发生饥荒，臧文仲对鲁庄公说："我们平时援交四方邻国，与诸侯缔结信约，又通过联姻来加强它，以盟誓来巩固它，本来就是为了挽救国家的危难。铸造钟鼎等国家重器，贮藏宝器财物，本来就是准备拯救百姓的困苦。如今国家遭逢灾害，国君何不拿着钟鼎宝器向齐国求购粮食呢？"庄公说："派谁去呢？"臧文仲回答说："国家发生饥荒，卿大夫到他国求购粮食，这是自古以来的制度。我忝列卿大夫之位，我请求到齐国去求购粮食。"于是庄公就派臧文仲前往齐国。臧文仲的侍从说："国君没让您去，您却主动要求去，这不是自己找事做吗？"文仲说："贤能的人急于救难而把容易的事交给别人做，当官者遇到难事不逃避，当政的人应该体恤百姓忧患，这样国家才能平安无事。今天我不去齐国，就是不能急于救难了。处于上位而不体恤百姓，当了官而又懒于处理政务，这不是臣子事奉君主应该做的。”

文仲以鬯圭与玉磬如齐告籴[1]，曰：“天灾流行，戾于弊邑[2]，饥馑荐降[3]，民羸几卒[4]，大惧乏周公、太公之命祀[5]，职贡业事之不共而获戾[6]。不腆先君之币器[7]，敢告滞积[8]，以纾执事[9]，以救弊邑，使能共职。岂唯寡君与二三臣实受君赐，其周公、太公及百辟神祇实永飨而赖之！”齐人归其玉而予之籴。

【注释】

〔1〕鬯圭：祭祀宗庙时用的名贵的器具。韦昭注“鬯圭，祼鬯之圭，长尺二寸，有瓒，以祀庙”。玉磬：宫廷演奏雅乐时用的一种乐器。 〔2〕戾：至，波及。弊邑：偏僻的小城邑。此指鲁国。弊，通“敝”。 〔3〕荐：重，一再。 〔4〕羸：弱，病。几：近。卒：尽。〔5〕周公：姓姬，名旦，史称周公旦，周文王姬昌第四子。太公：姜姓，名吕，字子牙，被尊称为太公望，后人多称其为姜子牙、姜太公。〔6〕职贡业事：指供给王室的贡品。戾：罪。 〔7〕不腆：谦词。犹言不丰厚，微薄。 〔8〕滞积：指积存的粮食。 〔9〕纾：缓解。执事：办事人员。此指管齐国理粮食官员。

【译文】

臧文仲拿着鬯圭和玉磬到齐国请求购粮，说：“天灾流行，降临到我们国家，饥荒一再发生，百姓贫瘠羸弱，多被饿死或逃亡。我们非常担心因为缺乏祭祀周公、太公的物品，难以供给王室的贡品而获罪。所以献上先君不丰厚的宝器，请求贵国把沉积粮食接济给我们，这样既缓解了管粮人的压力，也解救我们的灾荒，使我们得以履行职守。这哪里仅仅是我们的君臣受到您的恩惠，周公、太公和天地神灵也赖以获得长久的祭祀。”齐国归还了玉器而借给了鲁国粮食。

展禽使乙喜以膏沐犒师

齐孝公来伐鲁〔1〕，臧文仲欲以辞告。病焉〔2〕，问于展禽〔3〕。对曰：“获闻之，处大教小，处小事大，所以御乱也〔4〕，不闻以辞。若为小而崇〔5〕，以怒大国，使加己乱，乱在前矣，辞其何益？”文仲曰：“国急矣！百物唯其可者，将无不趋也〔6〕。愿以子之辞行赂焉，其可赂乎？”

【注释】

〔1〕齐孝公：齐国国君，名昭，齐桓公之子。伐鲁：鲁僖公二十六年（前634）夏，鲁国大饥，齐孝公借机攻打鲁国。　〔2〕病焉：担忧这件事。　〔3〕展禽：柳下惠，姓展，名获，字禽，鲁国大夫。〔4〕御：抵御，避免。乱：祸乱。　〔5〕崇：指骄傲自大。　〔6〕百物：指任何东西。趋：指听从调用。

【译文】

齐孝公带兵来讨伐鲁国，臧文仲想以言辞劝退齐兵。但却找不到合适的理由，便向展禽求教。展禽回答说：“我听说，大国要教导小国，小国要事奉大国，这是避免祸乱的办法，没听说光靠言辞就能解决问题的。如果作为小国却骄傲自大，惹恼了大国，导致祸乱加身，祸乱临头，言辞还有什么作用？”

文仲说："国家处于危急时刻了，无论什么东西，只要用得着的，都将听从调用。希望以您雄辩的言辞能够送礼给齐国，这样能行吗？"

展禽使乙喜以膏沐犒师[1]，曰："寡君不佞[2]，不能事疆场之司，使君盛怒，以暴露于弊邑之野，敢犒舆师[3]。"齐侯见使者曰："鲁国恐乎？"对曰："小人恐矣，君子则否。"公曰："室如悬磬[4]，野无青草，何恃而不恐？"对曰："恃二先君之所职业。昔者成王命我先君周公及齐先君太公曰：'女股肱周室[5]，以夹辅先王。赐女土地，质之以牺牲，世世子孙无相害也。'君今来讨弊邑之罪，其亦使听从而释之，必不泯其社稷[6]；岂其贪壤地，而弃先王之命？其何以镇抚诸侯？恃此以不恐。"齐侯乃许为平而还[7]。

【注释】

〔1〕乙喜：指展喜，姬姓，展氏，名喜，字乙，鲁国大夫。膏沐：润发油。犒：犒劳。师：军队，此指齐军。　〔2〕不佞（nìng）：不善，不才。　〔3〕舆：古代奴隶中的一个等级，泛指地位低微的人。此用以指众人。　〔4〕室如悬磬：指鲁国府库亏空，如悬吊的磬一样，只有一个空壳。磬（qìng），古代打击乐器，形状像曲尺，用玉、石制成，可悬挂。　〔5〕女：通"汝"，你们。股肱：如人股肱一般。此指辅佐，捍卫。　〔6〕泯：消灭，灭掉。　〔7〕平：讲和。

【译文】

展禽让乙喜带着润发油去慰劳齐军，说："我们国君不才，没能事奉好您边界上的官员，惹得您大怒，以至于烦劳您带着军队在我们郊野风餐露宿，故而我斗胆来慰劳贵军。”齐孝公接见使者说：“鲁国恐慌吗？”回答说：“小人恐慌，君子不恐慌。”孝公说：“你们国库空虚，田间连青草都长不出来（颗粒不收），凭什么不恐慌？”回答说：“我们凭仗着我们两国先君周公和太公的所共同承担辅助王室的职守。从前周成王命令我们的始祖周公和齐国先君太公说：‘你们全力匡扶王室，辅佐先王奠定基业。赐给你们土地，当着天地神灵盟誓，世代、子孙不要相互侵害。’如今您来责问我们的过错，大概也是让我们顺从就可以了，必定不会灭掉鲁国。难道您还会贪图我们的土地，而抛弃先王的命令吗？那样将如何震慑抚慰诸侯？凭仗这一点所以不恐慌。”齐孝公于是同意和解，就撤兵回国了。

臧文仲说僖公请免卫成公

温之会[1]，晋人执卫成公归之于周[2]，使医鸩之[3]，不死，医亦不诛。臧文仲言于僖公曰[4]：“夫卫君殆无罪矣。刑五而已[5]，无有隐者，隐乃讳也。大刑用甲兵[6]，其次用斧钺[7]，中刑用刀锯[8]，其次用钻笮[9]，薄刑用鞭扑，以威民也。故大者陈之原野，小者致之市朝，五刑三次[10]，是无隐也。今晋人鸩卫侯不死，亦不讨其使者，讳而恶杀之也。有诸侯之请，必免之。臣闻之：班相恤也，故能有亲。夫诸侯之患，诸侯恤之，所以训民也。君盍请卫君以示亲于诸侯，且以动晋？夫晋新得诸侯，使亦曰：‘鲁不弃其亲，其亦不可以恶。’”公说，行玉二十瑴[11]，乃免卫侯。

【注释】

〔1〕温之会：鲁僖公二十八年（前632），晋、齐、宋、鲁等诸侯在晋国温地（今河南省温县西南）盟会，史称温之会。　〔2〕晋人执卫成公：卫成公不服从晋国的盟主地位，所以晋国逮捕了他，并把他押送到成周。卫成公，卫国国君，名郑，卫文公之子。　〔3〕鸩：传说中的一种毒鸟。用它的羽毛沾过的酒，可以毒杀人。这里指以鸩酒毒杀卫成公。　〔4〕僖公：鲁国国君，名申，鲁庄公之子。　〔5〕刑五：指下文中甲兵、斧钺、锯、钻笮、鞭扑等五种刑罚。　〔6〕甲兵：名词动用，指动用武力征伐。　〔7〕斧钺：指杀戮刑罚。钺，大斧。　〔8〕刀锯：斩首或去处肢体的刑罚。　〔9〕钻笮：穿洞凿刻。这里指黥刑。笮（zé），通“凿”。　〔10〕次：场所。　〔11〕瑴（jué）：双玉。

【译文】

在晋国温地盟会上，晋国拘捕了卫成公，并将他扭送到成周，让医生用鸩酒毒杀他，结果没有毒死，医生也没有受到惩罚。臧文仲对鲁僖公说：“卫君大概没有罪了。刑法只有五种罢了，没有用鸩酒毒杀这种方法，用这种方法杀人要有所避讳。最严厉的刑罚是动用武力征讨，其次是用斧钺杀戮，中等刑罚是用刀锯肢解身体，其次是用钻笮毁容的黥刑，最轻的刑罚是鞭子抽打，以此来震慑百姓。所以动用甲兵征伐、用斧钺杀戮的刑罚在野外执行，用刀锯斩首或断截肢体的刑罚在市、朝执行，五种刑罚分别在三种场所执行，这些都没有用鸩酒毒死的方法。如今晋人用鸩酒毒杀卫侯却没有毒死，也没有惩罚医生，是避讳用鸩酒毒杀这件事。如果有诸侯出面为卫君求情，晋国一定会赦免他。我听说：同等地位的人互相救助，因而能够关系亲近。一个诸侯有了灾难，别的诸侯去救助他，这才是教导百姓的正确方法。您何不替卫君求情向诸侯显示您的爱心，并且通过此事感动晋侯呢？晋侯才得到诸侯间的拥护，让他的使臣会说：'鲁国没有丢弃它宗亲，我们不可以与鲁国交恶'。”僖公非常高兴，献上二十对白玉给周王和晋侯，于是他们赦免了卫侯。

自是晋聘于鲁，加于诸侯一等，爵同，厚其好货。卫侯闻其臧文仲之为也，使纳赂焉。辞曰："外臣之言不越境，不敢及君。"

【译文】

从此晋国派人到鲁国访问，礼节规格要比其他诸侯高一等，送的见面礼币也比和鲁国同等爵位的要好。卫侯听说请免这件事是臧文仲的主意，派人送礼给他。臧文仲推辞说："我作为臣子不能越境结交，不敢和您有交往。"

臧文仲请赏重馆人

晋文公解曹地以分诸侯[1]。僖公使臧文仲往，宿于重馆[2]。重馆人告曰："晋始伯而欲固诸侯[3]，故解有罪之地以分诸侯。诸侯莫不望分而欲亲晋，皆将争先。晋不以固班〔4〕，亦必亲先者，吾子不可以不速行。鲁之班长而又先，诸侯其谁望之？若少安〔5〕，恐无及也。”从之，获地于诸侯为多。反，既复命，为之请曰：“地之多也，重馆人之力也。臣闻之曰：‘善有章，虽贱赏也；恶有衅，虽贵罚也。’今一言而辟境，其章大矣，请赏之。”乃出而爵之。

【注释】

〔1〕晋文公：晋国国君，名重耳，献公之子，为春秋五霸之一。
〔2〕重馆：重，鲁地，今山东省鱼台县西北。馆，接待宾客的房舍。
〔3〕伯：通“霸”，称霸诸侯。　〔4〕固：原来。班：次序，等次。
〔5〕少：稍微。安：安然，引申为慢。

【译文】

晋文公分割曹国的封地给各诸侯国。鲁僖公派臧文仲前去领受，途中住在重地的馆舍里。馆舍的看守人劝告他说：“晋国刚当上诸侯霸主，想巩固与诸侯的关系，所以划分曹国的土地给诸侯。诸侯都希望多分些土地，而亲近晋国，都争着先到。晋国不一定按照诸侯原来的爵位等级来分配，一定会亲近先到的人，您一定要快速行动。鲁国爵位等级高，而又先到，诸侯还有谁敢与鲁国相攀比？如果您稍慢一点，恐怕就赶不上了。”臧文仲听从了看守人的意见及早赶到。结果获得的土地在诸侯国中最多。回到鲁国，向鲁君复命之后，为看守人请功说：“这次分得这么多土地，都是重邑馆舍看守人的功劳啊。我听说：‘做好事，功劳显著，即使身份卑贱，也应该进行奖赏；做坏事，罪行确凿，即使地位高贵也要惩罚。’如今看守人的一句话而开辟了国家的疆土，他的功劳很大了，我请求国君奖赏他。”僖公于是把看守人从馆舍中提拔出来，并封给他爵位。

文公欲弛孟文子与郈敬子之宅

文公欲弛孟文子之宅[1]，使谓之曰：“吾欲利子于外之宽者。”对曰：“夫位，政之建也[2]；署，位之表也[3]；车服，表之章也；宅，章之次也；禄，次之食也。君议五者以建政，为不易之故也[4]。今有司来命易臣之署与其车服，而曰：‘将易而次，为宽利也。’夫署，所以朝夕虔君命也。臣立先臣之署[5]，服其车服，为利故而易其次，是辱君命也，不敢闻命。若罪也，则请纳禄与车服而违署[6]，唯里人所命次[7]。”公弗取。臧文仲闻之曰：“孟孙善守矣[8]，其可以盖穆伯而守其后于鲁乎[9]！”

【注释】

〔1〕文公：鲁国国君，名兴，鲁僖公之子。孟文子：鲁国大夫，名伯谷，公孙敖之子。　〔2〕建：设立。　〔3〕表：标志。　〔4〕易：改变。　〔5〕先臣：伯谷的死去的父祖辈，于鲁君为臣，故称先臣。　〔6〕纳：归还。违：离开。　〔7〕里人：里宰。次：位次，位置。　〔8〕孟孙：孟文子。　〔9〕穆伯：孟文子的父亲公孙敖。

【译文】

鲁文公打算拆毁孟文子的住宅来扩大自己的宫室，便派人对孟文子说：“我打算在外面给你安排个宽敞的住宅。”孟文子回答说：“官位，是根据政事需要而设立的；官署，是官位的标志；车马和服饰，是标志中彰显高下的；住宅，是有车服官位者的居所；禄，是有官舍府第者的食禄。国君考虑这五项内容以设立政事，是因为这些东西是不能随意变动的。如今国君差遣官吏来更换我的官署和车服，并且说：‘将更换你的住宅，是为了给你一个宽敞的住处。’官署，是每天恭敬地执行国君命令的地方。我住在先父的官署里，乘服着先父的车马与官服，为了一点便利就更换住宅，这是污辱君命，所以不敢听从您的命令。倘若我犯了罪过，我请求交回俸禄和车服，离开官署，听从里宰对我的安排。”文公没有得到孟文子的住宅。臧文仲听到这件事后说：“孟文子真善于守职自保啊，他超过他父亲穆伯而可以保住后代在鲁国的地位！”

公欲弛郈敬子之宅[1]，亦如之。对曰：“先臣惠伯以命于司里[2]，尝、禘、蒸、享之所致君胙者有数矣[3]。出入受事之币以致君命者，亦有数矣。今命臣更次于外[4]，为有司之以班命事也，无乃违乎！请从司徒以班徙次[5]。”公亦不取。

【注释】

〔1〕郈敬子：也称郈敬伯，名同，鲁国大夫。〔2〕惠伯：郈敬子的先祖。司里：春秋时期官名，掌管宅里居住之事。〔3〕尝、禘、蒸、享：古代四时祭祀的名称。秋祭为尝，夏祭为禘，冬祭为蒸，春祭为享。致君胙：臣祭祀送祭祀用肉给君叫致君胙。〔4〕更次：

更换居所。次，居所。 〔5〕班：等级，等次。

【译文】

文公又要拆毁郈敬子的住宅，也让人以同样的借口到郈敬子家里。郈敬子说："我的先祖惠伯从司里官那里得到这处住宅，我们每年秋祭、夏祭、冬祭、春祭从这住宅里送祭肉给国君，已经多年了；在这住宅里受命出使，带着礼物传达国君的命令，也已经多年了。如今让把住处迁到外面去，却使有司按照位次让我这样做，恐怕这是绕远了吧！我请求按照司徒官的命令来更换住所。"文公也没能得到郈敬子的住宅。

夏父弗忌改昭穆之常

夏父弗忌为宗〔1〕，蒸将跻僖公〔2〕。宗有司曰："非昭穆也〔3〕。"曰："我为宗伯，明者为昭，其次为穆，何常之有！"有司曰："夫宗庙之有昭穆也，以次世之长幼，而等胄之亲疏也〔4〕。夫祀，昭孝也。各致齐敬于其皇祖，昭孝之至也。故工史书世〔5〕，宗祝书昭穆〔6〕，犹恐其踰也。今将先明而后祖，自玄王以及主癸莫若汤〔7〕，自稷以及王季莫若文、武〔8〕，商、周之蒸也，未尝跻汤与文、武，为不踰也。鲁未若商、周而改其常，无乃不可乎？"弗听，遂跻之。

【注释】

〔1〕夏父弗忌：夏父展之后，名弗忌，鲁国大夫。宗：宗伯，官

名。主掌国家祭祀礼法。〔2〕蒸：冬祭曰蒸。将跻僖公：僖公为闵公之兄，但任鲁君在闵公之后。依礼，僖公的宗庙昭穆排序在闵公之后。而夏父弗忌要把他升至闵公之前，于礼不合。跻，升。〔3〕昭穆：古代宗庙次序，以始祖庙居中，左为昭，右为穆。父为昭，子为穆。祭祀时，子孙也按此种规定排列行礼。〔4〕长幼：此指先后顺序。胄：后人，后代。〔5〕工史：工，乐师；史，史官。〔6〕祝：指太祝，古官名，掌管祭祀祈祷。〔7〕玄王：商族的始祖，名契。主癸：商朝开创者汤的父亲。〔8〕稷：后稷，周族的始祖，名弃。王季：周文王的父亲季历。

【译文】

夏父弗忌担任鲁国宗伯，冬祭时要将鲁僖公的位次升到鲁闵公前面。负责祭祀的主事官员说："这不合乎宗庙的昭穆次序。"夏父弗忌说："我是宗伯，有明德的为昭，次一等的为穆，哪有什么常规？"主事官员说："宗庙的昭穆顺序，是用来排列国君在位的先后顺序，以理清后人关系的亲疏。祭祀，是彰明孝道的。各自向先祖表达敬意，这是彰明孝道的最高礼仪。所以乐师和史官要记载君主世次的先后，宗伯和太祝要记载昭穆的顺序，还担心有越礼僭制的事情发生。如今您要将认为有明德的僖公排在前，而把世次在前的闵公排在后，从商的始祖契到汤的父亲主癸的功德都不及汤，从后稷到王季的功德都不及文王和武王，可是商人、周人在冬祭时，并没有把汤和文王、武王排列在他们祖辈的前面，这是因为不能僭越礼法啊。鲁国不如商、周功绩显著反而要改变常规，这样恐怕不行吧？"夏父弗忌不听劝告，还是把僖公的位次升到闵公前面。

展禽曰："夏父弗忌必有殃〔1〕。夫宗有司之言顺矣〔2〕，僖又未有明焉[3]。犯顺不祥，以逆训民亦不祥，易神之班亦不祥[4]，不明而跻之亦不祥，犯鬼道二，犯人道二，能无殃乎?”侍者曰：“若有殃焉在[5]? 抑刑戮也，其夭札也[6]?”曰：“未可知也。若血气强固，将寿宠得没，虽寿而没，不为无殃。”既其葬也，焚，烟彻于上[7]。

【注释】

〔1〕殃：灾祸。 〔2〕宗有司：指上文劝说夏父弗忌的人。顺：合礼。 〔3〕明：明德，突出的德行。 〔4〕班：次序。 〔5〕焉在：在哪方面。 〔6〕夭札：遭疫病早死。札，瘟疫。也指遭瘟疫而死。 〔7〕彻：通，直达。

【译文】

展禽说：“夏父弗忌一定会有灾祸。宗庙主事官员的话是合乎礼法的，再者僖公又没有突出的德行。违背礼法不吉祥，用违礼的行为教导百姓也不吉祥，改变祖先神灵的位次也不吉祥，僖公没有突出德行却提升到前面也不吉祥，这种做违背了两条鬼道，违背了两条人道，能没有灾祸吗?”侍从人员说：“如果有灾祸会是哪方面呢? 是遭受杀戮，还是因病早亡?”展禽回答说：“难以预知。如果他身体健壮，或许可以侥幸终其天年，即使是寿终而死，也不会没有灾祸。”夏父弗忌死了下葬之后，棺椁却燃起大火，浓烟直冲高空。

里革更书逐莒太子仆

莒太子仆弑纪公[1]，以其宝来奔。宣公使仆人以书命季文子曰[2]：“夫莒太子不惮以吾故杀其君，而以其宝来，其爱我甚矣。为我予之邑。今日必授，无逆命矣[3]。”里革遇之而更其书曰[4]：“夫莒太子杀其君而窃其宝来，不识穷固又求自迩[5]，为我流之于夷[6]。今日必通，无逆命矣。”

【注释】

〔1〕太子仆：莒国太子，名仆，莒纪公之子。案：纪公生仆和季佗（徐元诰《国语集解》本作“季它”），初立仆为太子，后来打算废掉仆立次子季佗为太子，所以太子仆杀了纪公。（事见《左传·文公十八年》） 〔2〕宣公：鲁国国君，名倭，鲁文公之子。季文子：季孙行父。姬姓，季氏，谥文，史称“季文子”，鲁国正卿。 〔3〕逆命：违抗命令。 〔4〕里革：名克，鲁国太史。 〔5〕穷固：穷途末路。迩：近。 〔6〕为：替。夷：东夷。

【译文】

莒国的太子仆弑杀其父莒纪公，带着国宝来投奔鲁国。鲁宣公派仆人带着文书命令季文子说：“莒太子为了我甘冒杀害君父的大罪，并带着他的宝物前来投靠我，他真是太爱我了。替我安排城邑给他，今天一定要办理好，不得违抗命令。”太史里革遇见仆人，而更改文书说：“莒太子杀了他的君父，并偷取了国宝来投奔我，他不知道自己已是走投无路还想自求和我亲近，替我把他流放到东夷去。今天一定要发布通令，不得违抗命令。”

明日[1]，有司复命，公诘之[2]，仆人以里革对。公执之，曰：“违君命者，女亦闻之乎？”对曰：“臣以死奋笔，奚啻其闻之也[3]！臣闻之曰：‘毁则者为贼[4]，掩贼者为藏[5]，窃宝者为宄[6]，用宄之财者为奸。’使君为藏奸者，不可不去也。臣违君命者，亦不可不杀也。”公曰：“寡人实贪，非子之罪。”乃舍之。

【注释】

〔1〕明日：第二天。 〔2〕诘：追问，责问。 〔3〕奚啻：何止，岂但。 〔4〕毁：破坏。则：法规。 〔5〕掩：藏匿。〔6〕宄（guǐ）：内盗，内贼。《说文解字》：“宄，奸也。外为盗，内为宄。”

【译文】

第二天，仆人回来交差，宣公追问这件事情，仆人便把里革更改文书的事告诉了宣公。宣公拘捕了里革，说：“违抗国君命令该当如何处置，你也听说过吧？”里革回答说：“我冒死改写文书，哪里仅是听说过呢！我听说过：‘破坏法规的叫贼，窝藏贼的叫藏，窃取财宝的叫宄，用盗取财宝的叫奸。’让国君窝藏罪犯、沦为奸邪的人，不能不除掉他。我违抗了国君的命令，也不能不杀。”宣公说：“我太贪心了，这不是你的过错。”于是便放了里革。

里革断宣公罟而弃之

宣公夏滥于泗渊[1]，里革断其罟而弃之[2]，曰：“古者大寒降，土蛰发，水虞于是乎讲罛留[3]，取名鱼，登川禽[4]，而尝之寝庙，行诸国，助宣气也。鸟兽孕，水虫成，兽虞于是乎禁罝罗[5]，矠鱼鳖以为夏犒[6]，助生阜也。鸟兽成，水虫孕，水虞于是禁罝、罜罶[7]，设穽鄂[8]，以实庙庖，畜功用也。且夫山不槎蘖[9]，泽不伐夭，鱼禁鲲鲕[10]，兽长麑麇[11]，鸟翼鷇卵[12]，虫舍蚳蝝[13]，蕃庶物也，古之训也。今鱼方别孕[14]，不教鱼长，又行网罟，贪无艺也。"

【注释】

〔1〕滥：下网捕鱼。泗：泗水，在鲁城北。渊：深水。 〔2〕罟：网。 〔3〕水虞：古代管湖、泽的官。罛罶（gū liǔ）：孤柳，捕鱼的大网和竹笼子。 〔4〕名鱼：大鱼。川禽：指龟鳖之类的水生动物。韦昭注"川禽，鳖蜃之属"。 〔5〕兽虞：古代管山林禽兽的官。罝：兔网。罗：鸟网。 〔6〕矠（zé）：用叉矛刺取。 〔7〕罜（zhǔ）罶：小鱼网。 〔8〕穽鄂（jǐng è）：捕野兽的陷坑和笼子。 〔9〕槎蘖（chá niè）：亦作"槎枿"，砍伐幼林。蘖，老株砍后再生的枝条。韦昭注"槎，斫也；以株生曰蘖。" 〔10〕鲲鲕（kūn ér）：亦作"鲲鲕"，小鱼。韦昭注"鲲，鱼子也。鲕，未成鱼也"。 〔11〕麑（ní）：幼鹿叫做麑。麇：幼小麋鹿叫做麇。 〔12〕翼：保护。鷇（kòu）：幼鸟。 〔13〕蚳蝝（chí yuán）：蚂蚁卵和蝗虫子。泛指幼虫。 〔14〕别孕：指生育。

【译文】

鲁宣公夏天在泗水深处下网捕鱼，里革把他的鱼网割断丢在一边，说："古时候大寒过后，蛰伏在土中冬眠的动物开始苏醒，掌管湖、泽的官员才准备好鱼网和竹笼，去捕捉大鱼和龟鳖，用来作为在寝庙祭祀祖先的祭品，并让百姓捕鱼，这样做是帮助宣泄地下的阳气。到了鸟产卵、兽怀胎、鱼虾长成的时候，掌管山林禽兽的官就要禁止百姓用网捕捉鸟兽，而允许捕猎鱼鳖，晒成肉干供夏天食用，这样做是为了帮助鸟兽生长繁殖。等鸟兽长大了，鱼鳖开始孕育繁殖时，掌管湖泽的官就禁止百姓下网捕鱼，只准设陷阱和鸟网去猎获鸟兽，以满足宗庙和厨房的需要，而把小鱼养在河里等它们长大后再取来享用。此外在山上砍柴不伐新生的枝条，到河边割草不割新长的嫩草，捕鱼时不捕取鱼苗，捕兽时要放生小鹿和小麋，捕鸟时要保护幼鸟和鸟蛋，捕虫时要不能伤及幼虫，这些都是为了使万物生长繁殖，这是古人的训导。如今正当是鱼类开始繁殖的时候，您却不让鱼生长，还要布下鱼网大肆捕捞，真是太贪心了！”

公闻之曰：“吾过而里革匡我，不亦善乎！是良罟也，为我得法。使有司藏之，使吾无忘谂〔1〕。”师存侍〔2〕，曰：“藏罟不如置里革于侧之不忘也。”

【注释】

〔1〕谂（shěn）：规谏。　〔2〕师存：师，乐师。存，人名。

【译文】

宣公听了这番话，说：“我犯了错误里革纠正我，不也很好吗？这是一张好鱼网啊，它让我懂得了治理国家的道理。让办事人员好好保存，让我永远不要忘记这件事。”一个名叫存的乐师在旁边侍候宣公，劝谏说：“保存这张鱼网，还不如把里革安置在您的身边更让您牢记他的规劝。”

子叔声伯辞邑

子叔声伯如晋谢季文子[1]，郤犨欲予之邑[2]，弗受也。归，鲍国谓之曰[3]："子何辞苦成叔之邑，欲信让耶？抑知其不可乎？"对曰："吾闻之，不厚其栋，不能任重。重莫如国，栋莫如德。夫苦成叔家欲任两国而无大德，其不存也，亡无日矣。譬之如疾，余恐易焉。苦成氏有三亡：少德而多宠，位下而欲上政，无大功而欲大禄，皆怨府也。其君骄而多私[4]，胜敌而归[5]，必立新家。立新家，不因民不能去旧；因民，非多怨民无所始。为怨三府，可谓多矣。其身之不能定，焉能予人之邑！"鲍国曰："我信不若子，若鲍氏有衅，吾不图矣。今子图远以让邑，必常立矣。"

【注释】

〔1〕子叔声伯：鲁宣公的弟弟叔肸之子，名婴齐，谥号"声"，又被称为公孙婴齐、叔婴齐，鲁国大夫。谢：谢罪。季文子：鲁国正卿季孙行父，当时因鲁国大夫叔孙侨如陷害而被晋国扣押。　〔2〕郤犨(chōu)：苦成叔，晋卿。　〔3〕鲍国：鲍叔牙的玄孙，又称鲍文子，鲁国大夫。　〔4〕其君：指晋厉公。　〔5〕胜敌：指前575年晋国在鄢陵之战中战胜楚国。

【译文】

子叔声伯到晋国谢罪并请求放回季文子，郤犨想让晋君赐给他城邑，子叔声伯没有接受。回国后，鲍国对他说："你为什么不接受郤犨为你请封的城邑，是真的推让呢，还是知道他办不到?”回答说：“我听说，房梁不粗壮，不能承担重负。最重的压力莫过于国家，最好的栋梁莫过于有德了。郤犨想把持晋、鲁两国的政事却没有美好的德行，他不会长久了，离灭亡没几天了。好比得了疾病，我担心他很快就会垮台的。郤犨有三个导致败亡缺陷：德行不够却备受晋君宠爱，地位卑下却想参与上层事务，没有大功劳却要丰厚的待遇，这些都是招致怨恨的根源。晋厉公骄纵而身边又有很多佞臣，打败楚国回来，必定要大肆封赏新大夫。封了新大夫，却不撤去百姓不满意的旧官员；遵照民众的意愿，不是招怨多的官员，民众不会先攻击他。郤犨有三个方面招来怨恨的因素，可以说够多的了。他自身尚且难以保全，哪里还能为别人请求封邑!”鲍国说：“我确实不如你，倘若我们鲍氏家族中有什么祸兆，我是预见不到的。如今你考虑长远而辞却了城邑，你一定会长久地保持住现有的职位。”

里革论君之过

晋人杀厉公〔1〕，边人以告〔2〕，成公在朝〔3〕。公曰：“臣杀其君，谁之过也?”大夫莫对，里革曰：“君之过也。夫君人者，其威大矣。失威而至于杀，其过多矣。且夫君也者，将牧民而正其邪者也，若君纵私回而弃民事〔4〕，民旁有慝无由省之，益邪多矣。若以邪临民，陷而不振，用善不肯专，则不能使，至于殄灭而莫之恤也，将安用之?桀奔南巢[5]，纣踣于京[6]，厉流于彘[7]，幽灭于戏[8]，皆是术也。夫君也者，民之川泽也。行而从之，美恶皆君之由，民何能为焉。”

【注释】

〔1〕晋人杀厉公：指晋国大夫栾书和中行偃派程滑杀死了晋厉公，事情发生在前573年。 〔2〕边人：守卫边境的官员。 〔3〕成公：鲁国国君，名黑肱，鲁宣公之子。 〔4〕回：邪念。 〔5〕桀：夏桀，夏代暴君。南巢：古地名，今安徽省巢县西南。 〔6〕纣：商朝最后一任君王。名辛，帝乙之子，史称纣王。京：指商纣王时的别都朝歌，在今河南省淇县。 〔7〕厉：指周厉王，是西周时期的暴君。彘：古地名，今山西省霍县境内。 〔8〕幽：指周幽王，西周末代王，是有名的暴君。戏：戏山，今陕西省临潼市东。

【译文】

晋人杀害了国君晋厉公，鲁国守边的官员把这件事情报告给朝廷，鲁成公正在朝堂听政。成公说：“臣子弑杀他们的君主，这是谁的过错呢?”大夫们没有人回答。里革回答说：“这是君主的过错。作为人君，他的威严是很大的。失去威严到了被杀的地步，他的过失一定很多。况且一个君主，应该治理百姓并纠正他们的邪恶习气。如果君主自己放纵私欲邪念而没有治理好百姓，百姓中有邪恶现象而没有人省察，邪恶就会更多。如果用邪恶的方式来治理百姓，会使百姓陷于邪辟而不进行拯救，任用贤臣又不能专一，制度法规得不到实施，以至于宗国毁灭而没有人怜惜，这样还要君主做什么?夏桀逃到南巢，商纣王死在京师朝歌，周厉王被流放到彘地，周幽王在戏被杀，都是由于用邪恶的方法治理百姓的缘故。国君对百姓而言，就好比养育鱼的川泽。君主怎么做百姓就跟从效仿，善恶都由君主造成的，百姓哪能无故干出弑杀君主的事情来呢?”

季文子论妾马

季文子相宣、成〔1〕，无衣帛之妾，无食粟之马。仲孙它谏曰〔2〕：“子为鲁上卿，相二君矣，妾不衣帛，马不食粟，人其以子为爱〔3〕，且不华国乎!”文子曰：“吾亦愿之，然吾观国人，其父兄之食粗而衣恶者犹多矣，吾是以不敢。人之父兄食粗衣恶，而我美妾与马，无乃非相人者乎！且吾闻以德荣为国华，不闻以妾与马。”

【注释】

〔1〕季文子：季孙行父，谥号文，鲁国正卿。宣、成：指鲁宣公、鲁成公。　〔2〕仲孙它：子服它，孟献子之子，鲁国大夫。〔3〕爱：吝惜，吝啬。

【译文】

季文子辅佐过鲁宣公和鲁成公两位君主，但他的妾不穿丝织衣服，马匹不吃粮食饲料。仲孙它劝谏说：“您是鲁国上卿，先后辅佐过两位君主，妾不穿丝织衣服，马匹不喂粮食饲料，别人大概会认为您太吝啬，而且也不能展现国家的荣华!”季文子说：“我也愿意奢华一些。但是我观察百姓，父兄辈吃粗粮、穿旧衣的大有人在，我因此不敢奢华。别人的父兄辈吃粗粮、穿旧衣，而我却让妾穿丝织衣服，让马匹吃粮食，恐怕不是一个卿相应该做的吧？况且我只听说德行高尚能为国家增光，没听说妾和马衣食奢华能表现国家荣华的。”

文子以告孟献子〔1〕，献子囚之七日。自是，子服之妾不过七升之布，马饩不过稂莠〔2〕。文子闻之，曰：“过而能改者，民之上也。”使为上大夫〔3〕。

【注释】

〔1〕孟献子：仲孙它之父仲孙蔑。　〔2〕饩（xì）：指喂马的饲料。稂莠（láng yǒu）：指稂和莠，都是形状像禾苗的杂草。　〔3〕上大夫：先秦官名，比卿低一等。案：春秋时期国君之下有卿、大夫、士三级，大夫又分为上大夫、中大夫、下大夫。

【译文】

季文子将此事对仲孙它的父亲孟献子说了。孟献子关了他七天。从这件事之后，仲孙它的妾不穿超过七升布的衣服，喂马的饲料也不过是杂草而已。季文子听说了这件事说：“犯了错误而能改正的人，可以做百姓的好官长。”于是任命仲孙它为上大夫。

卷五　鲁语下

叔孙穆子聘于晋

叔孙穆子聘于晋[1]，晋悼公飨之[2]。乐及《鹿鸣》之三[3]，而后拜乐三。晋侯使行人问焉[4]，曰："子以君命镇抚弊邑，不腆先君之礼[5]，以辱从者，不腆之乐以节之。吾子舍其大而加礼于其细，敢问何礼也？"

【注释】

〔1〕叔孙穆子：叔孙得臣之子，名豹，鲁国卿大夫。　〔2〕晋悼公：名周，继晋厉公之后为国君。　〔3〕《鹿鸣》：《诗经·小雅》中的一篇。周代为君王宴飨群臣时演奏的乐歌。　〔4〕行人：掌管朝觐聘问时迎送宾客之礼的官员。　〔5〕不腆：不丰厚。

【译文】

叔孙穆子到晋国访问，晋悼公设宴款待他。当乐师演奏了《鹿鸣》《四牡》《皇皇者华》等三个乐曲后，叔孙穆子才三次拜谢赐乐。悼公派外交人员询问他说："您奉君命来到我们国家，我们用先君不隆重的礼节招待您，并演奏乐曲为您助兴。您不拜重要的乐曲却拜谢小的乐曲，敢问这是什么礼节？"

对曰："寡君使豹来继先君之好，君以诸侯之故，贶使臣以大礼[1]。夫先乐金奏《肆夏樊》《遏》《渠》[2]，天子所以飨元侯也；夫歌《文王》《大明》《緜》[3]，则两君相见之乐也。皆昭令德以合好也，皆非使臣之所敢闻也。臣以为肄业及之[4]，故不敢拜。今伶箫咏歌及《鹿鸣》之三[5]，君之所以贶使臣，臣敢不拜贶。夫《鹿鸣》，君之所以嘉先君之好也，敢不拜嘉；《四牡》，君之所以章使臣之勤也，敢不拜章；《皇皇者华》，君教使臣曰'每怀靡及'，诹、谋、度、询，必咨于周。敢不拜教。臣闻之曰：'怀和为每怀[6]，咨才为诹，咨事为谋，咨义为度，咨亲为询，忠信为周。'君贶使臣以大礼，重之以六德，敢不重拜。"

【注释】

〔1〕贶（kuàng）：赐给，此指招待。使臣：叔孙穆子自称。大礼：指隆重的礼节。　〔2〕《肆夏樊》《遏》《渠》：夏代的三首乐曲，均已失传。　〔3〕《文王》《大明》《緜》：《诗经·大雅》中前三篇的篇名。〔4〕肄业：练习乐曲。　〔5〕伶：伶人，乐师。　〔6〕和：当为"私"。

【译文】

穆子答道："我们国君让我来继承两国先君的友好关系，贵国国君因为我们鲁国为诸侯的缘故，用厚礼招待我。开始用金钟演奏《肆夏樊》《遏》《渠》三首乐曲，这是天子宴请诸侯领袖时演奏的乐曲。继而演奏《文王》《大明》《緜》，这三首乐曲是两国国君会面时演奏的乐曲。这些乐曲都是赞扬先代君王美德来加强诸侯友好关系的，这不是我所敢听闻的。我以为这是乐师在进行练习，因而不敢拜谢。现在乐师吹箫演唱《鹿鸣》等三首乐曲，这是国君赏赐使臣的乐曲，我怎么敢不拜谢呢。《鹿鸣》，这是贵君赞扬先君友好关系的乐曲，我怎么敢不拜谢君主的赞扬；《四牡》，这是贵君表彰使臣勤于国事的乐曲，我怎么敢不拜谢君主的表彰；《皇皇者华》，在这首曲子中，君主教诲使臣说‘人人都怀有私心，事情就很难成功’，商讨、谋划、权衡、询问，一定要向忠诚的人咨询。我怎么敢不拜谢君主的教诲。我听说：‘怀有私心叫每怀，咨询贤才叫诹；咨询难事叫谋；咨询礼义叫度；咨询亲戚叫询；咨询忠信的人叫周。’贵君赐我大礼，又用这六种德行来勉励我，我岂敢不再三拜谢。”

叔孙穆子谏季武子为三军

季武子为三军[1]，叔孙穆子曰：“不可。天子作师[2]，公帅之，以征不德。元侯作师[3]，卿帅之，以承天子。诸侯有卿无军[4]，帅教卫以赞元侯[5]。自伯、子、男有大夫无卿[6]，帅赋以从诸侯[7]。是以上能征下，下无奸慝。今我小侯也，处大国之间，缮贡赋以共从者，犹惧有讨。若为元侯之所，以怒大国，无乃不可乎?”弗从，遂作中军。自是齐、楚代讨于鲁，襄、昭皆如楚[8]。

【注释】

〔1〕季武子：季文子之子，名宿，谥号武，史称“季武子”，鲁国正卿。为：设置。三军：指上、中、下三军。案：依据周礼，天子有六军，诸侯大国有三军，次国二军，小国一军。鲁原为公爵大国，有三军，后国势衰落，只保留上、下两军，缺中军。 〔2〕作师：建立军队。 〔3〕元侯：大诸侯国君主。 〔4〕诸侯：次国君主。有卿：指有周天子任命的卿。案：周礼规定，诸侯大国有三卿，都由周天子任命。次国也有三卿，其中二卿由周天子任命，一卿由国君任命。小国有二卿，都由国君任命。无军：不设三军。 〔5〕教卫：经过训练的武士。赞：助。 〔6〕无卿：此处指小国没有周天子任命的卿。〔7〕帅赋：指小国出兵车、武器等跟从大国诸侯。 〔8〕襄、昭：指鲁襄公和鲁昭公。

【译文】

季武子将要健全三军编制，叔孙穆子说：“不行。天子设立六军，由王公统一带领，用以征伐失德的侯国。大国诸侯建有三军，由卿统一领导，随从天子进行征伐。一般诸侯国有天子直接任命的卿但不设三军，由卿带着训练有素的卫士辅助大国国君。自伯、子、男以下的小侯国有大夫但没有周天子任命的卿，只需出些武器兵士跟随诸侯作战。因此天子能征伐失德的诸侯，诸侯中便没有了奸恶。如今我们鲁国是个小侯国，处身于大国之间，即使修治好兵车甲士跟随大国，还担心被征讨。如果要建立三军，来激怒大国，恐怕不行吧?”季武子不听从穆子的意见，于是增建了中军。从此齐、楚两大诸侯国轮番攻打鲁国，致使鲁襄公、鲁昭公不得不到楚国朝拜。

诸侯伐秦鲁人以莒人先济

诸侯伐秦[1]，及泾莫济[2]。晋叔向见叔孙穆子曰[3]："诸侯谓秦不恭而讨之，及泾而止，于秦何益？"穆子曰："豹之业，及《匏有苦叶》矣[4]，不知其他。"叔向退，召舟虞与司马[5]，曰："夫苦匏不材于人，共济而已。鲁叔孙赋《匏有苦叶》，必将涉矣。具舟除隧，不共有法。"是行也，鲁人以莒人先济，诸侯从之。

【注释】

〔1〕诸侯伐秦：指鲁襄公十四年（前559），晋侯派六卿率领诸侯大夫讨伐秦国之事。　〔2〕泾：水名，渭河的支流。莫：没有人。济：度水。　〔3〕叔向：晋国大夫，名肸。叔孙穆子：叔孙豹。〔4〕《匏有苦叶》：《诗经·邶风》篇名。匏，一种有苦味的葫芦，不能食用，但可系在腰间用以渡水。　〔5〕舟虞：军中掌船只运输的官员。司马：军司马，主管军政的官员。

【译文】

诸侯国联合讨伐秦国，军队到了泾水边却没有人肯过河。晋国大夫叔向前来拜见叔孙穆子，说："诸侯认为秦国对盟主不恭顺而讨伐它，到了泾水边却停了下来，这对讨伐秦国有什么益处？"穆子说："我力所能及的事，就是朗诵《匏有苦叶》，别的事我就不知道了。"叔向回来，把管理船只和军政的官员召集起来，说："苦匏对人来说没其他用处，只能方便渡河罢了。鲁国的叔孙穆子朗诵《匏有苦叶》，一定是要过河了。你们尽快准备船只，清扫道路，船只供给做不好就要依法论处。”在这次行动中，鲁国派莒国的兵士先过了河，诸侯们随之也过了河。

襄公如楚

襄公如楚〔1〕，及汉〔2〕，闻康王卒〔3〕，欲还。叔仲昭伯曰〔4〕：“君之来也，非为一人也，为其名与其众也。今王死，其名未改，其众未败，何为还?”诸大夫皆欲还。子服惠伯曰〔5〕：“不知所为，姑从君乎!”

【注释】

〔1〕襄公：鲁国国君，名午，鲁成公之子。 〔2〕汉：汉水。 〔3〕康王：楚国国君，名昭，楚共王之子。 〔4〕叔仲昭伯：鲁国大夫，名带。 〔5〕子服惠伯：鲁国大夫，仲孙它之子，名椒。

【译文】

鲁襄公到楚国去，走到汉水，得知楚康王死了，便想要回国。大夫叔仲昭伯说：“君主这次到楚国，不是因为楚康王一个人，而是畏惧楚国的大国声名和众多甲士。如今楚康王虽然死了，但楚国的大国声名没有变化，它的军事力量没有衰落，为什么要回去呢?”大夫们都愿意回国。大夫子服惠伯说：“不知该怎么办，还是姑且按照君主的意思办吧!”

叔仲曰："子之来也，非欲安身也，为国家之利也，故不惮勤远而听于楚[1]；非义楚也，畏其名与众也。夫义人者，固庆其喜而吊其忧，况畏而服焉？闻畏而往，闻丧而还，苟芈姓实嗣[2]，其谁代之任丧[3]？王太子又长矣，执政未改，予为先君来，死而去之，其谁曰不如先君？将为丧举，闻丧而还，其谁曰非侮也？事其君而任其政，其谁由己贰[4]？求说其侮[5]，而亟于前之人[6]，其仇不滋大乎[7]？说侮不懦，执政不贰，帅大仇以惮小国[8]，其谁云待之？若从君而走患，则不如违君以避难。且夫君子计成而后行，二三子计乎？有御楚之术而有守国之备，则可也；若未有，不如往也。"乃遂行。

【注释】

〔1〕惮：惧怕。 〔2〕芈（mǐ）姓：指芈姓之国，即楚国。嗣：继承人。 〔3〕任：当，主办。 〔4〕贰：怀有二心。 〔5〕说：通"脱"，消除，摆脱。 〔6〕亟（jí）：急切。 〔7〕滋：更加。 〔8〕帅：怀着。大仇：深仇。惮：威胁。

【译文】

叔仲昭伯说："你们来楚国，并不是为了个人安危，而是为了保全国家的利益，所以才不怕劳力远行来朝拜楚国；不是认为楚国仁义，而是惧怕它的威名和士众。认为别人仁义，本就该祝贺人家的喜事而吊慰人家的丧事，何况是因为惧怕而屈服于人呢？因为惧怕而来，听说有丧就要回去，如果楚国有了继位君主，难道还有别人代替他主办丧事？楚国的太子现已经成年，执政人员也没有更换，我们来朝见楚国先君，他死了就要回去，谁敢说继位君主没有他的父亲贤能呢？即使在国内知道楚国的丧事也要前去吊唁，现在听到有丧却要返回，这谁能说不是对楚国的侮辱呢？楚国大臣事奉他们的君主，处理本国政务，难道会有人愿意在自己执政期间别国怀有二心？楚国的君臣必定要摆脱这种侮辱，一定会比前人更急切，他们的仇恨不就更大了吗？楚国为摆脱侮辱就不会怯懦，君臣同心协力，怀着深刻的仇恨来威胁我们，难道有谁能抵挡得了它？如果听从国君的安排中途回国而招来灾祸，倒不如违背君命来免除国家的危难。况且君子做事，考虑周全才能付诸行动，你们都认真考虑了吗？有抵御楚国的策略和保卫国家的储备，就可以回去，如果没有，不如前往楚国。”于是就继续前行。

反〔1〕，及方城〔2〕，闻季武子袭卞〔3〕，公欲还，出楚师以伐鲁。荣成伯曰〔4〕：“不可。君之于臣，其威大矣。不能令于国，而恃诸侯，诸侯其谁暱之〔5〕？若得楚师以伐鲁，鲁既不违夙之取卞也〔6〕，必用命焉，守必固矣。若楚之克鲁，诸姬不获阙焉〔7〕，而况君乎？彼无亦置其同类以服东夷〔8〕，而大攘诸夏〔9〕，将天下是王，而何德于君，其予君也？若不克鲁，君以蛮、夷伐之，而又求入焉，必不获矣。不如予之。夙之事君也，不敢不悛〔10〕。醉而怒，醒而喜，庸何伤？君其入也！”乃归。

【注释】

〔1〕反：从楚国回来。　〔2〕方城：楚国北面的山名，在今河南省叶县南。　〔3〕卞：鲁国公室的一座城邑，季武子意欲据为己有。

〔4〕荣成伯：即荣驾鹅，又名栾，鲁国大夫。 〔5〕暱（nì）：亲近。〔6〕夙：季武子的名。 〔7〕诸姬：指和周同姓的诸侯。阙（kuī）：通"窥"。 〔8〕东夷：指当时东方沿海各族。 〔9〕诸夏：指中原各国。 〔10〕悛（quān）：悔改。

【译文】

从楚国返回，行至方城山时，听到季武子袭击并占领卞城的消息，襄公要返回楚国，请求楚国出兵讨伐季武子。大夫荣成伯说："不行。君主对臣子来说，他的威严很大啊。君主不能在本国施行政令，却要借助别国的势力，诸侯还有谁会和您亲近呢？如果楚国出兵帮助讨伐季武子，鲁人当时并没有认为季武子夺取卞城的举动有什么不妥，如今他们一定会听从他的调度，卞城的守卫一定很牢固。如果楚国战胜了季武子，就是姬姓诸侯也没有益处，何况您呢？这样一来，楚国就可以在鲁国安置同姓势力来巩固统治，进而征服东方各侯国，进一步大肆驱逐中原各国，有称王于天下的野心。他们怎么可能对您仁德，会把鲁国交给您吗？如果楚国没有战胜季武子，那么您靠着外族的军队讨伐季武子失败，再想返回鲁国，鲁国上下一定不会答应。不如就把卞城赏赐给季武子。这样以来，季武子事奉您，就不敢不改过。人喝醉了酒会发怒，酒醒后也就高兴，这又有什么害处呢？您还是回国吧！"于是襄公回到了鲁国。

季冶致禄

襄公在楚，季武子取卞，使季冶逆[1]，追而予之玺书[2]，以告曰："卞人将畔，臣讨之，既得之矣。"公未言，荣成子曰："子股肱鲁国[3]，社稷之事，子实制之。唯子所利，何必卞？卞有罪而子征之，子之隶也，又何谒焉[4]？"子冶归，致禄而不出[5]，曰："使予欺君，谓予能也，能而欺其君，敢享其禄而立其朝乎？"

【注释】

〔1〕季冶：季武子同族，名冶，鲁国大夫。逆：迎接。 〔2〕玺书：玺，印章。案：秦以前卿大夫的印章也称玺，皇始以后成为帝王印章的专称。 〔3〕股肱鲁国：为鲁国股肱，是鲁国重臣。 〔4〕谒：告。 〔5〕致禄：辞官。致，归还。

【译文】

鲁襄公在楚国出访期间，季武子乘机占领了卞城，襄公回国时，他派季冶前去迎接，又追上季冶给他一封盖了印玺的文书。文书上向襄公汇报说："卞城人要造反，我平定了他们，并占领了卞城。"襄公看了文书还没有说话，荣成子就让季冶转告季武子说："你是鲁国的执政大臣，国家大事，你裁定就行。只要对你有好处，何必仅仅是一个卞城呢？卞城的人有罪，你去讨伐，这是你分内的事，又何必禀告呢？"季冶回去后，辞官不出，说："让我去欺骗君主，称赞我有才能。有才能却欺骗自己的君主，还哪里敢食用君主的俸禄在他的朝廷里做官呢？"

叔孙穆子知楚公子围有篡国之心

虢之会[1]，楚公子围二人执戈先焉[2]。蔡公孙归生与郑罕虎见叔孙穆子[3]，穆子曰："楚公子甚美，不大夫矣，抑君也。"郑子皮曰："有执戈之前，吾惑之。"蔡子家曰："楚，大国也；公子围，其令尹也。有执戈之前，不亦可乎？"穆子曰："不然。天子有虎贲[4]，习武训也；诸侯有旅贲[5]，御灾害也；大夫有贰车[6]，备承事也；士有陪乘[7]，告奔走也。今大夫而设诸侯之服，有其心矣。若无其心，而敢设服以见诸侯之大夫乎？将不入矣。夫服，心之文也。如龟焉，灼其中，必文于外。若楚公子不为君，必死，不合诸侯矣。"公子围反，杀郏敖而代之[8]。

【注释】

〔1〕虢之会：鲁昭公元年（前541），楚、晋、齐、鲁、宋、蔡等国在虢地会盟，史称"虢之会"。虢：地名，在今河南省郑州市西北。

〔2〕公子围：楚恭王的庶子，即后来的楚灵王，初名围，即王位后改名虔，当时是楚国的令尹。先：形容词用作动词，指在前开道引导。

〔3〕公孙归生：蔡国太师子朝之子，字子家。罕虎：郑国大夫，字子皮。 〔4〕虎贲：官名，王宫中卫戍部队的将领。 〔5〕旅贲：诸侯出行时护车的勇士。 〔6〕贰车：随从的副车。 〔7〕陪乘：跟车的随从人员。 〔8〕郏敖：楚康王的儿子，名麇。

【译文】

诸侯在虢地举行盟会，楚国的公子围让两个卫士拿着戈在前面为他开道。蔡国的公孙归生和郑国的大夫罕虎去见叔孙穆子，穆子对他们说："楚国的公子围服饰仪仗很华美，这不是大夫应有的待遇，倒更像是国君的排场。"罕虎说："有卫兵在前面拿着戈开道，我感到很纳闷。"公孙归生说："楚是大诸侯国，公子围贵为楚国令尹。有卫兵拿着戈在前面开道，不也可以吗?”穆子说：“不是这样的。天子有虎贲之官，用来负责教授卫士武功夫以保卫天子；诸侯有护车的武士，用来应对意外的灾祸；大夫有随从的副车，可以备差遣使用；士人有陪乘人员，做些奔走出力的工作。如今公子围是大夫却越礼使用诸侯的车服仪仗，肯定有篡位的野心啊。如果没有篡位的野心，怎么敢使用诸侯的车服仪仗来见诸侯国的大夫呢？他不打算再当楚国大夫了（要当楚国的君主）。车马服饰，是内心意识的外在表现。好比灼龟占卦一样，灼烧背面，裂纹一定会在正面出现。如果公子围做不了国君，必死无疑，不会再有机会作为大夫参加诸侯盟会了。”公子围返回楚国后，就杀了郏敖并夺了他的王位。

叔孙穆子不以货私免

虢之会，诸侯之大夫寻盟未退，季武子伐莒取郓[1]。莒人告于会，楚人将以叔孙穆子为戮。晋乐王鲋求货于穆子[2]，曰：“吾为子请于楚。”穆子不予。梁其跁谓穆子曰[3]：“有货，以卫身也。出货而可以免，子何爱焉[4]?”穆子曰：“非女所知也。承君命以会大事[5]，而国有罪，我以货私免，是我会吾私也。苟如是，则又可以出货而成私欲乎？虽可以免，吾其若诸侯之事何？夫必将或循之，曰：‘诸侯之卿有然者故也。’则我求安身而为诸侯法矣。君子是以患作。作而不衷，将或道之，是昭其不衷也[6]。余非爱货，恶不衷也。且罪非我之由，为戮何害?”楚人乃赦之。

【注释】

〔1〕莒：己姓古国名，在今山东莒县一带。郓：古邑名。莒国的一座小城，位于今山东省沂水县北。〔2〕乐王鲋：晋国大夫，又称乐桓子。货：财物。〔3〕梁其踁：叔孙穆子的家臣。〔4〕爱：吝惜。〔5〕承：接受，遵奉。大事：指诸侯会盟。〔6〕昭：彰显。

【译文】

诸侯在虢地会盟，诸侯国的大夫们商讨休兵停战的盟会还没解散，鲁国的季武子便攻打莒国，并夺取了郓城。莒国到盟会上告发这件事，楚国将要杀掉前来参会的叔孙穆子。晋国大夫乐王鲋向叔孙穆子索要财物，说：“我替你向楚国请求赦免了你。”叔孙穆子没有满足他的要求。他的家臣梁其踁说：“有财物，就是用来保护自己的。拿出财物就可以免遭杀身之祸，你又何必舍不得呢?”叔孙穆子说：“你不明白这其中的道理。我遵照君主的命令来参加诸侯盟会，现在国家有了过错，我却拿财物免去自己的杀身之祸，这就说明我来会盟是为了自己的私利。如果这样做了，那就又可以拿财物满足私欲吗?虽然我可幸免于杀戮，但把诸侯国会盟大事放在什么位置了呢?必定会有人效法我的行为，说‘诸侯国的卿大夫就曾有这样的先例’。那么我为保全自己而为诸侯开启了一个行贿免死的坏榜样。所以君子担忧自己的行为，行为不符合礼法，就有人议论它，这就更加彰显出它不合礼法。我并不是舍不得财物，而是讨厌它不符合礼法啊。况且这罪过不是我的原因，就是被杀又有什么害处呢?”楚国人于是赦免了叔孙穆子。

穆子归，武子劳之，日中不出[1]。其人曰[2]：“可以出矣。”穆子曰：“吾不难为戮[3]，养吾栋[4]也。夫栋折而榱崩[5]，吾惧压焉。故曰虽死于外，而庇宗于内，可也。今既免大耻，而不忍小忿，可以为能乎[6]？”乃出见之。

【注释】

〔1〕日中不出：因怨恨武子违背盟约征伐莒国，故而到了正午还不肯出来见武子。 〔2〕其人：此指穆子的家臣曾皐。 〔3〕不难为戮：不以戮为难事，即不把被杀戮当作难事。 〔4〕栋：栋梁，此指季武子。 〔5〕榱（cuī）：即椽，置于檩上支撑屋面和瓦片的木条。 〔6〕忿：怨怒。能：贤能。

【译文】

穆子回到鲁国，季武子前去慰劳他，叔孙穆子到正午还不肯出来相见。家人说：“可以出去了。”叔孙穆子说：“我不把被杀看作难事，是要保全鲁国的栋梁。就像房屋一样，栋梁折了，椽子也就会塌掉了，我害怕被压着。所以说即使死在国外，而保住了国内的宗室，这也是可以的。如今已经免除了亡国大耻，却不能忍受个人小的怨怒，可以算是贤能吗?”于是出门与季武子相见。

子服惠伯从季平子如晋

平丘之会[1]，晋昭公使叔向辞昭公[2]，弗与盟[3]。子服惠伯曰[4]：“晋信蛮、夷而弃兄弟[5]，其执政贰也。贰心必失诸侯，岂唯鲁然？夫失其政者，必毒于人，鲁惧及焉，不可以不恭。必使上卿从之。”季平子曰[6]：“然则意如乎！若我往，晋必患我，谁为之贰[7]？”子服惠伯曰：“椒既言之矣，敢逃难乎？椒请从。”

【注释】

〔1〕平丘之会：指周景王十六年（前529），晋国与齐、宋、卫、郑等国诸侯在平丘盟会之事。平丘，地名，今河南省商丘县东。〔2〕晋昭公：晋平公之子，名夷。叔向：羊舌肸，晋国大夫。〔3〕弗与盟：不与鲁国结盟。因鲁国攻取莒国和邾国的一些地方，莒、邾两国向晋国求助，晋要讨伐鲁，所以不准鲁国加盟。〔4〕子服惠伯：鲁国大夫，名椒。〔5〕蛮、夷：这里是对邾、莒两国的贬称。兄弟：指鲁与晋同为姬姓诸侯国，是兄弟之邦。〔6〕季平子：季武子之孙，名意如，谥号“平”，史称“季平子”，鲁国正卿。〔7〕贰：副手，随从。

【译文】

诸侯在平丘会盟，晋昭公派叔向拒绝了鲁昭公请求，不准他加盟。鲁国大夫子服惠伯说：“晋国听信邾、莒等蛮夷小国的谗言而抛弃了兄弟之邦，他们的执政卿大夫怀有二心啊。有二心必定会失去诸侯的拥戴，哪里只是我们鲁国会这样？一个国家失政，必然会祸及其它国家，鲁国害怕受到牵连，不能不对晋国恭敬，一定要派上卿前往晋国谢罪。”季平子说：“这样就该我去了！如果我去，晋国一定会刁难我，谁做我的副手？”子服惠伯说：“我既然提出这个办法，又怎敢逃避危难吗？就让我跟着您一起去吧。”

晋人执平子。子服惠伯见韩宣子曰[1]："夫盟，信之要也。晋为盟主，是主信也。若盟而弃鲁侯，信抑阙矣[2]。昔栾氏之乱[3]，齐人间晋之祸，伐取朝歌[4]。我先君襄公不敢宁处[5]，使叔孙豹悉帅敝赋，踦跂毕行[6]，无有处人，以从军吏，次于雍渝[7]，与邯郸胜击齐之左[8]，掎止晏莱焉[9]，齐师退而后敢还。非以求远也，以鲁之密迩於齐[10]，而又小国也；齐朝驾则夕极于鲁国[11]，不敢惮其患，而与晋共其忧，亦曰：'庶几有益于鲁国乎！'今信蛮、夷而弃之，夫诸侯之勉于君者，将安劝矣[12]？若弃鲁而苟固诸侯，群臣敢惮戮乎？诸侯之事晋者，鲁为勉矣。若以蛮、夷之故弃之，其无乃得蛮、夷而失诸侯之信乎？子计其利者，小国共命[13]。"宣子说，乃归平子。

【注释】

〔1〕韩宣子：韩厥之子，名起，谥号"宣"，史称韩宣子，晋国正卿。 〔2〕阙：通"缺"，缺失。 〔3〕栾氏之乱：栾氏，指晋大夫栾盈。前550年，栾盈出逃到齐国，在齐国的支持下讨伐晋国，占领朝歌。 〔4〕间：候，乘机。朝歌：晋国城邑，即今河南省淇县。 〔5〕襄公：鲁国国君，名午，鲁成公之子。宁处：指置身事外，袖手旁观。 〔6〕叔孙豹：叔孙穆子，名豹，鲁国大夫。踦跂毕行：指倾其所有，全部出动。踦跂（jī qí），行走困难貌，这里指身体残疾，行走困难的人。 〔7〕次：驻扎。雍渝：古地名，今河南省滑县西北。 〔8〕邯郸胜：晋国大夫须子胜，因其采邑在邯郸，故称邯郸胜。 〔9〕掎（jǐ）止：从后截获。韦昭注"从后曰掎；止，获也"。晏莱：齐国大夫。 〔10〕密迩：靠近。 〔11〕极：至，到。 〔12〕安：如何。劝：勉励。 〔13〕小国：指鲁国。共命：恭候命令。共，通"恭"。

【译文】

到了之后，晋国人果然拘捕了季平子。子服惠伯前往拜会韩宣子，说："诸侯结盟，靠的是信义。晋国作为诸侯盟主，是来主持信义的。如果诸侯会盟而不让鲁君参加，那信义就有缺失了。从前栾盈发动叛乱，齐国乘晋国祸乱之机，攻占了朝歌。我们先君鲁襄公不敢置身事外，派叔孙豹带着全国的武器车马，连腿脚残疾的都派去了，没有人呆在家里，全都随从军队出征，驻扎在雍渝地区，与邯郸胜大夫一起攻打齐国的左军，牵制并活捉了齐国的晏莱，直到齐军被迫撤退后才敢带兵回国。这不是在表彰鲁国过去的功劳，而是因为鲁国与齐国邻近，又是小国；齐国早晨驾车晚上就能到达鲁国，但鲁国不敢惧怕齐国报复，而坚持与晋国共担祸难，也可以说：'大概只有如此才能对鲁国有好处！'如今晋国听信邾、莒的谗言而抛弃鲁国，这样做将如何勉励那些努力与晋国友善的诸侯呢？如果抛弃了鲁国仍然能够团结诸侯，那么我们又哪敢怕死呢？在事奉晋国的诸侯中，鲁国是最尽力的了。如果因为邾、莒两国的缘故而抛弃鲁国，难道不是得到邾、莒却失去诸侯的信任吗？您还是考虑一下这其中的利害，我们鲁国恭候您的命令。"韩宣子非常高兴，于是便放季平子回国。

季桓子穿井获羊

季桓子穿井[1]，获如土缶[2]，其中有羊焉。使问之仲尼曰[3]："吾穿井而获狗，何也？"对曰："以丘之所闻，羊也。丘闻之：木石之怪曰夔、蝄蜽[4]，水之怪曰龙、罔象[5]，土之怪曰羵羊[6]。”

【注释】

〔1〕季桓子：季平子之子，名斯，谥桓，史称“季桓子”，鲁国正卿。穿井：挖井。　〔2〕土缶：陶制的瓦罐。　〔3〕仲尼：孔子（前551—前479），名丘，字仲尼，春秋时期著名的政治家、思想家和教育家。　〔4〕夔（kuí）：古代传说中的一种奇异动物，似龙而一足。蝄蜽（wǎng liǎng）：古同“魍魉”，传说为山间精怪，能仿效人声而迷惑人。　〔5〕罔象：也作“魍象”，传说中的一种水怪。〔6〕羵（fén）羊：又称“坟羊”，传说中外形像羊的土中怪物。

【译文】

季桓子家挖井，挖出了一个瓦罐一类的的东西，里面有一只像羊的动物。派人去向孔丘询问说：“我家挖井时得到像狗一样的东西，是怎么回事呢？”回答说：“据我所知，你挖出的应该是羊。我听说：山上木石的怪物叫夔、蝄蜽，水中的怪物叫龙、罔象，土中的怪物叫羵羊。”

公父文伯之母对季康子问

季康子问于公父文伯之母曰[1]：“主亦有以语肥也[2]。”对曰：“吾能老而已，何以语子？”康子曰：“虽然[3]，肥愿有闻于主。”对曰：“吾闻之先姑曰[4]：‘君子能劳，后世有继。’”子夏闻之[5]，曰：“善哉！商闻之曰：‘古之嫁者，不及舅、姑[6]，谓之不幸。’夫妇，学于舅、姑者也。”

【注释】

〔1〕季康子：季桓子之子，名肥，鲁国正卿。公父文伯：公父穆伯之子，名歜，鲁国大夫。 〔2〕主：古代对大夫的称呼，大夫之妻也可称主。这里是敬称长辈用词。肥：季康子自称。 〔3〕虽然：即使这样。 〔4〕先姑：古代媳妇称已故的婆婆为先姑。 〔5〕子夏：孔子的学生卜商。 〔6〕舅姑：公婆。

【译文】

季康子询问公父文伯的母亲敬姜说：“您有教导我的话吧。”回答说：“我只是年纪大些罢了，哪有什么可以教导你的呢?”季康子说：“即使这样，我还是想听听您的教导。”回答说：“我听已过世的婆婆说过：‘君子能勤于政事，他就会后继有人。’”子夏听说了这件事说：“说得好啊！我听说过：‘古代女子出嫁，没赶上侍奉公婆的，叫做不幸。媳妇是要从公公、婆婆那里学习做人、做事方法的。”

公父文伯饮南宫敬叔酒

公父文伯饮南宫敬叔酒[1]，以露睹父为客[2]。羞鳖焉[3]，小，睹父怒。相延食鳖，辞曰：“将使鳖长而后食之。”遂出。文伯之母闻之，怒曰：“吾闻之先子曰[4]：‘祭养尸，飨养上宾[5]。’鳖于何有？而使夫人怒也！”遂逐之。五日，鲁大夫辞而复之。

【注释】

〔1〕南宫敬叔：即孟僖子之子南宫适，名说，字敬叔，鲁国大夫。〔2〕露睹父：鲁国大夫。客：上客，上宾。　〔3〕羞：进献。〔4〕先子：古时媳妇对已经故世的公公的称谓，也称“先舅”。〔5〕尸：古代在祭祀中代表死者受祭的人。飨：用酒肉招待客人。上宾：指上文中的“客”。

【译文】

公父文伯请南宫敬叔饮酒，让露睹父做上宾。上鳖时，露睹父的比较小，露睹父很生气。大家相互劝着吃鳖时，他推辞说：“我还是等到鳖长大了再来吃吧。”说完便离席而去。文伯的母亲听说了这件事，生气地说：“我听已故的公公说过：‘祭祀时要侍候好尸，宴饮时要招待好上宾。’你上鳖时有什么纰漏，惹得上宾生气呢！”于是把公父文伯赶出家门。五天后，才在鲁国的大夫们的劝说下让公父文伯回家。

公父文伯之母论内朝与外朝

公父文伯之母如季氏，康子在其朝〔1〕，与之言，弗应，从之及寝门，弗应而入。康子辞于朝而入见，曰：“肥也不得闻命，无乃罪乎？”曰：“子弗闻乎？天子及诸侯合民事于外朝〔2〕，合神事于内朝〔3〕；自卿以下，合官职于外朝，合家事于内朝；寝门之内〔4〕，妇人治其业焉。上下同之。夫外朝，子将业君之官职焉；内朝，子将庀季氏之政焉〔5〕，皆非吾所敢言也。”

【注释】

〔1〕朝：古代卿大夫处理事务的厅堂。　〔2〕合：合计，处理。民事：指政务。外朝：相对内朝而言，是天子、诸侯处理朝政的场所。〔3〕神事：指祭祀祖宗神灵等事务。内朝：相对外朝而言，古代天子、诸侯处理政事和休息的场所。　〔4〕寝门：卿大夫家属居住地与内外朝的界限。　〔5〕庀（pǐ）：治理。

【译文】

公父文伯的母亲到季康子家，季康子正在厅堂处理政务。跟她说话，没有回应。季康子一直跟着到了居室的门外，她还是没说话就进去了。季康子离开厅堂，进入内室见过文伯的母亲，说："我跟您说话您没有回答，难道我有什么地方得罪了您？"回答说："你没听说过吗？天子与诸侯在外朝处理日常政务，在内朝办理祭祀神灵的事务；从卿而下，在外朝处理公务，在内朝处理家事；寝门以内，一切内务由妇女掌管。自上而下都是如此。外朝，你要事奉国君处理政务；内朝，你要处理家族内部的事情，这些场所都不是我敢说话的地方啊。"

公父文伯之母欲室文伯

公父文伯之母欲室文伯〔1〕，飨其宗老〔2〕，而为赋《绿衣》之三章〔3〕。老请守龟卜室之族〔4〕。师亥闻之曰〔5〕："善哉！男女之飨，不及宗臣〔6〕；宗室之谋，不过宗人〔7〕。谋而不犯，微而昭矣。诗所以合意，歌所以咏诗也。今诗以合室，歌以咏之，度于法矣。"

【注释】

〔1〕室文伯：指为文伯娶妻。〔2〕宗老：主管礼乐的家臣。〔3〕《绿衣》：指《诗经·邶风·绿衣》。〔4〕守龟：占卜之人。〔5〕师亥：鲁国乐师，名亥。〔6〕宗臣：与国君同姓的臣子。〔7〕宗人：古代官名，主管宗庙、谱牒、祭祀等事务。诸侯、大夫都有宗人。

【译文】

公父文伯的母亲打算给文伯娶亲，宴请了主管礼乐的家臣，并为他们吟诵《诗经·邶风·绿衣》第三章中的诗句。家臣请卜人占卜了女方家族的情况。师亥听说这件事说："做得真好啊！儿女婚娶举行宴会，一般用不着请宗臣前来；自己家里商定娶媳妇的事情，只要请主管礼乐的家臣到场就可以了。商讨婚事不违犯礼节，通过吟诵诗句能委婉而明确地表明态度。诗是反应内心思想的，歌则是吟咏诗句的。现在用吟诵古人的诗句来促成婚事，用歌来咏唱它，是完全合乎礼法的。"

公父文伯卒其母戒其妾

公父文伯卒，其母戒其妾曰："吾闻之：好内[1]，女死之；好外，士死之。今吾子夭死[2]，吾恶其以好内闻也。二三妇之辱共先者祀，请无瘠色[3]，无洵涕[4]，无掐膺，无忧容，有降服，无加服[5]。从礼而静，是昭吾子也。"仲尼闻之曰："女知莫若妇，男知莫若夫。公父氏之妇智也夫！欲明其子之令德。"

【注释】

〔1〕好内：指宠爱妻妾。好外：与好内相对，指致力于建功立业之事。〔2〕夭死：早死。〔3〕瘠色：指因悲伤而损其容貌。〔4〕洵涕：默默地流泪。〔5〕服：此指丧服。古代依据丧礼规定穿戴一定的丧服以哀悼死者。按与死者的亲疏关系，分为斩衰、齐衰、大功、小功、缌麻五等。

【译文】

公父文伯死后，他母亲劝诫他的妻妾说："我听说：男人宠爱内人，女人能为他而死。男人致力于建功立业之事，士人愿意为他拼命。如今我儿子死得早，我讨厌他落得宠爱内人的名声。委屈你们几个人在举行亡夫的祭祀仪式上克制悲伤，请不要面有瘠色，不要流泪不止，不要捶胸顿足，不要表现出忧愁，丧服要降等，不要加等。依照礼节安静地完成祭祀仪式，这样做是彰显我儿子的德行。"孔子听到这件事说："女孩子的智慧不如成年妇女，男孩子的智慧不如成年男子。公父家的妇人真明智！她这样做是为彰明她儿子的美德。"

孔丘谓公父文伯之母知礼

公父文伯之母朝哭穆伯[1]，而暮哭文伯。仲尼闻之曰："季氏之妇可谓知礼矣。爱而无私[2]，上下有章[3]。"

【注释】

〔1〕穆伯：公父文伯的父亲，敬姜的丈夫。〔2〕无私：指不因

私情乱了礼法。　〔3〕章：章法，次序。

【译文】

公父文伯的母亲早上哭死去的丈夫穆伯，傍晚哭死去的儿子文伯。孔子听到这件事说："季氏家的妇人可说是深通礼法了。深爱自己的亲人却不以私情破坏礼法，早晨哭亡夫，傍晚哭亡子，哭泣也有一定的次序。"

孔丘论大骨

吴伐越，堕会稽〔1〕，获骨焉，节专车。吴子使来好聘〔2〕，且问之仲尼，曰："无以吾命。"宾发币于大夫，及仲尼，仲尼爵之。既彻俎而宴〔3〕，客执骨而问曰："敢问骨何为大？"仲尼曰："丘闻之：昔禹致群神于会稽之山，防风氏后至〔4〕，禹杀而戮之，其骨节专车。此为大矣。"客曰："敢问谁守为神？"仲尼曰："山川之灵，足以纪纲天下者，其守为神；社稷之守者，为公侯。皆属于王者。"客曰："防风何守也？"仲尼曰："汪芒氏之君也，守封、嵎之山者也〔5〕，为漆姓。在虞、夏、商为汪芒氏，于周为长狄〔6〕，今为大人。"客曰："人长之极几何？"仲尼曰："僬侥氏长三尺〔7〕，短之至也。长者不过十之，数之极也。"

【注释】

〔1〕堕：毁坏，毁掉。会稽：山名，在今浙江省绍兴县东南。节：

指一节骨头。专车：占据一整辆车。专，擅，独占。〔2〕吴子：指吴王夫差。好聘：遣使聘问以修旧好。〔3〕俎：古代祭祀时盛牛羊肉的礼器。〔4〕防风氏：相传为古代汪芒氏的部落首领。〔5〕封、嵎：皆山名，在今浙江省德清县东。〔6〕长狄：汪芒氏在周代时北迁，改称长狄。〔7〕僬侥（jiāo yáo）氏：古代传说中生活在西南地区的一支矮人部落。

【译文】

吴国征伐越国，毁掉了会稽山，得到了一架骨头，其中的一节大骨头有一辆车那么长。吴王派使者来鲁国访问，并且让使者向孔子询问大骨头的事，还嘱咐使者说："不要说这是我的命令。"到了鲁国，使者赠给大夫们见面礼币，发到孔子时，孔子敬了他一杯酒。当撤去礼器开始宴饮时，使者拿出一块骨头问孔子说："请问什么骨头比较大？"孔子说："我听说，从前大禹把群神召集到会稽山，防风氏来晚了，大禹杀了他并陈尸示众，他的骨头一节有一辆车装那么长，这算是最大的骨头了。"吴国使者问："请问哪些东西的守护者才算得上是神？"孔子说："山川的精灵，能够掌管天下生灵的命运，所以掌管山川的是神，掌管社稷的官员是公侯。他们都属于天子管辖。"使者问："防风氏掌管什么呢？"孔子说："防风是古代汪芒氏的君主，守护封山和嵎山，姓漆。虞舜、夏、商时叫汪芒氏，到了周代时称为长狄，如今是一种身材高大的人。"使者又问："人身高的极限是多高呢？"孔子答道："僬侥氏的人身高只有三尺，算是最矮的人种。身材高大的也不会超过有他们的十倍，这是计数的极限了。"

孔丘论楛矢

仲尼在陈，有隼集于陈侯之庭而死[1]，楛矢贯之[2]，石砮[3]，其长尺有咫[4]。陈惠公使人以隼如仲尼之馆问之[5]。仲尼曰："隼之来也远矣！此肃慎氏之矢也[6]。昔武王克商，通道于九夷、百蛮[7]，使各以其方贿来贡，使无忘职业。于是肃慎氏贡楛矢、石砮，其长尺有咫。先王欲昭其令德之致远也，以示后人，使永监焉，故铭其栝曰'肃慎氏之贡矢[8]'，以分大姬、配虞胡公而封诸陈[9]。古者，分同姓以珍玉，展亲也；分异姓以远方之职贡，使无忘服也。故分陈以肃慎氏之贡。君若使有司求诸故府，其可得也。"使求，得之金椟[10]，如之。

【注释】

〔1〕隼（sǔn）：一种类似鹰的凶猛鸟，旧称"鹘"。　〔2〕楛矢：用楛木做杆的箭。贯：穿透。　〔3〕石砮：石制的箭头。　〔4〕有：通"又"。咫（zhǐ）：古代长度单位，周制八寸为咫。　〔5〕陈惠公：陈国国君，名吴，陈哀公之孙。　〔6〕肃慎：古代北方部落名，一作息慎、稷慎。商周时居东北地区，狩猎为生。　〔7〕九夷、百蛮：泛指南北方各少数民族。　〔8〕栝（guā）：箭尾扣弦的地方。　〔9〕大姬：周武王长女，陈姓始祖陈胡公妫满之妻。虞胡公：虞舜的后代，封地在陈。　〔10〕金椟：用金带装饰的木盒。

【译文】

孔子在陈国时，有一只鹰落到陈侯的庭院里死了。楛木箭穿透了它的身体，箭头是用尖石做的，箭的长度为一尺八寸。陈惠公派人拿着这只鹰，去到孔子的馆舍询问这件事。孔子说："这只鹰来自很远的地方啊，它身上的箭是北方肃慎部落打造的。从前周武王战胜了商纣，开通了与南北各少数民族相联系的道路，让他们各自进贡本地的土特产，让他们不要忘了自己应服的职事和所从事的祖业。于是肃慎氏他们特有的进贡楛矢和石砮，箭长一尺八寸。武王为了彰显自己能使远方民族归附的威德，以昭示后人，让他们永远看到自己的威德，所以在箭尾扣弦的地方刻上了'肃慎国进贡之箭'几个字，送给大女儿，后来大女儿嫁给虞胡公，这些东西也就随之被带到陈国。古代，帝王把珍宝玉器分给同姓，体现宗族的亲近关系；把远方进贡物品分给异姓，使他们不忘所应服的职事。所以把肃慎国的贡品分给了异姓的陈国。国君如派管理人员去旧府库里查找，大概还能找到。"陈惠公于是让人去找，发现了用金装饰的木盒里有楛矢，果真和孔子说的情况一样。

闵马父笑子服景伯

齐闾丘来盟[1]，子服景伯戒宰人曰[2]："陷而入于恭[3]。"闵马父笑[4]，景伯问之，对曰："笑吾子之大也[5]。昔正考父校商之名颂十二篇于周太师[6]，以《那》为首[7]，其辑之乱曰[8]：'自古在昔，先民有作。温恭朝夕，执事有恪[9]。’先圣王之传恭，犹不敢专[10]，称曰‘自古’，古曰‘在昔’，昔曰‘先民’。今吾子之戒吏人曰‘陷而入于恭’，其满之甚也。周恭王能庇昭、穆之阙而为‘恭’[11]，楚恭王能知其过而为‘恭’。今吾子之教官僚曰‘陷而后恭’，道将何为？”

【注释】

〔1〕闾丘：此指齐国大夫闾丘明。 〔2〕子服景伯：名何，子服昭伯之子，鲁国大夫。宰人：指卿大夫的家臣。 〔3〕陷：过失，失误。 〔4〕闵马父：鲁国大夫。 〔5〕大：骄傲自满。 〔6〕正考父：宋国大夫，孔子的七世祖。曾辅佐宋国戴、武、宣三位君主，颇有贤名。名颂：韦昭注曰“名颂，颂之美者”。十二篇：正考父当时所得商《颂》尚有十二篇。今仅存五篇。太师：乐官之长，掌管诗乐。〔7〕《那》：《诗经·商颂》第一篇的篇名。 〔8〕辑：辑录。乱：古人作诗文时，有时在篇末写一小段梗概文意、阐述作者思想的文辞，称之乱。 〔9〕恪：恭敬，谨慎。 〔10〕专：独占，专有。〔11〕周恭王：西周第六位，名繄扈（yī hù），周穆王之子。“恭”是其谥。昭、穆：指周昭王、周穆王，是周恭王的祖父和父亲。阙：过失。庇：掩盖。

【译文】

齐国大夫闾丘明来鲁国谛结盟约，子服景伯叮嘱参与结盟活动的人员说：“在盟会上如果出现过失就要表现出恭敬的样子。”闵马父听后笑了起来，景伯问他为什么笑，他回答说：“我笑您太自大了。过去正考父到周太师那里点校十二篇《商颂》，把《那》定为第一篇，在篇尾进行总结时说：‘在遥远的古代，先民们就形成了良好的道德行为规范，每天要保持温和恭敬，处理政务更要谨慎。’古代圣明君王教导人们恭敬，尚且不敢说是自己始创的，声称是‘从古代学来的’，称古代为‘在昔’，称古代人为‘先民’。现在您却叮嘱办事官员说‘有过失才表现出恭敬’，真是太骄傲自满了。周恭王能掩遮他父祖辈的失德行为，所以后人给了他‘恭’的谥号，楚恭王知错能改，所以也得到‘恭’的谥号。现在你教导官员说‘有过失才恭敬’，那么没有过失的恭敬又该是怎么样的呢？”

孔丘非难季康子以田赋

季康子欲以田赋〔1〕，使冉有访诸仲尼〔2〕。仲尼不对，私于冉有曰：“求来！女不闻乎？先王制土，籍田以力，而砥其远迩〔3〕；赋里以入，而量其有无；任力以夫，而议其老幼。于是乎有鳏、寡、孤、疾〔4〕，有军旅之出则征之，无则已。其岁，收田一井，出稯禾、秉刍、缶米〔5〕，不是过也。先王以为足。若子季孙欲其法也，则有周公之籍矣〔6〕；若欲犯法，则苟而赋，又何访焉！”

【注释】

〔1〕田赋：按照田亩收取赋税。　〔2〕冉有：孔子的弟子，名求，字子有，春秋末鲁国人，当时为季康子的家臣。访：咨询。仲尼：孔子的字。　〔3〕制土：衡量、分配土地。籍田：指赋税。砥：平，均衡。迩：近。　〔4〕鳏（guān）：无妻或丧妻的男人。寡：死去丈夫的妇女。孤：幼年死去父亲或父母双亡。　〔5〕稯（zōng）：计算

谷物的单位，古制六百四十斛为一稯。秉：这里指计算禾把的单位。缶：古制十六斗为一缶。 〔6〕籍：指籍田法，即田赋法。

【译文】

季康子想按土地亩数征收田税，派冉有向孔子咨询对这件事的看法。孔子当时没有应答，私下对冉有说："求，你过来，你没听说过吗？先王制定土地政策，按照劳力收取田税，同时要考虑土地的远近加以均衡；收取商税根据商人的利润，而且考虑他们财产的多少来加以调整；按照各家男丁的数目分派劳役，而且要照顾老人和孩子。这样以来就有了鳏夫、寡妇、孤儿、患病者这几类人，只有遇到战事，支出增加才征收他们田税，没有战事就不收他们的田税。有战事的时候，每一井田要出一稯粮、一秉草、一缶米，不会超过这些东西。先王认为这样就够了。如果季康子想依法办理税收，周公制定的税法在那儿；如果不按法规办理，就可随意征税，又有什么要咨询的呢？"

卷六　齐语

管仲对桓公以霸术

桓公自莒反于齐[1]，使鲍叔为宰[2]，辞曰："臣，君之庸臣也[3]。君加惠于臣，使不冻馁，则是君之赐也。若必治国家者，则非臣之所能也。若必治国家者，则其管夷吾乎[4]。臣之所不若夷吾者五：宽惠柔民，弗若也；治国家不失其柄[5]，弗若也；忠信可结于百姓，弗若也；制礼义可法于四方，弗若也；执枹鼓立于军门[6]，使百姓皆加勇焉，弗若也。"

【注释】

〔1〕桓公：齐国国君，名小白，春秋五霸之一。自莒反于齐：齐襄公被杀后，公子小白结束十九年流亡生活自莒国回国继承王位。〔2〕鲍叔：鲍叔牙，齐国大夫。宰：太宰，辅佐君主治理国政的官。〔3〕庸：平庸，普通。　〔4〕管夷吾：管仲，名夷吾，谥号"敬仲"，史称管子。春秋时期齐国著名的政治家、军事家，辅佐齐桓公称霸诸侯。　〔5〕柄：根本。　〔6〕枹鼓：鼓槌和鼓。

【译文】

齐桓公从莒国返回齐国，准备让鲍叔牙做太宰。鲍叔辞谢说："我是您的一个普通的臣子。您对我恩惠有加，使我不挨饿受冻，已经是您对我最大的恩赐了。如果一定要治理好国家，那就不是我能办得到的。若一定要治理好国家，大概只有靠管夷吾了。他在五个方面都比我贤能：宽厚慈惠以镇抚民众，我赶不上他；治理国家不失根本，我赶不上他；待人忠厚诚信，团结百姓，我赶不上他；制定通行天下的法则礼仪，我赶不上他；站在军门之前指挥军士作战，使百姓都勇猛无比，我赶不上他。"

桓公曰："夫管夷吾射寡人中钩，是以滨于死〔1〕。"鲍叔对曰："夫为其君动也。君若宥而反之〔2〕，夫犹是也。"桓公曰："若何？"鲍子对曰："请诸鲁。"桓公曰："施伯〔3〕，鲁君之谋臣也，夫知吾将用之，必不予我矣。若之何？"鲍子对曰："使人请诸鲁，曰：'寡君有不令之臣在君之国〔4〕，欲以戮之于群臣，故请之。'则予我矣。"桓公使请诸鲁，如鲍叔之言。

【注释】

〔1〕中钩：射中腰钩。管仲跟随公子纠时，在乾时战役中，射中齐桓公的衣带钩，险些致命。滨：近，接近。　〔2〕宥：宽容，饶恕。　〔3〕施伯：鲁国大夫。　〔4〕不令之臣：指罪臣。令，美好。

【译文】

桓公说："管仲曾用箭射中了我的腰钩，险些要了我的性命。”鲍叔回答说：“那是为他的君主啊。你如果宽恕了他，让他回来，他对待您也会那样。”桓公问：“那该如何做呢?”鲍叔说：“请求鲁国放他回来。”桓公说：“施伯是鲁君足智多谋的大臣，他知道我要重用管仲，一定不会交给我的。那该怎么办呢?”鲍叔回答说：“派人向鲁国请求说：‘我们国君一个犯了罪的臣子在贵国，国君想在群臣面前把他处死，因此派我来请求把他交还给我们。’这样鲁国就会把他交给我们了。”于是桓公按照鲍叔的计谋，派人到向鲁国请求放回管仲。

庄公以问施伯[1]，施伯对曰：“此非欲戮之也，欲用其政也[2]。夫管子，天下之才也。所在之国，则必得志于天下。令彼在齐，则必长为鲁国忧矣。”庄公曰：“若何?”施伯对曰：“杀而以其尸授之。”庄公将杀管仲，齐使者请曰：“寡君欲亲以为戮，若不生得以戮于群臣，犹未得请也。请生之[3]。”于是庄公使束缚以予齐使[4]。齐使受之而退。

【注释】

〔1〕庄公：鲁国国君，名同，鲁桓公之子。　〔2〕政：执政，治理国事。　〔3〕生之：使之生，让他活着。　〔4〕束缚：捆绑。

【译文】

鲁庄公征求施伯对这件事的看法。施伯回答说：“这不是要杀死他，是想起用他治理国家。管仲是旷世奇才。他所在的国家，一定会成为天下霸主。如果让管仲在齐国执政，那么必将会成为鲁国长期的忧患。”庄公说：“该怎么办呢?”施伯答道：“杀了管仲，把尸体交给齐国使者。”庄公于是准备杀掉管仲，齐国使者请求说："我们国君想亲自杀了他，如果不能活着把他带回去在群臣面前杀了他，那就和没有请求一样。请让他多活一段时间吧。"于是庄公派人把管仲绑起来交给齐国使者。齐使接受管仲之后就回国了。

比至，三衅、三浴之〔1〕。桓公亲逆之于郊〔2〕，而与之坐而问焉，曰："昔吾先君襄公筑台以为高位〔3〕，田、狩、罼、弋〔4〕，不听国政，卑圣侮士，而唯女是崇〔5〕。九妃、六嫔，陈妾数百〔6〕，食必粱肉，衣必文绣〔7〕。戎士冻馁，戎车待游车之前〔8〕，戎士待陈妾之余。优笑在前，贤材在后。是以国家不日引，不月长。恐宗庙之不扫除，社稷之不血食，敢问为此若何?"管子对曰："昔吾先王昭王、穆王〔9〕，世法文、武远绩以成名〔10〕。合群叟，比校民之有道者，设象以为民纪〔11〕，式权以相应，比缀以度，竱本肇末，劝之以赏赐，纠之以刑罚，班序颠毛，以为民纪统。"

【注释】

〔1〕衅：用香熏涂身体叫做衅。　〔2〕亲逆：亲自迎接。〔3〕襄公：齐国国君，名诸儿，齐僖公禄父之子，在位期间荒淫无道。〔4〕田:指在原野上打猎。狩：指用围守的方法猎取禽类。罼：用网猎取雉兔。弋（yì）：用带丝绳的箭射猎物。　〔5〕崇：宠爱，宠幸。〔6〕妃:帝王的妻，位次于皇后。嫔：古代皇宫里的女官，也是帝王的妾。妾：旧时男人娶的小老婆。九、六、数百：言其多也。　〔7〕粱肉：指精美的膳食。粱，精米，上好的米。文绣：指刺绣彩色花纹的丝织品或服饰。　〔8〕戎车：兵车。游车：游乐所乘车子。前：公序

本作“裂”。　〔9〕昭王、穆王：西周初期的两位统治者。〔10〕文、武：指周文王昌、武王发。　〔11〕象：指象魏，宫廷外面的阙门。当时政府颁布的法令一般都悬挂在它上面向民众公布，因而“象”又引申为法令。

【译文】

管仲回到齐国，三次薰香，三次沐浴，桓公亲自到城郊迎候他，进宫后就迫不及待地坐下来向他询问治国之事，说：“过去我们先君襄公修筑高台来炫耀自己的尊荣，整日沉湎于打猎游乐，不治理国家政务，鄙视圣贤，侮辱士人，一味贪恋女色。宫中妻妾成群，多达数百人，她们吃的是精美的膳食，穿的是丝织彩衣。士兵们挨饿受冻，战车用的都是游玩破损的车子，士兵要靠众妾吃剩的粮食来养活。倡优弄臣备受君主青睐，有能力、有德行的人才却被冷落。因此国家一天天没有发展、一月月没有长进。长此以往恐怕庙堂将无人打扫，国家不保先人断绝祭祀。请问这种情况该怎么办？”管仲回答说：“过去我们的先王周昭王、周穆王因为能够发扬文王、武王的功绩而成就功名。召集国中老臣，来考察选拔百姓中德行高尚的人，制定礼法当作百姓的言行准则，同时树立相应的榜样，以此把百姓统一起来。从根本上来解决那些细微末节的问题，用赏赐来勉励民众向善，用刑罚来纠正罪恶，使长幼有序，作为百姓言行的纲纪。”

桓公曰：“为之若何？”管子对曰：“昔者，圣王之治天下也，参其国而伍其鄙〔1〕，定民之居，成民之事，陵为之终〔2〕，而慎用其六柄焉〔3〕。”桓公曰：“成民之事若何？”管子对曰：“四民者〔4〕，勿使杂处，杂处则其言哤〔5〕，其事易。”

【注释】

〔1〕参其国：把都城分为三部分。参，通“三”。国，都城。伍其鄙：把郊区分成五部分。伍，通“五”。鄙，郊区。〔2〕陵：高大的坟墓。〔3〕六柄：指统治者所掌握的生、杀、贵、贱、贫、富六种权力。〔4〕四民：指士、农、工、商。〔5〕哤（máng）：语言杂乱。

【译文】

桓公说：“那该怎么办呢？”管仲回答说：“过去，圣明的君王治理天下时，把国都分为三个区域、把郊野分为五个区域，划定百姓的居处，让百姓安居乐业，再找块丘陵地带设为墓地作为他们最终的归宿，并谨慎地使用生、杀等六种权力。”桓公说：“怎样才能让百姓安居乐业呢？”管仲回答说：“士、农、工、商四类人，不要让他们混杂居住一起。混杂居住会让他们彼此影响，容易见异思迁而不能安心做自己本职工作。”

公曰：“处士、农、工、商若何[1]？”管子对曰：“昔圣王之处士也，使就闲燕[2]；处工，就官府；处商，就市井；处农，就田野。令夫士，群萃而州处[3]，闲燕则父与父言义，子与子言孝，其事君者言敬，其幼者言弟。少而习焉，其心安焉，不见异物而迁焉。是故其父兄之教不肃而成[4]，其子弟之学不劳而能。夫是，故士之子恒为士。

【注释】

〔1〕若何：怎么样。〔2〕闲燕：清净，此指清静的地方。

〔3〕萃：聚集。处：居住。　〔4〕肃：严厉，认真。

【译文】

桓公问："如何安排士、农、工、商四类人呢？"管仲回答说："过去圣王经常把士人安置在清静的地方，把工匠安置在官府作坊，把商人安置在市井闹区，把农民安置在田野荒郊。让那些士人聚集在一个区域居住，闲暇时老年人之间相互谈论礼义，年轻人之间相互谈论孝道，官员大臣谈论如何敬事君主，年幼的则谈论如何尊重兄长。这些人从小就接受士文化教育，他们的思想就稳定了，不会见异思迁。所以父兄的教诲不用太严厉就能实行，子弟的学习不用花费多少气力就能掌握。这样以来，士人的后代还是士人。

"令夫工，群萃而州处，审其四时，辨其功苦[1]，权节其用，论比协材。旦暮从事[2]，施于四方，以饬其子弟[3]，相语以事，相示以巧，相陈以功。少而习焉，其心安焉，不见异物而迁焉。是故其父兄之权不肃而成，其子弟之学不劳而能。夫是，故工之子恒为工。

【注释】

〔1〕功苦：指产品质量的好坏。　〔2〕旦暮：从早到晚，整日。〔3〕饬:整饬。此指教导。

【译文】

"让工匠们集中居住在一个区域，审察四季的需要，辨别产品质量的好坏，衡量材料的用途，合理组合使用材料。整天忙忙碌碌，把商品销往全国各地，传授子弟本领，互相讨论制作，交流技艺，展示成果。这些人从小就学习技艺，也就安心做这项工作，不会见异思迁。所以父兄的教诲不用太严厉就能实行，子弟的学习不用花费多少气力就能掌握。这样以来，工匠的后代还是工匠。

“令夫商，群萃而州处，察其四时，而监其乡之资[1]，以知其市之贾[2]，负、任、担、荷，服牛、轺马，以周四方，以其所有，易其所无，市贱鬻贵[3]。旦暮从事于此，以饬其子弟，相语以利，相示以赖，相陈以知贾。少而习焉，其心安焉，不见异物而迁焉。是故其父兄之教不肃而成，其子弟之学不劳而能。夫是，故商之子恒为商。

【注释】

〔1〕监：考察，调查。　〔2〕贾：通“价”，价格。　〔3〕市贱鬻贵：贱买贵卖。市，买。鬻，卖。

【译文】

“让商人们集中居住在一个区域，审视不同季节的供需，考察本地的货源，了解货物的市场价格。通过背负肩挑，或车马运输等各种方式，把货物周转到全国各地，用自己有的东西来换取没有的东西，贱买贵卖，从中获利。整日忙着运营，同时教导子弟学习经商，互相谈论如何盈利，互相交流买卖经验，互相展示经营手段。这些人从小就学习技艺，也就安心做这项工作，不会见异思迁。所以父兄的教诲不用太严厉就能实行，子弟的学习不用花费多少气力就能掌握。这样以来，商人的后代还是商人。

“令夫农，群萃而州处，察其四时，权节其用，耒、耜、耞、芟[1]。及寒，击草除田，以待时耕；及耕，深耕而疾耰之[2]，以待时雨；时雨既至，挟其枪、刈、耨、镈[3]，以旦暮从事于田野。脱衣就功，首戴茅蒲[4]，身衣袯襫[5]，霑体涂足，暴其发肤，尽其四支之敏，以从事于田野。少而习焉，其心安焉，不见异物而迁焉。是故其父兄之教不肃而成，其子弟之学不劳而能。夫是，故农之子恒为农。野处而不暱，其秀民之能为士者，必足赖也。有司见而不以告，其罪五[6]。有司已于事而竣。”

【注释】

〔1〕耒、耜：翻地的农具。耞（jiā）：用于脱粒的农具。芟（shān）：镰刀。〔2〕耰（yōu）：古代弄碎土块、平整土地的农具。此指播种后翻土、盖土。〔3〕枪：掘草的工具。刈：镰刀。耨（nòu）：除草的小锄。镈（bó）：除草的农具。〔4〕茅蒲：斗笠，一种挡雨遮阳用的笠帽。〔5〕袯襫：蓑衣。〔6〕罪五：指我国古代处罚犯人的墨（刺刻面额涂墨）、劓（割鼻）、刖（断足）、宫（破坏生殖器）、大辟（死刑）等五种刑罚。

【译文】

“让农民集中居住在一个区域，审视四时节气，衡量各种工具的用途，修治耒、耜、耞、镰等农具。冬天，要铲除枯草，整理农田，以等待来年春耕；耕种的时候，要深翻土地，下种后抓紧再把土整平，以等待春雨滋养；春雨到了，就带着锄头等农具整日在地里劳作。脱掉衣服，戴着草帽，穿着蓑衣，浑身淋透了，脚上也满是泥土，光着脊梁，在田里拼命地干活。这些人从小就学习种地，也就安心做这项工作，不会见异思迁。所以父兄的教诲不用太严厉就能实行，子弟的学习不用花费多少气力就能掌握。这样以来，农民的后代还是农民。他们远离城邑而生活在郊野，其中能有被选拔做官的，一定非常可靠。地方官员发现这样的人才不推荐，要受到五刑的处罚。他们必须推荐贤才，才算完成任务。”

桓公曰：“定民之居若何？”管子对曰：“制国以为二十一乡〔1〕。”桓公曰：“善。”管子于是制国以为二十一乡：工商之乡六；士农之乡十五。公帅五乡焉，国子帅五乡焉〔2〕，高子帅五乡焉〔3〕。参国起案，以为三官，臣立三宰，工立三族，市立三乡，泽立三虞，山立三衡〔4〕。

【注释】

〔1〕制国：划分国土。　〔2〕国子：齐国上卿，国氏。　〔3〕高子：齐国上卿，高氏。　〔4〕宰、族、乡、虞、衡：是管理群臣、工匠、商人、川泽、山林的官员。

【译文】

桓公问：“怎样来划定百姓的居所呢？”管仲答道：“把全国划分为二十一个乡。”桓公说：“好。”管仲于是把全国划分为二十一个乡：工匠和商人占六个乡，士人和农民占十五个乡。桓公亲自管理五个乡，国氏管理五个乡，高氏管理五个乡。把国家政务分为三大块，各种官职也各设置三名官员主管：设三卿管理群臣，设三族管理工匠，设三乡管理商人，设三虞管理川泽，设三衡管理山林。

桓公曰："吾欲从事于诸侯[1]，其可乎?"管子对曰："未可，国未安。"桓公曰："安国若何?"管子对曰："修旧法，择其善者而业用之[2]；遂滋民[3]，与无财，而敬百姓，则国安矣。"桓公曰："诺。"遂修旧法，择其善者而业用之；遂滋民，与无财，而敬百姓。

【注释】

〔1〕从事：指对诸侯用兵，征伐不守礼法的诸侯。 〔2〕业：改造创新。 〔3〕滋：繁衍。

【译文】

桓公说："我想对诸侯用兵，能行吗?"管仲回答说："不行，国家还没有安定下来。"桓公问："如何才能使国家安定呢?"管仲说："修正原有的法令，选择合用的加以施行。然后繁衍人口，振济贫困，而整顿百官，这样国家就安定了。"桓公说："好的。"于是修治原有的法令，选择合用的加以改造施行。然后繁殖人口，救济贫困，整顿百官。

国既安矣，桓公曰："国安矣，其可乎?"管子对曰："未可。君若正卒伍，修甲兵，则大国亦将正卒伍[1]，修甲兵[2]，则难以速得志矣。君有攻伐之器，小国诸侯有守御之备，则难以速得志矣。君若欲速得志于天下诸侯，则事可以隐，令可以寄政[3]。"桓公曰："为之若何?"管子对曰："作内政而寄军令焉[4]。"桓公曰："善。"

【注释】

〔1〕卒伍：古代军队编制，五人为伍，百人为卒。此指军队，行

伍。 〔2〕甲兵：铠甲和兵器，即武器装备。 〔3〕令：指军事政策。 〔4〕寄：寄托，安置。

【译文】

国家安定了之后，桓公说："国家已经安定了，现在可以了吧?"管仲说："不行。您如果整顿军队、修缮盔甲兵器，那么其他大国也会整顿军队，修缮盔甲兵器，我们就很难短时间内达到目的。您有征伐的武器，小国诸侯有固守抵挡的装备，我们很难短时间实现目的。您如果想尽快称霸诸侯，就应该暗地做准备，把战备事宜置于政令之中。"桓公问："如何去做呢?"管仲回答说："把军令放置在内政当中。"桓公说："好。"

管子于是制国："五家为轨，轨为之长；十轨为里，里有司；四里为连，连为之长；十连为乡，乡有良人焉〔1〕。以为军令：五家为轨，故五人为伍，轨长帅之；十轨为里，故五十人为小戎，里有司帅之；四里为连，故二百人为卒，连长帅之；十连为乡，故二千人为旅，乡良人帅之；五乡一帅，故万人为一军，五乡之帅帅之。三军，故有中军之鼓，有国子之鼓，有高子之鼓。春以蒐振旅〔2〕，秋以狝治兵〔3〕。是故卒伍整于里，军旅整于郊。"

【注释】

〔1〕轨、里、连、乡：根据户口划分的基层管理单位。 〔2〕蒐(sōu)：春季田猎叫做蒐。振旅：整顿军队。 〔3〕狝(xiǎn)：古代指秋天打猎为狝。

【译文】

管仲于是制定国家的政令："五家作为一轨，轨设置轨长；

十轨作为一里，里设置有司；四里作为一连，连设置连长；十连作为一乡，乡设置良人。同时将军令置于其中：五家作为一轨，因此五人为一伍，由轨长率领；十轨作为一里，因此五十人为小戎，由里的有司率领；四里作为一连，因此二百人为一卒，由连长率领；十连作为一乡，因此二千人为一旅，由乡的良人率领；五个乡作为一帅，因此一万人，编成一个军，由卿来统率。全国军队可编为三军，因此有国君亲自统帅的中军的旗鼓，有国子的旗鼓，有高子的旗鼓。春天利用春猎的机会来整编军队，秋天利用秋猎的机会来操练军队。这样卒、伍在里中就可以整治。军、旅大队伍在郊野中得以整顿。”

内教既成，令勿使迁徙。伍之人祭祀同福，死丧同恤，祸灾共之。人与人相畴〔1〕，家与家相畴，世同居，少同遊〔2〕。故夜战声相闻，足以不乖〔3〕；昼战目相见，足以相识。其欢欣足以相死〔4〕。居同乐，行同和，死同哀。是故守则同固，战则同强。君有此士也三万人，以方行于天下，以诛无道，以屏周室〔5〕，天下大国之君莫之能御。”

【注释】

〔1〕畴：匹，相伴。 〔2〕遊：同“游”，交游。 〔3〕乖：不顺，不和谐。 〔4〕相死：指同生共死。 〔5〕屏：保卫。

【译文】

内政已经整顿完毕，命令民众不得随意迁徙。同一个伍的人共享福禄，共受死丧哀伤，有了灾祸共同承担。人与人结为伙伴，家与家相临，世代同住一地，自小开始交往。因此夜间作战相互熟悉声音，就不会发生误会；白天作战能相互看见，足以认识同伙。他们情投意合，能够生死与共。在家时共同欢乐，行军时和睦亲密，战死时一起哀伤。因此，防守就坚固不移，作战都英勇顽强。您如果有三万名这样的兵士，率领远征天下，讨伐无道，保卫王室，天下其他大国诸侯还有谁能与您对抗。”

管仲佐桓公为政

正月之朝，乡长复事[1]。君亲问焉，曰：“于子之乡，有居处好学、慈孝于父母、聪慧质仁[2]、发闻于乡里者，有则以告。有而不以告，谓之蔽明，其罪五[3]。”有司已于事而竣[4]。桓公又问焉，曰：“于子之乡，有拳勇股肱之力秀出于众者[5]，有则以告。有而不以告，谓之蔽贤，其罪五。”有司已于事而竣。桓公又问焉，曰：“于子之乡，有不慈孝于父母、不长悌于乡里、骄躁淫暴、不用上令者[6]，有则以告。有而不以告，谓之下比[7]，其罪五。”有司已于事而竣。是故乡长退而修德进贤，桓公亲见之，遂使役官。

【注释】

〔1〕正月之朝：《周礼》规定，每年正月初一，官吏要到司徒处接受教法，并汇报政事，接受考核。复事：汇报政务。　〔2〕质：性，本性。　〔3〕其罪五：五种轻重不等的刑法。即墨、劓、刵、宫、大辟。　〔4〕竣：原指事情完毕。此指退下。　〔5〕股：大腿。肱：

胳膊由肘到肩的部分。〔6〕不用：不遵守。上令：国君的政令。〔7〕下比：谓庇护坏人。比，勾结，庇护。

【译文】

正月初一朝见例会上，乡长们报告乡里政务。桓公亲自询问他们，说："在你管辖的乡里，有没有平时好学上进、孝敬父母、聪慧仁爱、在乡里名声很好的人，有就要报告。如果有这样的人才不报告，就是埋没贤明的人才，要根据情节进行处罚。"管事的官员汇报完就退下了。桓公又询问乡长们说："在你管辖的乡里，有没有英勇强壮、力气过人的人，有就要报告。如果有这样突出的人才不报告，就是埋没贤能的人，要根据情节给予处罚。"管事的官员汇报完就退下了。桓公又询问乡长们说："在你管辖的乡里，有没有不孝敬父母、不友爱兄弟、性格骄淫暴虐、不服从上级命令的人，有就要报告。如果有这样的人不报告，就是庇护恶人，要根据情节给予处罚。"管事的官员汇报完也退下了。因此，乡长们回去以后，都修治德行，举荐贤才，桓公要亲自接见被举荐的人，并授给他们一定的职务。

桓公令官长期而书伐[1]，以告且选，选其官之贤者而复用之，曰："有人居我官，有功休德[2]，惟慎端悫以待时[3]，使民以劝，绥谤言[4]，足以补官之不善政。"桓公召而与之语，訾相其质[5]，足以比成事，诚可立而授之。设之以国家之患而不疚，退问之其乡，以观其所能而无大厉，升以为上卿之赞。谓之三选[6]。国子、高子退而修乡[7]，乡退而修连，连退而修里，里退而修轨，轨退而修伍，伍退而修家。

【注释】

〔1〕官长：官员。期：期年，每年。伐：功劳。〔2〕休德：美好德行。〔3〕端悫（què）：正直诚谨。〔4〕绥：安抚，制止。谤言：怨恨、指责的话。〔5〕訾（zī）：估量，限度。相：审视。〔6〕三选：春秋时的一种选官制度。通过乡长推荐、官长选拔、国君亲自面试等三道程序确定录用与否。〔7〕国子、高子：二人均为齐国的正卿。

【译文】

桓公让各地长官每年记录好有功的人，及时上报并备案，选拔其中贤能的官员而委以重任。推荐贤人时说："我有这样的官员，他功劳很大，品德高尚，处事谨慎，作风正派，善于把握时机，能够劝勉百姓，化解诽谤言论，这个人能够替换那些不称职的官员。"桓公于是召见被推荐的人，并和他交流，审查他的素质，看他能不能辅助官长成就大事，确实可提拔的就予以重用。桓公还拿国家患难为例来考验他的应对能力，如果应答没有什么不妥，进一步以乡里的事情考验他，以观察他的能力，如没有大问题，就提拔他做上卿的助手。这种乡长举荐，官长选拔，国君审查的模式，被称为三选。国子、高子回去后治理乡里政务，乡长回去后治理连里政务，连长回去后治理里中政务，里有司回去治理轨里政务，轨长回去后治理伍里事务，伍回去后整治家务。

是故匹夫有善，可得而举也；匹夫有不善，可得而诛也。政既成，乡不越长〔1〕，朝不越爵〔2〕，罢士无伍，罢女无家[3]。夫是，故民皆勉为善。与其为善于乡也，不如为善于里；与其为善于里也，不如为善于家。是故士莫敢言一朝之便，皆有终岁之计[4]；莫敢以终岁之议，皆有终身之功。

【注释】

〔1〕不越长：指长幼有序，不相逾越。 〔2〕爵：爵位。〔3〕罢：无行，没有德行。无伍：没有人与他为伍。无家：没有男人娶她为妻。 〔4〕终岁：一年。

【译文】

因此普通百姓中有了善举，可得到举荐；普通百姓有了恶举，就要受到惩罚。政令得以推行，乡里幼不越长，朝中卑不越尊，德行不好的男子无人与他为伍，德行不好的女人没人肯娶。这样，百姓都竭尽所能做善事。与其在乡里做好事，不如在里中做好事；与其在里中做好事，不如在家中做好事。因此士人都不敢只图一时的便利，都有一年的安排；都不敢满足于一年的安排，都有一辈子建功立业的打算。

桓公曰："伍鄙若何？"管子对曰："相地而衰征，则民不移[1]；政不旅旧，则民不偷[2]；山泽各致其时，则民不苟；陆、阜、陵、墐、井、田、畴均，则民不憾[3]；无夺民时，则百姓富；牺牲不略，则牛羊遂[4]。"

【注释】

〔1〕相：视，根据。衰：差别。移：迁徙。 〔2〕旅旧：遗弃故

旧。偷：苟且。 〔3〕陆：高出水面的土地。阜：土山。陵：大土山。墐（jìn）：沟上的路。畴：耕治的田地。憾：怨恨。 〔4〕略：夺。遂：生长繁殖。

【译文】

桓公问："伍鄙该如何治理？"管子回答说："按照土地的好坏征收不同的赋税，那么百姓就不会远走他乡；施政不遗弃故旧，百姓就不会苟且；山林川泽适时放开、封闭，百姓就不会随便伐木、田猎；陆地、土丘、山陵、井田各类土地平均分配，百姓就没有怨恨；不占用农业生产时间，百姓就能富足；祭祀不过量使用牲畜，牛羊就能生长繁殖。"

桓公曰："定民之居若何？"管子对曰："制鄙[1]。三十家为邑，邑有司；十邑为卒，卒有卒帅；十卒为乡，乡有乡帅；三乡为县，县有县帅；十县为属，属有大夫。五属，故立五大夫，各使治一属焉；立五正，各使听一属焉。是故正之政听属，牧政听县，下政听乡。"桓公曰："各保治尔所，无或淫怠而不听治者[2]！"

【注释】

〔1〕制鄙：治理国都以外行政区域的政务。韦昭注"制野鄙之政也"。案：以下的邑、卒、乡、县、属等都属于划分的行政单位。
〔2〕淫怠：放荡、懈怠。不听治：指不服从管理。

【译文】

桓公问："怎样安置百姓的居处？"管仲回答说："在郊区规划居住区。三十家建成一邑，邑中有管理人员；十邑建成一卒，卒里有卒帅；十卒建成一乡，乡里有乡帅；三乡建成一县，县里有县帅；十县建成一属，属里有属大夫。全国共分为五属，所以共设立五个大夫，让他们各自管理一属的政务；同时设立五正，让他们各自负责监察一个属的政务。因此正的职责就是监察大夫的治理情况，大夫的职责就是监察县帅的治理情况，县帅的职责就是监察乡帅的治理情况。”桓公说：“各自治理好所管辖的地方，不要出现放荡怠慢而不理政的人！”

桓公为政既成

正月之朝，五属大夫复事[1]。桓公择是寡功者而谪之[2]，曰：“制地、分民如一，何故独寡功？教不善则政不治，一再则宥[3]，三则不赦。”桓公又亲问焉，曰：“于子之属，有居处为义好学、慈孝于父母、聪慧质仁、发闻于乡里者，有则以告。有而不以告，谓之蔽明，其罪五。”有司已于事而竣。

【注释】

〔1〕五属大夫：指上篇所说齐国边鄙分为五个区域后设立的五个地方长官。　〔2〕谪：谴责。　〔3〕一再：一次、两次。宥：宽恕。

【译文】

正月初一朝见例会上，五属大夫汇报政务。桓公谴责他们中政绩较少的，说：“划分的土地和分配的百姓都一样，为什么只有你的成绩少？教导不力，政务就治理不好，一次两次还可以原谅，第三次就不能宽恕了。”桓公又亲自询问他们，说：“在你管辖的属里，有没有平时好学上进、孝敬父母、聪慧仁爱、在当地有良好名声的人才，有就报告。如果有这样的人才不报告，就是埋没贤明的人，要依法给予处罚。”管事的官员报告后退下。

桓公又问焉，曰：“于子之属，有拳勇股肱之力秀出于众者，有则以告。有而不以告，谓之蔽贤，其罪五。”有司已于事而竣。桓公又问焉，曰：“于子之属，有不慈孝于父母，不长悌于乡里、骄躁淫暴、不用上令者，有则以告。有而不以告，谓之下比，其罪五。”有司已于事而竣。

【译文】

桓公又询问属大夫说：“在你管辖的属里，有没有英勇强壮、力气过人的人，有就报告。有这样突出的人才不报告，就是埋没贤能的人，要根据情况给予处罚。”管事的官员汇报完就退下了。桓公又询问说：“在你所管辖的属里，有没有不孝敬父母、不友爱兄弟、骄淫暴虐、不服从君长命令的人，有就报告。如果有这样的人不报告，就是包庇袒护恶人，要依法进行处罚。”管事的官员报告后退下。

五属大夫于是退而修属，属退而修县，县退而修乡，乡退而修卒，卒退而修邑，邑退而修家。是故匹夫有善，可得而举也；匹夫有不善，可得而诛也。政既成矣[1]，以守则固，以征则强。

【注释】

〔1〕政：与上篇都城之政相对，此指鄙野之政。

【译文】

五属大夫于是回到各自的辖地修治属里的政务，属退下来就修治县，由县退下来就修治乡，由乡退下来就修治卒，由卒退下来就修治邑，由邑退下来就整治家。所以百姓中凡有好的，可以得到举荐；百姓中凡有坏的，要受到处罚。政令得以推行，依靠它来守国则坚不可摧，依靠它来征伐则强大无比。

管仲教桓公亲邻国

桓公曰："吾欲从事于诸侯，其可乎？"管子对曰："未可。邻国未吾亲也〔1〕。君欲从事于天下诸侯，则亲邻国。"桓公曰："若何？"管子对曰："审吾疆场，而反其侵地；正其封疆，无受其资；而重为之皮币〔2〕，以骤聘眺于诸侯〔3〕，以安四邻，则四邻之国亲我矣。为游士八十人，奉之以车马、衣裘，多其资币，使周游于四方，以号召天下之贤士。皮币玩好，使民鬻之四方，以监其上下之所好，择其淫乱者而先征之。"

【注释】

〔1〕未吾亲：还不和我们亲近。此句为宾语前置句，正常语序为

“未亲吾”。〔2〕皮币：皮毛和帛，是诸侯国交往时相互馈赠的见面礼物。〔3〕骤：多次，经常。眺：通“规”（tiào）。诸侯国之间互相访问，人数少的叫聘，多的叫规。

【译文】

齐桓公说：“我想对诸侯用兵，可行吗？”管仲回答说：“现在还不行。邻国还不与我们亲近。你想对诸侯用兵，就要与周边国家亲近。”桓公说：“应该怎么办？”管仲回答说：“审定我国的疆界，退还侵占邻国的土地；确认邻国疆界，不收他们贡品；还要馈赠大量礼物给邻国，经常派使者到邻国进行友好访问，以安定四方邻国，这样周边邻国就会亲近我们了。挑选擅长交际的游说之士八十人，携带车马、衣裘，给他们提供足够的钱财，让他们周游四方，用来招揽天下的贤才。皮毛、币帛和玩赏之物，让百姓贩卖到各地去，以此来观察各国朝野的不同爱好和追求，然后选择其中奢侈淫乱的国家先征伐它。”

管仲教桓公足甲兵

桓公问曰：“夫军令则寄诸内政矣，齐国寡甲兵，为之若何？”管子对曰：“轻过而移诸甲兵[1]。”桓公曰：“为之若何？”管子对曰：“制重罪赎以犀甲一戟[2]，轻罪赎以鞼盾一戟[3]，小罪谪以金分[4]，宥间罪[5]。索讼者三禁而不可上下，坐成以束矢。美金以铸剑戟，试诸狗马；恶金以铸钼、夷、斤、斸[6]，试诸壤土。”甲兵大足。

【注释】

〔1〕轻过：减轻（对罪犯）惩罚。　〔2〕犀甲：犀牛皮制作的铠甲。　〔3〕鞼（guì）盾：韦昭注“鞼盾，缀革，有文如缋”，即有花纹的皮革制成的盾。　〔4〕金分：指罚金。　〔5〕间罪：有异议的犯罪行为。　〔6〕钽：古同“锄”。夷：古代锄类农具。斸（zhú）：大锄。

【译文】

齐桓公问：“军令已经穿插在政令中推行了，可是齐国铠甲和兵器不够，该怎么办呢?”管仲回答说：“减轻对罪犯的惩罚力度，让他们拿铠甲和兵器来顶罪。”桓公说：“具体该怎么办呢?”管仲回答说：“犯重罪的罪犯要用犀牛皮铠甲和一枝戟来顶罪，犯轻一些的罪可以用有花纹的皮革制成的盾和一枝戟来顶罪，犯轻微的小过错，罚他金钱，有犯罪嫌疑但不能确定的，就不予定罪。打官司告状的人要先关上三天，让他们仔细考虑。等诉词确定后，要交一束箭才能开始审理。质量好的金属用来铸造剑戟，用狗马来试验锋利与否；质量不好的金属用来打制农具，在土地里来试验是否合用。”齐桓公按照管仲的办法推行，结果齐国的铠甲和兵器变得非常充足。

桓公帅诸侯而朝天子

公曰：“吾欲南伐，何主?”管子对曰：“以鲁为主[1]。反其侵地棠、潜[2]，使海于有蔽，渠弭于有渚，环山于有牢[3]。”桓公曰：“吾欲西伐，何主?”管子对曰：“以卫为主。反其侵地台、原、姑与漆里〔4〕，使海于有蔽，渠弭于有渚，环山于有牢。”桓公曰：“吾欲北伐，何主?”管子对曰：“以燕为主。反其侵地柴夫、吠狗〔5〕，使海于有蔽，渠弭于有渚，环山于有牢。”四邻大亲。既反侵地，正封疆，地南至于饲阴〔6〕，西至于济〔7〕，北至于河，东至于纪酅〔8〕，有革车八百乘〔9〕。择天下之甚淫乱者而先征之。

【注释】

〔1〕主：指东道主，负责供给粮草等军用物资。〔2〕棠、潜：鲁国古邑名。韦昭注“棠、潜，鲁之二邑”。〔3〕海：海边。有蔽：有隐蔽依靠之所。渠弭（qú mǐ）：亦作“渠弥”，韦昭注引贾侍中（贾逵）曰“渠弭，裨海也”，即小海，此指海湾。渚：水中小块陆地。牢：太牢或少牢。此指有牛羊猪等肉类可食。〔4〕台、原、姑与漆里：卫国古邑名。台在今山东省费县南；原、姑与漆里所在地不详。〔5〕柴夫、吠狗：燕国古邑名。〔6〕饲阴：地名，齐国南部边界城邑。〔7〕济：济水，古代四渎之一。〔8〕纪酅（xī）：纪为古国名，其地在今山东省寿光县东南。酅是纪国的城邑。〔9〕革车：古代兵车的一种。乘：古代四匹马拉一辆车称为“一乘”。

【译文】

齐桓公说：“我想征伐南方诸侯，哪个国家可以作东道主供给粮草军需?”管仲回答说：“鲁国可以作东道主。把侵占鲁国的棠和潜两地还给它，使我们的将士在海边可以隐蔽，在海湾可以驻扎，在山野可以吃上牛羊肉。”桓公说：“我想征伐西方诸侯，哪个国家可以作东道主供给粮草军用?”管仲回答说：“卫国可以作东道主。把侵占卫国的台、原、姑和漆里四个地方还给它，让我们将士在海边可以隐蔽，在海湾可以驻扎，在山野可以吃上牛羊肉。”桓公说：“我想征伐北方诸侯，哪个国家可以作东道主提供粮草军用？”管仲回答说：“燕国可以作东道主。把侵占燕国的柴夫和吠狗两个地方返还给它，确保我们军队在海边可以隐蔽，在海湾可以驻扎，在山野可以吃上牛羊肉。”于是齐国与周围诸侯国建立了亲近的关系。返还了侵占它们的土地，重新划定了疆界，齐国的国土南到饷阴，西到济水，北到黄河，东到纪国的鄐城，拥有战车达八百辆之多。于是先选择最淫乱失德的国家进行征伐。

即位数年，东南多有淫乱者，莱、莒、徐夷、吴、越，一战帅服三十一国。遂南征伐楚，济汝〔1〕，踰方城，望汶山〔2〕，使贡丝于周而反。荆州诸侯莫敢不来服。遂北伐山戎〔3〕，刜令支、斩孤竹而南归〔4〕。海滨诸侯莫敢不来服。与诸侯饰牲为载，以约誓于上下庶神，与诸侯戮力同心〔5〕。西征攘白狄之地〔6〕，至于西河〔7〕，方舟设泭，乘桴济河，至于石枕〔8〕。悬车束马，踰太行与辟耳之谿拘夏〔9〕，西服流沙、西吴。南城于周，反胙于绛〔10〕。岳滨诸侯莫敢不来服〔11〕，而大朝诸侯于阳谷〔12〕。兵车之属六，乘车之会三，诸侯甲不解累，兵不解翳，弢无弓〔13〕，服无矢〔14〕。隐武事，行文道，帅诸侯而朝天子。

【注释】

〔1〕济汝：渡过汝水。汝水即今河南省北汝河。　〔2〕踰：越过。方城：山名，在今河南省叶县南。汶山：岷山之别称。此处汶山系指楚国的某座山名，所在地不详。　〔3〕山戎：又称北戎，我国春

秋时期北方的一支较强大的少数民族，活动在今河北省北部。〔4〕刜（fú）：击，攻打。令支：古国名，其地约在今河北省滦县、迁安县间。孤竹：古国名。其地在今河北省卢龙县，春秋时已亡，此处指攻伐原孤竹国所在地区。 〔5〕戮力：齐心协力。 〔6〕白狄：亦作“白翟”，我国古代少数民族之一。春秋前期主要分布于今陕北一带（古代属于雍州）。 〔7〕西河：水名，在今河南省汤阴县东。〔8〕方：并。泭（fú）：用竹、木编成的筏子。桴（fú）：小竹、木筏子。石枕：古地名，在晋国境内。 〔9〕辟耳：古山名，在今山西省平陆县西北。拘夏：辟耳山的溪谷。 〔10〕绛：晋国都城，在今山西省翼城县东南。 〔11〕岳：此处指北岳恒山。 〔12〕阳谷：地名，在今山东省阳谷县北三十里。 〔13〕弢：装弓或剑使用的套子、袋子。 〔14〕服：通“箙”，盛放箭的袋子。

【译文】

齐桓公即位开始的几年间，东南方多有荒淫失德的国家，如莱、莒、徐夷、吴和越等，齐国一场战斗就降服了三十一个国家。于是又向南远行讨伐楚国，渡过汝水，越过方城山，汶山已经举目可见，楚国被迫认错并答应履行职责，向周王室进贡丝帛才撤军回国。荆州一带各诸侯国没有谁敢不服从的。于是又向北讨伐山戎，挫败令支与孤竹之后才向南撤军，沿海一带各诸侯国没有谁敢不服从的。齐国与诸侯杀牲歃血缔结盟约，向天地神灵宣誓，要和诸侯们齐心协力。齐国又向西远行讨伐，占领了白狄的土地，直到西河，乘着船只和木筏，渡过了黄河，到了晋国的石枕。之后又吊起车、勒紧马翻越了太行山和辟耳山的拘夏大峡谷，征服了流沙和西吴。同时，齐国还带着诸侯的军队保卫成周，平定晋国叛乱，并护送晋惠公回绛城即位。北岳附近的各诸侯国没有谁敢不服从的，于是齐桓公便在阳谷这个地方举行大规模的诸侯会盟。齐桓公在位期间，共组织了六次有阅兵仪式的盟会，举行三次乘车盟会。诸侯们纷纷休兵解甲，弓箭收藏不用。放置了武备，推行文治之道，齐桓公带领各国诸侯定期朝见周天子。

葵丘之会天子致胙于桓公

葵丘之会〔1〕，天子使宰孔致胙于桓公〔2〕，曰："余一人之命有事于文、武，使孔致胙〔3〕。"且有后命曰："以尔自卑劳，实谓尔伯舅〔4〕，无下拜。"桓公召管子而谋，管子对曰："为君不君，为臣不臣，乱之本也。"桓公惧，出见客曰："天威不违颜咫尺，小白余敢承天子之命曰'尔无下拜'，恐陨越于下，以为天子羞。"遂下拜，升受命。赏服大辂〔5〕，龙旗九旒〔6〕，渠门赤旂。诸侯称顺焉。

【注释】

〔1〕葵丘之会：前651年，齐桓公在葵丘组织诸侯盟会，齐、鲁、宋、卫、郑、许、曹等国君主参加会盟，周天子也派代表参加，史称"葵丘之会"。 〔2〕天子：指周襄王，名郑，周惠王之子。宰孔：相传是周公的后代，人称周公孔。周襄王时任太宰，人称之为宰孔。〔3〕有事：指祭祀。致胙：古时天子祭祀后，将祭肉赏赐诸侯，以示礼遇。 〔4〕伯舅：周代天子称异姓诸侯长者为伯舅。齐为姜姓，故称其伯舅。 〔5〕大辂（lù）：诸侯朝见周天子时乘坐的大车。〔6〕龙旗九旒：缀有九条流苏的龙旗。

【译文】

在葵丘诸侯盟会上，周襄王派太宰孔送祭肉给齐桓公，说："我祭祀文王、武王，让宰孔送祭肉给你。"随后又命令说："因为你为人谦卑而功勋卓著，又是我的伯舅长辈，就不要下拜了。"桓公召来管仲商议这件事，管仲回答说："为君的不行君道，当臣子的不行臣道，这是祸乱的根源啊。"桓公惶恐不已，出来见过宰孔说："天子的威严就在眼前，小白我哪里敢听从天子'不必下拜'的命令，这样恐怕僭越礼法，让天子受辱。"于是下阶拜赐，再登上厅堂接受胙肉。周襄王赏给他车服及各种旗子，诸侯们都赞扬齐桓公的做法合乎礼仪。

桓公霸诸侯

桓公忧天下诸侯。鲁有夫人、庆父之乱[1]，二君弑死[2]，国绝无嗣。桓公闻之，使高子存之[3]。狄人攻邢[4]，桓公筑夷仪以封之[5]，男女不淫，牛马选具。狄人攻卫[6]，卫人出庐于曹[7]，桓公城楚丘以封之[8]。其畜散而无育，桓公与之系马三百[9]。天下诸侯称仁焉。于是天下诸侯知桓公之非为己动也，是故诸侯归之。

【注释】

〔1〕鲁有夫人、庆父之乱：指鲁庄公的夫人哀姜和他的弟弟庆父私通之事。　〔2〕二君：指太子般和鲁闵公。哀姜和庆父杀了太子般和鲁闵公，造成鲁国的动乱。　〔3〕高子：齐国上卿高奚敬仲。存之：指立鲁僖公以延续鲁国国祚。　〔4〕邢：周初周公旦之子的封国，地在今河北邢台。　〔5〕夷仪：周代邢国之都。在今邢台市西部

浆水镇。〔6〕卫：周初姬姓国家，周武王之弟康叔所建。〔7〕曹：卫国古邑名，在今河南省滑县旧县城东。〔8〕楚丘：卫国地名，在今河南省滑县东南。〔9〕系马：指在厩内系养的良马。

【译文】

齐桓公为天下诸侯忧心操劳。鲁国哀姜和庆父通奸叛乱，先后杀死太子般与鲁闵公，使得鲁国没有继承人。桓公听说了这件事，派高子立僖公为君，使鲁国国祚得以延续。北方的狄人攻打邢国，齐桓公就在夷仪修筑防御工事，来安置邢国，使邢国的百姓免去被狄人奸淫掳掠的浩劫，牛马牲畜也被完整保存下来。狄人攻打卫国，卫国的百姓逃到曹邑，齐桓公就在楚丘这个地方修建城邑，把他们安置在那里。他们的牲畜在战乱中丢失，无法进行繁殖，桓公就挑了三百匹养在马厩里的良马送给他们。这样以来，天下诸侯都称赞桓公仁义。于是天下诸侯都知道桓公不是为了个人私利才做这些事情，因此诸侯们都纷纷归顺他。

桓公知诸侯之归己也，故使轻其币而重其礼。故天下诸侯罢马以为币[1]，缕綦以为奉[2]，鹿皮四个；诸侯之使垂橐而入[3]，稇载而归[4]。故拘之以利，结之以信，示之以武，故天下小国诸侯既许桓公，莫之敢背，就其利而信其仁、畏其武。

【注释】

〔1〕罢马：疲敝的马，劣马。〔2〕缕綦：用线织綦。韦昭注“缕綦，以缕织綦，不用丝，取易共也。綦，绮文”。〔3〕垂橐：垂

着空袋子。橐（tuó），口袋。　〔4〕梱载：以绳束财物，载置车上。梱（kǔn），古同“捆”，捆束。

【译文】

齐桓公知道天下诸侯都归顺了自己，因而就让诸侯们带着很轻的礼物来朝见，回去时却赠给他们重礼。所以诸侯来朝见时常常是劣马一匹，用粗麻布做的托玉器的衬垫，另加四张鹿皮就行了。诸侯的使者来时口袋空空，回去时却满载而归。因为齐国用利益制约，用信义结交，用武力威慑，所以天下的小国诸侯与桓公缔结盟约之后，就没有谁敢背离。这主要是贪图他的财利，信赖他的仁义，惧怕他的武力。

桓公知天下诸侯多与己也，故又大施忠焉。可为动者为之动，可为谋者为之谋。军谭、遂而不有也〔1〕，诸侯称宽焉。通齐国之鱼盐于东莱〔2〕，使关市几而不征〔3〕，以为诸侯利，诸侯称广焉。筑葵兹、晏、负夏、领釜丘〔4〕，以御戎、狄之地，所以禁暴于诸侯也；筑五鹿、中牟、盖与、牡丘〔5〕，以卫诸夏之地，所以示权于中国也。教大成，定三革〔6〕，隐五刃〔7〕，朝服以济河而无怵惕焉，文事胜矣。是故大国惭愧，小国附协。唯能用管夷吾、宁戚、隰朋、宾胥无、鲍叔牙之属而伯功立〔8〕。

【注释】

〔1〕谭：为嬴姓国家，少昊氏后裔，在今山东济南东龙山镇。遂：夏朝虞遂的一支后裔建立的国家，夏朝把它分封在在今山东宁阳西北，称为遂国。　〔2〕东莱：齐国地名，山东龙口市。　〔3〕几：稽查，

查看。征：征税。 〔4〕葵兹、晏、负夏、领釜丘：与少数民族戎、狄接壤地区的四个军事要塞的名字。 〔5〕五鹿、中牟、盖与、牡丘：同上注，均为要塞名。五鹿在今河南省濮阳县，中牟在今河南省中牟县，盖与在今山西省和顺县，牡丘在今山东省茌平县。 〔6〕三革：指甲、胄、盾。 〔7〕五刃：指刀、剑、矛、戟、矢。 〔8〕管夷吾、宁戚、隰朋、宾胥无、鲍叔牙：齐国的五位卿、大夫。

【译文】

桓公知道天下诸侯大多都归顺自己，因而又广泛推行忠信，诸侯能有所行动的就帮助他们实施，可以帮助谋划的就为他们谋划。桓公派军队灭掉了不顺附的谭和遂两个小国，却把它们的土地分给诸侯而不独自占有，诸侯们都称颂桓公宽厚。把齐国的鱼盐运到东莱，下令关市只检查过往的鱼盐而不征收赋税，为诸侯谋取利益，诸侯们都称颂他能广布恩德。他在葵兹、晏、负夏、领釜丘等地修筑防御工事，抵御戎人和狄人，防止他们侵扰邻近各诸侯国；修筑五鹿、中牟、盖与、牡丘等几处险要地段，用以捍卫中原各诸侯国，以此展示自己的权威。这样一来，桓公的教化取得很大成效，于是各诸侯国都封藏了甲胄盾和刀剑矛戟矢，穿上了朝服，向西渡过黄河与强大的晋国会盟也丝毫不用紧张不安了，这是推行文治取得了成功。因此大国都觉得不如齐国，小国都纷纷归附心。齐桓公只因为能够重用管仲、宁戚、隰朋、宾胥无、鲍叔牙这批贤能的人，才成就了这样的霸业。

卷七　晋语一

武公伐翼止栾共子无死

武公伐翼[1]，杀哀侯[2]，止栾共子曰[3]："苟无死，吾以子见天子，令子为上卿，制晋国之政。"辞曰："成闻之：'民生于三[4]，事之如一。'父生之，师教之，君食之。非父不生，非食不长，非教不知生之族也，故壹事之。唯其所在，则致死焉。报生以死，报赐以力，人之道也。臣敢以私利废人之道，君何以训矣？且君知成之从也，未知其待于曲沃也[5]。从君而贰，君焉用之？"遂斗而死。

【注释】

〔1〕武公：晋武公，名称，曲沃庄伯之子。原为曲沃武公，后弑杀哀侯，做了晋国国君。翼：晋国都城，在今山西省翼城县东。〔2〕哀侯：晋国国君，名光，晋鄂侯之子。　〔3〕栾共子：又叫共叔成，晋哀侯的大夫。　〔4〕三：指君、师、父。　〔5〕曲沃：晋武公篡位前的封地，在今山西省闻喜县境内。

【译文】

晋武公攻打翼城，杀害了晋哀侯，劝阻哀侯大夫栾共子说："如果你不为哀侯拼命，我带你去拜见天子，封你做上卿，管理晋国的政务。"栾共子辞谢说："我听说：'人需三种人才得以生存，要始终如一地事奉他们。'父亲生我，师长教育我，国君供我衣食。没有父亲就来不到这个世界，没有国君的衣食就不能生存，没有师长的教导就不了解家族的发展，因此要始终如一地事奉他们。只要是他们需要做的事，就应拼命去做。用生命报答他们的生育之恩，用气力报答他们的赏赐，这是做人的基本道理。如果我为了个人利益而放弃做人的道理，那您又怎样教导臣子效忠您呢？况且您只知道让我放弃哀侯而顺从您，却不知道我如果放弃哀侯，到曲沃事奉您，就是违背了做臣子的原则。侍奉君主不能忠贞不二，君主要这样的臣子有什么用？"于是和晋武公战斗至死。

史苏论献公伐骊戎胜而不吉

献公卜伐骊戎[1]，史苏占之[2]，曰："胜而不吉。"公曰："何谓也？"对曰："遇兆，挟以衔骨，齿牙为猾，戎、夏交捽[3]。交捽，是交胜也，臣故云。且惧有口，携民，国移心焉。"公曰："何口之有！口在寡人，寡人弗受，谁敢兴之？"对曰："苟可以携，其入也必甘受，逞而不知，胡可壅也？"公弗听，遂伐骊戎，克之。获骊姬以归[4]，有宠，立以为夫人。

【注释】

〔1〕献公：晋国国君，名诡诸，晋武公之子。骊戎：古戎人的一

支，在今陕西省临潼县一带。〔2〕史苏：名叫苏的史官。〔3〕捽(zuó)：抵触，冲突。〔4〕骊姬：骊戎首领的女儿。

【译文】

晋献公卜问征伐骊戎这件事的吉凶，史官苏进行占卜，说："征伐能取胜，但结果不一定是好事。"献公问："什么意思？"史官苏回答说："占卜得到这样的兆象，齿牙互相夹持，衔着一块骨头，并不停地咬弄着，这表示骊戎和晋国的互相冲突。齿牙交错夹持，就是交替胜利，所以我说能取胜但不一定是好事。况且兆象最怕有口，口就代表着离弃百姓，民心不稳。"献公说："哪有什么口！口在我控制之中，我不同意，谁敢惹是生非？"史官苏回答说："如果连百姓都可以离弃，那么讨好献媚的话必然会欣然接受。逞强好胜却不自知，又如何能避免灾祸呢？"献公不听劝告，于是攻打骊戎，取得了胜利。俘虏了骊姬并带回晋国，骊姬很得献公宠幸，被立为夫人。

公饮大夫酒，令司正实爵与史苏〔1〕，曰："饮而无肴〔2〕。夫骊戎之役，女曰'胜而不吉'，故赏女以爵，罚女以无肴。克国得妃，其有吉孰大焉！"史苏卒爵，再拜稽首曰〔3〕："兆有之，臣不敢蔽〔4〕。蔽兆之纪，失臣之官，有二罪焉，何以事君？大罚将及，不唯无肴。抑君亦乐其吉而备其凶，凶之无有，备之何害？若其有凶，备之为瘳〔5〕。臣之不信，国之福也，何敢惮罚。"

【注释】

〔1〕司正：主管宾主之礼的官员。〔2〕肴：做熟的鱼肉等。

〔3〕稽首：古代的一种跪拜礼：跪下，拱手至地，头也至地，是九拜中最隆重的拜礼。〔4〕蔽：隐瞒。〔5〕瘳（chōu）：损害，减损。

【译文】

晋献公请大夫们宴饮，让司正斟满酒递给史官苏，说："喝酒但不能吃菜。攻打骊戎这件事，你说'胜了但不是好事'，所以赏赐你喝酒，而惩罚你不许吃菜。战胜了骊戎国还娶了嫔妃，还有比这再大的好事吗!"史官苏喝了酒，跪拜叩头说："占卜的兆象是这样的，我不敢有所隐瞒。隐瞒兆象的内容，不能履行做臣子的职责，犯了两项大罪，还如何来事奉国君呢？如果灾祸降临，那就不仅仅是没有菜吃的问题了。或许国君应该在高兴吉兆的同时也防备凶兆，如果凶兆没有出现，做防备又有什么坏处呢？如果真出现凶险，防备了也可以减轻损失。如果我的占卜不灵验，这是国家的福气，我怎么敢害怕受到惩罚。"

饮酒出，史苏告大夫曰："有男戎必有女戎〔1〕。若晋以男戎胜戎，而戎亦必以女戎胜晋，其若之何!"里克曰："何如?"史苏曰："昔夏桀伐有施〔2〕，有施人以妺喜女焉〔3〕，妺喜有宠，于是乎与伊尹比而亡夏〔4〕。殷辛伐有苏〔5〕，有苏氏以妲己女焉〔6〕，妲己有宠，于是乎与胶鬲比而亡殷〔7〕。周幽王伐有褒〔8〕，褒人以褒姒女焉〔9〕，褒姒有宠，生伯服，于是乎与虢石甫比〔10〕，逐太子宜臼而立伯服〔11〕。太子出奔申〔12〕，申人、鄫人召西戎以伐周〔13〕，周于是乎亡。今晋寡德而安俘女，又增其宠，虽当三季之王〔14〕，不亦可乎？且其兆云：‘挟以衔骨，齿牙为猾。’我卜伐骊，龟往离散以应我。夫若是，贼之兆也〔15〕，非吾宅也，离则有之。不跨其国，可谓挟乎？不得其君，能衔骨乎？若跨其国而得其君，虽逢齿牙，以猾其中，谁云不从？诸夏从戎〔16〕，非败而何？从政者不可以不戒，亡无日矣！”

【注释】

〔1〕女戎：女兵，此指骊姬。 〔2〕有施：古国名，喜姓，其所在地不详。 〔3〕妹喜：又名末喜、末嬉，有施氏女，夏朝末代国王夏桀的宠妃。 〔4〕伊尹：商汤时的国相，名挚。比：一起。伊尹要夏灭亡，妹喜的行为推波助澜，故而说他们一起促成了夏的灭亡。〔5〕殷辛：商纣王，名辛。有苏：古国名，己姓，其所在地不详。〔6〕妲己：有苏氏的美女。 〔7〕胶鬲：商朝的贤臣，后弃商事周，助武王灭纣。 〔8〕周幽王：宫涅，周宣王之子，西周末代君主。有褒：古国名，姒姓，其所在地不详。 〔9〕褒姒：褒国的美女。〔10〕虢石甫：虢国国君石甫，又作石父。 〔11〕宜臼：周平王，东周第一位君王，名宜臼，周幽王之子。 〔12〕申：古国名。其地在今河南省南阳市北，春秋时被楚所灭。 〔13〕鄫（zēng）：古国名，其地在今河南省方城县。 〔14〕三季之王：夏桀、商纣和周幽王。〔15〕贼：伤害，此指败国、亡国。 〔16〕诸夏：本指中原各国，此专指晋国。

【译文】

喝完酒出来，史官苏对诸位大夫说：“有男兵就一定有女兵。如果在战场上晋国男兵战胜骊戎，那么在宫廷里骊戎的女人一定会战胜晋国，这样该怎么办！”大夫里克问：“什么意思？”史苏说：“从前夏桀征伐有施氏，有施氏把妹喜进献给夏桀，妹喜得到夏桀的宠幸，于是和伊尹一起促成了夏朝的灭亡。商纣征伐有苏氏，有苏氏把妲己进献给商纣，妲己也得到宠幸，于是和胶鬲一起加速了商朝的灭亡。周幽王征伐褒国，褒国把褒姒进献给幽王，褒姒得到宠幸，生了伯服，于是就和虢石甫一起赶走了太子宜臼，立伯服为太子。宜臼逃往申国，于是申国和鄫国联合西戎一起讨伐西周，西周由此而亡国。如今晋君德行不足，却贪恋女俘骊姬，（又立她为夫人）对她宠幸有加，即使把晋君比作夏桀、商纣、周幽王，不也可以吗？况且占卜的兆象上说：‘互相夹持的齿牙咬着一块骨头，齿牙反复咬弄着它。’我占卜征伐骊戎的吉凶，龟甲兆纹却显示出晋国的离散。像这样兆纹，是国家败亡的征兆啊。非但我们不能安居，就是国家也有分裂的危险。不深入晋国，可以说是夹持吗？没有得到国君的宠幸，能说是衔骨吗？如果深入晋国而又得到国君的宠幸，即使干出“齿牙衔骨咬弄”的事情来，谁还能不顺从？晋国任由骊戎女人控制，不是失败又是什么？执政的大夫们要警戒，国家灭亡没有几天了！”

郭偃曰[1]：“夫三季王之亡也宜。民之主也，纵惑不疚[2]，肆侈不违[3]，流志而行，无所不疚，是以及亡而不获追鉴。今晋国之方，偏侯也。其土又小，大国在侧，虽欲纵惑，未获专也。大家、邻国将师保之，多而骤立[4]，不其集亡。虽骤立，不过五矣。且夫口，三五之门也[5]，是以谗口之乱，不过三五。且夫挟，小鲠也[6]。可以小戕，而不能丧国。当之者戕焉，于晋何害？虽谓之挟，而猾以齿牙，口弗堪也，其与几何？晋国惧则甚矣，亡犹未也。商之衰也，其铭有之曰：‘嗛嗛之德[7]，不足就也，不可以矜[8]，而只取忧也。嗛嗛之食，不足狃也[9]，不能为膏，而只罹咎也[10]。’虽骊之乱，其罹咎而已，其何能服？吾闻以乱得聚者，非谋不卒时，非人不免难，非礼不终年，非义不尽齿，非德不及世，非天不离数。

【注释】

〔1〕郭偃：晋国大夫卜偃。 〔2〕惑：惑乱。疚：病。 〔3〕肆：肆意。侈：奢侈。 〔4〕骤：屡次，多次。 〔5〕三五：指日、月、星三辰和金、木、水、火、土五行。 〔6〕鲠（gěng）：鱼骨。 〔7〕嗛嗛：小小的，微薄的。 〔8〕矜：自夸，自大。 〔9〕狃（niǔ）：贪恋。 〔10〕罹咎：遭受祸患。

【译文】

大夫郭偃说："夏桀、商纣、周幽王的亡国是应该的。作为百姓的君王，放纵淫乱而不知悔过，铺张奢侈而毫不避讳，做事随意而行，无所不害，因此亡国而后世也不加追念。如今晋国这地方，只是个偏远的小侯国。它土地少，又毗邻齐、秦等大国，国君即使想放纵淫乱，也不能任意而为。本国的执政的上卿和邻国诸侯将会教导保护他，即使多次罢黜失德的旧君而拥立新君，也不至于亡国。即使能多次改立新君，但也不能超过五次。况且口是纪三辰和宣五行的，因此由口引发的祸乱，不过牵连到三个、五个国君而已。而挟，只是小鱼骨。可以造成小的创伤，还不至于亡国。当事者会遭受创伤，对晋国倒没什么大害。虽说是相互夹持，齿牙咬弄，口难以承受，但又能持续多久呢？晋国已经非常戒惧了，还不至于亡国。商朝衰败的时候，钟鼎的铭文有这样的话：‘微薄的德行，不值得趋就，不可以自夸，这样做只会自寻烦恼。少量的食物，不值得贪占，不能让人富有，而只能使人遭受祸患。’即使骊姬发动变乱，只不过自找祸患而已，她又能征服谁呢？我听说靠国家变乱聚敛财富、收买人心的人，如果谋划不周密就不能维系一时，如果得不到百姓支持就逃脱不了灾难，如果不遵循礼法就不能维持一年，如果不合仁义就不能终其天年，如果德行不够就不能得到继嗣，如果没有上天护佑就不能历世长久。

“今不据其安，不可谓能谋；行之以齿牙，不可谓得人；废国而向己[1]，不可谓礼；不度而迂求，不可谓义；以宠贾怨[2]，不可谓德；少族而多敌[3]，不可谓天。德义不行，礼义不则，弃人失谋，天亦不赞[4]。吾观君夫人也，若为乱，其犹隶农也[5]。虽获沃田而勤易之[6]，将不克飨[7]，为人而已。”

【注释】

〔1〕废国：毁掉国家。向己：为了个人私利。 〔2〕贾：换来，招来。 〔3〕族：同党，朋党。 〔4〕赞：助，帮助。 〔5〕隶农：农夫。 〔6〕沃田：肥美的田地。易：治也。 〔7〕飨(xiǎng)：享用。

【译文】

“现在骊姬不安分守己而自陷于危险境地，不能说善于谋划；不惜用齿牙咬弄的方式来害人，不能说得人心；为个人利益而毁掉晋国，不能说遵循礼法；为达目的不计后果、不择手段，不能说义；凭借君主宠幸而招来国人怨恨，不能说有德行；同盟少而死敌多，不能说得天助。抛弃德义，不守礼法，背弃百姓，缺少谋略，上天也不会帮助。我看君夫人，如果引发变乱，就好像农夫一样。即使获取一块肥沃的土地并且辛劳耕种，到头来还是吃不上粮食，只不过为他人作准备罢了。”

士蒍曰[1]：“诫莫如豫，豫而后给[2]。夫子诫之，抑二大夫之言其皆有焉[3]。”既[4]，骊姬不克，晋正于秦，五立而后平。

【注释】

〔1〕士蒍：晋国大夫，名子舆。 〔2〕豫：提前准备。给：供给，应对。 〔3〕二大夫：指史官苏和郭偃。 〔4〕既：之后，后来。

【译文】

大夫士蒍说：“告诫不如早做准备，有了防备有事就能应对。无论是您的告诫，还是你们两位大夫的话都很有道理。”后来，骊姬的阴谋没有得逞，秦国帮助晋国平定内乱，先后立了五个国君才算安稳下来。

献公将黜太子申生而立奚齐

骊姬生奚齐，其娣生卓子。公将黜太子申生而立奚齐[1]。里克、丕郑、荀息相见[2]，里克曰：“夫史苏之言将及矣！其若之何？”荀息曰：“吾闻事君者，竭力以役事[3]，不闻违命。君立臣从，何贰之有[4]？”丕郑曰：“吾闻事君者，从其义，不阿其惑[5]。惑则误民，民误失德，是弃民也。民之有君，以治义也。义以生利，利以丰民，若之何其民之与处而弃之也？必立太子。”里克曰：“我不佞，虽不识义，亦不阿惑，吾其静也。”三大夫乃别。

【注释】

〔1〕黜：废黜。　〔2〕里克、丕郑、荀息：三人均为晋国大夫。〔3〕役事：办事，干事。　〔4〕贰：二心，不同意见。　〔5〕阿：迎合，屈从。惑：错误。

【译文】

骊姬生了奚齐，她妹妹生了卓子。晋献公将要罢黜太子申生而改立奚齐为太子。里克、丕郑、荀息见面时，里克说：“史苏预言的情况将要发生了，怎么办呢？”荀息说：“我听说作为臣子的人，尽力办事就行了，没有听说可以违抗君命的。国君立谁为太子臣子听着就是了，怎么可以有不同意见呢？”丕郑说：“我听说作为臣子的人，对君主正确的决定要听从，对君主错误的决定却不能阿谀顺从。国君的错误会误导百姓，百姓被误导就会丧失美好的德行，这样做就是抛弃百姓。百姓所以需要国君，是用来维护礼义的，礼义是用来生利的，利是用来使百姓丰足的。怎么能够抛弃与自己共处的百姓呢？一定要立申生为太子。”里克说：“我不才，虽然不懂得什么是道义，但也不会阿谀顺从国君的错误，我还是静观其变吧。”三位大夫于是各自回去了。

烝于武公[1]，公称疾不与，使奚齐莅事[2]。猛足乃言于太子曰[3]："伯氏不出[4]，奚齐在庙，子盍图乎[5]！"太子曰："吾闻之羊舌大夫曰[6]：'事君以敬，事父以孝。'受命不迁为敬，敬顺所安为孝。弃命不敬，作令不孝，又何图焉？且夫间父之爱而嘉其贶[7]，有不忠焉；废人以自成，有不贞焉。孝、敬、忠、贞，君父之所安也。弃安而图，远于孝矣，吾其止也。"

【注释】

〔1〕烝：冬季的祭祀。韦昭注"冬祭曰烝，烝而献五谷、布帛之属"。　〔2〕与：参加。莅事：临事，主事。　〔3〕猛足：太子申生的家臣。　〔4〕伯氏：指晋献公的长子申生。古代兄弟排列次序为伯、仲、叔、季。申生为长子，故称伯氏。　〔5〕盍：怎么，如何。图：考虑。　〔6〕羊舌大夫：人名，羊舌职的父亲。　〔7〕间：背弃。贶（kuàng）：赏赐。

【译文】

冬季祭祀武公祖庙时，献公称病没到场，让奚齐主持祭祀事宜。猛足便对太子申生说："您这个长子不出面，却让奚齐在祖庙主持祭祀，你如何考虑的呢？"太子说："我听羊舌大夫说过：'事奉君主要恭敬，事奉父亲要孝顺。'接受君主命令不加改变叫做恭敬，恭敬地顺从父亲的意愿做事情叫做孝顺。违抗君命就是不敬，擅自行动就是不孝，我又考虑什么呢？再说背弃了父亲的厚爱却还享受他的赏赐，就是不忠；废掉别人以成全自己，就是不贞。孝、敬、忠、贞，是君父希望臣子拥有的好品德。抛弃君父的期望而考虑自己的前程，就远离孝道了，我还是安静地等待命运的安排吧。”

献公伐翟柤

献公田，见翟柤之氛[1]，归寝不寐。郤叔虎朝[2]，公语之。对曰：“床笫之不安邪？抑骊姬之不存侧邪？”公辞焉。出遇士𫇭[3]，曰：“今夕君寝不寐，必为翟柤也。夫翟柤之君，好专利而不忌[4]，其臣竞谄以求媚，其进者壅塞，其退者拒违。其上贪以忍，其下偷以幸[5]，有纵君而无谏臣，有冒上而无忠下。君臣上下各餍其私[6]，以纵其回[7]，民各有心而无所据依。以是处国，不亦难乎！君若伐之，可克也。吾不言，子必言之。”士𫇭以告，公悦，乃伐翟柤。郤叔虎将乘城[8]，其徒曰：“弃政而役，非其任也。”郤叔虎曰：“既无老谋，而又无壮事，何以事君？”被羽先升[9]，遂克之。

【注释】

〔1〕翟柤（zhā）：国名。《韦注》云“翟柤，国名是也。不著何，亦北胡”。氛：祲氛，凶象。　〔2〕郤叔虎：晋国大夫，名豹。　〔3〕士𫇭：晋国大夫。　〔4〕专：擅，独占。忌：顾忌。　〔5〕偷：苟且。幸：侥幸。　〔6〕餍（yàn）：满足。　〔7〕回：邪恶。　〔8〕乘：登，攀登。　〔9〕被羽：背负鸟羽用作旌旗。

【译文】

晋献公打猎时，看到翟柤国上空凶气弥漫，回来就夜不能眠。郤叔虎上朝时，献公把这件事告诉了他。郤叔虎回答说："是因为床铺不安适呢？还是因为骊姬不在身边呢？"献公避而不答。郤叔虎从献公那里出来碰到大夫士蒍，说："今晚国君睡不着觉，一定是为了翟柤国的事情。翟柤国的君主喜欢独占财利而且无忌惮，他的臣子争相进献谗言讨好他。堵塞国君视听的小人被重用，进献忠言的人被排斥。他们的君主贪婪而残暴，臣下则苟且偷安而心存侥幸，有放纵无节的国君却没有敢于直言进谏的臣子，有贪婪的君上而没有忠诚的属下。君臣上下各自满足自己的私欲，放纵他们的邪恶，致使民心涣散而无所依靠。用这样的方式治理国家，不也很困难吗？晋君如果派兵征伐它，一定会成功。这个想法我不说，你一定要说。"士蒍把这些话告诉了献公，献公非常高兴，于是派兵攻打翟柤国。郤叔虎将要登上城墙杀敌，他的部下说："放下政务来打仗，这不是你的职责啊。"郤叔虎回答说："我既没有成熟的谋略，又不去出力打仗，拿什么来事奉君主呢？"于是披着鸟羽作旗子率先登上城墙，最终打败了翟柤国。

优施教骊姬远太子

公之优曰施[1]，通于骊姬。骊姬问焉，曰："吾欲作大事[2]，而难三公子之徒[3]，如何？"对曰："早处之，使知其极。夫人知极，鲜有慢心[4]；虽其慢，乃易残也[5]。"骊姬曰："吾欲为难，安始而可？"优施曰："必于申生。其为人也，小心精洁，而大志重，又不忍人。精洁易辱，重偾可疾[6]，不忍人，必自忍也。辱之近行。”骊姬曰：“重，无乃难迁乎？”优施曰：“知辱可辱，可辱迁重；若不知辱，亦必不知固秉常矣。今子内固而外宠，且善否莫不信。若外殚善而内辱之[7]，无不迁矣。且吾闻之：甚精必愚。精为易辱，愚不知避难。虽欲无迁[8]，其得之乎？”是故先施谗于申生。

【注释】

〔1〕施：人名，为晋献公乐舞逗趣的艺人，史称“优施”。〔2〕作大事：废嫡立庶。废申生，立奚齐。　〔3〕三公子：指太子申生和公子重耳、夷吾。　〔4〕鲜：少。　〔5〕残：残毁，残害。〔6〕偾（fèn）：僵化。　〔7〕殚：尽。　〔8〕迁：改变。

【译文】

晋献公有个叫施的伶优，与骊姬私通。骊姬征求他的意见说：“我想废除申生立奚齐为太子，向三位公子发难，应该如何去做？”施回答说：“早点找个地方把他们三人安置下来，让他们知道自己的地位已经到头了。人如果知道自己的地位已经到头了，很少再敢有轻慢之心。即便是有轻慢之心，也容易对付了。”骊姬又问：“我想发难，从谁先下手为好呢？”施优回答说：“一定要先从太子申生开始。申生胆小怕事，精诚纯洁，而且成熟稳重，又不忍心害人。精诚纯洁的人，最容易羞辱；稳重而死板的人，就能够挑他的毛病；不忍心加害于人的人，就只能自己忍受苦痛。可以找件近期的事情来诬陷他。”骊姬说：“成熟稳重的人，恐怕难以改变他吧。”施说：“知道羞耻的人才可以羞辱他，即便性格再稳重也会改变的。如果一个人不知道羞耻，也就一定不知道要固守常规了。如今夫人您内得君心，外受尊宠，您说的不管是好话还是坏话，国君都相信。如果您表面对申生很好，私下羞辱他，那他的想法不会不改变的。我还听说，过度精明的人就会变得愚蠢。精诚的人容易羞辱，愚蠢的人不知躲避祸难。即使想不改变，他能办得到吗？”于是骊姬就先以谗言诬陷申生。

骊姬赂二五〔1〕，使言于公曰：“夫曲沃，君之宗也；蒲与二屈〔2〕，君之疆也，不可以无主。宗邑无主，则民不威；疆埸无主，则启戎心。戎之生心，民慢其政，国之患也。若使太子主曲沃，而二公子主蒲与屈，乃可以威民而惧戎，且旌君伐〔3〕。”使俱曰：“狄之广莫〔4〕，于晋为都。晋之启土，不亦宜乎？”公悦，乃城曲沃〔5〕，太子处焉〔6〕；又城蒲，公子重耳处焉；又城二屈，公子夷吾处焉。骊姬既远太子，乃生之言，太子由是得罪。

【注释】

〔1〕赂：用财物买通。二五：晋国的下大夫梁五和东关五。〔2〕二屈：地名。屈地分为南屈与北屈，故曰二屈。　〔3〕旌：彰显。伐：功劳。　〔4〕广莫：同“广漠”，空旷辽阔。　〔5〕城：建造城邑。　〔6〕处：安顿，安置。

【译文】

骊姬用钱物买通梁五和东关五，让他们对献公说：“曲沃，您的宗庙在那个地方；蒲和南北二屈，是您的边疆重地，不能没有亲信把守。宗庙所在地没有亲信把守，百姓就不会感到敬畏；边疆要地没有亲信把守，就会诱发戎狄的侵略野心。戎狄产生侵略的野心，百姓怠慢国家政令，这是国家的忧患。如果让太子申生去把守曲沃，让公子重耳和夷吾去把守蒲和南北二屈，就可以让百姓敬畏并使戎狄惧怕，同时也彰显了您的功业。”骊姬又让他们一起对献公说：“戎狄土地辽阔，把它变成晋国的城邑，晋国也开拓了疆土，不也很好吗?”献公很高兴，就下令修建曲沃城，把太子申生安排在那里，又下令修筑蒲城，把公子重耳安置在那里；又下令在南北二屈修筑城邑，把公子夷吾安置在那里。骊姬把太子赶到曲沃之后，就开始编造谗言，太子申生从此落下罪名。

优施教骊姬谮申生

优施教骊姬夜半而泣谓公曰：“吾闻申生甚好仁而强〔1〕，甚宽惠而慈于民〔2〕，皆有所行之〔3〕。今谓君惑于我〔4〕，必乱国，无乃以国故而行强于君〔5〕。君未终命而不殁〔6〕，君其若之何？盍杀我，无以一妾乱百姓。”公曰：“夫岂惠其民而不惠于其父乎〔7〕?”

【注释】

〔1〕强：强势，有势力。〔2〕宽惠：宽厚慈惠。慈：慈爱。〔3〕有所：即有所图，有一定的目的。〔4〕谓：说，声称。惑：迷惑。〔5〕行强：指动用武力。〔6〕殁：终老，死。〔7〕惠：爱。

【译文】

优施献计让骊姬在夜里哭着对献公说："我听说申生为人很仁义而且势力很大，对百姓又很宽厚慈爱，这些都是有所用心的举动。如今他说国君被我迷惑，一定会因此而乱国，我恐怕他会以国家利益作借口对您施行武力。您还健在，准备怎么应付他呢？何不杀了我，不要为了我一个女人而让百姓遭受动乱。"献公问："他难道会爱百姓而不爱他的父亲吗？"

骊姬曰："妾亦惧矣。吾闻之外人之言曰：为仁与为国不同。为仁者，爱亲之谓仁；为国者，利国之谓仁。故长民者无亲〔1〕，众以为亲。苟利众而百姓和，岂能惮君〔2〕？以众故不敢爱亲，众况厚之〔3〕，彼将恶始而美终〔4〕，以晚盖者也〔5〕。凡民利是生，杀君而厚利众，众孰沮之〔6〕？杀亲无恶于人，人孰去之？苟交利而得宠〔7〕，志行而众悦，欲其甚矣，孰不惑焉？虽欲爱君，惑不释也。今夫以君为纣，若纣有良子〔8〕，而先丧纣，无章其恶而厚其败〔9〕。钧之死也〔10〕，无必假手于武王〔11〕，而其世不废，祀至于今，吾岂知纣之善否哉？君欲勿恤，其可乎？若大难至而恤之，其何及矣！"

【注释】

〔1〕长民：做百姓的君长。无亲：无私亲。　〔2〕惮君：惧怕弑杀君主。　〔3〕况：更加。　〔4〕恶始而美终：指开始有弑杀君父恶名，最终赢得安定社稷的美名。　〔5〕晚：指后来的善行。盖：掩盖。　〔6〕孰：谁。沮：败坏。　〔7〕交：相互，都。　〔8〕良

子：贤能的儿子。〔9〕章：通“彰”，彰显。厚：加重。〔10〕钧：通“均”，同。〔11〕假手：借他人之手来达到自己的目的。

【译文】

骊姬说：“我也正害怕这个啊。我听别人说，施行仁义和效忠国家不一样。施行仁义的人，把爱自己的亲人称作仁；而效忠国家的人，把安定社稷称作仁。所以百姓的领袖没有私亲，而以百姓为亲。倘若他认为对多数人有利又能把百姓团结在自己周围，还怕弑君？为了多数人的缘故而不爱私亲，大家会更加拥戴他，他开始虽有弑君的恶声，可是最终能得到忠于国家的美名，用后来的善行掩盖掉前面的罪恶。民众总是追求利的。杀了国君而让民众得到厚利，民众有谁还会反对他呢？杀了父亲而没有对他人施恶，民众还有谁会背弃他呢？假如得到好处而又受宠，志向得以实现而且民众高兴，他的欲望便会更大了，谁能不被他所迷惑？民众即使想爱国君，可这种迷惑解脱不了啊。现在把您比作纣王，如果纣王有个好儿子，先杀了纣王，这就不会使纣罪恶昭彰，而让周杀身灭族。两者都是死，就不必借周武王之手杀纣王，而且商的社稷可以得以延续，祖宗至今还得到祭祀，我们哪里知道纣王善恶与否呢？你想不担心类似的事情的发生，能行吗？等到大祸临头时才忧虑，那就来不及了！”

公惧曰：“若何而可？”骊姬曰：“君盍老而授之政[1]。彼得政而行其欲，得其所索，乃其释君[2]。且君其图之，自桓叔以来[3]，孰能爱亲？唯无亲，故能兼翼[4]。”公曰：

“不可与政。我以武与威，是以临诸侯。未殁而亡政，不可谓武；有子而弗胜，不可谓威。我授之政，诸侯必绝；能绝于我，必能害我。失政而害国，不可忍也。尔勿忧，吾将图之。”骊姬曰：“以皋落狄之朝夕苛我边鄙[5]，使无日以牧田野，君之仓廪固不实，又恐削封疆。君盍使之伐狄，以观其果于众也，与众之信辑睦焉[6]。若不胜狄，虽济其罪[7]，可也。若胜狄，则善用众矣，求必益广，乃可厚图也。且夫胜狄，诸侯惊惧，吾边鄙不儆[8]，仓廪盈，四邻服，封疆信，君得其赖，不知可否，其利多矣。君其图之！”

【注释】

〔1〕老：告老，退位。　〔2〕释：放过。　〔3〕桓叔：曲沃桓叔，名成师，谥桓，排行为叔。晋穆侯之子，晋献公的曾祖。〔4〕兼翼：兼并了翼城。翼，晋国地名，在今山西翼城县东南，原为晋国都城，几经周折，终被曲沃桓叔之孙兼并。　〔5〕皋落狄：狄族的一支。苛：扰乱。鄙：边邑。　〔6〕信：确实。辑睦：和睦。〔7〕济：成，构成。　〔8〕不儆：无需戒备。

【译文】

献公害怕地问：“该怎么办好呢？”骊姬说：“君王您何不告老让位而把政事交给申生。申生掌握了政权，推行他自己的主张，得到了他想要的东西，大概就会放过您。您还是再考虑一下，从您的曾祖桓叔以来，谁对亲人慈爱过？正因为没有对私亲的慈爱，所以才能把翼地兼并了。”献公说：“不能把政权交出去。我依靠着武力和威势，才得以统领诸侯。没死就丧失国政，不能算是武；制服不了自己的儿子，不能算是威。我把政权交给他，诸侯一定会和我们断绝关系；能断绝关系，就一定会加害于我们。丧失了政权而且害了国家，这是不能容忍的。你别担心，我将会想办法对付他。”骊姬说：“皋落狄整天侵扰我们边境，使得边疆民众不能到田野放牧牛羊。国君的仓库原本就不充实，又担心外族入侵，削减我们的疆土。您何不让申生去讨伐狄国，以便观察他是否能统领士众，与士众的关系是否真很和睦。如果没有打败狄国，那顺理成章定他的罪名，就可以了；如果打败狄国，那就说明他很会调度士众，他的要求会更多，我们就要再进一步想办法对付他。况且战胜狄国，诸侯将会震惊害怕，我们的边境就不用施加戒备，那时国库充实，四邻畏服，疆界不会有争议，您得到这些利益，又可以知道如何去对付申生，好处太多了。您还是好好考虑一下！”

公悦，是故使申生伐东山〔1〕，衣之偏裻之衣〔2〕，佩之以金玦〔3〕。仆人赞闻之〔4〕，曰：“太子殆哉〔5〕！君赐之奇，奇生怪，怪生无常，无常不立。使之出征，先以观之，故告之以离心，而示之以坚忍之权〔6〕，则必恶其心而害其身矣。恶其心，必内险之；害其身，必外危之。危自中起，难哉！且是衣也，狂夫阻之衣也〔7〕。其言曰：‘尽敌而反。’虽尽敌，其若内谗何！”申生胜狄而反，谗言作于中〔8〕。君子曰：“知微〔9〕。”

【注释】

〔1〕东山：皋落狄人居住的地区，在今山西省垣曲县附近。

〔2〕偏裻（dú）：即偏衣。裻，衣背缝。以衣背缝为界，衣服两半的颜

色不同。韦昭注："裻在中，左右异，故曰偏。" 〔3〕玦（jué）：半环形有缺口的佩玉，古代常用以赠人表示决绝。 〔4〕赞：人名，太子申生的仆人。 〔5〕殆：危险。 〔6〕坚忍：指金玦。 〔7〕狂夫：古代掌驱疫和墓葬时驱鬼的官属，又叫方相氏。 〔8〕作：指散布。中：指宫中。 〔9〕知微：懂得精微的道理。

【译文】

献公听了很高兴，于是就派申生讨伐东山的狄人，让他穿一件偏缝的衣服，佩戴着金玦。申生的仆人赞听到后说："太子危险了！国君赐给他奇异的衣服，奇就要生怪，怪就要出现反常，反常就意味着太子将不能立为君主。派他出征，先以此观察他和士众的关系，用偏缝的衣服昭示离心，用金玦暗示冷淡，这就一定是讨厌他的心性而想加害于他的身体了。讨厌他的心性，就一定在内心谋划着使他陷于危险；要加害于他的身体，就一定在外面使他陷于绝境。危险源自内部，要解救就困难了！而且那件偏缝衣服，是经过方相氏诅咒了的。方相氏诅咒说：'消灭干净敌人而返回。'即使灭尽了敌人，申生又怎么应对内部的谗言呢？"申生战胜了狄人回国，谗言便从宫中开始散布。有识之士说："赞这个人能够洞察精微的道理。"

卷八　晋语二

骊姬谮杀太子申生

反自稷桑[1]，处五年[2]，骊姬谓公曰："吾闻申生之谋愈深。日[3]，吾固告君曰得众[4]，众不利，焉能胜狄？今矜狄之善[5]，其志益广。狐突不顺[6]，故不出。吾闻之，申生甚好信而强，又失言于众矣，虽欲有退，众将责焉。言不可食，众不可弭[7]，是以深谋。君若不图，难将至矣！"公曰："吾不忘也，抑未有以致罪焉[8]。"

【注释】

〔1〕反自稷桑：指在稷桑打败东方狄胜利归来。稷桑，东山皋落氏地名。　〔2〕处五年：指过了五年。　〔3〕日：昔日，过去。　〔4〕固：本来，原本。　〔5〕矜：夸耀。　〔6〕狐突：晋国大夫，公子重耳的外祖父。　〔7〕弭：止，制止。　〔8〕抑：不过，然而。致罪：构成其罪，获罪。

【译文】

太子申生从稷桑返回晋国，过了五年，骊姬对献公说："我听说申生的计谋更周密了。过去，我本来告诉你说申生很得人心，士众如果得不到好处，又怎么能帮助他战胜狄人？现在他夸耀征伐狄人时善于用兵，他的野心就越来越大了。狐突因为太子处境不顺，故而闭门不出。我听说，申生说到做到，而且争强好胜，他当着众人失言表露过夺位的意图，即使想停手作罢，众人也会责备他。说过的话不能不算，众人的愿望又不能制止，因此他会谋划得更加缜密。国君如果不及早考虑对策，就要大难临头了！”献公说：“我不会忘记，只是还没有理由定他的罪。”

骊姬告优施曰：“君既许我杀太子而立奚齐矣，吾难里克[1]，奈何！”优施曰：“吾来里克[2]，一日而已。子为我具特羊之飧[3]，吾以从之饮酒。我优也，言无邮[4]。”骊姬许诺，乃具，使优施饮里克酒。中饮[5]，优施起舞，谓里克妻曰：“主孟啖我[6]，我教兹暇豫事君[7]。”乃歌曰：“暇豫之吾吾，不如鸟乌。人皆集于苑，己独集于枯。”里克笑曰：“何谓苑，何谓枯？”优施曰：“其母为夫人，其子为君，可不谓苑乎？其母既死，其子又有谤，可不谓枯乎？枯且有伤。”优施出，里克辟奠，不飧而寝[8]。

【注释】

〔1〕难里克：认为里克难以应付。　〔2〕来：招徕，劝服。〔3〕具：准备。特：一只羊。韦昭注“特，一也。凡牲，一为特”。飧：宴席。　〔4〕邮：过错。　〔5〕中饮：指酒酣、半醉之时。〔6〕主孟：主，古代对大夫之妻的称呼。孟，里克妻之字。啖我：请我吃饭。　〔7〕暇豫：悠闲逸乐。韦昭注“暇，闲也；豫，乐也”。

〔8〕辟奠：指撤去酒食。飧（sūn）：晚饭。

【译文】

骊姬就去告诉优施说：“国君已经向我许诺要杀死太子改立奚齐了，但我感到对付里克很难，怎么办呢？”优施说：“我让里克归附咱们，一天时间就够了。您为我准备整羊的酒宴，我用来招待他喝酒。我是个伶优，怎么话说都不过分。”骊姬同意了，于是准备了宴席，让优施陪里克喝酒。喝到一半时，优施翩然起舞，对里克的妻子说：“夫人请我吃顿饭，我会教里克大夫怎样悠闲安逸地事奉好国君。”接着就唱起来：“悠闲安逸啊，却不知主动靠近，这个人还不及鸟雀乌鸦聪明。别人都聚集在草木茂盛的园林里，他却独自留在枯枝上。”里克笑着问：“什么是草木丰盛的园林？什么是枯枝？”优施说：“母亲是国君的夫人，儿子将要做国君，能不叫草木茂盛的园林吗？母亲已死，儿子又遭受攻击，能不叫枯枝吗？这枯枝还会遭到伤害。”优施离开之后，里克撤去酒席，没吃饭就睡下了。

夜半，召优施，曰：“曩而言戏乎〔1〕？抑有所闻之乎？”曰：“然。君既许骊姬杀太子而立奚齐，谋既成矣。”里克曰：“吾秉君以杀太子，吾不忍。通复故交，吾不敢。中立其免乎〔2〕？”优施曰：“免。”旦而里克见丕郑〔3〕，曰：“夫史苏之言将及矣〔4〕！优施告我，君谋成矣，将立奚齐。”丕郑曰：“子谓何？”曰：“吾对以中立。”丕郑曰：“惜也！不如曰不信以疏之，亦固太子以携之〔5〕，多为之故，以变其志，志少疏，乃可间也。今子曰中立，况固其谋也，彼有成矣，难以得间。”里克曰：“往言不可及也〔6〕，且人中心唯无忌之，何可败也！子将何如？”丕郑曰：“我无心。是故事君者，君为我心，制不在我。”里克曰：“弑君以为廉[7]，长廉以骄心，因骄以制人家，吾不敢。抑挠志以从君[8]，为废人以自利也，利方以求成人，吾不能。将伏也[9]！”明日[10]，称疾不朝。三旬[11]，难乃成[12]。

【注释】

〔1〕曩（nǎng）：以往，从前。此指白天宴饮时。　〔2〕中立：指不参与申生废立之事。其：大概。　〔3〕旦：指第二天早晨。〔4〕及：指应验。　〔5〕固：巩固。携：离，叛离。此指分化。〔6〕往言：说过的话。及：指挽回。　〔7〕弑君：指杀掉君主（为救太子）。廉：耿直。　〔8〕挠志：违心。　〔9〕伏：指隐退。〔10〕明日：第二天。　〔11〕三旬：三十天，一个月。　〔12〕难：指逼杀申生，立奚齐为太子。

【译文】

半夜的时候，把优施召来，问道：“刚才你说的是玩笑话呢？还是听到了什么风声？”优施说：“这件事是真的。国君已经答应骊姬杀太子改立奚齐，计划已经确定了。”里克说：“要我听从国君安排杀死太子，我于心不忍。要我和往常一样与太子交往，我也不敢。采取中立的态度大概可以免于祸难吧？”优施说：“这样可以免祸。”第二天早晨，里克就去见丕郑，说：“史苏的预言就要发生了！优施告诉我，国君的计划已确定，将要废太子立奚齐。”丕郑问：“你怎么说的？”里克说：“我答应他将保持中立。”丕郑说：“真可惜啊！不如说不相信这回事来瓦解他们的阴谋，这样也就稳固了太子的地位而分化了他们的党羽。应该多想些策略，改变他们的计谋，他们的计谋稍有疏怠，就可以找机会瓦解他们了。现在你说保持中立，更加强了他们的阴谋，他们准备完备后就不容易进行离间了。”里克说：“我说过的话收不回来了，况且骊姬心思无所顾忌，异常顽固，怎么能挫败他们呢！你打算怎么办？”丕郑说：“我没有主意。我作为事奉国君的臣子，我遵从国君的意见，决定权不在我手里。”里克说：“以弑君救太子为耿直，夸大这种耿直会产生骄傲，凭这种骄傲之心去裁决人家父子之间的关系，我不敢这么做。但是违心地顺从国君，废了太子而给自己谋私利，或者利用手段与奚齐妥协，我也做不到。我将要隐退了！”第二天，便称病不再上朝。一个月后，骊姬就策划了宫廷政变。

骊姬以君命命申生曰：“今夕君梦齐姜[1]，必速祠而归福[2]。”申生许诺，乃祭于曲沃[3]，归福于绛[4]。公田，骊姬受福，乃置鸩于酒[5]，置堇于肉[6]。公至，召申生献，公祭之地，地坟[7]。申生恐而出。骊姬与犬肉，犬斃[8]；饮小臣酒，亦斃。公命杀杜原款[9]。申生奔新城[10]。杜原款将死，使小臣圉告于申生[11]，曰：“款也不才，寡智不敏，不能教导，以至于死。不能深知君之心度，弃宠求广土而窜伏焉[12]；小心狷介[13]，不敢行也。是以言至而无所讼之也，故陷于大难，乃逮于谗。然款也不敢爱死，唯与谗人钧是恶也[14]。吾闻君子不去情，不反谗，谗行身死可也。犹有令名焉。死不迁情，强也。守情说父，孝也。杀身以成志，仁也。死不忘君，敬也。孺子勉之！死必遗爱，死民之思，不亦可乎？”申生许诺。

【注释】

〔1〕齐姜：申生已去世的母亲。〔2〕速：尽快。祠：指祭祀。归福：进献胙肉。〔3〕曲沃：晋国的祖庙所在地。〔4〕绛：晋国的都城。〔5〕鸩：古代传说中的一种鸟，其羽毛有剧毒。〔6〕堇：草药名。又称乌头，其茎和叶、根均有毒。〔7〕坟：原指大土堆。此指鼓起、隆起。〔8〕毙：死。〔9〕杜原款：申生的师傅的名字。〔10〕新城：曲沃，是新建的城邑。其地在今山西省闻喜县，是晋的别都。〔11〕小臣圉：小臣，官名，掌阴事阴命。圉，小臣名。〔12〕窜伏：逃匿，隐藏。〔13〕狷介：洁身自好，拘谨小心。〔14〕谗人：指骊姬。钧：通“均”，平分，共同担负。

【译文】

骊姬以国君的名义命令申生说：“昨晚国君梦见你母亲齐姜，你必须尽快去祭祀一下，然后把祭品送来。”申生答应了，就去曲沃的祖庙进行拜祭，回来后把祭品送到宫里。献公正外出打猎，骊姬收下了祭品，便将鸩毒放入酒中，又把一种叫乌头的毒药放入肉中。献公打猎回来，让申生献上酒肉，献公以酒祭地，地马上鼓了起来。申生惊恐地逃了出去。骊姬拿肉喂狗，狗也死掉了；把酒给近侍喝，近侍也死掉了。献公下令把申生的老师杜原款杀了。申生逃到往曲沃。杜原款临死前，让一位名为圉的小臣转告申生，说：“我没有才能，缺乏智谋，又不聪敏，没能尽到教导的责任，以至让您落得个被处死境地。我没能看透国君的心思，让您尽早放弃太子的地位逃到别国躲藏起来。我又洁身自好，小心谨慎，不敢有所行动。因此当他们对您进行诽谤之时，我没有为您辩解，这才让您陷于大难，遭到骊姬的谗言诬陷。我杜原款不敢吝惜生命，只是遗憾跟骊姬一起承担了这份罪恶。我听说有操守的人不抛弃忠爱的情感，不反诘谗言，遭到谗言诬陷而以死明志也可以。这样还有好名声留存于世。至死不改变对国君的忠爱之情，这是坚强。坚守忠爱之情让君父高兴，这是孝敬。舍弃生命而实现自己的志愿，这是仁德。临死还想到卫护国君，这是恭敬。年轻人努力吧！死后留下爱心，死了能让百姓怀念，不也很值得吗?”申生答应了。

人谓申生曰：“非子之罪，何不去乎?”申生曰：“不可。去而罪释〔1〕，必归于君，是怨君也。章父之恶〔2〕，取笑诸侯，吾谁乡而入？内困于父母，外困于诸侯，是重困也〔3〕。弃君去罪，是逃死也〔4〕。吾闻之：‘仁不怨君，智不重困，勇不逃死。’若罪不释，去而必重。去而罪重，不智。逃死而怨君，不仁。有罪不死，无勇。去而厚怨，恶不可重，死不可避，吾将伏以俟命〔5〕。”

【注释】

〔1〕罪释：得以免罪。　〔2〕章：彰显，暴露。恶：指听信谗言废长立幼之事。　〔3〕重困：双重困厄。　〔4〕逃死：逃避死罪。〔5〕伏：指留下来。俟命：等待命运的安排。

【译文】

有人对申生说：“这不是您的罪过，您为什么不离开晋国呢?”申生说：“不可以。我离开虽能逃避罪责，但这件事一定会归罪到君父身上，这就让君父蒙受怨恨了。彰显君父的罪过，让诸侯耻笑，我还能到哪儿去呢？在国内不为父母所容，在国外不被诸侯接纳，这是双重的困顿啊。背弃君父逃避罪责，是为了免于一死。我听说：‘仁爱的人不怨恨君主，明智的人不内外交困，勇敢的人不逃避死亡。’如果罪名不能解脱，逃走必然会加重罪过。逃走而加重罪过，这是不明智。逃避死亡而让国君蒙受怨恨，这是不仁德。犯有罪过而不敢去死，这是不勇敢。逃走会加重罪过，我的罪过不能再加重了。死亡既然无可回避，我将留在这里等待命运的安排。”

骊姬见申生而哭之，曰：“有父忍之，况国人乎？忍父而求好人〔1〕，人孰好之？杀父以求利人，人孰利之？皆民之所恶也，难以长生！”骊姬退，申生乃雉经于新城之庙〔2〕。将死，乃使猛足言于狐突曰〔3〕：“申生有罪，不听伯氏〔4〕，以至于死。申生不敢爱其死〔5〕，虽然，吾君老矣，国家多难，伯氏不出，奈吾君何？伯氏苟出而图吾君，申生受赐以至于死，虽死何悔！”是以谥为共君〔6〕。

【注释】

〔1〕忍父：指忍心谋害父亲。这是比较特殊的用法，忍和父之间省隐了语句成分。求好人：求好（hào）于人。好，拥戴，喜欢。〔2〕雉经：自缢。孔颖达在为《礼记》郑玄注作疏时说：“雉，牛鼻绳也。申生以牛绳自缢而死也。” 〔3〕猛足：申生的家臣。 〔4〕伯氏：狐突。狐突字伯行，伯氏是其尊称。 〔5〕爱：吝惜。〔6〕共：此是当时晋国礼官给申生定的谥号。按《谥法》“有过能改”为“共”。

【译文】

骊姬到曲沃去见申生，哭着说：“你连父亲都忍心谋害，更何况是对国人呢？忍心谋害父亲却还希望获得爱人的好名声，谁会拥戴你呢？谋害父亲来为国人谋利，国人谁会认为这有利呢？这些做法都是百姓所厌弃的，这样的人很难活得长久！”骊姬离开后，申生便在曲沃的祖庙里上吊自杀了。临死前，让家臣猛足转告狐突说：“我有罪，没有听从您的劝告，以致落到丧命的地步。我不敢吝惜自己的生命，虽然这样，但是我们君主年纪大了，国家又遭逢多难，您不出来辅佐他，我们君主该怎么办？你如果能出来帮助君主谋划，我申生就算是受到您的恩赐才死的，即便死了又有什么可后悔的！”因此他后来的谥号被定为共君。

骊姬既杀太子申生，又谮二公子曰〔1〕：“重耳、夷吾与知共君之事。〔2〕”公令阉楚刺重耳〔3〕，重耳逃于狄〔4〕；令贾华刺夷吾〔5〕，夷吾逃于梁〔6〕。尽逐群公子〔7〕，乃立奚齐焉。始为令，国无公族焉〔8〕。

【注释】

〔1〕谮（zèn）：说别人的坏话，诬陷，中伤。　〔2〕与：参与。知：知晓，了解。共君：指申生。　〔3〕阉楚：阉，是割去生殖器的宫廷侍者，即后来的宦官（太监）。楚，即下文提到的寺人披，字伯楚。　〔4〕狄：指白狄。散居在山西、陕西西北一带，隗姓，与晋互通婚姻。　〔5〕贾华：晋国大夫。　〔6〕梁：古国名，嬴姓。在今陕西省韩城县南。前641年为秦所灭。　〔7〕群公子：指除了申生、重耳和夷吾之外的其他几个公子（《左传·僖公二十四年》曰：“献公之子九人。”）。　〔8〕公族：诸侯或君王的同族。

【译文】

骊姬谋害了太子申生之后，又诬陷两位公子，说："重耳、夷吾都参与并知道申生的阴谋。"于是献公派阉人伯楚去刺杀重耳，重耳到狄逃难；又派大夫贾华去刺杀夷吾，夷吾到梁逃难。把其余的公子也都赶跑之后，便立奚齐做了太子。从此颁布法令，诸公子不准再回到晋国。

公子重耳夷吾出奔

二十二年〔1〕，公子重耳出亡，及柏谷〔2〕，卜适齐、楚。狐偃曰〔3〕："无卜焉。夫齐、楚道远而望大，不可以困往。道远难通，望大难走，困往多悔。困且多悔，不可以走望。若以偃之虑，其狄乎！夫狄近晋而不通，愚陋而多怨，走之易达〔4〕。不通可以窜恶〔5〕，多怨可与共忧。今若休忧于狄〔6〕，以观晋国，且以监诸侯之为，其无不成。"乃遂之狄〔7〕。

【注释】

〔1〕二十二年：指晋献公二十二年，即前655年。　〔2〕柏谷：晋国地名，在今河南灵宝县西南。因有柏谷水经此流入黄河，故而取名柏谷。　〔3〕狐偃：狐突的儿子，重耳的舅舅，随重耳流亡各国，后为晋卿。　〔4〕多怨：指与邻国结怨多。走：投奔。　〔5〕窜恶：隐恶。韦昭注"窜，隐也"。此指隐伏，隐蔽。　〔6〕休：休整。忧：共分忧患。　〔7〕乃遂：于是。

【译文】

晋献公第二十二年，公子重耳被迫出逃。到了柏谷这个地方，占卜求问去齐国还是去楚国。狐偃说："不用占卜了。齐、楚两个国家离晋国路途遥远，而且奢望很大，不能在困厄的情势下投靠它们。道路遥远难以抵达，奢望很大又难以投靠，我们在困厄中去投靠它们肯定会后悔。令我们困厄而且后悔的国家，不能指望投奔后得到帮助。若按我考虑，还是去狄国吧！狄国靠近晋国，但与晋国没有交往。这个国家愚昧落后，和邻国结怨甚多，投奔它很容易到达。狄国与晋国不交往我们正好可以隐蔽下来，与邻国结怨多我们可以与它共担忧患。如今我们如果能在狄国获得休整并为它分忧，从这里静观晋国政局的变化，而且密切注视诸侯国的行动，这样就可以成就大事。"于是重耳就逃亡到了狄国。

处一年，公子夷吾亦出奔，曰："盍从吾兄窜于狄乎〔1〕？"冀芮曰〔2〕："不可。后出同走，不免于罪。且夫偕出偕入难〔3〕，聚居异情恶，不若走梁〔4〕。梁近于秦，秦亲吾君〔5〕。吾君老矣，子往，骊姬惧，必援于秦〔6〕。以吾存也，且必告悔，是吾免也。"乃遂之梁。居二年，骊姬使奄楚以环释言〔7〕。四年，复为君〔8〕。

【注释】

〔1〕盍：何不。从：跟从。窜：潜逃。　〔2〕冀芮：晋国大夫，公子夷吾的师傅。　〔3〕偕：都，一起。　〔4〕走：投靠，出奔。〔5〕亲吾君：秦穆公夫人是晋献公的女儿，所以说秦国与晋君亲善。

〔6〕援：结交。　〔7〕奄楚：阉人，名楚。环：玉环。释言：以言辞进行自我辩解。　〔8〕四年：指夷吾在梁居住了四年。复：回国。为君：做了晋国国君。

【译文】

重耳到狄国一年以后，公子夷吾也被迫出逃，说："何不跟随我哥哥隐蔽在狄国呢?"他的师傅冀芮说："不行。你出逃在后却跟他投靠同一地方，难免有合谋的嫌疑。再说一起进出也不方便，生活在一处你和重耳性格合不来，容易有矛盾，不如投奔梁国。梁国离秦国很近，秦国因亲戚关系又和我们国君很亲善。我们国君已年迈，你去梁国，骊姬一定会害怕，必定会向秦国求援。由于我们在梁国可以依靠秦的庇护，她必定很后悔，这样我们也就可以免罪了。"于是夷吾逃亡到了梁国。在梁国寄住的第二年，骊姬派奄楚送来玉环，表达愿意让夷吾还国的意思。夷吾在梁国呆了四年后，回国当了国君。

虢将亡舟之侨以其族适晋

虢公梦在庙[1]，有神人面白毛虎爪，执钺立于西阿[2]，公惧而走。神曰："无走！帝命曰：'使晋袭于尔门[3]'。"公拜稽首，觉[4]，召史嚚占之[5]，对曰："如君之言，则蓐收也[6]，天之刑神也，天事官成。"公使囚之，且使国人贺梦。

【注释】

〔1〕虢公：虢国君主，名丑，周文王之弟虢仲的后代。庙：宗庙。〔2〕钺：大斧。西阿：西边的屋檐。〔3〕袭于尔门：袭击你们的国家。〔4〕觉：睡醒。〔5〕史嚚（yín）：虢国的太史。〔6〕蓐（rù）收：为秋神，左耳有蛇，乘两条龙。是白帝少昊的辅佐神。

【译文】

虢公梦见自己在宗庙里，有一个脸上长着白毛爪子像老虎一样的神，手持大斧站在西边的房檐下，虢公非常惊慌地逃走了。神对他说："不要跑！天帝命令说：'让晋国袭击你们虢国'。"虢公赶紧下拜磕头，醒来之后，便召史嚚来占卜这个梦的吉凶。史嚚回答说："像您所描述的，那么这个神应该是西方的蓐收神了，他是天上掌管刑杀的神，上天的命令都是由他完成的。"虢公把史嚚囚禁了起来，并且让国人祝贺他做的这个梦。

舟之侨告诸其族曰〔1〕："众谓虢亡不久，吾乃今知之。君不度而贺大国之袭，于已也何瘳〔2〕？吾闻之曰：'大国道，小国袭焉曰服。小国傲，大国袭焉曰诛。'民疾君之侈也〔3〕，是以遂于逆命。今嘉其梦，侈必展，是天夺之鉴而益其疾也〔4〕。民疾其态，天又诳之〔5〕；大国来诛，出令而逆；宗国既卑〔6〕，诸侯远已。内外无亲，其谁云救之？吾不忍俟也！"将行，以其族适晋。六年，虢乃亡〔7〕。

【注释】

〔1〕舟之侨：虢国大夫。〔2〕瘳（chōu）：减损，减少。

〔3〕疾：痛恨。侈：浪费，奢侈。〔4〕鉴：借鉴。益：加重。〔5〕疾：痛恨。诳：愚弄欺骗。〔6〕宗国：指公室，公族。卑：衰落。〔7〕虢乃亡：前655年晋国灭掉了虢国，虢公逃往京师。

【译文】

舟之侨把这件事情告诉他的族人说："大家都说虢国很快就会灭亡，我现在才明白这句话的意思。国君不考虑神灵的警告，反而让国人去祝贺大国的袭击，这难道就能减少自己的祸患了吗？我听说：'大国行仁道，小国归附叫顺服。小国骄傲，大国攻打它叫讨伐。'百姓痛恨君主的奢侈，就会抗逆他的命令。现在他认为自己做的是个吉祥梦，他一定会更加奢侈，这是上天让他失去自我省察的镜子而加重他的错误啊。百姓痛恨他的作为，上天又愚弄欺骗他；大国如果来诛伐，他发布的命令百姓都不服从；公室已经衰落了，诸侯又疏远他。国内国外都没有亲近他的人，还有谁会来拯救他呢？我不忍心等到国家灭亡的那天！"于是舟之侨离开了虢国，带着他的族人来到晋国。六年之后，虢国就灭亡了。

宫之奇知虞将亡

伐虢之役，师出于虞〔1〕。宫之奇谏而不听〔2〕，出，谓其子曰："虞将亡矣！唯忠信者能留外寇而不害〔3〕。除暗以应外谓之忠，定身以行事谓之信。今君施其所恶于人，暗不除矣；以贿灭亲〔4〕，身不定矣。夫国非忠不立，非信不固。既不忠信，而留外寇，寇知其衅而归图焉〔5〕。已自拔其本矣，何以能久？吾不去，惧及焉。”以其孥适西山[6]，三月，虞乃亡。

【注释】

〔1〕虞：姬姓诸侯，其封国在今山西省平陆北。 〔2〕宫之奇：虞国大夫。 〔3〕外寇：指晋国军队。 〔4〕贿：财物。亲：指同姓诸侯国，即虢国。 〔5〕衅：缝隙，漏洞。图：算计，图谋。〔6〕孥（nú）：子女，也指妻子和儿女。适：到……去。

【译文】

攻打虢国那场战役，晋国需要向虞国借道出兵。宫之奇劝谏虞公不要借道给晋国，虞公不听。宫之奇出来后对儿子说：“虞国就要灭亡了！只有以忠信治国的人，才能做到让外国军队留在自己国家而不受其害。消除自身的阴暗来应付外界的事物叫做忠，树立正确的立身之道来待人处事叫做信。如今国君把自己讨厌祸患施加给虢国，这是没有消除自身的阴暗；为了晋国的财物而置宗亲之邦于亡国境地，这是没有坚持正确的立身之道。一个国家没有忠诚就难以立国，没有信义就不能稳固。既不讲求忠信，又让外寇进入国内，晋国把握了我们的漏洞，灭了虢国一定会算计我们。自己拔掉了立国的根本，还怎么能长久呢？我如果不离开虞国，恐怕灾难就要来临了。”于是带着妻子儿女逃避到西山，三个月之后，虞国就灭亡了。

献公问卜偃攻虢何月

献公问于卜偃曰[1]：“攻虢何月也？”对曰：“童谣有之

曰：‘丙之晨，龙尾伏辰[2]，均服振振[3]，取虢之旂。鹑之贲贲[4]，天策焞焞[5]，火中成军，虢公其奔！’火中而旦，其九月十月之交乎？”

【注释】

〔1〕卜偃：郭偃，晋献公的掌卜大夫。 〔2〕龙尾：星宿的名称，属二十八宿中的尾宿。辰：指日月交会。 〔3〕均服：指军服。振振：威风整齐的样子。 〔4〕鹑：星宿的名称，即鹑火星，属二十八宿中的柳宿。贲贲：光耀的样子。 〔5〕天策：星名，又称傅说星，属尾宿中的一颗。焞焞（tūn tūn）：暗淡的样子。

【译文】

晋献公向掌卜大夫郭偃询问说：“哪个月攻打虢国好呢？”回答说：“童谣中有这样的说法：‘丙子这天的早晨，日月在龙尾星辰处交会，兵士的军服齐整威风，去夺取虢国的旌子。鹑火星光耀闪亮，天策星黯然失色，早晨召集军对去攻打虢国，虢公就要仓皇逃跑了。’鹑火星早晨在南方出现，大概是九月和十月初之交吧？”

宰周公论齐侯好示

葵丘之会，献公将如会[1]，遇宰周公[2]，曰：“君可无会也。夫齐侯好示，务施与力而不务德，故轻致诸侯而重遣之，使至者劝而叛者慕。怀之以典言，薄其要结而厚德之，以示之信。三属诸侯[3]，存亡国三[4]，以示之施。是以北伐山戎[5]，南伐楚，西为此会也。譬之如室，既镇其甍矣[6]，又何加焉？吾闻之，惠难遍也，施难报也。不遍不报，卒于怨仇。夫齐侯将施惠如出责[7]，是之不果奉[8]，而暇晋是皇[9]，虽后之会，将在东矣。君无惧矣，其有勤也！”公乃还。

【注释】

〔1〕如会：指参加盟会。〔2〕宰周公：周公旦之后，名孔，担任周王室太宰，被称为宰周公。〔3〕三属：三次与诸侯会盟。属，会盟。〔4〕存亡国三：指保全了鲁国、卫国和邢国。〔5〕山戎：古族名，又称北戎，分布在今河北省北部一带。〔6〕甍（méng）：屋脊。〔7〕责：通“债”，债务。〔8〕果：克，能够。奉：行。〔9〕暇：这里是“无暇”，没有时间的意思。皇：通“匡”，匡正。

【译文】

齐桓公在葵丘召开诸侯盟会，晋献公将要前去参加。途中遇到宰周公，宰周公说：“你不用去参加盟会。齐桓公喜欢显摆功绩，善于施加小恩小惠，崇尚武功而不修文德，因此让诸侯朝见时只带一些薄礼却让他们满载而归。这使得与会的诸侯备受鼓励，而背叛的诸侯心怀羡慕。每次盟会时都不过重温一下过去的誓言，简化了盟会的仪式，而多给诸侯些恩德，来显示他的诚信。他主持过三次大规模的诸侯盟会，使三个濒临灭亡的国家得以延续，以此来显示他的乐善好施。因此他向北讨伐山戎，向南攻打楚国，在西边发起了这次盟会。就好像一座房子，在它的房梁上加了房盖之后，还有什么可加的呢？我听说，恩惠很难周遍，施舍很难得到回报。不普遍不回报，最终会结下怨气和仇恨。那齐桓公施舍恩惠就好像放债一样希望得到回报，这种做法是行不通的。他哪有精力来顾及晋国？即使是今后的盟会，也将要在东边举行了。您不要害怕，将来有你出力气的时候。”于是献公就回国了。

宰周公论晋侯将死

宰孔谓其御曰[1]：“晋侯将死矣！景霍以为城[2]，而汾、河、涑、浍以为渠[3]，戎、狄之民实环之。汪是土也[4]，苟违其违，谁能惧之！今晋侯不量齐德之丰否，不度诸侯之势，释其闭修，而轻于行道，失其心矣。君子失心，鲜不夭昏[5]。”是岁也[6]，献公卒。八年，为淮之会[7]。桓公在殡，宋人伐之[8]。

【注释】

〔1〕宰孔：宰周公。御：车夫，赶车的人。 〔2〕景霍：晋国的山名，即霍太山，位于山西省中部，汾河东岸。 〔3〕汾、河、涑、浍：四条河流名称，即汾水、黄河、涑水、浍水。 〔4〕汪：广大的样子。 〔5〕夭昏：夭折，早死。 〔6〕是岁也：指前 651 年。〔7〕八年：指葵丘之会后的第八年。淮之会：齐桓公发起的又一次诸侯盟会。淮，在今江苏省盱眙县。 〔8〕殡（bìn）：停柩待葬。宋人伐之：桓公死后，诸子争位，太子逃往宋国，宋襄公伐齐，扶持太子登上王位，这就是齐孝王。

【译文】

宰孔对他的车夫说：“晋献公将要死了。晋国把霍太山当作城垣，把汾河、黄河、涑水和浍水当作护城河，戎、狄的百姓把它围在中间。虽然国土广阔，但如果违背正道，放松防务，谁还会惧怕它！现在晋侯不权衡齐侯的德行厚薄，也不考虑诸侯的强弱形势，放弃了关隘的治理，又不行仁道，这就失去了民心。君子失去民心，常会短寿早死。”这一年，献公死掉了。齐桓公在葵丘盟会后的第八年，又在淮地发起了盟会。结果，齐桓公刚死，停殡待葬期间，宋国就开始攻打齐国。

里克杀奚齐而秦立惠公

二十六年[1]，献公卒。里克将杀奚齐，先告荀息曰[2]：“三公子之徒将杀孺子[3]，子将如何？”荀息曰：“死吾君而杀其孤，吾有死而已，吾蔑从之矣[4]！”里克曰：“子死，孺子立，不亦可乎？子死，孺子废，焉用死？”荀息曰：“昔君问臣事君于我，我对以忠贞。君曰：‘何谓也？’我对曰：‘可以利公室，力有所能，无不为，忠也。葬死者，养生者，死人复生不悔，生人不愧，贞也。’吾言既往矣，岂能欲行吾言而又爱吾身乎？虽死，焉避之？”

【注释】

〔1〕二十六年：晋献公二十六年，即前651年。　〔2〕荀息：晋国大夫，奚齐的老师。　〔3〕三公子之徒：重耳、夷吾和申生的党羽。　〔4〕蔑（miè）：不，无。

【译文】

二十六年，晋献公去世。里克想要杀掉奚齐，提前告知荀息说：“三位公子的党徒将要杀掉奚齐，你将怎么办？”荀息说：“我们的国君才去世就要杀掉他的儿子，我只有一死，我不会跟着他们这样做！”里克说：“如果你死了，奚齐能够立为国君，不也可以吗？如果你死了，奚齐还是被废黜，你又何必去死呢？”荀息回答说：“过去献公曾问过我臣子应如何事奉国君，我以忠贞二字作答。献公问：‘什么叫忠贞？’我回答说：‘凡对国家有利，在力所能及的范围没有不去做的，这叫做忠。埋葬死去的君主，事奉新继位的国君，对死而复生的不觉得后悔，对活着的不感到惭愧，这叫做贞。’我的话已经说了，哪里能想践行自己的承诺却又吝惜自己生命呢？即使是死，我又怎么能逃避呢？”

里克告丕郑曰[1]：“三公子之徒将杀孺子[2]，子将何如？”丕郑曰：“荀息谓何？”对曰：“荀息曰‘死之’。”丕郑曰：“子勉之。夫二国士之所图，无不遂也[3]。我为子行之。子帅七舆大夫以待我[4]。我使狄以动之，援秦以摇之[5]。立其薄者可以得重赂，厚者可使无入[6]。国，谁之国也！”里克曰：“不可，克闻之，夫义者，利之足也；贪者，怨之本也。废义则利不立，厚贪则怨生。夫孺子岂获罪于民？将以骊姬之惑蛊君而诬国人，谗群公子而夺之利，使君迷乱，信而亡之[7]，杀无罪以为诸侯笑，使百姓莫不有藏恶于其心中，恐其如壅大川，溃而不可救御也。是故将杀奚齐而立公子之在外者，以定民弭忧[8]，于诸侯且为援，庶几曰诸侯义而抚之[9]，百姓欣而奉之，国可以固。今杀君而赖其富，贪且反义。贪则民怨，反义则富不为赖。赖富而民怨，乱国而身殆，惧为诸侯载，不可常也。”丕郑许诺。于是杀奚齐、卓子及骊姬，而请君于秦。

【注释】

〔1〕丕郑：晋国大夫。 〔2〕孺子：小孩，此指奚齐。 〔3〕遂：成功。 〔4〕七舆大夫：指共华、贾华、叔坚、骓歂、累虎、特宫和山祁，他们是申生的下军大夫。 〔5〕援：联合，联络。 〔6〕薄者：指德行不好、声望差的人。厚者：指德行高尚、声望好的人。 〔7〕信：指听信谗言。亡：使流亡，赶走。 〔8〕弭：消除。 〔9〕庶几：差不多，大概。

【译文】

里克又告知丕郑说：“三位公子的党徒将要杀掉奚齐，你将怎么办？”丕郑问：“荀息说什么了？”里克回答说：“荀息说他只有一死而已。”丕郑说：“你好好干吧。两个国家重臣谋划的事，没有不成功的。我来帮助你一起实现它。你带着申生手下的七位大夫等我的消息，我让狄国扰乱他，联络秦国动摇奚齐的根基。拥立德行浅薄的人做国君，我们可以从他那儿获得大量财物，德行忠厚的人我们可以不让他回到晋国。晋国还能是谁的天下！”里克说：“不可以。我听说，义是利的根本；贪利是怨恨产生的根源。废弃义利益就无从产生，过分贪利怨恨就会萌生。那奚齐难道得罪百姓了吗？百姓的怨恨因为主要是骊姬蛊惑国君并且欺骗了百姓。她恶言中伤诸位公子，剥夺了他们本有的权益，使国君沉迷乱政，听信她的谗言而赶走了诸位公子，逼死了无辜的申生而被诸侯取笑，使百姓无不内心充满憎恨，这恐怕这就如同堵塞大河一样，决了口就再也无法挽救。所以我们想杀悼奚齐而拥立逃亡在外的某公子为新君，来安抚百姓、消除忧患，并且有希望从诸侯那里得到援助。也许可以说，诸侯认为适宜而帮助他，百姓喜欢而尊奉他，这样以来，国家就能够安定巩固了。现在如果杀了君主来谋取财富，就是贪利而背义。贪利则百姓怨恨，背义则好处还是得不到。为了一点利益招来百姓的怨恨，会使国家动乱、自身危险，还要担心被诸侯载于史册，这样做不合乎常规。”丕郑接受了里克的意见。于是把奚齐、卓子和骊姬杀了，请求秦国帮助立一个国君。

既杀奚齐，荀息将死之。人曰：“不如立其弟而辅之。”荀息立卓子。里克又杀卓子，荀息死之。君子曰：“不食其言矣。”

【译文】

奚齐被杀后，荀息曾打算随奚齐而死。有人说：“不如立奚齐的弟弟来辅佐他。”荀息就立了卓子为君。里克又杀了卓子，荀息也以身殉主。君子说：“荀息言出必行，说到做到。”

既杀奚齐、卓子，里克及丕郑使屠岸夷告公子重耳于狄〔1〕，曰：“国乱民扰，得国在乱，治民在扰，子盍入乎？吾请为子钛〔2〕。”重耳告舅犯曰〔3〕：“里克欲纳我。”舅犯曰：“不可。夫坚树在始，始不固本，终必槁落〔4〕。夫长国者〔5〕，唯知哀乐喜怒之节，是以导民。不哀丧而求国，难；

因乱以入，殆[6]。以丧得国，则必乐丧，乐丧必哀生。因乱以入，则必喜乱，喜乱必怠德。是哀乐喜怒之节易也，何以导民？民不我导，谁长？”重耳曰：“非丧谁代？非乱谁纳我？”舅犯曰：“偃也闻之，丧乱有小大。大丧大乱之剚也，不可犯也。父母死为大丧，谗在兄弟为大乱。今适当之，是故难。”

【注释】

〔1〕屠岸夷：晋国大夫，复姓屠岸，名夷。 〔2〕鉥（shù）：引导。 〔3〕舅犯：狐偃，字子犯，他是重耳的舅舅，故称舅犯。〔4〕槁落：枯落。 〔5〕长国：管理国家，即做国家的君主。〔6〕殆：危险。

【译文】

杀了奚齐和卓子之后，里克和丕郑派屠岸夷到狄国告知公子重耳说：“国家动荡，百姓受到惊扰，取得君位往往在动乱之际，治理百姓在他们受到惊扰时反而更加容易，您为什么不乘机回国即位呢？让我们为您在前面开道。”重耳告诉舅舅子犯说：“里克想接我回国继位。”子犯说：“不可以。树木坚实与否关键在开始种植时，开始没有培植好根基，树木终究会干枯凋落。做国家的君主，必须要懂得喜怒哀乐的礼节，用来教导百姓。为君父服丧不哀痛却想谋取君位，很难成功；乘着国家动乱想回国继位，这非常危险。凭借国丧机会而得到国家，就一定会把国丧看作乐事，把国丧看作乐事一定会招致哀伤。借着动乱而得以回国就位，就会把动乱看成喜事，把动乱看成喜事一定会放松道德修养。这样以来，喜怒哀乐的礼节都被改变了，还怎么来教导百姓呢？百姓不听从我们的教导，还当谁的国君？”重耳说：“如果没有国丧，谁有机会继承君位？如果没有动乱，谁会接纳我？”子犯说：“我听说，丧乱有大小的分别。大丧大乱的锋芒，是不可以冲撞的。父母去世是大丧，兄弟间闹矛盾是大乱，如今您遇到的正是这种情况，所以要成功很困难。”

公子重耳出见使者，曰：“子惠顾亡人重耳[1]，父生不得供备洒扫之臣，死又不敢莅丧以重其罪[2]，且辱大夫，敢辞。夫固国者，在亲众而善邻，在因民而顺之。苟众所利，邻国所立，大夫其从之，重耳不敢违。”

【注释】

〔1〕亡人：逃亡在外的人。重耳避难在外十九年，故自称亡人。

〔2〕莅（lì）：临。重：加重。

【译文】

于是公子重耳出来接见使者，说：“承蒙您的眷顾，来探望我这个在外流亡的人。父亲活着的时候，我不能尽臣子洒扫奉养的义务。父亲去世后，又不敢回去办理丧事而加重了我的罪过，而且让大夫们受辱，我斗胆辞谢您的建议。能使国家安定稳固的人，要能亲近百姓，友善邻邦，还要体察民情而顺应民意。如果是百姓认为有利，邻国乐意拥立，大夫们都愿意服从，我重耳才不敢违背众愿。”

吕甥及郤称亦使蒲城午告公子夷吾于梁[1]，曰：“子厚赂秦人以求入，吾主子[2]。”夷吾告冀芮曰[3]：“吕甥欲纳我。”冀芮曰：“子勉之。国乱民扰，大夫无常，不可失也。非乱何入？非危何安？幸苟君之子，唯其索之也。方乱以扰，孰适御我？大夫无常，苟众所置，孰能勿从？子盍尽国以赂外内，无爱虚以求入，既入而后图聚[4]。”公子夷吾出见使者，再拜稽首许诺。

【注释】

〔1〕吕甥、郤称：晋卿。蒲城午：晋国大夫。 〔2〕主：支持，拥护。 〔3〕冀芮：指晋国大夫郤芮，公子夷吾的师傅。因其食邑在冀，又称为冀芮。 〔4〕图聚：设法聚敛。

【译文】

吕甥和郤称同时也派蒲城午去梁国告知公子夷吾说：“您送给秦国厚礼，请求他们护送您回国继位，我们做您的内应。”夷吾告诉冀芮说：“吕甥想要接我回国继位。”冀芮说：“您努力吧。国家发生动乱，百姓遭受惊扰，大夫们没有主见，这个机会不能错过。没有动乱哪有机会回国继位？百姓没有危难，哪里需要君主来安抚？多亏您是国君的儿子，因此才找到您了。如今正值国乱民扰之际，谁能抵挡我们？大夫们没有主见，如果大家立您为国君，谁能不服从？您何不倾其所有来收买国内外的大夫、诸侯，不惜亏空国库，以求得回国继位，回国后再设法聚敛财富。”于是公子夷吾出来接见使者，跪拜磕头同意了他们的建议。

吕甥出告大夫曰：“君死自立则不敢，久则恐诸侯之谋，径召君于外也[1]，则民各有心，恐厚乱[2]，盍请君于秦乎[3]？”大夫许诺。乃使梁由靡告于秦穆公曰[4]：“天降祸于晋国，谗言繁兴，延及寡君之绍续昆裔[5]，隐悼播越，托在草莽[6]，未有所依。又重之以寡君之不禄[7]，丧乱并臻[8]。以君之灵，鬼神降衷，罪人克伏其辜[9]，群臣莫敢宁处，将待君命。君若惠顾社稷，不忘先君之好，辱收其逋迁裔胄而建立之[10]，以主其祭祀，且镇抚其国家及其民人，虽四邻诸侯之闻之也，其谁不儆惧于君之威，而欣喜于君之德？终君之重爱，受君之重贶[11]，而群臣受其大德，晋国其谁非君之群隶臣也？”

【注释】

〔1〕径：直接。 〔2〕厚：加重。 〔3〕盍：何不。 〔4〕梁由靡：晋国大夫。秦穆公：一作秦缪公，嬴姓，名任好，春秋时代秦国国君。 〔5〕绍续：继承人。韦昭注“绍，继也。续，嗣也”。昆裔：后裔，后代。 〔6〕讬：同“托”，托身，此指流落。 〔7〕不禄：古代士死称不禄。此是对晋侯之死的谦称。 〔8〕臻：至。〔9〕辜：罪。 〔10〕逋迁：流亡迁徙。 〔11〕贶（kuàng）：赐给。

【译文】

吕甥出面告诉诸位大夫说：“君主去世，我们不敢擅自立一个新君。立君事情拖得太久怕诸侯算计，直接从国外把公子接回来，又怕百姓意见不一致，会加重国家的动乱，何不请求秦国为我们立个新君呢？”大夫们都同意这个建议。于是派梁由靡对秦穆公说：“上天降给晋国灾祸，以致谗言不断，影响到我们先君的几位公子。他们忧伤惧怕，被迫流落草莽，无依无靠。又加上先君的不幸过世，可以说是国丧和祸乱同时降临。因为您的灵威，鬼神也动了善心，让罪大恶极的骊姬受到了惩罚。如今晋国群臣居处不安，都在等待您的命令。您如能眷顾晋国的命运，没有忘记与先君的友好关系，希望您能请选择一位逃亡在外的公子并帮助他返国继位，来主持晋国的祭祀，镇抚国家和百姓。如果周围的诸侯听到这件事，难道还有谁不敬畏您的威势，同时又赞赏您的德行？您一直对晋国厚爱有加，晋国上下都受到您的重赐，群臣都接受了您的恩德，晋国还有谁不是您臣子和奴仆呢？”

秦穆公许诺。反使者，乃召大夫子明及公孙枝〔1〕，曰：“夫晋国之乱，吾谁使先，若夫二公子而立之？以为朝夕之急〔2〕。”大夫子明曰：“君使絷也〔3〕。絷敏且知礼，敬以知微。敏能窜谋，知礼可使；敬不坠命〔4〕，微知可否。君其使之。”

【注释】

〔1〕子明：秦国大夫孟明视的字。公孙枝：秦国大夫，字子桑。〔2〕朝夕之急：指确立晋国继承君主问题。〔3〕絷：秦穆公的儿子，字子显。〔4〕坠命：有辱使命。韦昭《注》“坠，失也”。

【译文】

秦穆公答应了吕甥的请求。打发使者回国后，便找来大夫孟明视和公孙枝，问：“晋国发生动乱，我该派谁先行一步，去联络重耳和夷吾两位公子并从中选择一位立为晋国新君？以解决晋国急迫的君主继承问题。”大夫孟明视说：“国君还是派公子絷去吧。公子絷为人机敏而精通礼法，待人恭敬而能洞察精微。机敏能够察觉隐藏的计谋，精通礼法适合作为使者；恭敬不会有辱君命，洞察精微就能判断谁适合选立。您还是派他去吧。”

乃使公子絷吊公子重耳于狄，曰：“寡君使絷吊公子之忧[1]，又重之以丧。寡人闻之[2]，得国常于丧，失国常于丧。时不可失，丧不可久，公子其图之！”重耳告舅犯。舅犯曰：“不可。亡人无亲，信仁以为亲，是故置之者不殆。父死在堂而求利，人孰仁我[3]？人实有之，我以侥幸，人孰信我？不仁不信，将何以长利？”公子重耳出见使者曰：“君惠吊亡臣[4]，又重有命。重耳身亡，父死不得与于哭泣之位，又何敢有他志以辱君义？”再拜不稽首，起而哭，退而不私[5]。

【注释】

〔1〕忧：指流亡的忧愁。 〔2〕寡人：指寡德之人，通常为先秦时期君王的自我谦称用词。 〔3〕仁我：认为我们仁慈。 〔4〕亡臣：流亡在外的人，此是重耳自称。 〔5〕私：指私下交谈。

【译文】

于是派公子絷到狄国吊慰公子重耳，说：“我的国君派我来吊慰您的流亡之忧和丧亲之痛。我听说：取得国家政权往往在国丧的时候，失掉国家政权也往往在国丧的关头。时机不可失去，国丧的时间有限，请公子好好考虑一下！”重耳把这件事告诉舅舅子犯。子犯说：“不可以。流亡在外的人无人亲近，只有力行诚信仁德，才能赢得人们的亲近，拥立施行仁义的人做国君才不会有危险。父亲才死，灵柩还停在堂上就要争夺君位，哪有人会认为我们仁德？众公子都有继承君位的权利，我们如果存在侥幸之心想争先一步，哪有人会认为我们诚信？不仁义不诚信，将怎么能长久地保住君位？”于是公子重耳出来接见公子絷说：“承蒙您来吊慰我这个流亡在外的人，又肩负着帮助我回国继位的使命。但我重耳只身逃亡在外，父亲死了都不能在丧位哭泣，又怎么敢有继承君位的想法而玷辱了您的义举呢？”说完只跪拜而不磕头，站起身来哭泣，退下后也不再与公子絷私下交谈。

公子絷退，吊公子夷吾于梁，如吊公子重耳之命。夷吾告冀芮曰：“秦人勤我矣[1]！”冀芮曰：“公子勉之。亡人无狷洁[2]，狷洁不行。重赂配德，公子尽之，无爱财！人实有之，我以侥幸，不亦可乎？”公子夷吾出见使者，再拜稽首，起而不哭，退而私于公子絷曰：“中大夫里克与我矣[3]，吾命之以汾阳之田百万[4]。丕郑与我矣，吾命之以负蔡之田七十万[5]。君苟辅我，蔑天命矣！亡人苟入扫宗庙，定社稷，亡人何国之与有？君实有郡县，且入河外列城五[6]。岂谓君无有，亦为君之东游津梁之上[7]，无有难急也。亡人之所怀挟缨纕[8]，以望君之尘垢者。黄金四十镒[9]，白玉之珩六双[10]，不敢当公子，请纳之左右。”

【注释】

〔1〕勤：助，帮助。　〔2〕狷洁：洁身自好。狷（juàn），胸襟

狭窄，性情急躁。〔3〕与：赞同，支持。〔4〕汾阳：晋国地名，在今山西省阳曲县西北。〔5〕负蔡：晋国地名，或作负葵，在今山西省万荣县北。〔6〕河外：河东，指属于晋国境内的黄河以西地区。〔7〕津梁：桥梁。〔8〕缨纕（yīng xiāng）：马的颈带与腹带。〔9〕镒（yì）：古代的重量单位，二十两为一镒。一说二十四两为一镒。〔10〕珩（héng）：佩玉上面的横玉，形状像磬。

【译文】

公子絷回来之后，又到梁国吊慰公子夷吾，言辞如同吊慰公子重耳一样。夷吾告知冀芮说："秦国要帮助我回国继位了！"冀芮说："公子努力吧。流亡在外的人谈不上洁身自好，洁身自好是行不通的。用厚重的财物去回报帮助您回国的人的恩德，您要倾其所有，不要吝惜财物！其他公子也有继承君位的权利，我们凭运气去争取，不也可以吗？"于是公子夷吾出来接见公子絷，跪拜磕头，站起来没有哭泣，退下之后私下对公子絷说："中大夫里克已经答应支持我回国继位，我将汾阳一带的上百万亩土地赏赐给他。丕郑也已经拥护我做国君了，我将负蔡一带七十万亩土地赏赐给他。秦君如能够辅助我继位，就不用再等上天的眷顾了！我这个流亡在外的人如能回国洒扫宗庙，镇守社稷，还计较什么国土？秦君的郡县已经是很多了，我再进献黄河以西的五座城邑，这不是说秦君缺少，而是为了让秦君东游到黄河的桥梁之上时，不会再有什么难事急事了。我将拿着鞭子，牵着马，跟在秦君的车尘之后伺候着。另外送上黄金八百两、白玉制作的装饰品六双，不敢以此答谢公子，请分给左右的随从。"

公子絷返，致命穆公[1]。穆公曰："吾与公子重耳，重耳仁。再拜不稽首，不没为后也[2]。起而哭，爱其父也。退而不私，不没于利也。”公子絷曰：“君之言过矣。君若求置晋君而载之，置仁不亦可乎？君若求置晋君以成名于天下，则不如置不仁以猾其中[3]，且可以进退。臣闻之曰：‘仁有置，武有置。仁置德，武置服。’”是故先置公子夷吾，寔为惠公[4]。

【注释】

〔1〕致命：复命。 〔2〕没：贪图。后：君。 〔3〕猾：扰乱。〔4〕寔：同“是”，这。

【译文】

公子絷返回秦国，向秦穆公作了汇报。穆公说：“我赞同公子重耳继位，重耳富有仁德。跪拜但不磕头，是表示不贪图继承君位。站起身来还在哭泣，是热爱他的父亲。退下后不私自拜访你，是不贪图私利。”公子絷说：“您的话不对啊。您如果想拥立晋君成全晋国，立一个德行仁厚的为君不也很好吗？您如果拥立晋君是想在诸侯中成就秦国的名声，就不如立一个德行浅薄的为君，以扰乱晋国，还可以掌控它。我听说过这样的话：‘帮助别国立君，有的是为了实行仁道，有的是为了显示武威。要实行仁道就要拥立德行仁厚的，要显示武威就要拥立服从命令的。’”因此秦国就先护送公子夷回国继位，这就是晋惠公。

冀芮答秦穆公问

穆公问冀芮曰："公子谁恃于晋[1]？"对曰："臣闻之，亡人无党[2]，有党必有仇。夷吾之少也[3]，不好弄戏，不过所复，怒不及色，及其长也弗改。故出亡无怨于国，而众安之。不然，夷吾不佞，其谁能恃乎[4]？"君子曰："善以微劝也。"

【注释】

〔1〕恃：依靠。 〔2〕党：党羽。 〔3〕少：年轻。 〔4〕恃：依靠。

【译文】

秦穆公问冀芮说："公子夷吾在晋国依靠谁？"回答说："我听说，在外流亡的人没有党朋，有党朋就必定就有仇敌。夷吾年轻的时候，不喜欢玩耍，不过分报复和自己有矛盾的人，发怒时也不流露在脸上，长大后也没有多少改变。因此公子夷吾流亡国外并没有招来国内的怨恨，民众都能安然处之。如果不是这样，夷吾没有突出的才能，还有能依靠谁呢？"君子评论说："冀芮真善于委婉地进行劝谏啊。"

卷九　晋语三

惠公入而背外内之赂

惠公入而背外内之赂[1]。舆人诵之曰[2]："佞之见佞[3]，果丧其田。诈之见诈，果丧其赂。得国而狃，终逢其咎[4]。丧田不惩，祸乱其兴。"既里、丕死[5]，祸，公陨于韩[6]。郭偃曰[7]："善哉！夫众口祸福之门。是以君子省众而动[8]，监戒而谋，谋度而行，故无不济。内谋外度，考省不倦，日考而习，戒备毕矣[9]。"

【注释】

〔1〕赂：指晋惠公为回国而答应给秦国及里克、丕郑等的好处。〔2〕舆人：众人。诵：陈述，议论。　〔3〕佞（nìng）之见佞：第一个佞为名词，指谗佞之人；第二个佞，指用花言巧语谄媚讨好。〔4〕狃（niǔ）：贪。咎：灾祸。指下文的韩原之败。　〔5〕里、丕：指晋国大夫里克和丕郑。　〔6〕公陨于韩：指晋惠公在韩地作战失败被俘。韩地，又作韩原，在今陕西省韩城县西南。　〔7〕郭偃：晋国大夫，掌卜卦事务。　〔8〕省：考察。众：百姓。此指百姓的意愿。〔9〕戒备：警戒防备。

【译文】

晋惠公回国继位后，马上背弃了对国内外支持他的人许下的承诺。百姓讽刺说："献媚的人被人（用花言巧语）作弄，终究没有得到土地。狡诈的人被人欺骗，最终也没有得到财货。得到国家还贪心不足的人，终将要遭到灾祸。没得到土地而不去报复的人，祸乱就要来临了。"里克、丕郑被杀后，灾祸来临，晋惠公也在韩地战败被俘虏。大夫郭偃感叹说："真好啊！民众的嘴是招致祸福的大门。因此君子体察民众的意愿后再采取行动，了解民众的舆论后再进行谋划，谋划的事要细加揣度后再实施，因此事情没有不成功的。在内心谋划，结合外部情况细加揣度，不倦地思考比较，每天反复研究，警戒防备工作就很全面了。"

惠公改葬共世子

惠公即位，出共世子而改葬之〔1〕，臭达于外〔2〕。国人诵之曰〔3〕："贞无报也〔4〕。孰是人斯，而有是臭也？贞为不听，信为不诚。国斯无刑，偷居倖生。不更厥贞，大命其倾。威兮怀兮，各聚尔有，以待所归兮。猗兮违兮，心之哀兮。岁之二七〔5〕，其靡有微兮〔6〕。若狄公子〔7〕，吾是之依兮。镇抚国家，为王妃兮〔8〕。"

【注释】

〔1〕共世子：太子申生。他死后谥号为"共"，史称"共世子"，

或“恭世子”。改葬：申生丧葬没有依礼进行，因而惠公即位后要改葬。〔2〕臭：气味，此指难闻的气味。〔3〕诵：议论。〔4〕贞：正。〔5〕二七：十四年。〔6〕靡：无。微：通“尾”，指后嗣。此处说惠公将无后嗣。〔7〕狄公子：在狄的公子。指当时逃亡在狄国的公子重耳。〔8〕妃：配也。宋庠《国语补音》曰“妃音滂佩反。又有后妃之妃，字一而音不同。妃与配义一也”。

【译文】

晋惠公做了国君之后，把申生挖出来重新安葬，尸体的臭味散发到外面来。国人议论这件事情说：“按正确的礼节改葬世子却没有得到好报，又是谁让尸体有这样的臭味？要为世子改葬却无人听从，想显示信义却没有诚意。国家没有这样的法令，让窃取君位的人侥幸地活着。如果再不改变政令，晋国的命运就危险了。畏惧啊怀念啊，大家各自怀着愿望，等待着想要归从的新君。想离开现在的君主，内心又因故土难舍而哀伤。十四年后，君主的儿子将要失去君位。流亡在狄国的公子重耳，是我们的依靠啊。他能够镇抚国家，真是周王的得力助手啊。”

郭偃曰：“甚哉，善之难也〔1〕！君改葬共君以为荣也〔2〕，而恶滋章〔3〕。夫人美于中，必播于外，而越于民，民实戴之〔4〕；恶亦如之。故行不可不慎也。必或知之，十四年，君之冢嗣其替乎〔5〕？其数告于民矣。公子重耳其入乎？其魄兆于民矣〔6〕。若入，必伯诸侯以见天子〔7〕，其光耿于民矣〔8〕。数，言之纪也。魄，意之术也。光，明之曜也。纪言以叙之，述意以导之，明曜以昭之。不至何待？欲先导者行乎？将至矣！”

【注释】

〔1〕善：善事，好事。　〔2〕君：指晋惠公。　〔3〕滋：更加。章：昭彰。　〔4〕戴：拥戴。　〔5〕冢嗣：嫡长子，通常指太子。替：灭，废黜。　〔6〕魄：迹象。　〔7〕伯：通“霸”，称霸。〔8〕耿：照耀。

【译文】

大夫郭偃说：“太厉害了，好事难做啊！国君把改葬申生作为一件荣耀的事，却让自己的罪恶更加昭彰。一个人内心美好，一定会在外表表现出来，并且在百姓当中传播，受到百姓的拥戴。相反一个人内心丑恶也一样。因此做事不能不谨慎啊。必定有人会知道，十四年之后国君的儿子将被废黜吗？十四这个数字已经告知百姓了。公子重耳大概要回国了吗？百姓已经看到这个兆头了。他如果回国继位，一定会成为诸侯霸主而朝见天子，他的光辉已经照耀到百姓了。数字是预言的记录，迹象是民意的先导，光辉是贤明品格的闪耀。用记录预言来表述，用阐发民意来引导，用闪耀的光辉来昭示。重耳不回国还等待什么？想让为他作先导的人应该行动了，他就要回来了！”

惠公悔杀里克

惠公既杀里克而悔之，曰：“芮也[1]，使寡人过杀我社稷之镇[2]。”郭偃闻之，曰：“不谋而谏者[3]，冀芮也。不图而杀者[4]，君也。不谋而谏，不忠。不图而杀，不祥。不忠，受君之罚。不祥，罹天之祸[5]。受君之罚，死戮[6]。罹天之祸，无后[7]。志道者勿忘，将及矣!”及文公入，秦人杀冀芮而施之[8]。

【注释】

〔1〕芮：指晋国大夫冀芮。 〔2〕过：错。社稷之镇：指镇抚国家的大臣，即重臣。 〔3〕谋：谋划。 〔4〕图：考虑。 〔5〕罹(lí)：遭受。 〔6〕死戮：古时戮刑可以分为两种，生戮和死戮。生戮是先戮后杀，死戮是先杀后戮。戮，陈尸示众。 〔7〕罹：遭受。无后：断绝后嗣。 〔8〕施：陈尸示众。

【译文】

晋惠公杀了里克之后就感到后悔，说：“冀芮啊，你让我错杀了我的国家重臣。”郭偃听说了这件事，说：“不仔细谋划就轻率进谏的，是冀芮。不经过考虑就轻易杀掉国家重臣的，是国君。不仔细谋划就进谏言，这就是不忠。不经过考虑就杀人，这就是不祥。为人臣不忠，就要受到国君的惩罚。为人君不祥，就将遭到上天降给的灾祸。受到国君的惩罚，要被杀陈尸。遭到上天降给的灾祸，会断绝后嗣。通晓天道的人不要忘记占卜的预言，灾祸就要来了!”晋文公回国继位时，秦国人杀了冀芮，还将他的尸体示众。

惠公杀丕郑

惠公既即位，乃背秦赂[1]。使丕郑聘于秦，且谢之[2]。

而杀里克，曰："子杀二君与一大夫[3]，为子君者，不亦难乎？"丕郑如秦谢缓赂，乃谓穆公曰："君厚问以召吕甥、郤称、冀芮而止之，以师奉公子重耳，臣之属内作，晋君必出。"穆公使泠至报问[4]，且召三大夫[5]。郑也与客将行事，冀芮曰："郑之使薄而报厚，其言我与秦也，必使诱我。弗杀，必作难[6]。"是故杀丕郑及七舆大夫：共华、贾华、叔坚、骓歂、纍虎、特宫、山祁，皆里、丕之党也。丕豹出奔秦[7]。

【注释】

〔1〕秦赂：指晋惠公为返国许诺给秦国的好处。〔2〕谢：致歉。〔3〕二君与一大夫：指奚齐、卓子与荀息。〔4〕泠至：秦国大夫。〔5〕三大夫：指吕甥、郤称、冀芮。〔6〕作难：发动变乱。〔7〕丕豹：晋国大夫丕郑的儿子。

【译文】

晋惠公继位之后，就背弃了给秦国好处的诺言。他让丕郑到秦国访问，并向秦君表示歉意。接着他又杀了里克，说："你杀害了两个君主和一个大夫，当你的君主，不也太难了吗？"丕郑到秦国为不能进献城邑表示歉意，于是对穆公说："您让人拿厚礼把吕甥、郤称、冀芮诱骗到秦国拘禁起来。再派军队护送公子重耳回到晋国，我们这些人做内应，这样一定能把晋君赶出晋国。"于是秦穆公就派泠至到晋国回访，并且召请吕甥、郤称和冀芮三位大夫前往秦国。丕郑和泠至将要依计行事，冀芮对惠公说："丕郑出使秦国时带去薄礼，可是秦国却回赠了很丰厚的礼品，大概是他在秦国说了我们什么坏话，一定是让秦国来诱捕我们。如果不把丕郑杀了，他肯定要发动变乱。”于是就杀了丕郑和七舆大夫，七舆大夫是指共华、贾华、叔坚、骓歂、纍虎、特宫、山祁。他们都是里克、丕郑的同党。丕郑的儿子丕豹奔往秦国逃难。

丕郑之自秦反也，闻里克死，见共华曰〔1〕：“可以入乎？”共华曰：“二三子皆在而不及〔2〕，子使于秦，可哉！”丕郑入，君杀之。共赐谓共华曰〔3〕：“子行乎？其及也！”共华曰：“夫子之入，吾谋也，将待也。”赐曰：“孰知之？”共华曰：“不可。知而背之不信，谋而困人不智，困而不死无勇。任大恶三〔4〕，行将安入？子其行矣，我姑待死。”

【注释】

〔1〕共华：七舆大夫之一。 〔2〕及：殃及，遭受祸患。〔3〕共赐：晋国大夫，共华的同族。 〔4〕任：背负。大恶：大罪。三：三项，三条。

【译文】

丕郑从秦国返回，听到里克被杀的消息，去见共华问他说：“我可以回来吗？”共华说：“我们几个都在国内也没有遭难，你到秦国出访，应该可以回来。”丕郑回到晋国，惠公就把他杀了。共赐对共华说：“你逃走吗？不走灾祸快要来临了！”共华说：“让丕郑回来，这是我的主意，我要等着这场灾祸。”共赐说：“又有谁知道这是你的主意呢？”共华说：“不可以这样。自己知道错了却昧着良心不承认就是不信，为人谋划却让人陷入困厄境地就是不智，使别人陷于困厄自己却不敢以死谢罪就是不勇。我背负着这三项大罪，又能走到哪里去呢？你还是走吧，我姑且在这里等待杀戮。”

丕郑之子曰豹，出奔秦，谓穆公曰：“晋君大失其众，背君赂，杀里克，而忌处者[1]，众固不说[2]。今又杀臣之父及七舆大夫，此其党半国矣。君若伐之，其君必出。”穆公曰：“失众安能杀人？且夫祸唯无毙[3]，足者不处，处者不足，胜败若化。以祸为违，孰能出君？尔俟我[4]！”

【注释】

〔1〕忌：忌恨。　〔2〕固：本来。说：通“悦”，喜欢，高兴。〔3〕祸：罪。毙：倒下，倒台。　〔4〕俟：等待。

【译文】

丕郑的儿子丕豹，逃往秦国避难，对秦穆公说：“晋君已经失去了百姓的支持，他背弃了给你城邑许诺，杀死了里克，忌恨留守在国内的人，大家对他的做法本来就不高兴。现在他又杀害我的父亲和七舆大夫，他的党羽的势力在国内只剩一半了。您如果出兵讨伐他，他一定会被赶出晋国。”穆公说：“失掉百姓支持哪里还能杀这么多人？况且他的罪过还没到垮台的地步，罪大恶极的人，不可能在晋国立足；能在晋国立足的人，罪还不到垮台的程度。胜败变化无常。有杀身之祸的人都离开了晋国，谁还能赶走晋君呢？你还是等我们慢慢想办法吧！”

秦荐晋饥晋不予秦籴

晋饥，乞籴于秦[1]。丕豹曰："晋君无礼于君，众莫不知。往年有难，今又荐饥[2]。已失人，又失天，其有殃也多矣[3]。君其伐之，勿予籴！"公曰："寡人其君是恶[4]，其民何罪？天殃流行，国家代有[5]。补乏荐饥[6]，道也，不可以废道于天下。"谓公孙枝曰[7]："予之乎？"公孙枝曰："君有施于晋君，晋君无施于其众。今旱而听于君，其天道也。君若弗予，而天予之。苟众不说其君之不报也，则有辞矣[8]。不若予之，以说其众[9]。众说，必咎于其君[10]。其君不听，然后诛焉。虽欲御我，谁与[11]？"是故氾舟于河[12]，归籴于晋。

【注释】

〔1〕乞：请求。籴（dí），买进粮食，与"粜"相对。　〔2〕荐饥：连年饥荒。荐，频仍，屡次。　〔3〕殃：灾祸。　〔4〕寡人其君是恶：此句是"是"字组合的倒装句。正常语序应为"寡人恶其君"。恶，厌恶，讨厌。　〔5〕天殃：天灾。代：轮流。　〔6〕补乏：补救困乏。荐饥：救济饥荒。　〔7〕公孙枝：秦国大夫，字子桑。　〔8〕辞：托辞，借口。　〔9〕说：通"悦"，取悦。〔10〕咎：归咎，责怪。　〔11〕御：抵御，抵抗。与：赞同，支持。〔12〕氾（fàn）：同"泛"，漂浮。

【译文】

晋国闹饥荒，请求秦国卖粮救灾。丕豹对穆公说："晋君对您无礼，众所周知。往年晋君多有灾祸，现在出现连年饥荒。既已失去人心，又失天助，他的灾祸太多了啊。您不如趁机讨伐他，不要答应卖粮食给他！"秦穆公说："我厌恶的是晋君，他的百姓又有什么罪过？天灾流行，每个国家都会轮流出现。补救困乏，救济饥荒，这是人道，不可以在诸侯面前废弃人道。"说完又问公孙枝说："卖给晋国粮食吗？"公孙枝说："您对晋君有过恩惠，晋君却没有施恩德给百姓。如今因旱灾而向您求救，这大概是天意吧。您若不卖粮食给他，而上天可能会给他。这样以来，如果晋国百姓不满他们国君忘恩负义的话，晋君就会有话可说了。不如卖粮食给他们，来取悦晋国百姓。百姓高兴，就必定会把过错归于他们的国君。晋君如不听从我们的话，我们就可以讨伐他。到时候他即使想抵抗我们，又有谁会和他站在一起呢？"因此就用船只沿着黄河，把粮食运到晋国。

秦饥，公令河上输之粟〔1〕。虢射曰〔2〕："弗予赂地而予之籴，无损于怨而厚于寇，不若勿予。"公曰："然。"庆郑曰〔3〕："不可。已赖其地，而又爱其实，忘善而背德，虽我必击之。弗予，必击我。"公曰："非郑之所知也。"遂不予。

【注释】

〔1〕河上：指黄河以西，即晋惠公回国前答应送给秦国的河西五城之地。　〔2〕虢射：晋国大夫。　〔3〕庆郑：晋国大夫。

【译文】

后来秦国也出现饥荒，晋惠公命令黄河以西五个城市为秦国输送救灾粮食。虢射说："没有兑现给秦国河西五城之地的承诺，却要把五城之地所产的粮食卖给它，这非但不能减轻他们的怨恨，反而回增强他们的实力，不如不卖给他们。"惠公说："确实如此。"庆郑劝谏说："不可以这样做。已经背弃了给秦国土地的承诺，又舍不得那些粮食，忘记了秦国的善举，又背弃了秦国的恩德，即使我是秦国也一定会来进攻的。不给粮食，秦国一定会攻打我们。"惠公说："这不是你所能明白的。"于是就没有卖粮食给秦国。

秦侵晋止惠公于秦

六年[1]，秦岁定[2]，帅师侵晋，至于韩[3]。公谓庆郑曰："秦寇深矣，奈何？"庆郑曰："君深其怨，能浅其寇乎？非郑之所知也，君其讯射也[4]。"公曰："舅所病也[5]？"卜右[6]，庆郑吉。公曰："郑也不逊。"以家仆徒为右[7]，步扬御戎[8]；梁由靡御韩简[9]，虢射为右，以承公。公御秦师，令韩简视师，曰："师少于我，斗士众。"公曰："何故？"简曰："以君之出也处己，入也烦己，饥食其籴，三施而无报，故来。今又击之，秦莫不愠，晋莫不怠，斗士是故众。"公曰："然。今我不击，归必狃。一夫不可狃[10]，而况国乎！"

【注释】

〔1〕六年：晋惠公六年，即前645年。〔2〕岁：年成，收成。定：稳定。即饥荒已过。〔3〕韩：晋国的韩原。〔4〕射：虢射，晋国大夫。〔5〕病：埋怨、责备。〔6〕右：车右。〔7〕家仆徒：晋国大夫。〔8〕步扬：晋国大夫，姬姓，晋公族郤氏的后代。因食邑在步，故称步扬。〔9〕梁由靡：晋国大夫。韩简：晋国大夫，韩万的孙子。〔10〕狃（niǔ）：习惯，习以为常。

【译文】

晋惠公六年，秦国取得丰收，恢复安定的局面，于是秦穆公带领军队入侵晋国，抵达韩原。晋惠公问庆郑说："秦军已经深入我们腹地，该怎么办呢？"庆郑回答："您使晋国与秦国结怨加深，能让秦军不深入腹地吗？我不知道该怎么办，您还是去问虢射吧。"惠公说："你是在埋怨我吗？"占问车右时，结果卜象显示庆郑吉利。惠公说："庆郑不谦逊。"于是让家仆徒做车右，步扬为他驾车；让梁由靡为韩简驾车，虢射为车右，跟随在惠公的兵车后面。惠公带兵抵抗秦军，派韩简勘察军情，韩简说："秦军比我们少，但能作战的勇士却很多。"惠公问："什么原因？"韩简回答说："因为你逃亡时受到过秦国的接待，回国继位时是秦国派兵护送，饥荒时又靠秦国卖给我们的粮食渡过难关，秦国施给我们三次大恩惠而我们都没有回报，所以秦国才来侵犯我国。现在您又要出兵抗击他们，秦军将士无不义愤，晋军将士无不懈怠，因此秦军中能作战的勇士多。"惠公说："的确是这样。但现在我如果不抗击，今后秦国一定会常常来侵犯我们。一个人都不能让他养成坏毛病，何况是一个国家呢！"

公令韩简挑战，曰：“昔君之惠也，寡人未之敢忘[1]。寡人有众[2]，能合之弗能离也。君若还，寡人之愿也。君若不还，寡人将无所避。”穆公衡彫戈出见使者[3]，曰：“昔君之未入，寡人之忧也。君入而列未成，寡人未敢忘。今君既定而列成，君其整列[4]，寡人将亲见。”

【注释】

〔1〕未之敢忘：此为宾语前置句，正常语序应为“未敢忘之”，即不敢忘记这些事。　〔2〕众：此指将士。　〔3〕衡：通“横”，横握。　〔4〕整列：整顿队伍。

【译文】

惠公让韩简挑战秦军，并派使者传话说：“从前您对我的恩惠，我没敢忘记。我将士众多，能把他们集合作战却不好遣散。您如果能带着军队回国，这正是我所希望的。您如果不退兵回国，我也没有退避的余地。”秦穆公横握雕花战戟出来接见使者，并传话说：“从前您流亡国外，我为您担忧。您回国继位地位不稳固时，我也不敢时常牵挂。现在您君位稳定，军队整修完毕，您还是整理好队伍，我要亲自和您在战场上兵刃相见。”

客还[1]，公孙枝进谏曰：“昔君之不纳公子重耳而纳晋君，是君之不置德而置服也[2]。置而不遂[3]，击而不胜，其若为诸侯笑何？君盍待之乎？”穆公曰：“然。昔吾之不纳公子重耳而纳晋君，是吾不置德而置服也。然公子重耳实不肯，吾又奚言哉？杀其内主，背其外赂，彼塞我施，若无天乎？若有天，吾必胜之。”君揖大夫就车，君鼓而进之。晋师溃，戎马泞而止[4]。公号庆郑曰：“载我！”庆郑曰：“忘善而背德，又废吉卜[5]，何我之载？郑之车不足以辱君避也！”梁由靡御韩简，辂秦公[6]，将止之，庆郑曰：“释来救君！”亦不克救，遂止于秦[7]。

【注释】

〔1〕客：指韩简派出传话的使者。 〔2〕服：指顺从的人，此指公子夷吾。 〔3〕遂：成功，如意。 〔4〕戎马：驾兵车的马。此指惠公所乘的战马。 〔5〕吉卜：指上文的“卜右，庆郑吉”之事。〔6〕辂（lù）：通“迓”，迎上。韦昭注“辂，迎也”。 〔7〕止：指战败被扣留。

【译文】

晋国使者回去之后，公孙枝劝告穆公说：“昔日您不拥立公子重耳却立了夷吾为晋君，这是您不立有德行的人而立服从您的人。立了夷吾却又不如意，攻打晋国如果再不能取胜，这岂不要被诸侯耻笑？您为什么不等着晋国自己败亡呢？”穆公说：“确实如此。过去我不拥立公子重耳却立夷吾，这是我不立有德行的人而立顺从我的人。可是公子重耳当时确实不肯做国君，我又有什么好说的呢？晋君杀了国家忠臣丕郑和里克，又背弃了给我们城邑的许诺，他自私封闭而我们一再施惠给他，难道没有天理了吗？假如有天理话，我一定能打败他。”穆公让大夫们登上战车，亲自击鼓指挥发起进攻。晋军战败溃退，战马都陷入泥泞中走不动了。惠公对庆郑大声疾呼说：“快用车载着我逃走！”庆郑说：“您忘记别人的好处，背弃别人的恩德，又不用吉卜，不让我做车右，又何必要搭我的车？我庆郑的战车不值得您委屈乘坐来避难！”梁由靡为韩简驾车，挡住了秦穆公，将要抓住他，庆郑说：“放了他来救国君！”但最终也没能把晋君救回来，于是晋惠公被秦军扣留。

穆公归，至于王城〔1〕，合大夫而谋曰〔2〕：“杀晋君与逐出之，与以归之、与复之，孰利？”公子絷曰：“杀之利。逐之恐搆诸侯〔3〕，以归则国家多慝〔4〕，复之则君臣合作，恐为君忧，不若杀之。”公孙枝曰：“不可。耻大国之士于中原〔5〕，又杀其君以重之〔6〕，子思报父之仇，臣思报君之仇。虽微秦国，天下孰弗患？”

【注释】

〔1〕王城：秦地名，在今陕西省大荔县东。　〔2〕合：聚集。　〔3〕搆（gòu）：搆怨。　〔4〕慝（tè）：奸邪，邪恶。　〔5〕耻：羞辱，使受辱。　〔6〕重：加重，加剧。

【译文】

秦穆公回国行至王城，召集大夫们商量说：“把晋君杀掉，或者流放他，或者把他放回国，或者恢复他的君位，哪种做法对我们有利？”公子絷说：“把他杀了对我们有利。流放他恐怕会与诸侯结怨；让他回去国家将会有更多的祸患；恢复他的君位，晋国君臣一定会同心协力，将来恐怕成为您的忧患，不如把他杀了。”公孙枝说：“不可以这样做。我们在韩地的原野上打败了晋国让他们的将士蒙受耻辱，又要杀他们的国君以加重这种耻辱，这样一来儿子一心想为父亲报仇，臣下一心想为君主报仇。即使不是秦国干的，天下人对这种杀害别人君主的事谁不憎恨呢？”

公子絷曰：“吾岂将徒杀之[1]？吾将以公子重耳代之。晋君之无道莫不闻，公子重耳之仁莫不知。战胜大国，武也。杀无道而立有道，仁也。胜无后害[2]，智也。”公孙枝曰：“耻一国之士，又曰余纳有道以临女，无乃不可乎？若不可，必为诸侯笑。战而取笑诸侯，不可谓武。杀其弟而立其兄，兄德我而忘其亲，不可谓仁。若弗忘，是再施不遂也，不可谓智。”君曰：“然则若何？”公孙枝曰：“不若以归，以要晋国之成，复其君而质其适子[3]，使子父代处秦，国可以无害。”是故归惠公而质子圉[4]，秦始知河东之政[5]。

【注释】

〔1〕徒：只，仅仅。 〔2〕后害：后患，遗患。 〔3〕适子：指嫡子，古代指正妻所生之子。 〔4〕圉：晋惠公的儿子。惠公死后被立为怀公，很快被国人所杀。 〔5〕河东：指黄河以东的晋国五座城邑。

【译文】

公子絷说：“我哪里只是杀了晋君就算了？我将让公子重耳代替他做晋国君主。大家都知道晋君不仁，公子重耳仁德。战胜晋国，是威武。杀无道的夷吾而立有道的重耳，是仁义，取胜而不留后患，是明智。”公孙枝说：“让整个国家的将士蒙羞，又说我立有道的人来做你们的君主，这样恐怕行不通吧？

如果行不通，一定会被诸侯耻笑。战胜大国却被诸侯耻笑，不能说是威武。杀了弟弟而立他的哥哥为君，哥哥感激我们而忘了手足亲情，不能说是仁义。如果不忘手足亲情，那就是再次施恩而不如意，不能说是明智。”穆公问：“那怎么办呢？”公孙枝说：“不如放他回国，和晋国缔结盟约，恢复惠公的君位，让他的太子来秦国做人质，让儿子代替父亲留在秦国，这样我们国家就可以没有祸害了。”因此穆公把惠公放回晋国，留下子圉作人质，从此秦国开始行掌管河东五城的政事。

吕甥逆惠公于秦

公在秦三月[1]，闻秦将成，乃使郤乞告吕甥[2]。吕甥教之言，令国人于朝曰：“君使乞告二三子曰：‘秦将归寡人，寡人不足以辱社稷，二三子其改置以代圉也[3]。’”且赏以悦众，众皆哭，焉作辕田[4]。吕甥致众而告之曰：“吾君惭焉其亡之不恤，而群臣是忧，不亦惠乎？君犹在外，若何？”众曰：“何为而可？”吕甥曰：“以韩之病，兵甲尽矣。若征缮以辅孺子[5]，以为君援，虽四邻之闻之也，丧君有君，群臣辑睦，兵甲益多，好我者劝，恶我者惧，庶有益乎？”众皆说，焉作州兵[6]。

【注释】

〔1〕公：晋惠公。在秦三月：被秦国扣留了三个月。 〔2〕郤乞：晋国大夫。 〔3〕二三子：诸位大夫。改置：改立国君。

〔4〕焉：于是。辕田：也写作“爰田”，古代按休耕需要分配土地的一种办法。〔5〕孺子：指晋国太子子圉。〔6〕州兵：春秋时晋国的兵制。每州二千五百家，由州长自行组织甲兵，以备战时之用。

【译文】

晋惠公被拘禁在秦国三个月，听说秦国要和晋国和解，于是就派郤乞回国把这个消息告诉吕甥。吕甥把设计好的一番话教给郤乞，让他当着集合在宫门前的国人说：“国君让我告诉大家：‘秦国就要让我回来，我战败被俘不配再当国君，你们改立子圉为国君吧。’”并代表惠公进行赏赐来取悦民众，大家都感动得哭了，于是晋国就广开阡陌把土地分赏给众人。吕甥召集众大夫并且告诉他们说：“我们国君因战败被俘感到愧疚，但他并不为自己考虑，反而为群臣担忧，不也是很慈惠吗？国君现在还被拘禁在国外，该怎么办呢？”大家说：“我们该做些什么才能让国君回来呢？”吕甥说：“由于韩原战役的失败，晋国的武器装备全部耗尽了。如果我们增征赋税，修缮武器，来辅佐太子子圉，并在国内支援国君，让四方邻国听到后，知道我们国君被扣留又有了新国君，群臣和睦团结，武器战备加强，和我们关系好的国家就会勉励我们，我们的敌对国家就会害怕我们，这样是否会对国君回国有帮助呢？”大家都很高兴，于是晋国就建置州兵增强实力。

吕甥逆君于秦[1]，穆公讯之曰[2]：“晋国和乎？”对曰：“不和。”公曰：“何故？”对曰：“其小人不念其君之罪，而悼其父兄子弟之死丧者，不惮征缮以立孺子[3]，曰：‘必报仇，吾宁事齐、楚，齐、楚又交辅之。’其君子思其君，且知其罪，曰：‘必事秦，有死无他。’故不和。比其和之而来[4]，故久。”公曰：“而无来[5]，吾固将归君[6]，国谓君何?”对曰：“小人曰不免，君子则否。”公曰：“何故?”对曰：“小人忌而不思，愿从其君而与报秦，是故云。其君子则否，曰：‘吾君之入也，君之惠也。能纳之，能执之，则能释之。德莫厚焉，惠莫大焉。纳而不遂，废而不起，以德为怨，君其不然?’”秦君曰：“然。”乃改馆晋君，馈七牢焉[7]。

【注释】

〔1〕逆：迎接。 〔2〕讯：问。 〔3〕惮：畏惧。征缮：征收赋税，整顿武备。 〔4〕比：等到。 〔5〕而：你。 〔6〕固：本来，原本。 〔7〕馈（kuì）：进献食物。牢：牛、羊、猪各一头为一牢。按周制，馈送诸侯之礼为七牢。

【译文】

吕甥到秦国去迎接惠公，秦穆公问他说：“晋国上下和睦吗?”回答说：“不和睦。”穆公问：“什么原因?”回答说：“那些平民百姓不计较国君的过错，而悼念在韩原战死的父兄子弟，他们不怕增征赋税修缮武备来拥立子圉为新君，说：‘一定要报仇，我们宁可臣服于齐国和楚国，让齐国和楚国一块帮助我们。’那些君子想念我们的国君，并且知道他的过错，说：‘一定要事奉秦国，就是死也不能有其他想法。’因此晋国上下不和睦。等统一了认识才来，因此时间长了些。”穆公说：“你不来，我原本也要送晋君回国。晋国人认为晋君会怎么样?”回答说：“百姓认为国君难逃祸患，君子却认为不会这样。”穆公问："什么原因？"回答说："小人只是忌恨秦国，不思考国君的过错，都要跟随子圉一起找秦国报仇，因此才这样认为。君子却不是这样，他们说：'我们国君回国继位，是您的恩惠。您能接纳他，能拘捕他，也就能放他回来。仁德没有比这再宽厚的了，恩惠没有比这再大的了。接纳他回国继位而不成全他，废黜他而不再起用，这样做使原来的恩德转变为怨恨，您大概不会这样做吧？'"秦穆公说："是的。"于是改善了晋君的待遇，为他安排馆舍居住，又依照诸侯之礼，用七牢来款待。

惠公斩庆郑

惠公未至，蛾析谓庆郑曰[1]："君之止[2]，子之罪也。今君将来，子何俟[3]？"庆郑曰："郑也闻之曰：'军败，死之；将止，死之。'二者不行，又重之以误人，而丧其君，有大罪三，将安适？君若来，将待刑以快君志；君若不来，将独伐秦。不得君，必死之。此所以待也。臣得其志，而使君瞢[4]，是犯也。君行犯，犹失其国，而况臣乎？"

【注释】

〔1〕蛾析：晋国大夫。　〔2〕止：被俘。　〔3〕俟：等待。〔4〕瞢（méng）：指惭愧、羞愧。韦昭注"瞢，惭也"。

【译文】

晋惠公回到晋国前夕，大夫蛾析对庆郑说："国君被秦国俘虏，是您的过错。如今国君将要回来，你（不逃走）还等什么？”庆郑说：“我听说：‘军队战败了，应该以死谢罪。主将被俘，也应该以死谢罪。’这两点我都没有做到，又耽误了别人救助国君，导致国君被俘，身负这三条大罪，还能往哪里逃呢？国君要是能回国，我准备等待刑罚处置，让国君（消除心头的怨愤）高兴；国君要是不能回国，我将独自带兵讨伐秦国。不把国君救回来，便以死谢罪。这是我等待（不逃走）的原因。我得逞私志，而让君主感到羞愧，这是干犯君主的行为。就是国君有干犯礼法的行为，尚且要失去国家，更何况是臣子呢？”

公至于绛郊〔1〕，闻庆郑止〔2〕，使家仆徒召之，曰：“郑也有罪，犹在乎？”庆郑曰：“臣怨君始入而报德，不降〔3〕；降而听谏，不战；战而用良，不败。既败而诛，又失有罪，不可以封国。臣是以待即刑，以成君政。”君曰：“刑之！”庆郑曰：“下有直言，臣之行也〔4〕；上有直刑〔5〕，君之明也。臣行君明，国之利也。君虽弗刑，必自杀也。”

【注释】

〔1〕绛：晋国都城，在今山西省翼城县东南。 〔2〕止：拘捕，此指留下来没逃走。 〔3〕降：此指国势下降。 〔4〕行：应有的行为，本分。 〔5〕直刑：依法所定刑罚。

【译文】

晋惠公走到国都绛城郊外，听说庆郑留下来没逃走，就让家仆徒召他过来，问道：“你庆郑有罪，怎么还留在都城？”庆郑说：“我怨恨您，当初要是您回国就报答秦国的恩德，国势就不会下降；国势下降后要是听取合理的劝谏，也不会和秦国兵戎相见；开战如果能选用精良将士，也不会一败涂地。战败之后就要诛杀有罪的人，如没有处置有罪的人，就没有办法守卫国家疆土。我因此等待就刑，来成全国君的政令。”惠公说：“把他处死。”庆郑说：“臣下直言进谏，这是臣子的本分；君上依法定刑，这是国君的圣明。臣子尽职而国君圣明，这对国家是有利的。国君即使不杀我，我也肯定会自杀的。”

蛾析曰：“臣闻奔刑之臣〔1〕，不若赦之以报仇。君盍赦之，以报于秦？”梁由靡曰：“不可。我能行之，秦岂不能？且战不胜，而报之以贼〔2〕，不武；出战不克，入处不安，不智；成而反之〔3〕，不信；失刑乱政，不威。出不能用，入不能治，败国且杀孺子〔4〕，不若刑之。”君曰：“斩郑，无使自杀。”家仆徒曰：“有君不忌〔5〕，有臣死刑，其闻贤于刑之。”梁由靡曰：“夫君政刑，是以治民。不闻命而擅进退，犯政也；快意而丧君，犯刑也。郑也贼而乱国，不可失也！且战而自退，退而自杀；臣得其志，君失其刑，后不可用也。”君令司马说刑之〔6〕。

【注释】

〔1〕奔刑：指主动认罪接受处罚。奔，趋。　〔2〕贼：指偷袭、刺杀之类行为。　〔3〕成：讲和，缔结盟约。　〔4〕败国：败坏国家。杀孺子：害死太子。因惠公的太子在秦国做人质。若刺秦王，太子必被杀。　〔5〕忌：忌恨。此指忌恨前嫌。　〔6〕司马说：司马，官名，掌管军政和军赋。说，司马的名字叫说。

【译文】

蛾析说："我听说主动服罪受刑的臣子，不如免了他的罪，让他去报仇。国君为什么不赦免了庆郑，让他去找秦国报仇呢?"梁由靡说："不可以这样做。我们能够这样做，秦国难道就不能吗?况且打仗失败，而用不偷袭刺杀等手段去报复，不是勇武的行径；出战失利，回国后又不安分，不是明智的举措；和秦国和解后又背弃合约，不是诚信的做法；失去刑法乱了国政，不能显示法纪的威严。如果这样做了，在外不能战胜敌人，在内不能治理政务，将会败坏国家且危及太子性命，不如把庆郑杀了。"惠公说："杀了庆郑，不要让他自杀!"家仆徒说："做国君的不忌恨臣下以前的过错，做臣子的甘愿服罪自杀，这样的名声比君主处死臣下更好。"梁由靡说："国君的政令刑法，是治理百姓的。不听命令而擅自行动，就是触犯政令；为了自己的快乐而致使国君被俘，就是触犯刑法。庆郑伤害了国君、扰乱了国家，不能免他的罪过!再说打战时私自逃退，败退而自杀，这样以来，臣下随心所欲，国君刑罚不当，以后就难以调度将士作战。"于是惠公命司马说执刑。

司马说进三军之士而数庆郑曰[1]："夫韩之誓曰[2]：失次犯令[3]，死；将止不面夷[4]，死；伪言误众，死。今郑失次犯令，而罪一也；郑擅进退，而罪二也；女误梁由靡，使失秦公，而罪三也；君亲止，女不面夷，而罪四也：郑也就刑!"庆郑曰："说!三军之士皆在，有人能坐待刑，而不能面夷?趣行事乎[5]!"丁丑，斩庆郑，乃入绛。

【注释】

〔1〕进：召来，集合。数：列举，历数。 〔2〕韩：指韩原之战。誓：宣誓。 〔3〕次：行列，阵列。 〔4〕止：被俘。夷：伤。〔5〕趣（cù）：古通“促”，快。

【译文】

司马说召集三军将士，当众历数庆郑的罪状说：“韩原之战誓师时说，扰乱阵列违抗军令的，处死；主将被俘虏，部下脸上没受伤的，处死；制造谣言涣散军心的，处死。现在庆郑扰乱阵列违抗军令，这是第一项罪过；不听指挥，擅自进退，这是第二项罪过；你耽误梁由靡而使秦君逃脱，这是第三项罪过；国君本人被俘获，你面无伤痕，这是第四项罪过；庆郑，你受死吧！”庆郑说：“司马说！三军兵士都在这里，我能坐在这里等待就刑，难道还怕脸上受伤吗？快动手吧！”丁丑这天，斩杀了庆郑，然后惠公才进入国都绛城。

十五年〔1〕，惠公卒，怀公立〔2〕，秦乃召重耳于楚而纳之。晋人杀怀公于高梁〔3〕，而授重耳，实为文公。

【注释】

〔1〕十五年：晋惠公十五年，即前637年。 〔2〕怀公：晋怀公子圉，前636年继位，很快被国人所杀。 〔3〕高梁：古地名，在今山西省临汾市东北。

【译文】

晋惠公在位十五年去世，晋怀公继位，秦国于是把重耳从楚国接来。晋人在高梁杀了怀公，把君位授予重耳，这就是晋文公。

卷第十　晋语四

重耳自狄适齐

文公在狄十二年[1]，狐偃曰[2]：“日[3]，吾来此也，非以狄为荣，可以成事也。吾曰：‘奔而易达，困而有资，休以择利，可以戾也[4]。’今戾久矣，戾久将底[5]。底著滞淫，谁能兴之？盍速行乎！吾不适齐、楚，避其远也。蓄力一纪[6]，可以远矣。齐侯长矣[7]，而欲亲晋。管仲殁矣，多谗在侧。谋而无正，衷而思始。夫必追择前言，求善以终，餍迩逐远[8]，远人入服，不为邮矣[9]。会其季年可也[10]，兹可以亲。”皆以为然，乃行。

【注释】

〔1〕在狄十二年：文公重耳逃亡在外十九年，其中十二年在狄度过。　〔2〕狐偃：晋国卿大夫，名偃，字子犯，狐突之子，重耳的舅父，又称舅犯、子犯。　〔3〕日：昔日，过去。　〔4〕戾：安定，定居。　〔5〕底：止，停滞不前。　〔6〕蓄力：积蓄力量。一纪：木星绕地球一周约需十二年，故古代称十二年为一纪。　〔7〕齐侯：指齐桓公。长：年纪大。　〔8〕餍迩逐远：指（齐国）与邻近诸侯搞

好关系之后，便会发展与远方诸侯的关系。迩，近，此指邻近的诸侯。逐，求。远，指远方诸侯。〔9〕邮：过错。〔10〕季年：晚年。

【译文】

晋公子重耳逃亡在狄国住了十二年。狐偃说："当初我们来逃奔狄国，不是因为贪图狄国安乐，而是认为可以成就大事。我曾说过：'投奔狄国容易到达，困顿时能得到资助，休整后以待有利时机，可以在此安定下来。'如今居住的时间太久了，住久了就会停滞不前，停滞不前而又苟且荒淫，谁还能让您振作有为？为何不赶快离开呢！当时我们之所以不去齐、楚两国避难，是怕路远。现在积蓄了了十二年力量，可以远奔他国了。齐桓公年老了，正想与晋国搞好关系。管仲去世之后，桓公身边多是些谗佞小人，有人谋划却没有人来匡正，心里就会怀念当初的鼎盛局面。因此他一定会重新考虑采用管仲以前的策略，求得能有一个好结果。齐国与周围诸侯国和睦相处之后，就会注重发展与远方的诸侯的关系，我们这些远方的人前去投靠，不会有什么过失。如今正赶上桓公的晚年，可以与他亲近友好。"大家都认为狐偃说得有道理。于是重耳一行就离开了狄国。

过五鹿[1]，乞食于野人[2]。野人举块以与之[3]，公子怒，将鞭之。子犯曰："天赐也。民以土服[4]，又何求焉！天事必象[5]，十有二年，必获此土。二三子志之[6]。岁在寿星及鹑尾[7]，其有此土乎！天以命矣，复于寿星，必获诸侯。天之道也，由是始之。有此，其以戊申乎[8]！所以申土也。"再拜稽首，受而载之。遂适齐。

【注释】

〔1〕五鹿：卫国城邑，在今河南濮阳南。　〔2〕野人：郊野农夫。　〔3〕块：土块。　〔4〕服：顺服。　〔5〕象：征兆。〔6〕志:记住。　〔7〕岁：岁星，即木星。木星每年出现在黄道带中的某一部位，依次运行，每十二年绕天一周，寿星、鹑尾，就是这十二个部位中的两个。　〔8〕戊申：记日的干支。

【译文】

他们途经五鹿，向郊野的农夫讨吃的。农夫却拿了个土块给他们，重耳大怒，就要拿鞭子抽打农夫。狐偃说：“这是上天赏赐给你的啊。农夫献上土块表示顺服，我们还求什么别的东西呢？上天做事情一定会先有征兆，十二年之后，我们一定会占有这片土地。你们大家要记住这件事，当岁星运行到寿星和鹑尾时，大概这片土地就被我们占有了！天象已经这样预示了，木星再次转到寿星的位次，我们一定能得到诸侯的拥护。上天的意旨，就是从获得土块开始的。得到这块土地，大概会在戊申这一天吧！因为戊申是拓宽土地的意思。”于是重耳再拜叩头，接受了土块装在车上。于是他们前往齐国。

齐姜劝重耳勿怀安

齐侯妻之[1]，甚善焉。有马二十乘[2]，将死于齐而已矣。曰：“民生安乐，谁知其他?”桓公卒，孝公即位[3]。诸侯叛齐。子犯知齐之不可以动，而知文公之安齐而有终焉之志也，欲行，而患之[4]，与从者谋于桑下。蚕妾在焉，莫知其在也。妾告姜氏[5]，姜氏杀之，而言于公子曰："从者将以子行，其闻之者吾以除之矣。子必从之，不可以贰[6]，贰无成命。《诗》云[7]：'上帝临女，无贰尔心。'先王其知之矣，贰将可乎？子去晋难而极于此[8]。自子之行，晋无宁岁，民无成君。天未丧晋，无异公子[9]，有晋国者，非子而谁？子其勉之！上帝临子，贰必有咎[10]。"

【注释】

〔1〕妻（qì）：以女嫁人。 〔2〕乘（shèng）：古时一车四马为一乘。 〔3〕孝公：齐国国君，名昭，齐桓公之子。 〔4〕患：忧虑。 〔5〕姜氏：齐桓公女儿，嫁给重耳，因齐姓姜，故称姜氏。〔6〕贰：怀疑，犹豫。 〔7〕《诗》：指《诗经·大雅·大明》。〔8〕去晋难：逃避晋国祸难。极：至。 〔9〕异公子：别的公子。献公有九子，于今仅有重耳尚在。因而说没有别的公子。 〔10〕上帝：上天。临：临幸。此指护佑。这两句诗见于《诗经·大雅·大明》。

【译文】

齐桓公把女儿嫁给重耳，待他非常好。重耳拥有八十匹马，便有老死在齐国的意思。他说："人生安定快乐，谁还管别的事呢？"齐桓公死后，齐孝公继承君位。于是诸侯都相继背叛齐国。狐偃明白齐国没法帮助重耳回国继位，也知道重耳已安于齐国舒适的生活，并有了终老于此的想法，想要离开齐国，却担心重耳不愿意离开，于是就和重耳的其他随从在桑树下谋划这件事。恰好宫中一个养蚕的女仆在树上采桑叶，但没有人发觉她在树上。小妾把这件事情报告诉了姜氏，姜氏（怕走漏风声）把她杀了，然后对公子重耳说："您的随从想要带您一块离开齐国，听到这个消息的女仆已经被我杀掉了。您一定要听从他们的安排，不可以优柔寡断，遇事优柔寡断，就不能实现回国继位的天命。《诗经》上说：‘上帝保佑你，你心里不要犹豫不决。’周武王大概懂得天命（因此成就了大事），犹豫不决怎么行呢？您因为逃避晋国祸难才到这里来。从您离开之后，晋国没有安宁的时候，百姓至今也没有一个稳定的君主。上天还没想灭亡晋国，献公再没有其他儿子了，能够拥有晋国的，不是您还有谁？您还是好好努力吧！上天保佑您，犹豫不决一定会有祸患。”

公子曰：“吾不动矣，必死于此。”姜曰：“不然。《周诗》曰[1]：‘莘莘征夫，每怀靡及。[2]’夙夜征行，不遑启处[3]，犹惧无及。况其顺身纵欲怀安，将何及矣！人不求及，其能及乎？日月不处，人谁获安？西方之书有之曰[4]：‘怀与安，实疚大事[5]。’《郑诗》云[6]：‘仲可怀也，人之多言，亦可畏也。’昔管敬仲有言[7]，小妾闻之，曰：‘畏威如疾，民之上也。从怀如流，民之下也。见怀思威，民之中也。畏威如疾，乃能威民。威在民上，弗畏有刑。从怀如流，去威远矣，故谓之下。其在辟也，吾从中也。《郑诗》之言，吾其从之。’此大夫管仲之所以纪纲齐国，裨辅先君而成霸者也。子而弃之，不亦难乎？齐国之政败矣，晋之无道久矣，从者之谋忠矣，时日及矣，公子几矣[8]。君国可以济百姓，而释之者，非人也。败不可处，时不可失，忠不可弃，怀不可从[9]，子必速行。吾闻晋之始封也，岁在大火[10]，阏伯之星也[11]，实纪商人。商之飨国三十一王[12]。瞽史之纪曰[13]：'唐叔之世[14]，将如商数[15]。'今未半也。乱不长世，公子唯子，子必有晋。若何怀安[16]？"公子弗听。

【注释】

〔1〕《周诗》：指《诗经·小雅·皇皇者华》。 〔2〕莘莘（shēn shēn）：众多的样子。征：远行。每：每每，时常。怀：惦念。靡及：做不到。 〔3〕遑（huáng），闲暇。 〔4〕西方：指周。 〔5〕怀：享乐。安：安逸。疚：病。此指破坏，败坏。 〔6〕《郑诗》：指《诗经·郑风·将仲子》。 〔7〕管敬仲：即管仲，名夷吾，字仲，谥敬，被称为管子、管夷吾、管敬仲。 〔8〕几：近，差不多。 〔9〕从：通"纵"，放任，放纵。 〔10〕大火：星名，即心宿，十二星次之一。 〔11〕阏伯：传说是陶唐氏（尧）时的火正官，居商丘，主管祭祀大火星的职务。 〔12〕飨国：享国。飨，通"享"。三十一王：指商代自汤至商纣共十七代三十一王。 〔13〕瞽史：乐师与史官的并称。 〔14〕唐叔：晋国的始祖。周武王之子，周成王的弟弟，名虞，字子于。封于唐，又称唐叔虞。 〔15〕商数：指商代君王的数目。 〔16〕怀安：贪图安逸。

【译文】

公子说："我不会再走了，一定要老死在这里。"姜氏说："不是这样。《周诗》上说：'众多的行人，时时惦记着要办的事，还恐怕难以实现目标。'一天到晚奔走赶路，连安坐休息的时间也没有，这样还怕来不及。更何况那些顺着自己的意愿，放纵欲望、贪图安逸的人，将怎么实现目标呢？一个人如果不追求及时完成大业，又怎么能达到目的呢？日月运行，时光不停息，人又怎么能贪图安逸呢？《周书》上有句话说：‘贪图享乐和安逸，将会妨害大事。’《郑诗》上说：‘思念仲子啊，别人这么多的闲话，也很可怕啊。’我从前也曾经听到过管仲有这样的话，他说：‘敬畏天威就像害怕疾病一样的人，是上等人。放纵私欲如同水向低处流淌一样的人，是下等人。看到可眷恋的东西，能想起敬畏天威的人，是中等人。只有敬畏天威如惧怕疾病一样的人，才能在百姓中树立声威。有了声威才能居于百姓之上，不敬畏就要受到惩罚。放纵自己的人，离树立声威的要求就远了，因此说是下等人。他们在有罪的行列，我还是愿意做中等人。《郑诗》上的话，我是愿意信从的。’大夫管仲就是靠着这个治理齐国，辅佐先君成就霸业的。您如果要丢弃它，想成就大事不也很困难吗？齐国的政局已经衰落了，晋国的混乱持续很久了，您的随从人员谋虑已经非常忠诚了，时机到了，公子差不多可以行动了。您回国做晋国的国君，可以拯救百姓，如果放弃做国君解救百姓，这不是聪明人该做的。齐国的政治腐败不可久留，回国的良好时机不可错过，您的追随者的一片忠心不可抛弃，贪恋安逸之心不可放纵，您一定要尽快离开齐国。我听说，晋国最初被封为侯国的时候，岁星正处在大火星的位次，也就是阏伯星的位置，实际上记录着商朝的命运。商代享有国祚，共三十一位国君。盲乐师和史官的记载说：‘唐叔的后代享有晋国，将和商代国君的数目一样。’如今还不到一半。晋国动乱的局面不会长久，诸位公子中只有您还健在，您一定能拥有晋国。为什么贪恋眼前的安逸呢？”但是，公子重耳不听从这些劝告。

齐姜与子犯谋遣重耳

姜与子犯谋[1]，醉而载之以行[2]。醒，以戈逐子犯，曰："若无所济，吾食舅氏之肉，其知餍乎[3]！"舅犯走[4]，且对曰："若无所济，余未知死所，谁能与豺狼争食？若克有成，公子无亦晋之柔嘉[5]，是以甘食。偃之肉腥臊，将焉用之？"遂行。

【注释】

〔1〕姜：指重耳的妻子姜氏。子犯：狐偃。 〔2〕醉：灌醉。 〔3〕餍（yàn）：满足。 〔4〕走：跑。 〔5〕柔嘉：精美细腻的食物。

【译文】

姜氏和子犯商量，把重耳灌醉，用车载着他离开齐国。重耳酒醒之后，就拿起戈追打子犯，说："假如事情不成功，我就是吃了你的肉，也不解恨啊！"子犯一边跑一边回答说："假如事情没有成功，我还不知道死在什么地方，谁又能与豺狼争着吃我的肉呢？假如事情成功了，到时公子不也就有了晋国最鲜嫩美味的食物，可以随便享用。我狐偃的肉味道腥臊，哪里会用得上吃我的肉呢？"于是，他们继续前行。

卫文公不礼重耳

过卫，卫文公有邢、狄之虞[1]，不能礼焉[2]。宁庄子言于公曰[3]：“夫礼，国之纪也；亲，民之结也；善，德之建也。国无纪不可以终，民无结不可以固，德无建不可以立。此三者，君之所慎也。今君弃之，无乃不可乎！晋公子善人也，而卫亲也，君不礼焉，弃三德矣。臣故云君其图之。康叔[4]，文之昭也[5]。唐叔，武之穆也。周之大功在武，天祚将在武族。苟姬未绝周室，而俾守天聚者，必武族也。武族唯晋实昌，晋胤公子实德。晋仍无道，天祚有德[6]，晋之守祀[7]，必公子也。若复而修其德，镇抚其民，必获诸侯，以讨无礼[8]。君弗蚤图[9]，卫而在讨。小人是惧，敢不尽心。”公弗听。

【注释】

〔1〕卫文公：卫国国君，初名辟疆，后更名毁，卫宣公之孙。邢、狄：卫国周边的两个小国。虞：忧虑。　〔2〕礼：以礼相待。〔3〕宁庄子：卫国正卿，名速。　〔4〕康叔：周武王的弟弟，名封，卫国的始祖。初封于康（今河南禹县西北），故称康叔。　〔5〕昭：古代宗法制度，宗庙辈次的排列，始祖庙居中，以下父子依次递为昭穆，左为昭，右为穆。父为昭，子即为穆，依次类推。　〔6〕祚：赐福。　〔7〕守祀：守住社稷不使祭祀断绝。　〔8〕无礼：指在重耳逃亡期间不以礼相待的国家和君主。　〔9〕蚤：通“早”，及早。

【译文】

重耳途径卫国，卫文公为邢人、狄人联合入侵之事忧愁，没有以礼相接待。宁庄子对卫文公说：“礼法是国家的纲纪，亲情是百姓团结的纽带，慈善是立德的标准。国家没有纲纪不能持久，百姓不团结国家就不可能稳固，德政没有标准也无法确立。这三点，作为国君应谨慎对待。现在君王却要抛弃它们，恐怕不可以吧！晋公子重耳是个善良的人，又是卫国的宗亲，君主不依礼接待他，这样做抛弃了上面所说的三种美德。所以我说要请君主仔细考虑一下。卫国的始君康叔，是周文王的儿子。晋国的始君唐叔，是周武王的儿子。周朝统一天下的大功主要是周武王建立的，上天将会护佑周武王一族。只要周王室还是姬姓的天下，那么守护上天所聚集的财富和百姓的人，一定是周武王的后代。周武王的后代中，只有晋国最为昌盛，晋国的后代中，公子重耳最为仁德。现在晋国的国君仍然不行仁道，上天会护佑有德行的人，晋国能守住社稷不使祭祀断绝的人，一定是公子重耳了。如果他回国继位，修养德行，镇抚百姓，一定能得到诸侯的拥戴，进而讨伐以前对他无礼的国家。君王如果不及早考虑，那卫国就会在讨伐之列。我因此感到害怕，哪里敢不尽心劝谏呢。”但是，卫文公没有听从宁庄子的劝谏。

曹共公不礼重耳而观其骿胁

自卫过曹〔1〕，曹共公亦不礼焉〔2〕，闻其骿胁〔3〕，欲观其状，止其舍，谍其将浴[4]，设微薄而观之。僖负羁之妻言于负羁曰[5]："吾观晋公子贤人也，其从者皆国相也，以相一人，必得晋国。得晋国而讨无礼，曹其首诛也。子盍蚤自贰焉[6]？"僖负羁馈飧[7]，置璧焉。公子受飧反璧。

【注释】

〔1〕曹：姬姓小国。周初武王封弟弟振铎封于曹邑，为曹伯，建曹国，故地在今山东省菏泽、定陶、曹县一带。〔2〕曹共公：曹国国君，名襄。〔3〕骿（pián）肋：肋骨连在一块。〔4〕谍：秘密探听。〔5〕僖负羁：曹国大夫。〔6〕蚤：通"早"，及早。贰：不同，区别。此处指不同的立场、不同的态度。〔7〕馈：赠送。飧（sūn）：熟食。

【译文】

重耳从卫国出发途经曹国，曹共公也不加礼待，听说重耳的肋骨连成一片，就想看看是什么样子，就把重耳安顿在馆舍里，打听到他要洗澡，便设了薄帐从后面偷偷观看。曹国大夫僖负羁的妻子对她丈夫说："我看晋公子重耳是个贤能的人，他的随从人员都是国家的栋梁之才，共同辅佐晋公子一人，将来一定能够拥有晋国。回到晋国继位讨伐无礼的国家，那么首先会对曹国下手。你为何不早一点表明自己的不同立场呢？"僖负羁便馈赠了一盘食品给重耳，盘底还放着一块璧。重耳接受了食品，退回了璧。

负羁言于曹伯曰："夫晋公子在此，君之匹也[1]，不亦礼焉？"曹伯曰："诸侯之亡公子其多矣，谁不过此！亡者皆无礼者也，余焉能尽礼焉！”对曰：“臣闻之：爱亲明贤，政之干也[2]。礼宾矜穷[3]，礼之宗也。礼以纪政，国之常也。失常不立，君所知也。国君无亲，以国为亲。先君叔振[4]，出自文王，晋祖唐叔，出自武王，文、武之功，实建诸姬[5]。故二王之嗣，世不废亲。今君弃之，不爱亲也。晋公子生十七年而亡，卿材三人从之[6]，可谓贤矣，而君蔑之[7]，是不明贤也。谓晋公子之亡，不可不怜也。比之宾客[8]，不可不礼也。失此二者，是不礼宾，不怜穷也。守天之聚，将施于宜。宜而不施，聚必有阙[9]。玉帛酒食，犹粪土也，爱粪土以毁三常[10]，失位而阙聚，是之不难，无乃不可乎？君其图之。”公弗听。

【注释】

〔1〕匹：敌，指地位相当。 〔2〕干：主干，主要内容。〔3〕矜：怜惜，怜悯。 〔4〕叔振：周代曹国的始祖曹叔振铎。〔5〕诸姬：各姬姓诸侯国。 〔6〕卿材：可以做公卿的贤能人才。三人：指狐偃、赵衰、贾佗。 〔7〕蔑：蔑视，轻视。 〔8〕比：比作，等同。 〔9〕阙：缺失。 〔10〕三常：上文所说的爱亲、明贤、礼宾。

【译文】

僖负羁对曹共公说：“晋公子现今在我们这里，他和您地位相当，难道不应该依礼款待吗？”曹共公回答说：“诸侯各国逃亡在外的公子太多了，谁不经过我们这儿呢？逃亡的人本来就是不遵守礼法德人，我又怎么能都以礼相待呢？”僖负羁回答说：“我听说，热爱亲属，彰明贤者，是政事的主要内容。

礼待宾客，怜悯穷困，是礼法的根本。用礼法来治理国政，是国家的常道。失去常道，国家就难以立足，这是君主所应该知道的。对国君而言没有私亲，要以国为亲。我们的先君曹叔振铎，是周文王的儿子，晋国的先君唐叔，是周武王的儿子，由于周文王、武王的功劳，许多姬姓的封国才得以建立了。因此文王和武王的后代，世代都不抛弃友爱亲近的关系。现在国君抛弃了这一传统，就是不友爱亲属。晋公子十七岁开始便在国外流亡，三个卿相之才追随左右，可以说是贤能的人了，可君王却轻视他，就是不彰明贤者。我觉得晋公子流亡在外，不能不怜悯。把他们看作宾客，不可不以礼相待。如果做不到这两点，就是不礼待宾客，不怜悯穷困了。守着上天所聚集的财富，将它们用在适宜的地方。有适宜的地方却不动用聚敛的财富，那么聚敛一定会有缺失。玉帛和酒食，如粪土一般，吝惜粪土之物而抛弃毁坏了三个立国常道，那就会失掉君位，损失聚集起来的财富，还不把这事看作危难，这样恐怕不行吧？国君还是好好考虑考虑。”曹共公没有听从僖负羁的意见。

宋襄公赠重耳以马二十乘

公子过宋[1]，与司马公孙固相善[2]，公孙固言于襄公曰[3]：“晋公子亡，长幼矣，而好善不厌[4]，父事狐偃，师事赵衰[5]，而长事贾佗[6]。狐偃其舅也，而惠以有谋。赵衰其先君之戎御，赵夙之弟也[7]，而文以忠贞。贾佗公族也，而多识以恭敬。此三人者，实左右之。公子居则下之，动则谘焉[8]，成幼而不倦，殆有礼矣。树于有礼，必有艾[9]。《商颂》曰[10]：‘汤降不迟，圣敬日跻[11]。’降，有礼之谓也。君其图之。”襄公从之，赠以马二十乘。

【注释】

〔1〕宋：子姓诸侯国，为商朝王族支属后裔，微子启为其始祖。〔2〕公孙固：宋庄公之孙，时为宋国大司马。善：友好。 〔3〕襄公：宋国国君，名兹甫，宋桓公次子，春秋五霸之一。 〔4〕厌：满足。 〔5〕赵衰：赵成子，字子馀，也称成季、孟子馀。 〔6〕贾佗：狐偃的儿子，名射姑，字季佗。食邑在贾，故称贾佗。 〔7〕赵夙：赵衰的哥哥。 〔8〕谘：同“咨”，咨询。 〔9〕艾：报答，回报。 〔10〕《商颂》：指《诗经·商颂·长发》。 〔11〕跻：升高。

【译文】

公子重耳路过宋国，和宋国司马公孙固非常要好。公孙固对宋襄公说：“晋公子逃难在外十几年，已经长大成人了，而一直喜好行善而不满足，像侍奉父亲一样对待狐偃，像侍奉老师一样对待赵衰，像侍奉兄长一样对待贾佗。狐偃是他的舅舅，慈惠而又多谋。赵衰是为献公驾御战车的赵夙的弟弟，善于辞令而忠贞不二。贾佗是晋国的公族，广览博闻而谦恭礼敬。这三个人着实是他的左膀右臂。公子平时对他们谦恭有加，遇事都要听取他们的意见，从小到大始终这样，从不懈怠，可以说是有礼了。在礼的方面有所建树，一定能得到回报。《商颂》上说：‘商汤礼贤下士不敢怠慢，他的圣德一天天地在提高。’礼贤下士，就是有礼的表现。君王还是好好地考虑一下。”宋襄公听从了他的建议见，送给重耳八十匹马。

郑文公不礼重耳

公子过郑，郑文公亦不礼焉[1]。叔詹谏曰[2]：“臣闻之：亲有天，用前训，礼兄弟，资穷困，天所福也。今晋公子有三祚焉[3]，天将启之。同姓不婚，恶不殖也。狐氏出自唐叔[4]。狐姬，伯行之子也[5]，实生重耳。成而隽才，离违而得所[6]，久约而无衅[7]，一也。同出九人，唯重耳在，离外之患，而晋国不靖[8]，二也。晋侯日载其怨，外内弃之；重耳日载其德，狐、赵谋之，三也。在《周颂》曰[9]：‘天作高山，大王荒之[10]。’荒，大之也。大天所作，可谓亲有天矣。晋、郑兄弟也，吾先君武公与晋文侯戮力一心[11]，股肱周室，夹辅平王，平王劳而德之，而赐之盟质[12]，曰：‘世相起也。’若亲有天，获三祚者，可谓大天。若用前训，文侯之功，武公之业，可谓前训。若礼兄弟，晋、郑之亲，王之遗命，可谓兄弟。若资穷困，亡在长幼，还轸诸侯[13]，可谓穷困。弃此四者，以徼天祸[14]，无乃不可乎？君其图之。”弗听。

【注释】

〔1〕郑文公：郑国国君，名捷，郑厉公之子。　〔2〕叔詹：郑庄公的孙子，郑国正卿。　〔3〕三祚：指下文提到的重耳三个方面的优势。　〔4〕狐氏：重耳的外祖父狐突。　〔5〕伯行：狐突的字。

〔6〕违：离开。　〔7〕约：穷困。衅：瑕隙，毛病。　〔8〕靖：安定。　〔9〕《周颂》：指《诗经·周颂·天作》。　〔10〕高山：指岐山。大王：指周文王的祖父古公亶父。荒：拓宽，扩大。　〔11〕武公：郑国国君，名滑突，郑桓公之子。晋文侯：晋国国君，名仇，晋穆侯之子。戮力：协力，通力合作。　〔12〕质：信，信约。〔13〕还轸：回车，乘车周游。轸，车后横木。　〔14〕徼：招致。

【译文】

重耳途经郑国，郑文公也不没有依礼接待他。叔詹劝谏说："我听说，亲近上天护佑的人，遵守先君的遗训，礼待宗亲兄弟，资助穷困的人，这样的人是上天所保佑的。现在晋公子重耳有三种福兆，这是上天要辅助他。同姓的男女不相婚配，是怕子孙不繁盛。狐氏一族是唐叔的后人，重耳的母亲狐姬是伯行的女儿，生下了重耳。重耳长大成人，俊逸多才，虽然长期流亡国外，但举止得体，久处困顿却没有什么毛病，这是第一点。兄弟九人，如今只有重耳还健在，他遭遇陷害而流亡国外，而晋国国内就一直没有安定过，这是第二点。百姓对晋侯怨恨不满日益加剧，国内外势力都抛弃了他；重耳的德行威望一天天在提高，又有狐偃、赵衰等为他出谋划策，这是第三点。《周颂》上说：'上天制造了岐山，太王大大开拓了它。'荒，就是扩大的意思。扩大上天所制造的东西，可以说是亲近上天了。晋、郑两国是同宗兄弟之邦，我国的先君郑武公和晋文侯曾经同心协力，共同捍卫周王室，辅佐平王，平王慰劳感激他们，赐给他们盟信，说：'世世代代相互扶助。'如果说亲近上天，并获得三种吉兆的人，可以说是最得天助了。如果要遵循先王的教导，晋文侯和郑武公的功绩，可以说是先君的训导了。如果说对宗亲兄弟应待之以礼，晋、郑两国同宗近亲，又有平王的遗命，可以说是兄弟之邦。如果说要资助贫困，公子长期流亡国外，乘车周历列国，可以说是穷困。抛弃这四种美德，来招致天祸，恐怕不可以吧！君王还是好好想一想。”郑文公没有听从他的意见。

叔詹曰：“若不礼焉，则请杀之。谚曰：‘黍稷无成，不能为荣〔1〕。黍不为黍，不能蕃庑〔2〕。稷不为稷，不能蕃殖。所生不疑，唯德之基〔3〕。’”公弗听。

【注释】

〔1〕荣：开花。 〔2〕蕃庑：茂盛，旺盛。 〔3〕所生不疑：指“种什么得什么”这是毫无疑问的。唯德之基：立德才是根本。韦注曰“所生，谓种黍得黍，种稷得稷，唯所在树之，祸福亦由是也。若不礼重耳，则当除之；不尔，则宜厚之。如此不疑，是为德基”。

【译文】

叔詹又说：“如果不加礼遇，那么就请把他杀了。谚语有这样的说法：‘黍稷生长得不好，就难以开花。黍长不成黍，就不能旺盛。稷长不成稷，就不能繁殖。种什么得什么，这是毫无疑问的，只有立德才是最根本的。”郑文公还是不听劝告。

楚成王以周礼享重耳

遂如楚〔1〕，楚成王以周礼享之〔2〕，九献〔3〕，庭实旅百〔4〕。公子欲辞，子犯曰：“天命也，君其飨之。亡人而国荐之，非敌而君设之，非天，谁启之心！”既飨，楚子问于公子曰[5]：“子若克复晋国，何以报我？”公子再拜稽首对曰：“子女玉帛，则君有之。羽旄齿革，则君地生焉。其波及晋国者，君之余也，又何以报？”王曰：“虽然，不穀愿闻之[6]。”对曰：“若以君之灵，得复晋国，晋、楚治兵，会于中原，其避君三舍[7]。若不获命，其左执鞭弭，右属櫜鞬[8]，以与君周旋。”

【注释】

〔1〕如：到……去。 〔2〕楚成王：楚国国君，名頵（一作恽），楚文王少子。 〔3〕九献：九次献酒。此是周天子接待上公朝聘的享礼。《周礼·秋官·大行人》“上公之礼……飨礼九献”。贾公彦疏“九献者，王酌献宾，宾酢主人，主人酬宾，酬后更八献，是为九献”。 〔4〕庭实：把礼物陈列在庭中，是诸侯间互相访问的一种礼节。旅百：数百。旅，众。 〔5〕楚子：指楚成王。 〔6〕不穀：古代君王的一种谦称用词。 〔7〕三舍：九十里。古代行军三十里后驻扎，称一舍。 〔8〕弭：没有缘饰的弓。櫜鞬：櫜是箭囊，鞬是盛弓的弓袋。

【译文】

于是重耳离开郑国来到楚国，楚成王用王室接待诸侯的隆重礼节接待他，宴会上往来献酒九次，院子里摆放了数以百计的酒肴礼器。公子重耳将要推辞，子犯说：“这是上天的旨意，您还是接受吧。一个在外流亡的人，楚王竟用国君的礼节来接待，身份地位不相等，却用接待国君的规格，如果不是上天，谁能让楚成王这样做呢？”宴饮结束，楚成王问公子重耳说：“您如果能够回国继位，拿什么来回报我呢？”公子重耳再拜叩头说：“美女、玉石和丝帛，您不稀罕。鸟羽、旄牛尾、象牙和犀皮革，这些东西都是贵国的特产。那些转运到晋国的东西，都已是君王剩下的，又让我拿什么来回报您呢?”楚成王说：“即便这样，我还是想听听您打算怎样回报我。”重耳回答说：“如果托您的福，我能回国继位，将来如果晋、楚交兵，在中原相遇，我打算后退九十里以避开您。要是这样还不能获得您的谅解，那么我只能左手握着鞭子拿着弓，右边挂着弓囊箭袋，和您周旋到底。”

令尹子玉曰[1]：“请杀晋公子。弗杀，而反晋国，必惧楚师。”王曰：“不可。楚师之惧，我不修也。我之不德，杀之何为！天之祚楚，谁能惧之？楚不可祚，冀州之土[2]，其无令君乎？且晋公子敏而有文，约而不谄，三材待之[3]，天祚之矣。天之所兴，谁能废之？”子玉曰：“然则请止狐偃。”王曰：“不可。《曹诗》曰[4]：‘彼己之子，不遂其媾[5]。’邮之也。夫邮而效之，邮又甚焉。效邮，非礼也。”于是怀公自秦逃归[6]。秦伯召公子于楚[7]，楚子厚币以送公子于秦。

【注释】

〔1〕令尹：楚国执政官名，为楚国的最高官职，相当于宰相，掌军政大权。子玉：名得臣，字子玉，时为楚国令尹。　〔2〕冀州：晋所在之地域名，古代九州之一，包括今山西、河北一带。　〔3〕三材：指三才，指狐偃等三位贤良之才。　〔4〕《曹诗》：指《诗经·曹风·候人》。　〔5〕己：《诗经》中作“其”。媾（gòu）：通“厚”，忠厚。　〔6〕怀公：晋怀公。　〔7〕秦伯：指秦穆公。

【译文】

令尹子玉说："请杀掉晋公子重耳。如果不杀的话，假如他返回晋国，一定会成为楚军的忧患。"楚成王说："不可以这样做。楚军有忧患，那是由于我们没有修治德行。我们不修德行，杀了他做什么！如果上天护佑楚国，又有谁能让楚国忧惧呢？如果上天不护佑楚国，那么晋国这块土地上，难道就没有其他贤明的国君了吗？况且晋公子重耳为人机敏而又善于辞令，身处穷困之境，却无逢迎谄谀之态，又有三位卿相之才随从左右，这是上天给他的护佑啊。上天要让他兴起，谁能废黜他呢？"子玉说："那么就请把狐偃扣留了吧。"楚成王说："不可以。《曹诗》上说：'那个人呀，不能始终做到忠厚。'这是指责他的过错。如果明知是错的还要仿效，那过错就更严重了。仿效错误的东西，这不合礼法啊。"就在这时候晋怀公从秦国逃回晋国。秦穆公使人到楚国召请公子重耳，楚成王于是赠以厚礼并将重耳送到了秦国。

重耳婚媾怀嬴

秦伯归女五人[1]，怀嬴与焉[2]。公子使奉匜沃盥[3]，既而挥之。嬴怒曰："秦、晋匹也，何以卑我[4]？"公子惧，降服囚命。秦伯见公子曰："寡人之适，此为才。子圉之辱，备嫔嫱焉[5]，欲以成婚，而惧离其恶名。非此，则无敌。不敢以礼致之，欢之故也。公子有辱，寡人之罪也。唯命是听。"

【注释】

〔1〕归：通“馈”，赠送。〔2〕怀嬴：秦穆公的女儿。案：晋公子圉入秦为质时，穆公把女儿嫁给他。后子圉逃归晋国，立为晋怀公，所以称她怀嬴。与：参与，在其中。〔3〕匜（yí）：古代一种形制如瓢的盥洗用具。沃盥：浇水洗手。〔4〕匹：敌，地位相当。卑：轻视。〔5〕子圉之辱：指子圉在秦国做人质之事。嫔嫱（pín qiáng）：宫中女官，天子诸侯姬妾。怀嬴实际是子圉的妻子，这里是谦称。

【译文】

秦穆公送给重耳五个女子，怀嬴也在其中。有一次，公子重耳让怀嬴捧着匜为他浇水洗手，洗完后，便挥手让她离开。怀嬴生气说：“秦、晋两国是地位相当的国家，您凭什么这样轻视我？”重耳非常害怕，便解衣去冠，把自己囚禁起来，听候发落。秦穆公召见重耳，说：“我送给您的几个女子，怀嬴是其中最有才的。子圉在我们这儿作人质的时候，她做了子圉的姬妾。现在要让她和公子成婚，担心她曾是公子圉的姬妾而名声不好。除了这一点，就没有其他的问题了。我不敢按照正式的婚礼仪式把她嫁给您，是因为喜欢她。公子这次受辱，都是我的过错。如何处置她，听从您的安排。”

公子欲辞，司空季子曰〔1〕：“同姓为兄弟。黄帝之子二十五人〔2〕，其同姓者二人而已，唯青阳与夷鼓皆为己姓〔3〕。青阳，方雷氏之甥也〔4〕。夷鼓，彤鱼氏之甥也〔5〕。其同生而异姓者，四母之子别为十二姓。凡黄帝之子，二十五宗，其得姓者十四人为十二姓。姬、酉、祁、己、滕、箴、任、荀、僖、姞、儇、依是也。唯青阳与苍林氏同于黄帝，故皆为姬姓。同德之难也如是。昔少典娶于有蟜氏[6]，生黄帝、炎帝[7]。黄帝以姬水成，炎帝以姜水成[8]。成而异德，故黄帝为姬，炎帝为姜，二帝用师以相济也[9]，异德之故也。异姓则异德，异德则异类。异类虽近，男女相及，以生民也，同姓则同德，同德则同心，同心则同志。同志虽远，男女不相及，畏黩敬也[10]。黩则生怨，怨乱毓灾[11]，灾毓灭姓。是故娶妻避其同姓，畏乱灾也。故异德合姓，同德合义。义以导利，利以阜姓[12]。姓利相更，成而不迁，乃能摄固[13]，保其土房。今子于子圉，道路之人也，取其所弃，以济大事[14]，不亦可乎？”

【注释】

〔1〕司空：官名，六卿之一，负责掌管工程建设，器物制造等事宜。季子：胥臣臼季，晋国大夫。　〔2〕黄帝：传说中中华民族的祖先。姬姓，号轩辕氏、有熊氏。传说有二十五个儿子。　〔3〕青阳：黄帝之子，传说中古代东夷族的首领少皞，号金天氏。夷鼓：黄帝之子。　〔4〕方雷：黄帝时西陵氏的姓。　〔5〕彤鱼：黄帝时国名。〔6〕少典：传说是中华民族始祖炎帝和黄帝的父亲。有蟜氏：黄帝、炎帝的母亲的部族。　〔7〕黄帝、炎帝：传说中上古两个部落联盟首领，是中华民族的共同祖先。　〔8〕姬水、姜水：黄帝和炎帝的起源地，都位于今天的陕西省境内的渭河流域一带。成：成长发展。〔9〕师：军队。济：通“挤”，挤兑。　〔10〕黩：亵黩。　〔11〕毓(yù)：产生。　〔12〕阜：厚。　〔13〕摄：保持。固：稳定，稳固。〔14〕济：完成，成就。

【译文】

重耳打算把怀嬴辞退了，司空季子说：“同姓的人是兄弟。

黄帝有二十五个儿子，其中同姓的只有两个罢了，只有青阳与夷鼓都是己姓。青阳是方雷氏的外甥，夷鼓是彤鱼氏的外甥。同一个父所生而姓不同的，四个母亲生的儿子分别为十二个姓氏。黄帝的儿子，共有二十五宗。其中有姓的十四人，分为十二个姓，它们是姬、酉、祁、己、滕、箴、任、荀、僖、姞、儇和依。只有青阳与苍林氏与黄帝德行相同，因此都是姬姓。可见，德行相同竟是如此之难。从前少典娶了有蟜氏的女儿，生下了黄帝和炎帝。黄帝在姬水边长大，炎帝在姜水边长大，长大后两人表现出不同的德行，因此黄帝为姬姓，炎帝为姜姓，黄帝和炎帝带领军队互相拼杀，这是因为他们德行不同。姓不同则德行不同，德行不同则不同类。不同类即使关系接近，男女也可以婚配，来生儿育女。姓相同德行则相同，德行相同则思想相同，思想相同则志向相同。志向相同虽然关系疏远，男女也不可婚配，是怕亵渎了恭敬之情。亵渎就容易产生怨恨，怨恨积聚就会产生灾祸，灾祸产生就会同姓相灭。所以娶妻不要娶同姓女子，是怕引发祸乱灾难。所以德行不同可以合姓以成婚姻，德行相同可以合义以为兄弟。以义结合可以产生利益，利益又可以使同姓关系融洽。姓和利相互作用，相互促进而不离散，这样才能保持稳固，守住各自的土地和居所。如今您对子圉来说，就像路上的陌生人，取他所抛弃的人，来完成回国继位的大事，不也可以吗？”

公子谓子犯曰：“何如？”对曰：“将夺其国，何有于妻，唯秦所命从也。”谓子馀曰[1]：“何如？”对曰：“《礼志》有之曰[2]：‘将有请于人，必先有入焉。欲人之爱己也，必先爱人。欲人之从己也，必先从人。无德于人，而求用于人，罪也。’今将婚媾以从秦[3]，受好以爱之，听从以德之，惧其未可也，又何疑焉？”乃归女而纳币[4]，且逆之。

【注释】

〔1〕子馀：赵衰的字。 〔2〕《礼志》：应当是记载礼仪制度的书。 〔3〕婚媾：婚姻，嫁娶。媾（gòu），连合，结合。 〔4〕纳币：古代婚礼“六礼”之一，男女双方缔结婚约之后，男家把聘礼送往女家。

【译文】

公子重耳对子犯说：“你觉得怎么样？”子犯回答说：“您就要夺取他的国家，娶他的妻子又有什么不可呢，只管听从秦国的安排就行了。”又问赵衰说：“你看怎么样？”赵衰回答说：“《礼志》上说：‘如果有事要求人，一定要先接受别人的请求。要想别人爱自己，自己一定要先去爱别人。要想别人听从自己，一定要先去听从别人。没对别人施加恩德，却想求助于别人，这就是罪过。’如今您将通过婚姻关系来攀附秦国，接受他们的帮助而亲近他们，听从他们的安排以示感激，即使这样做还怕不行，又有什么可迟疑的呢？”于是重耳就向秦国纳聘礼，订下婚约，并依礼亲自迎接怀嬴。

秦伯享重耳以国君之礼

他日[1]，秦伯将享公子，公子使子犯从。子犯曰：“吾不如衰之文也[2]，请使衰从。”乃使子馀从。秦伯享公子如享国君之礼，子馀相如宾。卒事，秦伯谓其大夫曰：“为礼而不终，耻也。中不胜貌[3]，耻也。华而不实，耻也。不度而施，耻也。施而不济，耻也。耻门不闭，不可以封。非此，用师则无所矣。二三子敬乎！”

【注释】

〔1〕他日：有一天。 〔2〕衰：赵衰。文：善文辞。 〔3〕中：内心。

【译文】

有一天，秦穆公请公子重耳宴饮，重耳让子犯跟着去。子犯说：“我不如赵衰有文采，请让赵衰跟您去吧。”于是重耳就让赵衰随同赴宴。秦穆公用招待国君的标准来招待重耳，赵衰依照宾礼引导重耳行礼。宴饮结束，秦穆公对大夫们说：“举行礼仪不能自始至终完善无暇，是耻辱。内在的思想和外在情貌不一致，是耻辱。形式华丽而内容空洞，是耻辱。不权衡自己的实力就施加恩惠给别人，是耻辱。施加恩惠给别人而没有成效，是耻辱。不杜绝这些导致耻辱的因素，就难以立国。不这样，对外用兵也不会有所收获。你们要恭敬谨慎地处理这些问题啊！”

明日宴，秦伯赋《采菽》[1]，子馀使公子降拜[2]。秦伯降辞。子馀曰：“君以天子之命服命重耳[3]，重耳敢有安志，敢不降拜？”成拜卒登，子馀使公子赋《黍苗》[4]。子馀曰：“重耳之仰君也，若黍苗之仰阴雨也。若君实庇荫膏泽之[5]，使能成嘉谷，荐在宗庙[6]，君之力也。君若昭先君之荣，东行济河，整师以复强周室，重耳之望也。重耳若获集德而归载，使主晋民，成封国，其何实不从。君若恣志以用重耳[7]，四方诸侯，其谁不惕惕以从命!”秦伯叹曰：“是子将有焉，岂专在寡人乎!”秦伯赋《鸠飞》[8]，公子赋《河水》[9]。秦伯赋《六月》[10]，子馀使公子降拜。秦伯降辞。子馀曰：“君称所以佐天子匡王国者以命重耳，重耳敢有惰心，敢不从德?”

【注释】

〔1〕《采菽》：指《诗经·小雅·采菽》，是周天子赐诸侯命服时奏的乐歌。 〔2〕降：下堂。 〔3〕命服：古代官员按其官衔等级所穿着的礼服。 〔4〕《黍苗》：指《诗经·小雅·黍苗》。 〔5〕庇荫：庇护。膏泽：滋润土壤的雨水。这里喻指恩惠。 〔6〕荐：进献。 〔7〕恣志：放心，大胆。 〔8〕《鸠飞》：指《诗经·小雅·小宛》首章。 〔9〕《河水》：“河”应为为“沔”，即《诗经·小雅·沔水》。 〔10〕《六月》：指《诗经·小雅·六月》。

【译文】

第二天的宴会上，秦穆公朗诵了《小雅·采菽》，赵衰让重耳下堂拜谢。秦穆公也下堂辞谢。赵衰说：“您把天子的命服期许给重耳，重耳哪敢有贪图安逸的想法，又怎敢不下堂拜谢呢?”拜谢之后又登堂，赵衰让公子朗诵了《小雅·黍苗》。赵衰说：“重耳仰望您，就如同久旱的黍苗仰望阴天下雨一样。如果您能够庇护滋润他，使他能长成好谷子，进献给宗庙，这要依靠您的力量啊。您如果能够彰显光大先君襄公的荣耀，向东渡过黄河，休整军队使周王室恢复过去的强盛局面，这是重耳所期望的。重耳如果能得到您的帮助而回国，管理晋国百姓，保全晋的封国，他一定会听从您的吩咐。您如果能大胆地重用重耳，各国诸侯，还有谁敢不小心地听从您的命令呢？”秦穆公叹息道：“这是上天注定他将要拥有这一切，哪里只是依靠我呢！”秦穆公又朗诵了《小雅·鸠飞》，重耳也朗诵了《小雅·沔水》。秦穆公又朗诵《小雅·六月》，赵衰让公子重耳再次下堂拜谢。秦穆公也下堂辞谢。赵衰说：“您把辅助周天子、匡正诸侯的使命交给重耳，重耳哪敢有怠惰的念头，哪敢不听从您的命令呢？”

秦伯纳重耳于晋

十月〔1〕，惠公卒。十二月，秦伯纳公子。及河，子犯授公子载璧〔2〕，曰：“臣从君还轸〔3〕，巡于天下，怨其多矣！臣犹知之，而况君乎？不忍其死，请由此亡〔4〕。”公子曰：“所不与舅氏同心者，有如河水。”沈璧以质〔5〕。

【注释】

〔1〕十月：晋惠公十四年十月。　〔2〕载璧：祭祀所用的璧。韦昭注“载，祀也”。　〔3〕还（xuán）轸：犹回车。指乘车周历各国。〔4〕亡：逃亡。　〔5〕沈：同“沉”。质：信。

【译文】

十月，晋惠公去世。十二月，秦穆公护送公子重耳回到晋国。走到黄河边，子犯把祭祀用的璧玉交还给重耳，说："我跟从您乘车周转，在各国奔走，您对我的不满一定很多。我自己都知道，何况是您呢？我不忍心为这些事情而死，我请求就此离开。"重耳说："假如我跟舅舅不一心，我愿当着黄河水发誓！"说着就把璧玉投入河里，以此来表明自己的诚意。

董因迎公于河〔1〕，公问焉，曰："吾其济乎〔2〕？"对曰："岁在大梁，将集天行〔3〕。元年始受〔4〕，实沈之星也〔5〕。实沈之墟〔6〕，晋人是居。所以兴也。今君当之，无不济矣。君之行也，岁在大火。大火，阏伯之星也，是谓大辰〔7〕。辰以成善，后稷是相，唐叔以封〔8〕。瞽史记曰：嗣续其祖，如谷之滋。必有晋国。臣筮之，得《泰》之八〔9〕。曰：是谓天地配亨，小往大来，今及之矣，何不济之有？且以辰出而以参入〔10〕，皆晋祥也，而天之大纪也。济且秉成，必霸诸侯。子孙赖之，君无惧矣。"

【注释】

〔1〕董因：晋国大夫。 〔2〕济：成功。 〔3〕岁：木星。大梁：十二星次之一。集：成。天行：天道。 〔4〕元年：指晋文公即位的第一年。 〔5〕实沈：十二星次之一。 〔6〕墟，指实沈所居的故地。 〔7〕大辰：指大火星。 〔8〕后稷：传说中古代周族的始祖，名弃。相：看。唐叔以封：唐叔被封时岁在大火。 〔9〕《泰》：卦名，《周易》六十四卦之一。八：不变动。因为八与爻相反，爻交叉，有变动的意思。八不交叉，有不变动的意思。 〔10〕辰：辰星，即水星。参：参星。

【译文】

董因到黄河边迎接重耳，重耳问他，说："我能成功吗？"董因回答说："现在岁星在大梁的位次，这预示着天道将要成功。您即位的第一年，是在实沈星的位次。实沈星的位置，正是晋国居处的位置。晋国因此要兴盛起来。现在正好与您应合，事情一定会成功的。您逃往国外的时候，岁星在大火星的位置。大火星，也就是阏伯星，又叫大辰星。辰星象征着农事吉祥，周的祖先后稷看到这一点以成就农事，晋的始祖唐叔也于岁星在辰的那一年取得了封国。瞽史记载说：子孙继承先祖，就和谷物繁殖滋长一样。一定能得到晋国。我对这件事进行占筮，得到《泰》卦不动的卦象。说：这就是说天地亨通，小的去了大的来了。现在时候到了，哪有不成功的道理呢？而且您是岁星在辰时开始流亡的，又于岁星在参时回国，这些都是晋国吉祥的征兆，这是上天大的历数。事情成功在握，您将来一定能称霸诸侯。子孙后代都仰赖您而长有晋国，您不用害怕。"

公子济河，召令狐、臼衰、桑泉〔1〕，皆降。晋人惧，怀公奔高梁〔2〕。吕甥、冀芮帅师〔3〕，甲午，军于庐柳〔4〕。秦伯使公子絷如师〔5〕，师退，次于郇〔6〕。辛丑，狐偃及秦、晋大夫盟于郇。壬寅，公入于晋师。甲辰，秦伯还。丙午，入于曲沃。丁未，入绛〔7〕，即位于武宫〔8〕，戊申，刺怀公于高梁。

【注释】

〔1〕令狐：晋地名，在今山西临猗西。臼衰：晋地名，在今山西

运城西北。桑泉：晋地名，在今山西临晋东北。〔2〕高梁：晋地名，在今山西临汾东北。〔3〕吕甥：名饴甥，晋国大夫。冀芮：郤芮，晋国大夫，封于冀，故又称冀芮。〔4〕庐柳：晋地名，在今山西临猗北。〔5〕公子絷：秦国大夫。〔6〕次：驻扎。郇：晋地名，在今山西临猗西南。〔7〕绛：晋国都城，在今山西翼城东。〔8〕武宫：重耳的祖父晋武公庙。

【译文】

重耳渡过黄河，召集令狐、臼衰、桑泉三地的长官，他们都投降了。晋国人非常害怕，晋怀公逃奔到高梁。甲午那一天，吕甥、冀芮带着军队进驻庐柳。秦穆公让公子絷去和晋军谈和，于是晋军撤退到郇城。辛丑这一天，狐偃与秦、晋两国的大夫在郇城会盟。壬寅这一天，重耳进入晋国军中。甲辰这一天，秦穆公返回秦国。丙午这一天，重耳到达曲沃城。丁未这一天，进入首都绛城，在晋武公庙即君位。戊申这一天，把晋怀公杀死在高梁。

寺人勃鞮求见文公

初，献公使寺人勃鞮伐公于蒲城[1]，文公逾垣，勃鞮斩其袪[2]。及入，勃鞮求见，公辞焉，曰："骊姬之谗，尔射余于屏内，困余于蒲城，斩余衣袪。又为惠公从余于渭滨[3]，命曰三日，若宿而至[4]。若干二命[5]，以求杀余。余于伯楚屡困[6]，何旧怨也？退而思之，异日见我。"

【注释】

〔1〕初：当初。指鲁僖公五年。献公：晋献公。勃鞮：寺人披。蒲城：晋邑名，在今山西隰县西北。〔2〕逾：越。垣：矮墙。祛：衣服袖口。〔3〕从：追踪。渭：渭水，位于今陕西省中部。〔4〕宿：一宿，此指隔一宿，即第二日。〔5〕若：你。干：请求。二命：指献公和惠公的命令。〔6〕伯楚：勃鞮的字。

【译文】

当初，晋献公派寺人勃鞮攻打蒲城抓捕重耳，重耳翻墙逃跑，被勃鞮斩断了衣袖。等到重耳回国继位，勃鞮前来拜见，晋文公拒绝见他，说："骊姬谗言陷害我的时候，你奉命在屏门内射我，又把我围困在蒲城，还斩断了我的衣袖。又为惠公追赶我到渭水岸边，惠公让你三天赶到，可你第二天就到了。你先后两次请求献公、惠公的命令，想要杀我。我屡次为你所困，我和你到底有什么旧怨呢？你回去好好思考思考，改天再来见我。"

对曰："吾以君为已知之矣[1]，故入；犹未知之也，又将出矣。事君不贰是谓臣[2]，好恶不易是谓君。君君臣臣，是谓明训。明训能终，民之主也。二君之世，蒲人、狄人，余何有焉？除君之恶，唯力所及，何贰之有？今君即位，其无蒲、狄乎？伊尹放太甲而卒以为明王[3]，管仲贼桓公而卒以为侯伯[4]。乾时之役[5]，申孙之矢集于桓钩[6]，钩近于祛，而无怨言，佐相以终，克成令名。今君之德宇，何不宽裕也？恶其所好，其能久矣？君实不能明训，而弃民主。余，罪戾之人也[7]，又何患焉？且不见我，君其无悔乎！"

【注释】

〔1〕知：懂得。之：为君之道。　〔2〕贰：有二心，不忠贞。　〔3〕伊尹：名挚，又名阿衡，商初大臣。尹是官名。太甲：商代君王，商汤之孙。即位后不理朝政，被伊尹放逐到桐宫。太甲在桐宫三年，悔过自责，伊尹又将他迎回亳都，还政于他。卒：最终。　〔4〕贼：伤害。　〔5〕乾时之役：指公子纠和公子小白为争夺君位在乾时的战役。乾时，齐国地名，在今山东临淄西南。　〔6〕申孙：一种箭的名称。　〔7〕罪戾（lì）之人：寺人勃鞮自称。因早期寺人常是由罪受刑的人担任，故自称罪戾之人。

【译文】

勃鞮回答说："我认为您已经明白君臣之道了，所以才回到晋国，原来您还没有明白，您又要被迫出奔了。事奉君主没有二心，这就是臣；不因为别人对自己的好坏而改变态度，这就是君主。君行君道，臣行臣道，这才算圣明的教化。能始终坚持这一教化，才可以做百姓的君主。在献公、惠公当政的时候，您只是蒲人和狄人，对我有什么恩情呢？为国君铲除所厌恶的人，只有尽力完成，怎么能有二心呢？现在君主即位之后，难道说就没有厌恶的人吗？商代的伊尹流放了失德的太甲，最终使他成为圣明的君王。齐国的管仲伤害过齐桓公，最终使桓公成为诸侯霸主。在乾时之战时，管仲用申孙之箭射中了桓公的衣带钩，衣带钩比衣袖口更接近要害，但桓公并没有怨恨管仲，还让他做国相，直到终老，因而成就了美名。如今您的德量心胸，为什么不能宽广一些呢？应该喜爱的忠臣，您却厌恶他，您的君位还能长久吗？您实在是不能彰明前人的教诲，而抛弃了为君之道。我只是个刑余之人，又担心什么呢？况且您不见我，您会后悔的！"

于是吕甥、冀芮畏偪[1]，悔纳文公，谋作乱，将以己丑焚公宫，公出救火而遂杀之。伯楚知之，故求见公。公遽出见之[2]，曰："岂不如女言，然是吾恶心也，吾请去之。"伯楚以吕、郤之谋告公。公惧，乘驲自下[3]，脱会秦伯于王城[4]，告之乱故。及己丑，公宫火，二子求公不获，遂如河上，秦伯诱而杀之。

【注释】

〔1〕于是：在这个时候。吕、冀：吕甥和郤芮。偪：迫害。〔2〕遽：立刻。〔3〕驲（rì）：古代驿站的专用车子。〔4〕脱：走小道潜逃。秦伯：指秦穆公。王城：秦国地名，在今陕西大荔东。

【译文】

这个时候吕甥、冀芮也因为害怕文公迫害，后悔当初让文公回来，于是阴谋发动叛乱，要在己丑这一天火烧文公的宫殿，等文公出来救火的机会把他杀了。勃鞮知道这件事，因而来求见晋文公。文公立即出来接见他，说："我怎能不照您说的那样去做，但我确实有怨恨你的想法，我要抛弃这种想法。"勃鞮于是把吕甥、冀芮叛乱的阴谋告诉了文公。文公非常害怕，乘着驿站的车子抄小道，脱身跑到王城秘密会见秦穆公，并将吕、冀作乱的阴谋告诉了他。己丑这一天，文公的宫殿果然着火，吕甥、冀芮两人搜寻文公，却没有发现，于是追到黄河边上，秦穆公将他们诱杀。

文公遽见竖头须

文公之出也，竖头须[1]，守藏者也，不从。公入，乃求见，公辞焉以沐。谓谒者曰[2]：“沐则心覆，心覆则图反，宜吾不得见也。从者为羁绁之仆[3]，居者为社稷之守，何必罪居者！国君而雠匹夫[4]，惧者众矣。”谒者以告，公遽见之[5]。

【注释】

〔1〕竖头须：晋文公的小臣，又叫里凫须。〔2〕谒者：为国君掌管传达、通报的人。〔3〕羁绁：马络头和马缰绳。〔4〕雠：怨恨，仇视。〔5〕遽：马上，立刻。

【译文】

晋文公逃亡的时候，近侍小臣竖头须负责管理府藏钱财，却没有跟着流亡。文公回国继位后，他请求拜见文公，文公以正在洗头为借口拒绝见他。竖头须对通报的人说：“洗头的时候心也会随之倒置，心倒置考虑问题就会反过来，我不被接见也是应该的。随从逃往的是为君主牵马缰绳的人，留下来的是守卫国家的人，为什么要怪罪守卫国家的人呢！作为一国之君而与一个普通人为仇，那心存忧惧的人就多了。”通报的人把这番话告诉了文公，文公马上出来接见了他。

文公伐原

文公伐原[1]，令以三日之粮。三日而原不降，公令疏军而去之。谍出曰[2]：“原不过一二日矣！”军吏以告，公曰：“得原而失信，何以使人？夫信，民之所庇也[3]，不可失也。”乃去之，及孟门[4]，而原请降。

【注释】

〔1〕原：姬姓小国。武王灭商，封文王第十六子为原伯，封国在今河南省济源市。〔2〕谍：探子。〔3〕庇：庇护，保障。〔4〕孟门：原国地名，在原城附近。

【译文】

晋文公攻打原国，下令置备三天的粮草。三天之后，原国仍没有投降，文公就下令撤军离开。这时探子出城来报说：“原国再有一二天就支持不住了！”军吏把这消息告诉了文公，文公说：“攻占原国却失去信义，那还怎么来役使百姓呢？信义是百姓赖以生存的保障，不可以失去信义。”于是晋军撤离原国，才走到孟门这个地方，原国就宣布归降了。

文公救宋败楚于城濮

文公立四年，楚成王伐宋[1]，公率齐、秦伐曹、卫以救宋。宋人使门尹班告急于晋[2]，公告大夫曰：“宋人告急，舍之则宋绝，告楚则不许我。我欲击楚，齐、秦不欲，其若之何？”先轸曰[3]：“不若使齐、秦主楚怨[4]。”公曰：“可乎？”先轸曰：“使宋舍我而赂齐、秦，藉之告楚，我分曹、卫之地以赐宋人。楚爱曹、卫，必不许齐、秦。齐、秦不得其请，必属怨焉[5]，然后用之，蔑不欲矣[6]。”公说，是故以曹田、卫田赐宋人。

【注释】

〔1〕楚成王：楚国国君，名恽，楚文王少子。　〔2〕门尹班：宋国大夫。　〔3〕先轸：晋国的中军主将，因封于原，又称原轸。〔4〕主楚怨：成为楚国的怨主，怨恨楚国。　〔5〕属怨：结怨。〔6〕蔑：无，没有。

【译文】

晋文公即位第四年，楚成王征伐宋国。文公带着齐、秦两国的军队攻打曹国和卫国，来救宋国之围。宋国派大夫门尹班向晋国告急，晋文公对诸位大夫说："宋国使者前来告急，如果我们不援救宋国，宋国就会和我们绝交。如果向楚国求情，楚国也不会应允。我打算攻击楚国，齐、秦两国又不想这样做，到底该怎么办?"先轸说："不如让齐、秦两国都怨恨楚国。"文公说："可行吗?"先轸回答说："让宋国抛开我国，而送财物去贿赂齐国和秦国，并通过齐、秦请求楚国退兵。我国再把占领曹、卫两国土地赐给宋国。楚国舍不得曹国和卫国，一定不会应允齐国和秦国的请求。齐、秦两国请求没有得到应允，一定会和楚国结怨，然后我们再动员齐、秦两国参战，他们就不会不同意了。"晋文公非常高兴，于是将曹、卫两国的田地赐给了宋国。

令尹子玉使宛春来告曰[1]："请复卫侯而封曹，臣亦释宋之围。"舅犯愠曰[2]："子玉无礼哉！君取一，臣取二，必击之。"先轸曰："子与之。我不许曹、卫之请，是不许释宋也。宋众无乃强乎！是楚一言而有三施，子一言而有三怨。怨已多矣，难以击人。不若私许复曹、卫以携之[3]，执宛春以怒楚，既战而后图之。”公说，是故拘宛春于卫[4]。

【注释】

〔1〕令尹：官名，楚国所设置的最高官职，掌军政大权，相当于后来的宰相。子玉：楚国的令尹，名成得臣，子玉是他的字。宛春：楚国大夫。 〔2〕愠（yùn）：愤怒。 〔3〕携：离间。 〔4〕拘：扣留。

【译文】

楚国令尹子玉派宛春来说：“请你们让卫侯复位，同时归还占领曹国的土地，我们也会解除对宋国的包围。”子犯愤怒地说：“子玉真是无礼啊！晋君作为君主只得到解除宋围一项好处，而子玉作为臣子却取得了复卫封曹两项好处，一定要攻打他。”先轸说：“你还是答应他的请求。我们不答应子玉封曹复卫的请求，也就是不应允解除宋国之围，宋国的士众如果归降了楚国，楚国恐怕会更加强大了！如此以来，楚国一句话使卫、曹和宋三个国家得到恩惠，而我们一句话却招致三个国家的怨恨。怨恨多了，就很难攻击别人了。不如私下答应恢复曹、卫两国，以离间他们，再把宛春扣起来以激怒楚国，等与楚国打完仗再考虑曹、卫的事。”晋文公非常高兴，于是把宛春扣留在卫国。

子玉释宋围，从晋师[1]。楚既陈，晋师退舍[2]，军吏请曰：“以君避臣，辱也。且楚师老矣[3]，必败。何故退？”子犯曰：“二三子忘在楚乎？偃也闻之：战斗，直为壮，曲为老。未报楚惠而抗宋，我曲楚直，其众莫不生气，不可谓老。若我以君避臣，而不去，彼亦曲矣。”退三舍避楚。楚众欲止，子玉不肯，至于城濮[4]，果战，楚众大败。君子曰：“善以德劝。”

【注释】

〔1〕释：解除。从：追逐。　〔2〕陈：通“阵”，布阵。舍：古时行军计程以三十里为一舍。　〔3〕老：疲惫。　〔4〕城濮：卫地名，在今山东甄城西南。一说在今河南开封县陈留附近。

【译文】

子玉解除了对宋国的包围，便开始追逐晋军作为。楚军摆好阵列之后，晋军后退三十里，军官请求说：“国君却要为臣子避让，这是耻辱。况且楚军已经疲惫不堪了，打起来一定会战败，我们为什么要退避呢？”子犯说：“你们忘了文公流亡在楚时对楚王许下的诺言了吗？我听说：作战，理直才能气壮，理曲便会士气低落。我们还没有报答楚国的恩惠，而为救宋国与它抗争，这是我们理曲而楚国理直，楚军士众没有不斗志昂扬的，不能以为他们已经疲劳不堪。假如我们以君避臣，而楚军还不退兵，对方也就变得理曲了。”于是晋军连续后退九十里，来退让楚军。楚军将士都想到此为止，但子玉不同意。到了城濮，果然打了起来，结果楚军大败。君子议论说：“子犯真是善于用德义来勉励人。”

郑叔詹据鼎耳而疾号

文公诛观状以伐郑[1]，反其陴[2]。郑人以名宝行成[3]，公弗许，曰：“予我詹而师还[4]。”詹请往，郑伯弗许[5]，詹固请曰：“一臣可以赦百姓而定社稷，君何爱于臣也？”郑人以詹予晋，晋人将烹之[6]。詹曰：“臣愿获尽辞而死，固所愿也。”公听其辞。

【注释】

〔1〕诛：讨伐。观状：指曹共公偷看骿胁一事。伐郑：重耳流亡期间，郑文公不以礼相待，因而讨伐他。〔2〕反：拔，推倒。陴（pí）：城上的矮墙。也称“女墙”。〔3〕行成：讲和。〔4〕詹：叔詹，郑国的卿。重耳过郑时，劝郑文公礼遇重耳，否则杀掉他。〔5〕郑伯：郑文公。〔6〕烹：煮。

【译文】

晋文公讨伐了当初偷看他肋骨的曹共公之后，又开始攻打郑国，并推到了郑国城上的矮墙。郑国拿着名贵的宝器来讲和，晋文公没同意，说：“把叔詹交给我，我就班师回国。”叔詹请求前往，郑文公不同意，叔詹坚持请求说：“我一个人前去就可以拯救百姓，安定国家，君主何必吝惜我一个人呢？”于是郑国把叔詹交给了晋国，晋人要把叔詹煮了。叔詹说：“我希望能让我把话说完再死，这是我的心愿。”晋文公同意听他把话说完。

詹曰：“天降郑祸，使淫观状[1]，弃礼违亲。臣曰：‘不可。夫晋公子贤明，其左右皆卿才，若复其国，而得志于诸侯，祸无赦矣[2]。’今祸及矣。尊明胜患，智也。杀身赎国，忠也。”乃就烹，据鼎耳而疾号曰[3]：“自今以往，知忠以事君者，与詹同。”乃命弗杀，厚为之礼而归之。郑人以詹伯为将军。

【注释】

〔1〕淫：效仿。这里指郑国也受到曹共公影响而对重耳不加礼遇。韦昭注“昭省内、外传，郑无观状之事，而叔詹云‘天祸郑国，使淫观状’，谓淫放于曹，不礼公子，与观状之罪同耳”。　〔2〕赦：免除。　〔3〕疾号：大声疾呼。据：握住，抓住。

【译文】

叔詹说：“上天降给郑国灾祸，和曹共公偷看肋骨一样，郑君也抛弃了礼法，背弃了同宗亲人。我劝谏说：‘不能这样做。晋公子贤明，他的左右侍从都是做卿相的人才，一旦回国继位，做了诸侯盟主，那么郑国必遭祸患。’现在祸患来临了。过去我尊敬公子的贤明，预测到祸患并力图遏制，这是明智。现在我牺牲自己，为国家赎罪，这是忠诚。”说完便要赴刑，用手握着鼎耳大声疾呼：“从今以后，以才智和忠诚事奉君主的人，都会和我一样的下场。”于是晋文公下令赦免了叔詹，以厚礼相待，并将他送回郑国。郑文公便任命叔詹为将军。

箕郑对文公问

晋饥，公问于箕郑曰[1]：“救饥何以[2]？”对曰：“信。”公曰：“安信[3]？”对曰：“信于君心，信于名，信于令，信于事。”公曰：“然则若何？”对曰：“信于君心，则美恶不逾[4]。信于名，则上下不干[5]。信于令，则时无废功。信于事，则民从事有业。于是乎民知君心，贫而不惧，藏出如入，何匮之有？”公使为箕[6]。及清原之蒐[7]，使佐新上军[8]。

【注释】

〔1〕箕郑：箕郑父，晋国大夫。〔2〕救饥何以：疑问句宾语前置。正常语序“以何救饥”。〔3〕安：怎样，如何。〔4〕逾：越，混淆。〔5〕干：犯，抵触。〔6〕为：治理。箕：晋地名，在今山西太谷东。〔7〕清原：晋地名，在今山西稷山东南。蒐：检阅军队。〔8〕佐新上军：做新上军的副帅。

【译文】

晋国出现饥荒，文公问大夫箕郑说：“拿什么振救饥荒？”箕郑回答说：“依靠诚信。”文公问：“怎样讲诚信？”箕郑回答说：“君心要讲诚信，名分地位要讲诚信，国家法令要讲诚信，处理政务要讲诚信。”文公说：“讲诚信会怎么样？”回答说：“君心诚信，那就善恶分明。名分地位诚信，那君臣上下就不相凌犯。国家法令诚信，那就不会有不成功的事。政务诚信，那百姓都有事可做。如此以来，百姓了解国君的心，即便贫困也不惧怕，富足的人献出储藏的财物就像往自己家里送东西一样，又哪里会有穷困匮乏呢？”文公于是让箕郑做箕地大夫。到清原阅兵的时候，又将他提升为新上军的副帅。

文公任贤与赵衰举贤

文公问元帅于赵衰[1]，对曰：“郤谷可[2]，行年五十矣，守学弥惇[3]。夫先王之法志，德义之府也。夫德义，生民之本也。能惇笃者，不忘百姓也。请使郤谷。”公从之。公使赵衰为卿，辞曰：“栾枝贞慎[4]，先轸有谋，胥臣多闻[5]，皆可以为辅佐，臣弗若也[6]。”乃使栾枝将下军，先轸佐之。取五鹿[7]，先轸之谋也。郤谷卒，使先轸代之。胥臣佐下军。

【注释】

〔1〕元帅：军队的最高统帅。元，首也。　〔2〕郤谷：晋国大夫。　〔3〕弥：更加。惇：敦厚，笃实。　〔4〕栾枝：晋国大夫，栾共子之子。　〔5〕胥臣：字季子，别称司空季子、臼季，晋国大夫。　〔6〕若：如，赶得上。　〔7〕五鹿：春秋时卫国地名，在今河南省濮阳县南。

【译文】

晋文公向赵衰咨询元帅的人选，赵衰回答说：“郤谷可以做元帅。他到了五十岁的年纪，还坚持学习，而且更加扎实。先王制定的礼法典制，是承载道德信义的府库。道德和信义，是治理百姓的根本。能够扎实学习德义的人，是不会忘记者百姓的。请让郤谷做元帅吧。”文公听从了赵衰的意见。文公要提升赵衰为卿，赵衰推辞说：“栾枝忠贞谨慎，先轸很有谋略，胥臣博闻广识，都可以作为辅助之人，我不及他们贤能。”于是文公派栾枝为下军统帅，先轸做副将辅助他。后来攻取五鹿，就是先轸的谋略。郤谷死后，又让先轸接替他做元帅。让胥臣做下军副将。

公使原季为卿[1]，辞曰："夫三德者，偃之出也。以德纪民，其章大矣，不可废也。"使狐偃为卿，辞曰："毛之智[2]，贤于臣，其齿又长。毛也不在位，不敢闻命。"乃使狐毛将上军，狐偃佐之。狐毛卒，使赵衰代之，辞曰："城濮之役，先且居之佐军也善[3]，军伐有赏，善君有赏，能其官有赏。且居有三赏，不可废也。且臣之伦，箕郑、胥婴、先都在[4]。"乃使先且居将上军。

【注释】

〔1〕原季：赵衰。谥号曰成季，又因曾任原大夫，亦称原季。〔2〕毛：狐毛，狐偃的哥哥，晋国大夫。〔3〕先且居：先轸之子，初封蒲城，称蒲城伯。后封于霍，也称霍伯。〔4〕箕郑、胥婴、先都：都是晋国大夫。

【译文】

文公又让赵衰做下卿，赵衰推辞说："许多好的建议，都是狐偃谋划出来的。实行德政来治理人民，成效十分明显，不可以不重用他。"文公便让狐偃担任下卿，狐偃推辞说："我兄长狐毛的才智比我强，年龄又长。狐毛不在卿位，我不敢受命。"文公于是任命狐毛为上军统帅，狐偃为副将。狐毛死后，文公让赵衰代替他担任上军统帅，赵衰又推辞说："城濮之战中，先且居辅佐治军干得不错，有军功的就要奖赏，善事君王的就要奖赏，能履行自己职责的就要奖赏。先且居应该得到这三种奖赏，不可不委以重任。再说，像我这样的人，还有箕郑、胥婴、先都等都还在。"文公于是让先且居统帅上军。

公曰："赵衰三让。其所让，皆社稷之卫也。废让，是废德也。"以赵衰之故，蒐于清原，作五军[1]。使赵衰将新上军，箕郑佐之；胥婴将新下军，先都佐之。子犯卒，蒲城伯请佐[2]，公曰："夫赵衰三让不失义。让，推贤也。义，广德也。德广贤至，又何患矣。请令衰也从子。"乃使赵衰佐新上军[3]。

【注释】

〔1〕五军：晋国原有三军，即中军、上军、下军。清原阅兵时，又增新上军、新下军，共计五军。 〔2〕蒲城伯：先且居。佐：副将。 〔3〕新上军：当为"上军"之误。上文提到蒲城伯先且居将上军，狐偃为佐。狐偃（子犯）卒，先且居请求增补副帅，文公任命赵衰，故而赵衰应为上军副帅。

【译文】

文公说："赵衰三次让贤，他所推让的，都是些能捍卫国家的栋梁之臣。废置谦让之人不用，这就是废除德政。"因为赵衰的原因，文公在清原地方举行阅兵，把原来的三军改编为五军。任命赵衰做新上军的统帅，让箕郑担任副将辅佐他；胥婴做新下军的统帅，先都担任副将辅佐他。狐偃死后，蒲城伯先且居向文公请求委派副将，文公说："赵衰三次推让，都不失礼义。谦让推荐了贤人，礼义推广了道德。道德得到推广，贤人在侧，还忧虑什么呢！请让赵衰给你做副将。"于是，晋文公便让赵衰担任上军的副将。

文公学读书于臼季

文公学读书于臼季[1]，三日，曰："吾不能行也咫[2]，闻则多矣。"对曰："然而多闻以待能者，不犹愈也[3]？"

【注释】

〔1〕臼季：胥臣，晋国大夫。 〔2〕咫（zhǐ）：古代长度单位，周制八寸为咫。 〔3〕犹：也。愈：比……强。

【译文】

晋文公跟从大夫臼季学习读书，读了三天，说："书上所说的我没办法做到，不过知道的东西增加了不少。"臼季回答说："那么知道的东西多了，等待有才能的人去实现它，不也比不学习强吗？"

郭偃论治国之难易

文公问于郭偃曰[1]："始也[2]，吾以治国为易，今也难。"对曰："君以为易，其难也将至矣。君以为难，其易也将至焉。"

【注释】

〔1〕郭偃：晋国大夫，掌管占卜，也称卜偃。 〔2〕始：开始，

起初。

【译文】

晋文公对郭偃说："起初，我认为治理国家是件容易的事，如今却发现很困难。"郭偃回答说："您认为容易，那么困难就快到了。您认为很难，那么容易也就要来了。"

文公称霸

文公即位二年，欲用其民，子犯曰："民未知义，盍纳天子以示之义？"乃纳襄王于周[1]。公曰："可矣乎？"对曰："民未知信，盍伐原以示之信？"乃伐原。曰："可矣乎？"对曰："民未知礼，盍大蒐[2]，备师尚礼以示之。"乃大蒐于被庐[3]，作三军。使郤谷将中军，以为大政。郤溱佐之[4]。子犯曰："可矣。"遂伐曹、卫，出谷戍[5]，释宋围，败楚师于城濮，于是乎遂伯[6]。

【注释】

〔1〕襄王：周襄王。周：成周，又称洛邑，为东周的都城。〔2〕蒐：春猎曰蒐。此指检阅军队。　〔3〕被庐：晋国地名。〔4〕郤溱：晋中军副将。　〔5〕谷：齐国地名，在今山东东阿。〔6〕伯：通"霸"，称霸诸侯。

【译文】

晋文公执政的第二年，就想征用百姓打仗，子犯说："百姓还不懂得君臣大义，为什么不护送周天子回成周来向百姓显示什么是君臣大义呢?”于是文公派兵护送周襄王返回成周。文公又问:“现在行了吧?”子犯回答说:“百姓还不懂得诚信,为什么不借着攻打原国的机会来显示诚信呢?”于是文公派兵征伐原国。文公又问:“现在行了吧?”子犯回答说:“百姓还不懂得礼法,为什么不举行一次大规模的阅兵,休整队伍,崇礼尚武,来显示礼法呢?”于是文公在被庐这个地方举行大规模的阅兵,整编了三军。让郤谷担任中军统帅,掌管国家大权,郤溱作副将辅佐他。子犯这时才说:“现在可以了。”于是文公派兵攻打曹、卫两国,赶跑了戍守谷地的守兵,解除了楚国对宋国的包围,在城濮打败了楚国军队,于是称霸诸侯。

卷十一　晋语五

臼季举冀缺

臼季使[1]，舍于冀野[2]。冀缺薅，其妻馌之[3]，敬，相待如宾。从而问之，冀芮之子也，与之归。既复命，而进之曰："臣得贤人，敢以告。"文公曰："其父有罪，可乎[4]？"对曰："国之良也，灭其前恶，是故舜之刑也殛鲧，其举也兴禹[5]。今君之所闻也，齐桓公亲举管敬子，其贼也[6]。"公曰："子何以知其贤也？"对曰："臣见其不忘敬也。夫敬，德之恪也。恪于德以临事[7]，其何不济！"公见之，使为下军大夫。

【注释】

〔1〕臼季：胥臣，晋国大夫。使：出使。　〔2〕舍：住宿。冀：晋国地名，在今山西河津东。野：郊外。　〔3〕冀缺：郤成子，晋国大夫冀芮（郤芮）的儿子。薅（hāo）：拔草，除草。馌（yè）：给在田间耕作的人送饭。　〔4〕其父有罪：指晋文公初即位，冀芮与吕甥合计谋害文公未遂，被秦穆公杀死。（事见第十卷《寺人勃鞮求见文公》）〔5〕殛（jí）：杀死。鲧：大禹的父亲，因治水无功被舜处死。举：选

拔，任用。〔6〕管敬子：管仲，“敬”是其谥号。贼：仇敌。〔7〕恪：恭敬，谨慎。

【译文】

白季奉命出使，在冀邑城郊住了一宿。正遇到冀缺在田中锄草，他的妻子到田间给他送饭，非常恭敬，夫妻俩相待如宾。白季上前询问他，原来他就是冀芮的儿子，就带他一起回国。白季复命之后，便向晋文公推荐冀缺，说：“我遇到一个贤能的人，斗胆汇报给您。”文公说：“冀缺的父亲有罪被杀，现在可以重用他吗？”白季回答说：“对于国家的贤良之才，不应该去计较他先人的过错，所以舜能够惩治并处死了有罪的鲧，却起用了鲧的儿子大禹。如今您也听说过，齐桓公亲自提拔管仲为国相，那可是他的仇敌啊。”文公问道：“你怎么知道冀缺贤能呢？”白季回答说：“我见到他虽流落草莽但不忘恭敬。恭敬是品德高尚的表现，严守德行来做事，还有什么事情做不好呢！”文公接见了冀缺，让他做下军大夫。

赵宣子论比与党

赵宣子言韩献子于灵公〔1〕，以为司马〔2〕。河曲之役〔3〕，赵孟使人以其乘车干行〔4〕，献子执而戮之〔5〕。众咸曰：“韩厥必不没矣〔6〕。其主朝升之，而暮戮其车〔7〕，其谁安之！”宣子召而礼之，曰：“吾闻事君者比而不党〔8〕。夫周以举义，比也；举以其私，党也。夫军事无犯，犯而不隐，义也。吾言女于君〔9〕，惧女不能也。举而不能，党孰大焉！

事君而党，吾何以从政？吾故以是观女。女勉之。苟从是行也，临长晋国者，非女其谁？”皆告诸大夫曰：“二三子可以贺我矣！吾举厥也而中，吾乃今知免于罪矣。”

【注释】

〔1〕赵宣子：晋国正卿，赵衰之子，名盾，谥号宣，时人尊称为赵宣子、宣孟。韩献子：晋国卿大夫，名厥，谥号献。灵公：晋灵公，名夷皋，在位期间不行君道，荒淫无度。 〔2〕司马：官名，掌军政和军赋。 〔3〕河曲之役：指鲁文公十二年（前615），秦讨伐晋，两军在河曲一带交战。河曲，晋国地名，在今山西永济。 〔4〕赵孟：赵宣子。干：扰乱。 〔5〕执：扣押。戮：杀。 〔6〕咸：全，都。没：终，善终。 〔7〕暮：傍晚。戮：杀。车：指车夫。 〔8〕比：亲近。党：相互勾结。 〔9〕女：通“汝”，你。

【译文】

赵宣子向晋灵公推荐韩献子，晋灵公任命他为司马。在河曲之战中，赵宣子派人乘着的战车去扰乱军队的阵列，韩献子拘留了车夫，并杀了他。大家都说：“韩厥一定没有好下场。他的主人早晨才举荐了他，晚上他就把主人的车夫杀了，谁还能保全他呢？”赵宣子召见韩厥，并且礼待有加，说：“我听说事奉国君的人要以义相结，但不能结党营私。忠心为国推举正直的人，这就是近亲团结。举荐人才是出于个人私心，这是结党营私。军法是不容触犯的，犯了军法而不隐瞒庇护，这叫做义。我向国君推荐了你，害怕你不能胜任。举荐的人不胜任，没有比这更严重的结党营私了！事奉君主如果结党营私，我还怎么来执政呢？我故意借这件事情来考察你。你好好干吧。如果能坚持这样做下去，那么将来执掌晋国政事的，除了你还有谁呢?”赵宣子告诉大夫们说：“大家可以祝贺我了！我推荐韩厥给灵公是对的，我现在才知道自己可以免除举人不当的罪了。”

赵宣子请师伐宋

宋人弑昭公[1]，赵宣子请师于灵公以伐宋[2]，公曰：“非晋国之急也。”对曰：“大者天地，其次君臣，所以为明训也。今宋人弑其君，是反天地而逆民则也，天必诛焉。晋为盟主，而不修天罚，将惧及焉。”公许之。乃发令于太庙[3]，召军吏而戒乐正[4]，令三军之钟鼓必备。赵同曰[5]：“国有大役，不镇抚民而备钟鼓，何也?”宣子曰：“大罪伐之，小罪惮之[6]。袭侵之事，陵也。是故伐备钟鼓，声其罪也；战以錞于、丁宁[7]，儆其民也[8]。袭侵密声，为暂事也。今宋人弑其君，罪莫大焉！明声之[9]，犹恐其不闻也。吾备钟鼓，为君故也。”乃使旁告于诸侯，治兵振旅，鸣钟鼓，以至于宋。

【注释】

〔1〕宋人：指宋文公，名子鲍，成公之子，昭公杵臼之弟。昭公：宋国国君，名杵臼，宋成公之子。 〔2〕灵公：晋灵公。 〔3〕太庙：帝王的祖庙。 〔4〕乐正：乐官之长，主管钟鼓。 〔5〕赵同：赵盾之弟，晋国大夫。 〔6〕惮：震慑，威吓。 〔7〕錞于：古代一种青铜制的军乐器，形如圆筒，用槌击之而鸣。丁宁：古代一种乐

器，也叫钲，形状如钟而较小。〔8〕儆（jǐng）：告诫，警告。〔9〕明声：公开声讨。

【译文】

宋国人杀了国君昭公，赵盾向晋灵公请求派兵伐宋，灵公说："这不是晋国的紧急事务。"赵盾应对说："天地之间的关系最为重大，其次便是君臣之间的关系，这是有明确规定的。如今宋国人杀了他们的国君，这是一种颠覆天地忤逆人伦的行为，上天一定会惩罚他们。晋国作为诸侯盟主，而不执行天意去惩罚有罪的人，恐怕将要遭受祸患了。"灵公同意了这件事。于是在太庙里发布军令，召集军吏并且告诫乐官，让三军一定要准备好钟鼓。赵同说："国家大战在即，不去镇抚百姓却准备钟鼓，这是为什么？"赵盾回答说："有大罪的要讨伐它，犯小罪的要威吓它，入侵、偷袭之类的事，是欺凌别国行为。因此讨伐要钟鼓齐备，以声讨它的罪过。打仗时用錞于和丁宁，是为了警告百姓。入侵、偷袭要秘密进行，是为了让对方没有防备。如今宋国人杀了自己的国君，没有比这更大的罪过了。公开声讨它，还怕他们听不到呢。我让三军齐备钟鼓，是为了彰显君道呀。"于是又派人遍告诸侯，修治甲兵，振饬军队，鸣钟击鼓，前去征讨宋国。

灵公使钽麑杀赵宣子

灵公虐〔1〕，赵宣子骤谏〔2〕，公患之〔3〕，使钽麑贼之〔4〕，晨往，则寝门辟矣〔5〕，盛服将朝，早而假寐〔6〕。麑退，叹而言曰："赵孟敬哉[7]！夫不忘恭敬，社稷之镇也。贼国之镇不忠，受命而废之不信，享一名于此[8]，不如死。"触庭之槐而死。灵公将杀赵盾，不克。赵穿攻公于桃园[9]，逆公子黑臀而立之[10]，实为成公[11]。

【注释】

〔1〕灵公：晋灵公。虐：暴虐无道。 〔2〕骤：多次，屡屡。〔3〕患：忧虑。 〔4〕钽麑：晋国的大力士。贼：暗杀，刺杀。〔5〕辟：打开。 〔6〕假寐：打瞌睡。 〔7〕赵孟：赵盾。〔8〕享：承担，承受。 〔9〕赵穿：晋国大夫，赵盾的堂兄弟。桃园：晋灵公的园林。 〔10〕黑臀：晋成公之名。 〔11〕实：通"是"，这。

【译文】

晋灵公暴虐无道，赵盾屡屡进行劝谏，因此灵公很厌烦他，于是派大力士钽麑去暗杀他。早晨钽麑来到赵盾居所，卧室的门开着，赵盾已经整理好衣冠准备上朝，由于时间还早，正坐在那里打瞌睡。钽麑退了回来，赞叹地说："赵盾真恭敬啊！（居家自处都）不忘恭敬的人，是镇抚国家的栋梁。暗杀国家的栋梁，就是对国家不忠；接受国君的命令而不兑现，就是没有信用，要承受不忠、不信两个罪名中的一个，倒还不如以死谢罪。"于是就在院子里的槐树上撞死了。灵公又要谋杀赵盾，也没有成功。后来赵穿在桃园杀了晋灵公，把晋文公的儿子黑臀接回来，立为国君，这就是晋成公。

范武子退朝告老

郤献子聘于齐[1]，齐顷公使妇人观而笑之[2]。郤献子怒，归，请伐齐。范武子退自朝[3]，曰："燮乎[4]，吾闻之，干人之怒，必获毒焉[5]。夫郤子之怒甚矣，不逞于齐，必发诸晋国。不得政，何以逞怒？余将致政焉[6]，以成其怒，无以内易外也。尔勉从二三子[7]，以承君命，唯敬。"乃老[8]。

【注释】

〔1〕郤献子：郤缺之子，名克，晋国正卿。他腿有残疾，故而出使齐国遭到羞辱。聘：古代指代表国家访问友邦。 〔2〕齐顷公：齐国国君，名无野，齐惠公之子。 〔3〕范武子：晋国大夫，名会，字季，因封于范，又称范会，史称范武子。 〔4〕燮：范武子的儿子范文子之名。 〔5〕干：犯，触犯。毒：惩罚，报复。 〔6〕致政：辞职。 〔7〕尔：你。勉：努力。 〔8〕老：告老。

【译文】

郤献子到齐国访问，齐顷公让宫里的妇人围观并笑话他瘸腿。郤献子大怒，回到晋国，便请求带兵讨伐齐国。范武子上朝回来，说："燮呀，我听说，触发别人的愤怒，一定会得到报复。郤子的愤怒太强烈了，他讨伐齐国如果不成功，就一定会在晋国发泄出来。如果他不能执掌晋国的政事，又如何发泄愤怒呢？我将要辞职让位给他，以成全他发泄愤怒的要求，不要让对外的矛盾转化为国内矛盾。你要努力地跟着众卿大夫，遵从国君的命令，要时刻保持恭敬。”于是就告老辞职。

范武子杖文子

范文子暮退于朝[1]。武子曰[2]：“何暮也?”对曰：“有秦客廋辞于朝[3]，大夫莫之能对也[4]，吾知三焉[5]。”武子怒曰：“大夫非不能也，让父兄也。尔童子，而三掩人于朝。吾不在晋国，亡无日矣。”击之以杖，折委笄[6]。

【注释】

〔1〕范文子：范燮。暮：傍晚，此指迟、晚。 〔2〕武子：范武子。 〔3〕廋（sōu）辞：隐语。 〔4〕莫之能对：宾语前置，意思是“没有人能应对”。 〔5〕三：其中的三个问题。 〔6〕委：委貌冠，又称玄冠，是一种礼帽。笄（jī）：簪子。

【译文】

范文子退朝回来得很晚，武子说：“为什么这么晚才回来啊?”文子回答说：“有位秦国客人在朝上讲隐语，大夫们都回答不出来，我知道其中的三个问题。”武子愤怒地说：“大夫们不是回答不上来，而是让长者先回答。你一个年轻人，却在朝上三次抢先回答而掩盖他人。如果我不在晋国执政，你败亡的日子就不远了!”说着就用手杖打文子，把他玄冠上的簪子都打断了。

郤献子分谤

靡笄之役[1]，韩献子将斩人[2]。郤献子驾[3]，将救之，至，则既斩之矣。郤献子请以徇[4]，其仆曰："子不将救之乎？"献子曰："敢不分谤乎[5]！"

【注释】

〔1〕靡笄之役：指鲁成公二年（前589），齐、晋两国在鞌地交战之事。结果齐军大败，晋军一直追到靡笄山下。靡笄，齐国山名，一说即今山东济南东南的历山，一说即今济南东北的华不注山。 〔2〕韩献子：韩厥，当时是晋军司马。 〔3〕郤献子：郤克，是这次战役的晋军主帅。 〔4〕徇：陈尸示众。 〔5〕谤：批评，指责。

【译文】

靡笄那次战役中，韩献子将要处死触犯军纪的人。郤献子驾车前去，想要营救那个人，等他到的时候，韩献子已经把那人杀了。郤献子要把死者尸体示众，他的随从说："您不是还要救他吗？"郤献子说："我岂敢不替韩将军分担一些谤言呢！"

张侯御郤献子

靡笄之役，郤献子伤，曰："余病喙[1]。"张侯御[2]，曰："三军之心，在此车也。其耳目在于旗鼓。车无退表，鼓无退声，军事集焉。吾子忍之，不可以言病。受命于庙，受脤于社〔3〕，甲胄而效死，戎之政也〔4〕。病未若死，祗以解志〔5〕。”乃左并辔，右援枹而鼓之〔6〕，马逸不能止，三军从之。齐师大败，逐之，三周华不注之山〔7〕。

【注释】

〔1〕病：指伤势严重。喙（huì）：疲惫无力，筋疲力尽。〔2〕张侯：晋国大夫解张，张侯是其字。〔3〕脤（shèn）：古代君王祭祀社稷用的牲肉。社：土地神。〔4〕效：献。政：职责，本分。〔5〕祗（zhī）：恭敬。解：抛弃，消除。志：想法。〔6〕枹（fú）：鼓槌。〔7〕华不注：山名，在今山东济南东北。

【译文】

在靡笄战役中，郤献子负了伤，说："我伤得很重，已经筋疲力尽了。"解张为他驾车，说："全军将士的心，都在我们这辆指挥车上。他们眼睛盯着指挥车上的旗子，耳朵听着指挥车上的鼓声。只要车上不打退兵旗，不敲退兵鼓，战斗就会取胜。您还是忍耐一下吧，千万不能说伤得很厉害。在祖庙里受命出征，在土地神社前接受了祭肉，披盔戴甲而以死报国，这是军人的天职。如果您的伤势不至于危及生命，就要打消懈怠念头，专心指挥作战。"于是解张用左手拢起马缰绳，右手持鼓槌敲击战鼓，战马狂奔不止，三军将士也跟着冲杀过去。最后大败齐军，并猛追不舍，绕着华不注山追了三圈。

师胜而范文子后入

靡笄之役，郤献子师胜而返，范文子后入。武子曰：

"燮乎，女亦知吾望尔也乎[1]？"对曰："夫师，郤子之师也[2]，其事臧[3]。若先[4]，则恐国人之属耳目于我也[5]，故不敢。"武子曰："吾知免矣。"

【注释】

〔1〕女、尔：均为第二人称语，即"你"。　〔2〕郤子：郤献子。〔3〕臧：善，成功。此指打胜仗。　〔4〕先：指走在前面。　〔5〕属耳目：犹注意。

【译文】

靡笄一战，郤献子取胜回朝，范文子走在队伍后面。范武子说："燮呀，你也知道我盼望你早点回来吗？"文子回答说："出征的军队，是郤献子带领的军队，打了胜仗。如果我走在队伍的前面，恐怕国人会将注意力集中在我身上，因此我不敢走在前面。"武子说："我知道你可以免除祸患了。"

郤献子等各推功于上

靡笄之役，郤献子见，公曰[1]："子之力也夫！"对曰："克也以君命命三军之士[2]，三军之士用命，克也何力之有焉？"范文子见，公曰："子之力也夫！"对曰："燮也受命于中军[3]，以命上军之士，上军之士用命，燮也何力之有焉？"栾武子见[4]，公曰："子之力也夫！"对曰："书也受命于上军，以命下军之士，下军之士用命，书也何力之有焉？"

【注释】

〔1〕公：晋景公。 〔2〕克：郤克。 〔3〕燮：范燮，在靡笄战役中为上军副帅。 〔4〕栾武子：名书，在靡笄战役中为下军元帅。

【译文】

靡笄战役取胜后，郤献子前来朝见晋景公，景公说："这次胜利是你的功劳啊！"献子回答说："我郤克奉君命统领三军将士，全军将士听从指挥，奋力作战，我郤克有什么功劳呢？"范文子前来朝见晋景公。景公说："这次胜利是你的功劳啊！"文子回答说："我范燮听从中军元帅的命令，以指挥上军的将士，上军将士听从命令英勇作战，我范燮有什么功劳呢？"最后，栾武子前来朝见晋景公。景公说："这次胜利是你的功劳啊！"武子回答说："我栾书接受上军主将的命令，指挥下军的将士，下军的将士服从命令拼命杀敌，我栾书有什么功劳呢？"

苗棼皇谓郤献子不知礼

靡笄之役也，郤献子伐齐。齐侯来〔1〕，献之以得殒命之礼〔2〕，曰："寡君使克也，不腆弊邑之礼〔3〕，为君之辱，敢归诸下执政〔4〕，以整御人〔5〕。"苗棼皇曰〔6〕："郤子勇而不知礼，矜其伐而耻国君，其与几何！"

【注释】

〔1〕齐侯：齐顷公。由于靡笄战役失败而被迫朝见晋君，事在鲁

成公三年（前588）。〔2〕殒命：诸侯国君在战争中被俘，称为殒命。〔3〕不腆：不丰厚。〔4〕归：通“馈”，赠送。执政：办事人员。〔5〕御人：宫中妇人。郤献子到齐国聘问时，齐国宫中妇人嘲笑他跛腿。〔6〕苗棼皇：晋国大夫，也作苗贲皇。

【译文】

靡笄战役，郤献子伐齐取胜。齐顷公被迫来晋国朝见，郤子以招待被俘国君的礼节接待齐侯，说：“我们国君让我略备薄礼，为了您的耻辱，赠送给您手下的办事人员，同时来回报您宫中的妇人。”苗棼皇评论说：“郤子勇敢但不懂礼节，夸耀自己的功绩而羞辱齐国的国君，这样做能维持多久呢？”

车者论梁山崩

梁山崩〔1〕，以传召伯宗〔2〕，遇大车当道而覆，立而辟之〔3〕，曰：“避传。”对曰：“传为速也，若俟吾避，则加迟矣，不如捷而行。〔4〕”伯宗喜，问其居，曰：“绛人也〔5〕。”伯宗曰：“何闻？”曰：“梁山崩而以传召伯宗。”伯宗问曰：“乃将若何？”对曰：“山有朽壤而崩，将若何？夫国主山川，故川涸山崩，君为之降服、出次、乘缦、不举〔6〕，策于上帝，国三日哭，以礼焉。虽伯宗亦如是而已，其若之何？”问其名，不告；请以见，不许。伯宗及绛，以告，而从之。

【注释】

〔1〕梁山：晋国山名，在今陕西韩城县境内。〔2〕传

(zhuàn)：传车，古代驿站的专用车。伯宗：晋国大夫。〔3〕大车：牛车。覆：翻车。辟：通“避”，让大车躲避传车。〔4〕速：快。俟（sì）：等待。捷：捷径。此指走捷径。〔5〕绛：绛城，晋国都城，在今山西翼城东。〔6〕降服：脱去平日华丽衣服，穿上素服。出次：搬出寝宫。乘缦（màn）：乘坐没有彩饰的车。不举：指不享用盛馔、不演奏音乐。

【译文】

梁山崩塌，晋景公派驿车紧急传召伯宗，途中遇到一辆载重的牛车翻倒在路上，挡住了去路，伯宗站起身来要牛车为传车让道，说：“给我的传车让道。”大车的车夫回答说：“传车要的是速度快，如果等我的大车避开，反倒慢了，不如走捷径绕过去。”伯宗听了很高兴，问车夫是什么地方人，车夫说：“是绛城人。”伯宗问：“听说绛城发生什么事情吗？”车夫回答说：“听说梁山崩塌了，国君用驿车传召伯宗来商量此事。”伯宗问道：“那该怎么办呢？”车夫回答说：“山体因为土壤坏朽而崩塌，还能怎么办？山川是国家的依靠，所以遇到河流干涸、山体崩塌的情况，国君通常要身着素服，离开寝宫，乘坐没有彩饰的车子，不享用盛馔、不演奏音乐，并将这件事记载在简策上告知上帝，国人要哀哭三天，依礼祭山川之神。即使伯宗来了也只能这样做，还能怎么样呢？”伯宗询问他的名字，车夫没有说；请他同去拜见晋景公，车夫也不愿意。伯宗到了绛城，就把车夫的话告诉了晋景公，景公按照车夫的意见办理了这件事。

伯宗妻谓民不戴其上难必及

伯宗朝，以喜归。其妻曰：“子貌有喜，何也？”曰：

"吾言于朝，诸大夫皆谓我智似阳子[1]。"对曰："阳子华而不实，主言而无谋，是以难及其身。子何喜焉?"伯宗曰："吾饮诸大夫酒，而与之语，尔试听之。"曰："诺。"既饮，其妻曰："诸大夫莫子若也。然而民不能戴其上久矣[2]，难必及子乎！盍亟索士整庇州犁焉[3]。"得毕阳[4]。及栾弗忌之难[5]，诸大夫害伯宗，将谋而杀之。毕阳实送州犁于荆[6]。

【注释】

〔1〕阳子：阳处父。　〔2〕戴：拥戴。　〔3〕盍：何不。亟：马上，立即。庇：庇护。州犁：伯州犁，伯宗的儿子。　〔4〕毕阳：晋国的贤人。　〔5〕栾弗忌之难：指鲁成公十五年（前576）晋国的"三郤"即郤锜、郤犨和郤至谋杀栾弗忌的事件，此事祸及伯宗。栾弗忌，晋国大夫。　〔6〕荆：楚国的别称。

【译文】

伯宗退朝，回家时很高兴。他的妻子说："你面带喜色，为了什么事啊?"伯宗回答说："我在朝中发言，大夫们都认为我像阳处父一样聪明机智。"妻子回答说："阳子这个人表面俊美而没有真本事，长于言论而缺乏谋略，因而招致杀身之祸。你有什么值得高兴的呢?"伯宗说："我请大夫们来饮酒，和他们交谈，你听听看。"妻子说："好吧。"酒席散后，他的妻子说："大夫们都不如您。但是人们已经很久不能拥戴才智超过自己的人，灾难必然会降到您头上！何不尽快安置一个得力的人来保护州犁呀。"伯宗物色到一个叫毕阳的人。当栾弗忌遭受祸难的时候，大夫们迫害伯宗，并将他杀了。毕阳护送伯州犁逃到楚国。

卷十二　晋语六

范文子不欲伐郑

厉公将伐郑[1]，范文子不欲，曰："若以吾意，诸侯皆叛，则晋可为也。唯有诸侯，故扰扰焉[2]。凡诸侯，难之本也。得郑忧滋长，焉用郑！"郤至曰："然则王者多忧乎？"文子曰："我王者也乎哉？夫王者成其德，而远人以其方贿归之[3]，故无忧。今我寡德而求王者之功，故多忧。子见无土而欲富者，乐乎哉？"

【注释】

〔1〕厉公：晋国国君，名州蒲，晋景公之子。　〔2〕扰扰：纷乱的样子。　〔3〕贿：财物。

【译文】

晋厉公将要征伐郑国，范文子不愿意，说："要按照我的看法，诸侯都叛离我们晋国，那么晋国才能得到治理。正因为这些诸侯，所以我们才搞得乱作一团。这些诸侯，是祸患的根源。如果得到了郑国，忧患会更多，哪里用得着征伐郑国！"

郤至说："这样那么，称王天下的君王忧患就多吗？"文子回答说："我们晋国是称王天下的君主吗？称王天下的君主广施德政，远方的诸侯自愿把本地的财货进献给他，因此没有什么忧患。现在我们晋国德行不足，却要求建立王天下的功业，因此忧患很多。你看那些没有土地而梦想富有的国家，能安乐吗？"

晋败楚师于鄢陵

厉公六年，伐郑，且使苦成叔及栾黡兴齐、鲁之师[1]。楚恭王帅东夷救郑[2]。楚半阵[3]，公使击之。栾书曰："君使黡也兴齐、鲁之师，请俟之。"郤至曰："不可。楚师将退，我击之，必以胜归。夫阵不违忌，一閒也[4]；夫南夷与楚来而不与阵[5]，二閒也；夫楚与郑阵而不与整，三閒也；且其士卒在阵而哗，四閒也；夫众闻哗则必惧，五閒也。郑将顾楚[6]，楚将顾夷，莫有斗心，不可失也。"公说。于是败楚师于鄢陵[7]，栾书是以怨郤至。

【注释】

〔1〕苦成叔：郤犨。栾黡：晋卿栾书的儿子。　〔2〕楚恭王：楚国国君，又作楚共王，名审，楚庄王之子。东夷：指楚国东面的少数民族。　〔3〕半阵：指尚未摆好阵列。　〔4〕违：避开。閒：通"间"，间隙，漏洞。此指可乘之机。　〔5〕南夷：指南方的少数民族。　〔6〕顾：观望。　〔7〕鄢陵：晋国地名，在今河南鄢陵西北。

【译文】

晋厉公六年，晋国讨伐郑国，并且派苦成叔和栾黡分别前往齐国、鲁国要求派兵支援。楚恭王率领东夷军队前来援救郑国。楚军还没有摆好阵列，晋厉公就下令发动进攻。栾书说："您已派栾黡他们到齐国、鲁国去请求派兵，请等它们到了之后再开战。"郤至说："不可。楚军将要撤退，我们攻击它，一定能大胜而归。楚军在晦日摆阵而不避开忌讳，这是第一个可乘之机。南夷的军队虽然与楚军同来，却没有参与布阵，这是第二个可乘之机。楚军与郑军虽然布阵，却阵列不整，这是第三个可乘之机。而且他们的兵士在阵列中吵闹喧哗，这是第四个可乘之机。众人听到喧哗就会感到恐惧，这是第五个可乘之机。如此一来，郑国军队观望楚国军队，楚国军队观望南夷军队，均无斗志，我们不能失去这个好机会啊。"晋厉公听了很高兴。于是在鄢陵打败了楚军，栾书由此而怨恨郤至。

郤至勇而知礼

鄢之战[1]，郤至以韎韦之跗注[2]，三逐楚平王卒[3]，见王必下奔退战。王使工尹襄问之以弓[4]，曰："方事之殷也[5]，有韎韦之跗注，君子也，属见不谷而下，无乃伤乎[6]？"郤至甲胄而见客[7]，免胄而听命，曰："君之外臣至[8]，以寡君之灵，间蒙甲胄，不敢当拜君命之辱，为使者故，敢三肃之[9]。"君子曰：勇以知礼。

【注释】

〔1〕鄢之战：指秦昭襄王二十八年（前279）秦国、楚国之间的战役。秦将白起奉昭襄王命讨伐楚国，引水浇灌，攻取鄢城（今湖北宜城）。　〔2〕韎韦：赤黄色的软牛皮。跗（fū）注：古代的一种军服，衣裤相连，裤长至脚背。　〔3〕三：多次。楚平王：当为楚共（或作恭）王。　〔4〕工尹：楚国官名，掌管百工和手工业。襄：人名。　〔5〕方：当。殷：激烈，紧张。　〔6〕伤：此指劳累。〔7〕甲胄：名次动用，披盔戴甲。　〔8〕君之外臣：一国大夫对他国君主自称"君之外臣"。　〔9〕肃：肃拜之礼，作揖垂手至地。

【译文】

鄢陵一战中，郤至穿着赤黄色的皮军服，多次追逐楚共王的兵士，但是每次看见楚共王，总是下车快跑，并退出战斗的行列。楚共王让名叫襄的工尹送给郤至一张弓表示问候，说："当仗打得正紧张的时候，有一位穿赤黄皮军服的人，是个君子，每次遇见我都下车快跑，恐怕太累了吧？"郤至披盔戴甲接见了工尹襄，摘下头盔听取楚共王的致意，说："贵国国君的外臣郤至，依仗我们君主的灵威，现在身着盔甲，因此不能下拜接受贤君的慰问。因为使者的缘故，谨行三个肃拜之礼！"君子评论说：郤至勇敢而又懂得礼节。

范文子论内睦而后图外

鄢之役，晋人欲争郑，范文子不欲，曰："吾闻之，为人臣者，能内睦而后图外〔1〕，不睦内而图外，必有内争，盍姑谋睦乎〔2〕！考讯其阜以出〔3〕，则怨靖〔4〕。"

【注释】

〔1〕内睦：指国内和睦。图外：谋求外部利益。　〔2〕姑：暂且。　〔3〕考讯：考察讯问。阜：众，大众。　〔4〕靖：安定，平息。

【译文】

鄢陵战役，晋国想让郑国归附自己。范文子不愿意，说："我听说，作为臣子，搞好内部团结后再去谋求国外利益，内部不团结而去谋求国外利益，一定会引发内部纷争，为什么不先想办法搞好国内的团结呢！考查咨询一下民众的情况再决定是否出兵，那国内的怨声就会平息了。"

范文子论私难必作

反自鄢，范文子谓其宗、祝曰[1]："君骄泰而有烈[2]，夫以德胜者犹惧失之，而况骄泰乎？君多私[3]，今以胜归，私必昭。昭私，难必作，吾恐及焉。凡吾宗、祝，为我祈死，先难为免[4]。"七年夏[5]，范文子卒。冬，难作，始于三郤，卒于公[6]。

【注释】

〔1〕宗、祝：宗伯和太祝。此指文子家中掌管祭祀的家臣。〔2〕骄泰：骄纵奢侈。烈：功业。　〔3〕私：指宠幸的近侍臣妾。〔4〕先难：在祸难发生之前。　〔5〕七年：指晋厉公七年（前574）。〔6〕难作：发生祸难。卒：最后，最终。公：晋厉公。

【译文】

从鄢陵回国，范文子对族里主持祭祀的宗人、祝史说："我们国君骄侈淫逸却又打了胜仗，即使依靠德行取胜还害怕失掉战果，更何况骄纵奢侈呢？国君宠幸的近侍臣妾太多，现在胜利归来，必定大肆封赏私幸之人。私幸的情况严重，祸难一定会发生，我害怕遭受祸难。凡是我的宗人、祝史，祈祷我尽早死掉，赶在发难之前死掉就可以免遭祸难。"晋厉公七年的夏天，范文子死。这年冬天，晋国果然发生了祸难，最初是厉公杀三郤，最后厉公也被杀害。

栾书发郤至之罪

既战，获王子发钩〔1〕。栾书谓王子发钩曰："子告君曰〔2〕：'郤至使人劝王战〔3〕，及齐、鲁之未至也。且夫战也，微郤至王必不免。'吾归子。"发钩告君，君告栾书，栾书曰："臣固闻之，郤至欲为难，使苦成叔缓齐、鲁之师〔4〕，己劝君战，战败，将纳孙周〔5〕，事不成，故免楚王。然战而擅舍国君〔6〕，而受其问〔7〕，不亦大罪乎？且今君若使之于周，必见孙周。"君曰："诺。"栾书使人谓孙周曰："郤至将往，必见之！"

【注释】

〔1〕获：俘获。发钩：楚公子，名茷。　〔2〕君：指晋厉公。〔3〕王：指楚恭王。　〔4〕苦成叔：郤犨。缓：延迟。　〔5〕孙周：

晋悼公，名周，一作纠。〔6〕擅：擅自。舍：放走。〔7〕受：接受。问：慰问，问候。

【译文】

鄢陵战役开战之后，晋国俘获了楚国王子发钩。栾书对王子发钩说："你告诉厉公说：'郤至派人劝说楚王和晋国打仗，趁着齐、鲁两国军队还未到就开战。而且在打仗时，如果没有郤至的帮助，楚王一定难以脱身。'我就放你回国。"发钩对晋厉公说了这番话，厉公告诉了栾书，栾书说："我早就听说了，郤至准备发难，让苦成叔故意延迟齐、鲁两国出兵，自己却劝说君主对楚开战，如果晋军战败，就迎接孙周为君，结果楚国战败，因此故意放走楚王。然而在战斗中擅自放走敌国君主，并接受敌君的慰问，这不也是大罪吗？即使现在您派他出使到周，他也一定会去见孙周。"厉公说："好吧。"栾书又派人对孙周说："郤至将要到周，你一定要接见他！"

郤至聘于周，公使觇之〔1〕，见孙周。是故使胥之昧与夷羊五刺郤至、苦成叔及郤锜〔2〕，郤锜谓郤至曰："君不道于我，我欲以吾宗与吾党夹而攻之，虽死必败〔3〕，君必危，其可乎？"郤至曰："不可。至闻之，武人不乱，智人不诈，仁人不党〔4〕。夫利君之富，富以聚党，利党以危君，君之杀我也后矣〔5〕。且众何罪，钧之死也〔6〕，不若听君之命。"是故皆自杀。既刺三郤，栾书弑厉公，乃纳孙周而立之，实为悼公〔7〕。

【注释】

〔1〕觇（chān）：窥视。〔2〕胥之昧、夷羊五：二人都是晋厉

公的宠臣。郤至、郤犨及郤锜：指上文所说的“三郤”。〔3〕必败：指国家必定会衰败。〔4〕武人：勇武之人。乱：作乱。党：结党营私。〔5〕后：迟，晚。〔6〕钧：通“均”，同样。〔7〕实：通“是”，这。

【译文】

郤至到周访问，晋厉公派人暗中监视他，郤至果然前往拜见孙周。所以厉公就派胥之昧、夷羊五去刺杀郤至、郤犨和郤锜，郤锜对郤至说：“晋厉公不讲君臣道义而要杀害我们，我打算带着族人和亲信一起围攻他，即使我们战死了，晋国也一定会衰败，晋君也一定会遭受危难。这样做可以吗？”郤至说：“不可以。我听说，勇武的人不会发动叛乱，聪明的人不采用欺诈手段，仁义的人不会结党营私。我们从君主那里获得俸禄富起来，富起来之后却聚众结党，并操纵党徒去危害君主，如果是这样君主早就该让人来杀我们了。况且族人亲信又有什么罪过，而让他们去送死？反正都是死，不如听从国君的命令。”因此三郤都放弃抗争而被杀死。三郤被杀之后，栾书又弑杀了晋厉公，于是把孙周接回晋国继位，这就是晋悼公。

长鱼矫胁栾中行

长鱼矫既杀三郤[1]，乃胁栾、中行而言于公曰[2]：“不杀此二子者，忧必及君。”公曰：“一旦而尸三卿，不可益也[3]。”对曰：“臣闻之，乱在内为宄[4]，在外为奸，御宄以德，御奸以刑。今治政而内乱，不可谓德。除鲠而避强[5]，不可谓刑。德刑不立，奸宄并至，臣脆弱，不能忍俟也。”乃奔狄[6]。三月，厉公弑[7]。

【注释】

〔1〕长鱼矫：晋国大夫，厉公的近臣。〔2〕胁：劫持。栾、中行：指栾书和中行偃。二人均为晋国执政卿大夫。〔3〕尸：杀死，陈尸。益：增加。〔4〕宄（guǐ）：奸邪，作乱。〔5〕鲠：祸害。韦昭注“鲠，害也”。〔6〕狄：指邻近晋国的一个少数民族邦国。〔7〕弑：此指被杀。

【译文】

长鱼矫杀了三郤后，便挟持了栾书、中行偃，并对晋厉公说：“如果不把这两个人杀掉，忧患很快就会降临到君主身上。”厉公说：“一个早晨就杀了三个卿，不能再杀了。”长鱼矫回答说：“我听说，发生在国内的祸乱叫宄，发生在国外叫奸，抵制内乱要靠推行德政，消除外患要靠动用刑罚。现在治理政事而发生内乱，不能算是有德。消除祸害却躲避劲敌，不可以说树立刑罚。德政和刑罚都没有确立，内忧外乱一块到来，我势单力薄，不能坚持等到那时候了。”于是就投奔狄国避难。三个月后，晋厉公就被杀害了。

韩献子不从栾中行召

栾武子、中行献子围公于匠丽氏[1]，乃召韩献子，献子辞曰：“弑君以求威，非吾所能为也。威行为不仁，事废为不智，享一利亦得一恶，非所务也。昔者吾蓄于赵氏〔2〕，赵孟姬之谗〔3〕，吾能违兵。人有言曰：‘杀老牛莫之敢尸〔4〕。’而况君乎？二三子不能事君，安用厥也！”中行偃欲伐之，栾书曰：“不可。其身果而辞顺。顺无不行，果无不彻，犯顺不祥，伐果不克，夫以果戾顺行，民不犯也，吾虽欲攻之，其能乎！”乃止。

【注释】

〔1〕栾武子：栾书。中行献子：中行偃。匠丽氏：晋国的下大夫，厉公的嬖臣。〔2〕畜：养。赵氏：指赵盾。〔3〕赵孟姬之谗：指鲁成公八年(前583)孟姬向晋景公进谗言，杀害赵同、赵括一事。赵孟姬，是赵盾儿子赵朔的妻子，晋景公的姐姐。〔4〕尸：主，做主。

【译文】

栾武子、中行献子把晋厉公包围在匠丽氏家里，便召唤韩献子前去，韩献子推辞说：“杀害国君来显示威风，这不是我所能做的。对君主施威不仁德，事情办不成不明智，得到一点利益，却背上一个恶名，这不是我应该干的。从前我做赵氏的家臣，孟姬进谗言害得赵氏被灭门，我都能坚持不出兵。人们有句俗语说：‘杀一头老牛，也没有人愿意作主。’更何况是杀君主呢？你们既然不能遵从臣道事奉君主，哪里还用得着我韩厥呢！”中行偃想要讨伐韩献子，栾书说：“不可以。韩厥处事果断而言辞合乎情理。合乎情理的事情没有行不通的，处事果断没有实现不了的。忤逆合乎情理的事情不吉祥，讨伐果断的人难以成功。他果断而又顺理行事，百姓肯定听从他，我们即便想进攻伐他，能做得到吗？”于是便没有讨伐韩献子。

卷十三　晋语七

栾武子立悼公

既弑厉公，栾武子使智武子、彘恭子如周迎悼公[1]。庚午，大夫逆于清原[2]。公言于诸大夫曰："孤始愿不及此，孤之及此，天也。抑人之有元君，将禀命焉[3]。若禀而弃之，是焚谷也；其禀而不材，是谷不成也。谷之不成，孤之咎也[4]；成而焚之，二三子之虐也。孤欲长处其愿，出令将不敢不成，二三子为令之不从，故求元君而访焉[5]。孤之不元，废也，其谁怨？元而以虐奉之，二三子之制也[6]。若欲奉元以济大义，将在今日；若欲暴虐以离百姓，反易民常[7]，亦在今日。图之进退，愿由今日。"大夫对曰："君镇抚群臣而大庇荫之[8]，无乃不堪君训而陷于大戮[9]，以烦刑、史[10]，辱君之允令[11]，敢不承业。"乃盟而入。

【注释】

〔1〕智武子：智罃。彘恭子：士鲂，士会的儿子。食邑在彘，恭

是他的谥号。悼公：晋悼公，即前文的孙周。〔2〕庚午：鲁成公十八年正月十五。清原：晋国边境的小城，在今山西稷山东南。〔3〕元君：贤明的君主。禀命：听命。〔4〕咎：过错。〔5〕访：咨询，谋划。〔6〕制：专制，专横。〔7〕常：法规，规则。〔8〕庇荫：保护。〔9〕大戮：指处死并陈尸示众。〔10〕刑：指掌管刑法的官员。史：负责记事的史官。〔11〕允：信。

【译文】

杀了晋厉公之后，栾武子派荀罃、士鲂前往周都迎接悼公。正月十五这天，众大夫都在清原迎接。晋悼公对众大夫说："我原本没想到能做国君，我如今将回国做国君，这是天意。臣民有贤明的国君，就要听命于君主。如果接受了命令却不听从，那就好比把粮食烧掉；如果得到的命令不可行，那就像粮食没长成。粮食没长成，是寡人的罪过；粮食成熟了你们却烧掉它，那就是你们的糟蹋东西了。我要长久地巩固君位，不敢发布不成熟的号令，只因为你们诸位大夫发布命令百姓不听从，所以才求助于明君来谋划。如果寡人不贤明，被废黜，又能怨恨谁呢？如果我贤明而你们暴虐地对待我，那就是你们太专制了。如果拥立明君促成大义，就在今天；如果施行暴虐离散百姓，改变百姓事奉君主的常法，也在今天。你们考虑一下利害关系，立不立我为君都在今天决定。"大夫们回答说："君主安抚而且大力保护我们群臣，我们唯恐不能很好地接受国君的训令，而陷于刑罚杀戮，以至于烦劳法官、史官来为我们定罪记过，从而辱没君主的信令。我们哪里敢不遵从政令呢？"于是就结盟回国。

辛巳，朝于武宫〔1〕。定百事，立百官，育门子〔2〕，选贤良，兴旧族[3]，出滞赏[4]，毕故刑[5]，赦囚系，宥闲罪[6]，荐积德[7]，逮鳏寡[8]，振废淹[9]，养老幼，恤孤疾，年过七十，公亲见之，称曰王父[10]，敢不承[11]。

【注释】

〔1〕辛巳：鲁成公十八年（前573）正月二十六日。武宫：晋武公的庙。　〔2〕门子：卿大夫的嫡子。《周礼·春官·大宗伯》曰："其正室皆谓之门子。"　〔3〕兴旧族：重新提拔重用旧臣后人。〔4〕滞赏：过去应该给予而没有落实的奖赏。　〔5〕毕故刑：停止以前判定的刑罚。　〔6〕宥闲罪：宽宥有嫌疑的犯人。　〔7〕荐：推荐，重用。　〔8〕逮：及，惠及。　〔9〕振废淹：起用被废除及埋没的人才。振，起用。废，弃也。　〔10〕王父：指祖父。〔11〕承:遵从，服从。

【译文】

正月十六这天，悼公到武公庙朝祭。商定国家大事，任命文武百官，培养大夫嫡子，选用贤良人才，起用旧臣的子弟，补赏过去的有功之臣，取消过去判定的刑罚，赦免囚犯，宽宥嫌疑犯，推荐积德的人，赈济鳏夫寡妇，起用被埋没的贤才，敬养老人，抚育儿童，体恤孤儿残疾，年过七十的老人，悼公要亲自接见，称呼他们为祖父，老人们没有不愿意听命的。

悼公即位

二月乙酉，公即位[1]。使吕宣子将下军[2]，曰："邲之役，吕锜佐智庄子于上军[3]，获楚公子谷臣与连尹襄老[4]，以免子羽[5]。鄢之役，亲射楚王而败楚师，以定晋国而无后[6]，其子孙不可不崇也[7]。”

【注释】

〔1〕乙酉：初一。公：晋悼公。　〔2〕吕宣子：吕相，谥号曰“宣”，故史称吕宣子。　〔3〕邲（bì）之役：指鲁庄公十二年楚晋两国在邲地进行的一场战役。吕锜：吕相的父亲。智庄子：荀首，谥号曰“庄”，史称智庄子。上军：据《左传·宣公十二年》记载，当为“下军”。　〔4〕谷臣：楚庄王的儿子。连尹：春秋时楚国官名，主射官。襄老：楚国连尹名。　〔5〕子羽：智武子。名罃，字子羽，谥号武，智庄子之子。在邲地战斗中，子羽被楚军俘获，晋军也俘虏了楚公子谷臣，并射杀了连尹襄老，鲁成公三年晋国用谷臣和襄老的尸体换回子羽。〔6〕无后：指后代没有在上位做高官的。　〔7〕崇：高。此指提拔。

【译文】

二月初一这天，晋悼公即位。让吕宣子做下军元帅，并且说：“在邲地的战斗中，吕锜在下军中辅佐智庄子，俘虏了楚国公子谷臣与连尹襄老，才使子羽免于被俘之难。在鄢陵战役中，吕锜亲手射中了楚恭王的眼睛，大败楚军，使晋国免于危乱，而他的后代却没有在上位做高官的，他的子孙不能不提拔。”

使彘恭子将新军[1]，曰：“武子之季、文子之母弟也[2]。武子宣法以定晋国，至于今是用。文子勤身以定诸侯，至于今是赖。夫二子之德，其可忘乎！”故以彘季屏其宗[3]。

【注释】

〔1〕彘恭子：士鲂。〔2〕武子：士会。季：指小儿子。文子：士燮。〔3〕彘季：士鲂。食采于彘，称彘恭子。又因他是士会的小儿子，故又称彘季。屏：遮挡，保卫。

【译文】

让彘恭子做新军元帅，并且说："他是范武子士会的小儿子，范文子士燮的一母兄弟。范武子严明法纪，安定了晋国，其法令直到现在还被使用。范文子身先士卒，不辞劳苦，平定了诸侯，直到现在还仰赖他立下的功勋。这武子、文子的功德，怎么可以忘记呢？"因此让彘季保卫他的宗族。

使令狐文子佐之[1]，曰："昔克潞之役[2]，秦来图败晋功，魏颗以其身却退秦师于辅氏[3]，亲止杜回[4]，其勋铭于景钟[5]。至于今不育，其子不可不兴也。"

【注释】

〔1〕令狐：晋地名，在今山西临猗西。文子：魏颗的儿子魏颉。因食邑在令狐，文子是他的谥号，故称令狐文子。佐：辅佐，此指做副帅。〔2〕克：战胜。潞：邻近晋国的狄族一个国名。〔3〕魏颗：令狐文子的父亲。辅氏：晋地名在今陕西大荔东。〔4〕止：俘获。杜回：秦国有名的力士。〔5〕铭：刻。景钟：春秋晋景公所铸之钟。

【译文】

让令狐文子担任新军副元帅，并且说："过去在战胜潞国的那场战役中，秦国意图挫败晋国，魏颗亲自上阵并在辅氏击退秦军，亲手俘虏了力士杜回，他的卓著功勋被铭刻于景公钟上。到今天他的后代却没得到举荐，他的儿子不能不起用。”

君知士贞子之帅志博闻而宣惠于教也[1]，使为太傅[2]。知右行辛之能以数宣物定功也[3]，使为元司空[4]。知栾纠之能御以和于政也[5]，使为戎御[6]。知荀宾之有力而不暴也[7]，使为戎右[8]。

【注释】

〔1〕士贞子：士渥浊，士穆子的儿子。帅志：尽心竭力，专心致志。帅，循也。〔2〕太傅：官名，是古代君王太子的老师。〔3〕右行辛：贾辛，晋国大夫。宣：周遍。〔4〕元司空：武官名，春秋时晋国中军司空的别称。〔5〕栾纠：弁纠，晋国大夫。〔6〕戎御：此指为君主驾驶战车。〔7〕荀宾：晋国大夫。〔8〕戎右：君主战车的车右，负责保卫君主。

【译文】

悼公知道士贞子专心治学，知识渊博，而且对教育竭心尽力，让他做太子太傅。知道右行辛长于核算统计，通晓物理而成就功业，让他做中军司空。知道栾纠善于驾车来配合军政，让他来驾驶国君的战车。知道荀宾有气力而不暴躁，让他做君车的护卫。

栾伯请公族大夫[1]，公曰：“荀家惇惠[2]，荀会文敏[3]，黡也果敢[4]，无忌镇静[5]，使兹四人者为之。夫膏粱之性难正也[6]，故使惇惠者教之，使文敏者导之，使果敢者谂之[7]，使镇静者修之。惇惠者教之，则徧而不倦；

文敏者导之，则婉而入；果敢者谂之，则过不隐；镇静者修之，则壹[8]。”使兹四人者为公族大夫。

【注释】

〔1〕栾伯：栾武子。公族大夫：官名，掌管公族及卿大夫子弟管理教育。 〔2〕荀家：晋国大夫。惇惠：敦厚仁惠。 〔3〕荀会：荀家的同族人。文敏：敏而有德。 〔4〕黡：栾桓子，名黡，栾书之子。 〔5〕无忌：韩厥的儿子公族穆子。 〔6〕膏粱：精美的食物，此指富贵生活。膏，肥肉。粱，细粮。 〔7〕谂（shěn）：规谏，劝告。 〔8〕壹：专一。

【译文】

栾伯请求任命公族大夫，悼公说：“荀家敦厚仁惠，荀会聪敏有德，栾黡果敢决断，无忌稳重镇定，让这四个人担任公族大夫。对那些娇养成性难以矫正，就让敦厚仁惠的荀家去教育他们，让聪敏有德的荀会疏导他们，让果敢决断的黡规劝他们，让稳重镇定的无忌修正他们。敦厚仁惠的人教育他们，就会使之变得思维缜密而不懈怠；聪敏有德的人疏导他们，就会使之变得性情柔顺而明于事理；果敢决断的人规劝他们，就会使之有过失而不隐瞒；稳重镇定的人修正他们，就会使之变得稳重专一。”于是让这四个人任公族大夫。

公知祁奚之果而不淫也[1]，使为元尉[2]。知羊舌职之聪敏肃给也[3]，使佐之。知魏绛之勇而不乱也[4]，使为元司马[5]。知张老之智而不诈也[6]，使为元候[7]。知铎遏寇之恭敬而信强也[8]，使为舆尉[9]。知籍偃之惇帅旧职而恭给也[10]，使为舆司马[11]。知程郑端而不淫[12]，且好谏而不隐也，使为赞仆[13]。

【注释】

〔1〕祁奚：晋国大夫，名奚，字黄羊，因食邑于祁（今祁县），遂为祁氏。淫：过度。 〔2〕元尉：中军的军尉。 〔3〕羊舌职：姓羊舌，名职，晋国大夫。 〔4〕魏绛：魏颗的弟弟，晋国大夫。 〔5〕元司马：中军司马。 〔6〕张老：张孟，晋国大夫。 〔7〕元候：中军负责侦探谍报的官。 〔8〕铎遏寇：晋国大夫。 〔9〕舆尉：上军尉。 〔10〕籍偃：籍游，晋国大夫。 〔11〕舆司马：上军司马。 〔12〕程郑：晋国大夫。 〔13〕赞仆：官名，君王驾车驭马的仆从。

【译文】

悼公知道祁奚果敢而不武断，就让他担任中军尉。知道羊舌职聪明敏捷，就让他做祁奚的副手。知道魏绛勇猛而不乱法度，就让他担任中军司马。知道张老足智多谋而不欺诈，就让他担任中军的候正。知道铎遏寇恭敬而又诚实坚强，就让他担任上军尉。知道籍偃精忠职守而恭顺有加，就让他担任上军司马。知道程郑端庄而不邪僻，并且勇于谏言，毫不避讳，就让他担任车马仆从。

悼公始合诸侯

始合诸侯于虚朾以救宋[1]，使张老延君誉于四方[2]，且观道逆者。吕宣子卒[3]，公以赵文子为文也[4]，而能恤大事，使佐新军[5]。三年[6]，公始合诸侯。四年，诸侯会于鸡丘[7]，于是乎布命、结援、修好、申盟而还。令狐文子卒[8]，公以魏绛为不犯，使佐新军[9]。使张老为司马，使范献子为候奄[10]。公誉达于戎[11]。五年，诸戎来请服，使魏庄子盟之[12]，于是乎始复霸[13]。

【注释】

〔1〕虚朾：春秋时宋地，在今山东泗水县。　〔2〕延誉：播扬声誉，传扬好名声。　〔3〕吕宣子：吕相。　〔4〕赵文子：赵武，赵盾之孙，赵朔之子，晋国大夫。　〔5〕恤：体恤，关心。佐新军：做新军副帅。　〔6〕三年：晋悼公三年（前570）。　〔7〕鸡丘：晋地名，在今河北邯郸东南。　〔8〕令狐文子：魏颉。令狐，魏颉封于令狐，以此为氏。　〔9〕佐新军：做新军副帅。　〔10〕范献子：士富，范文子的同族兄弟。候奄：元候，也叫候正，古代军中负责侦察敌情的官员。　〔11〕戎：邻近晋国的戎族部落。　〔12〕魏庄子：魏绛。庄是其谥号。　〔13〕复霸：先有晋文公称霸诸侯，故称晋悼公为复霸。

【译文】

晋悼公首次会盟诸侯是在虚朾，为的是援救宋国。他让张老到各诸侯国去宣扬君主的声誉，并且顺便观察诸侯中谁是有德的，谁是逆乱的。吕宣子死后，悼公认为赵文子富有文德，而且能够顾恤军国大事，便让他担任新军副帅。悼公三年，悼公开始与各国诸侯会盟。悼公四年，诸侯在鸡丘与诸侯会盟，于是就发布政命，缔结援助合约，加强友好关系，重申盟约条款，然后回国。令狐文子死后，悼公认为魏绛严守军纪，就让他新军副帅。让张老担任司马，范献子担任候奄。悼公的声誉一直传到了戎地。悼公五年，各戎部纷纷前来请求归服，悼公派魏庄子与他们缔结盟约，于是晋国开始再次称霸诸侯。

四年，会诸侯于鸡丘，魏绛为中军司马，公子扬干乱行于曲梁〔1〕，魏绛斩其仆。公谓羊舌赤曰〔2〕：“寡人属诸侯，魏绛戮寡人之弟〔3〕，为我勿失。”赤对曰：“臣闻绛之志，有事不避难，有罪不避刑，其将来辞〔4〕。”言终，魏绛至，授仆人书而伏剑。士鲂、张老交止之〔5〕。仆人授公，公读书曰〔6〕：“臣诛于扬干，不忘其死。日君乏使〔7〕，使臣狃中军之司马〔8〕。臣闻师众以顺为武〔9〕，军事有死无犯为敬，君合诸侯，臣敢不敬，君不说，请死之。”

【注释】

〔1〕扬干：晋悼公的弟弟。乱行：扰乱军列。曲梁：晋国地名，在今河北邯郸东南鸡丘附近。 〔2〕羊舌赤：羊舌职的儿子，字伯华，又称铜革伯华。 〔3〕属：会合，召集。戮寡人之弟：此指杀了扬干的仆人。 〔4〕辞：言辞，此指解释说明。 〔5〕交：一起。〔6〕书：信。 〔7〕日：昔日。乏：缺少。 〔8〕狃（niǔ）：担任，充当。 〔9〕师众：军队。

【译文】

悼公四年，晋悼公在鸡丘会盟诸侯，魏绛担任中军司马，公子扬干在曲梁扰乱了军列，魏绛斩杀了他驾车的仆人。悼公对羊舌赤说：“寡人会盟诸侯，魏绛却杀了寡人弟弟的仆从，把他抓起来，不要放走了他。”羊舌职回答说：“我听说魏绛的性格，他临事不避危难，犯了过错不避刑罚，大概他会自己会来说明情况。”话音刚落，魏绛便到了，他交给仆人一封信，就要拔剑自刎。士鲂和张老一齐制止他。仆人把信交给悼公，悼公读了他的信，上面写道：“我责罚扬干，明知道犯了死罪。昔日君主没有合适人选，让我充当中军的司马。我听说军队服从命令才算得上武威，宁死不违军纪才算是敬肃。君主会盟诸侯，我怎敢不敬守本职？君主为此不高兴，我请求以死谢罪。”

公跣而出[1]，曰：“寡人之言，兄弟之礼也。子之诛，军旅之事也，请无重寡人之过[2]。”反役[3]，与之礼食，令之佐新军。

【注释】

〔1〕跣（xiǎn）：光着脚，不穿鞋袜。古代以光脚为尊敬。〔2〕重：加重。〔3〕反役：指自盟会归来。

【译文】

悼公光着脚跑出来，说：“寡人的话，说的是兄弟之礼。你对扬干的惩罚，是军旅大事，请不要加重寡人的过错。”从盟会回来，悼公在太庙设宴款待魏绛，让并他担任新军副帅。

祁奚荐子午以自代

祁奚辞于军尉[1]，公问焉[2]，曰：“孰可？”对曰：“臣之子午可[3]。人有言曰：‘择臣莫若君，择子莫若父。’午之少也，婉以从令，游有乡[4]，处有所，好学而不戏。其壮也，强志而用命，守业而不淫。其冠也[5]，和安而好敬，柔惠小物，而镇定大事，有直质而无流心，非义不变，非上不举。若临大事，其可以贤于臣。臣请荐所能择而君比义焉。”公使祁午为军尉，殁平公[6]，军无秕政[7]。

【注释】

〔1〕辞：辞职。军尉：春秋时晋国设置的军官名。　〔2〕公：晋悼公。　〔3〕午：祁午，祁奚之子。　〔4〕乡：通“向”，方向。〔5〕冠：古代男子二十举行加冠礼，取字，以示成年。此指成年之后。〔6〕殁平公：指终平公之世，即平公在世之年。殁，死。平公，晋平公，名彪，晋悼公之子。　〔7〕秕（bǐ）政：不良的军事措施。

【译文】

祁奚请求辞去军尉的职务，晋悼公问他：“谁可以接替你做军尉？”祁奚回答说：“我的儿子祁午可以。人们有句俗语说：‘选择臣子没有谁比得上君主，选择儿子没有谁比得上父母。’祁午年幼的时候，温顺听话，外出游玩提前告诉父母去向，因事逗留告知所在，虚心好学而不贪玩。长大后，博闻强记而遵从父母意愿，坚守学业而心无旁骛。到他二十岁举行冠礼之后，更是为人平和安详，虔敬有礼，对小事物仁惠，临大事镇定从容，性格耿直而不放纵，不符合义的事不能使他改变屈从，没有长上的命令不私自行动。如果让他处理国家大事，他会比我做得更好。请允许我举荐自己的儿子，由君王审定。”于是悼公就任命祁午为军尉。在晋平公有生之年，军中没有出现过错误的政令。

魏绛谏悼公伐诸戎

五年[1]，无终子嘉父使孟乐因魏庄子纳虎豹之皮以和诸戎[2]。公曰："戎、狄无亲而好得，不若伐之。"魏绛曰："劳师于戎，而失诸华[3]，虽有功，犹得兽而失人也，安用之？且夫戎、狄荐处[4]，贵货而易土[5]。予之货而获其土，其利一也；边鄙耕农不儆[6]，其利二也；戎、狄事晋，四邻莫不震动，其利三也。君其图之！"公说，故使魏绛抚诸戎，于是乎遂伯[7]。

【注释】

〔1〕五年：晋悼公五年（前568）。　〔2〕无终：与晋国为邻的戎族小国。子：古代五等爵位之一。无终为荒蛮落后地区君主，春秋时一般称为子。嘉父：无终国的国君名字。孟乐：无终国的大臣。魏庄子：即魏绛。纳：上缴，进贡。　〔3〕华：华夏，指中原地区国家。　〔4〕荐处：群居。荐，聚集。　〔5〕货：财物。易：轻视。〔6〕儆：戒备。　〔7〕抚：安抚，抚慰。伯：通"霸"，称霸。

【译文】

晋悼公五年，无终国君主嘉父派大臣孟乐通过魏绛进献虎豹皮，请求晋国与各戎部缔结盟好。悼公说："戎人、狄人没有亲缘恩义观念而又贪婪好财，不如讨伐他们。"魏绛说："劳师征讨戎族，而失掉中原各国，即使获得成功，如同得到了禽兽却失掉了人一样，又有什么用呢？而且戎人、狄人结伙群居，看重财物而轻视土地。给他们财货而换取他们的土地，这是第一方面益处；和解之后，边境地区的百姓就不用再警戒防范了，这是第二方面益处；戎人、狄人归附晋国，四方的邻国没有不震惊的，这是第三方面益处。君主还是好好考虑考虑。”悼公听了非常高兴，就派魏绛前去抚慰戎族各部落，于是就称霸天下。

悼公使韩穆子掌公族大夫

韩献子老[1]，使公族穆子受事于朝[2]。辞曰：“厉公之乱[3]，无忌备公族[4]，不能死。臣闻之曰：‘无功庸者[5]，不敢居高位。’今无忌，智不能匡君[6]，使至于难，仁不能救，勇不能死，敢辱君朝以忝韩宗[7]，请退也。”固辞不立。悼公闻之，曰：“难虽不能死君而能让，不可不赏也。”使掌公族大夫。

【注释】

〔1〕老：告老，致仕。　〔2〕公族穆子：韩厥的长子，名无忌，晋国的公族大夫。　〔3〕厉公之乱：指晋厉公八年（前573），栾书、中行偃派程滑弑杀晋厉公事件。　〔4〕无忌：公族穆子名。备：位列，作为。　〔5〕功庸：功劳。　〔6〕匡：匡正。　〔7〕忝：辱没。

【译文】

韩献子告老致仕，晋悼公让公族穆子在朝中执掌政事。穆子推辞说："在栾书、中行偃杀害厉公时，我位列公族大夫，不能以身殉难。我听说：'没有功劳的人，不敢占据高位。'如今无忌我才智不足以匡正君主，使他惨遭祸难，仁义不足以救君主免于杀戮，勇气不足以为国捐躯，怎敢再有辱君主朝堂而使韩氏宗族蒙羞呢？请允许我辞却。"公族穆子坚持推辞而不肯就位。悼公听说了这件事，说："厉公之难时虽然不能以身殉难，但能谦让，不能不予以奖赏。"于是让他主管公族大夫。

悼公使魏绛佐新军

悼公使张老为卿，辞曰："臣不如魏绛。夫绛之智能治大官[1]，其仁可以利公室不忘，其勇不疚于刑[2]，其学不废先人之职。若在卿位，外内必平。且鸡丘之会，其官不犯而辞顺，不可不赏也。"公五命之[3]，固辞[4]，乃使为司马。使魏绛佐新军。

【注释】

〔1〕治：胜任。大官：重要职务，即卿位。　〔2〕疚：病。〔3〕五命：五次任命。　〔4〕固：坚决。

【译文】

晋悼公任命张老为卿，张老推辞说："我比不上魏绛。魏绛的才智足以胜任卿这样重要职务，他的仁义足以使他时刻牢记为国家谋利益，他的勇敢果断足以严明法纪，他勤奋好学足以继承先人的职事。如果他位在卿列，晋国内外都必然平安无事。而且在鸡丘盟会上，他居官严以执法，而言辞顺乎礼度，不能不奖赏他。”悼公先后五次任命张老为卿，他都坚决辞谢，于是便任命他为中军司马。让魏绛担任新军副帅。

悼公赐魏绛女乐歌钟

十二年[1]，公伐郑，军于萧鱼[2]。郑伯嘉来纳女、工、妾三十人[3]，女乐二八[4]，歌钟二肆[5]，及宝镈[6]，辂车十五乘[7]。公锡魏绛女乐一八、歌钟一肆[8]，曰：“子教寡人和诸戎、狄而正诸华，于今八年，七合诸侯，寡人无不得志，请与子共乐之。”魏绛辞曰：“夫和戎、狄，君之幸也。八年之中，七合诸侯，君之灵也，二三子之劳也，臣焉得之？”公曰：“微子[9]，寡人无以待戎[10]，无以济河，二三子何劳焉！子其受之。”君子曰：“能志善也[11]。”

【注释】

〔1〕十二年：晋悼公十二年（前561）。 〔2〕军：驻扎。萧鱼：郑国地名，在今河南许昌附近。 〔3〕郑伯：郑简公，名嘉，郑僖公之子。纳：进献。工：乐师。 〔4〕二八：十六。 〔5〕歌钟二肆：“歌钟”，即我们通常所说的“编钟”。“二肆”，古代编悬乐器，悬钟十六为“一肆”，二肆则为三十二只钟。 〔6〕镈（bó）：古代钟一类的青铜乐器，形状似钟而较小，平口。 〔7〕辂（lù）车：大车。乘：古代四马一车为一乘。 〔8〕锡：通“赐”，赏赐。 〔9〕微子：没有你。 〔10〕待戎：与戎狄和睦相处。 〔11〕志：识，记住。善：

善行，好处。

【译文】

晋悼公十二年，悼公出兵讨伐郑国，军队在萧鱼驻扎待命。郑简公嘉送来侍女、乐工、美妾三十人，女乐十六人，歌钟两架，还有珍贵的青铜乐器镈及辂车十五辆。悼公把其中的八名女乐和一架歌钟赐给魏绛，并且说："你教寡人亲和戎、狄，整顿中原各国，到如今八年之中，先后七次组织诸侯盟会，寡人没有不合乎意愿的，请让我和你一同享用这些礼物。"魏绛推辞说："与戎、狄部落讲和，这是君主的幸运。八年之中，七次与诸侯会盟，这是靠着君王的威灵，和其他大夫的功劳，我怎么能享用这些礼物呢？"悼公说："假如没有你，寡人没有办法与戎、狄和睦相处，也没有办法渡过黄河讨伐郑国，这哪有其他大夫的功劳呢！你还是接受这些礼物吧。"君子评论说："悼公能记住别人的善行。"

司马侯荐叔向

悼公与司马侯升台而望曰〔1〕："乐夫！"对曰："临下之乐则乐矣，德义之乐则未也。"公曰："何谓德义？"对曰："诸侯之为，日在君侧〔2〕，以其善行，以其恶戒，可谓德义矣。"公曰："孰能？"对曰："羊舌肸习于春秋〔3〕。"乃召叔向使傅太子彪〔4〕。

【注释】

〔1〕司马侯：晋国大夫汝叔齐。　〔2〕日：每天。　〔3〕羊舌

肸：复姓羊舌，字叔向，羊舌职次子，晋国大夫。〔4〕傅：辅导。太子彪：晋悼公的太子，名彪，即后来的晋平公。

【译文】

晋悼公和司马侯一同登台远望，说："真快乐啊！"司马侯回答说："居高临下欣赏景色的快乐是感觉到了，然而，德义的快乐还没有实现。"悼公问道："什么是德义？"司马侯回答说："诸侯所该做的是，每天在国君的身边，认为是对的就去执行，认为不对的就要劝诫，这样可称得上德义了。"悼公问道："谁能做到这些呢？"司马侯回答说："叔向熟读历史典籍。"于是悼公就召见叔向，命他教导太子彪。

卷十四　晋语八

阳毕教平公灭栾氏

平公六年[1]，箕遗及黄渊、嘉父作乱[2]，不克而死。公遂逐群贼，谓阳毕曰[3]："自穆侯以至于今[4]，乱兵不辍[5]，民志不厌，祸败无已[6]。离民且速寇[7]，恐及吾身，若之何？"阳毕对曰："本根犹树，枝叶益长，本根益茂，是以难已也。今若大其柯[8]，去其枝叶，绝其本根，可以少闲[9]。"

【注释】

〔1〕平公六年：晋平公六年（前522）。平公，晋国国君，名彪，晋悼公之子。　〔2〕箕遗、黄渊、嘉父：三人均为晋国大夫，是栾盈的党羽。　〔3〕阳毕：晋国大夫。　〔4〕穆侯：晋始祖唐叔的八世孙、桓叔的父亲，名费生（《史记》作"费王"）。　〔5〕乱兵不辍：指自桓叔以来，战乱不息。辍，停止。　〔6〕厌：满足。已：停息。〔7〕速：招致。　〔8〕柯（kē）：斧子的柄。此指大斧。　〔9〕少：通"稍"，稍微。闲：平息。

【译文】

晋平公六年，箕遗、黄渊、嘉父几个人发动变乱，失败后被杀。平公借机驱逐了他们的党徒，对阳毕说：“从穆侯到现在，战乱不息，民心不足，祸乱接连不断。离弃百姓而招致外患，恐怕要降临到我身上，我该怎么办呢?”阳毕回答说：“导致祸乱的根源还在，枝叶越长，本根也就越旺盛，因而祸乱难以平息。如今若用大斧头，砍掉它的枝叶，挖断它的树根，可以稍微平息一些。”

公曰：“子实图之。”对曰：“图在明训，明训在威权，威权在君。君抡贤人之后有常位于国者而立之[1]，亦抡逞志亏君以乱国者之后而去之[2]，是遂威而远权[3]。民畏其威，而怀其德[4]，莫能勿从。若从，则民心皆可畜。畜其心而知其欲恶，人孰偷生？若不偷生，则莫思乱矣。且夫栾氏之诬晋国久也[5]，栾书实覆宗[6]，弑厉公以厚其家，若灭栾氏，则民威矣，今吾若起瑕、原、韩、魏之后而赏立之[7]，则民怀矣。威与怀各当其所，则国安矣，君治而国安，欲作乱者谁与[8]？”

【注释】

〔1〕抡（lún）：选择。　〔2〕逞志：放纵私心，肆意妄为。〔3〕远权：权及后嗣。即政权长存。　〔4〕怀：惦念。　〔5〕诬：欺罔。　〔6〕覆宗：覆灭大宗。指弑杀厉公。　〔7〕瑕：瑕嘉。原：原轸。韩：韩万。魏：毕万，晋厉公灭魏，封毕万于魏。以上四人都有功于晋国。　〔8〕与：赞同，支持。

【译文】

平公说："你想办法谋划一下这件事。"阳毕回答说："谋划的重点在于申明政令，申明政令的关键在于树立权威，权威掌控在君主手里。国君要选择世代有功于晋国的贤人的后代加以重用，还要选出那些放纵私心害君乱国者的后代而加以驱逐，这样就能彰显君威，使政权长存。百姓畏惧君主的权威，惦念他的恩德，就没有谁不服从的了。如果百姓都服从了，那么民心就可以加以培养了。培养民心而了解他们的好恶，那还有谁会苟且偷生呢？如果没有人苟且偷生，那么百姓就没有人想着叛乱了。况且栾氏欺罔晋国已经很长时间了，栾书灭掉了晋国的大宗，杀害了厉公来加强他自家的实力。假如除掉了栾氏，那百姓就感觉到了君主的权威。现在如果重新提拔使用瑕嘉、原轸、韩万、毕万的后代，并给他们封赏，那么百姓就会怀念君主的恩德。权威与怀恩都运用得恰如其分，那国家就安定了，您把国家治理的安定了，即使有人想作乱，还有谁会支持他呢？"

君曰："栾书立吾先君[1]，栾盈不获罪[2]，如何？"阳毕曰："夫正国者，不可以暱于权[3]，行权不可以隐于私。暱于权，则民不导；行权隐于私，则政不行。政不行，何以导民？民之不导，亦无君也。则其为暱与隐也，复害矣[4]，且勤身。君其图之。若爱栾盈，则明逐群贼[5]，而以国伦数而遣之[6]，厚箴戒图以待之。彼若求逞志而报于君，罪孰大焉，灭之犹少[7]。彼若不敢而远逃，乃厚其外交而勉之，以报其德，不亦可乎？"

【注释】

〔1〕栾书立吾先君：指前573年栾书等弑晋厉公而立悼公之事。先君，指晋悼公。〔2〕栾盈：栾怀子。获罪：犯罪。〔3〕暱(nì)：亲近。权：权宜。〔4〕复害：反为其害。〔5〕明：公开。群贼：指栾盈的党羽。〔6〕国伦：治国的道理。数：数落，列举罪过。〔7〕少：轻，不够。

【译文】

平公说："过去栾书帮助我的先君即位，栾盈也不曾犯下罪过，怎么能灭掉栾氏一族呢？"阳毕回答说："执掌国政的人，不可只着眼于权宜之利，履行职责，不可以徇私情而包庇罪过。只着眼权宜之利，就不能有效地训导百姓；履行职责而徇私包庇，就难以推行政令。政令不能推行，那拿什么来训导百姓？不能训导百姓，也就和没有君主一样了。只着眼于权宜之利和徇私情而庇护罪过的做法，反而会给国家带来祸害，并且还会让君主劳心应对。您还是好好考虑一下吧。如果怜惜栾盈，那就公开驱逐他的党羽，再从治国之道角度来列举他的罪过，打发他离开，并严厉地规劝和告诫他，防备他图谋不轨。如果他胆大妄为要报复您，那就是罪大恶极，即便是灭了他的宗族还算是轻的。他如果不敢造反而远逃他方，我们可以给他所逃往的国家多送些礼物，让他们多予照顾，以此来报答栾氏（拥立先君）的恩德，不是也可以吗？"

公许诺，尽逐群贼而使祁午及阳毕适曲沃逐栾盈〔1〕，栾盈出奔楚。遂令于国人曰："自文公以来有力于先君而子孙不立者，将授立之，得之者赏。"居三年〔2〕，栾盈昼入，为贼于绛〔3〕。范宣子以公入于襄公之宫〔4〕，栾盈不克，出奔曲沃，遂刺栾盈，灭栾氏。是以没平公之身无内乱也。

【注释】

〔1〕祁午：晋国大夫，祁奚之子。阳毕：晋国大夫。〔2〕居三年：过了三年。〔3〕贼：作乱。绛：晋国首都，在今山西侯马市。〔4〕范宣子：范匄，晋国正卿。襄公之宫：晋襄公庙。

【译文】

平公答应了阳毕的请求，驱逐了栾氏的党羽，并派祁午、阳毕去曲沃遣走栾盈，栾盈奔走楚国。于是平公向国人下令说："自晋文公至今，凡是有功于先君但子孙不在官位的，将授官立爵，提供有功者子孙下落的也给予奖赏。"三年之后，栾盈大白天回到晋国，并在首都绛城发动叛乱。范宣子把平公安置在襄公的庙里避难，栾盈叛乱没有得逞，逃到曲沃，于是晋军刺杀了栾盈，灭了栾氏一族。因此在平公有生之年，晋国没有再发生过内乱。

辛俞从栾氏出奔

栾怀子之出〔1〕，执政使栾氏之臣勿从〔2〕，从栾氏者为大戮施。栾氏之臣辛俞行〔3〕，吏执之，献诸公。公曰："国有大令〔4〕，何故犯之？"对曰："臣顺之也，岂敢犯之？执政曰'无从栾氏而从君'，是明令必从君也。臣闻之曰：'三世事家，君之〔5〕；再世以下，主之〔6〕。'事君以死，事主以勤，君之明令也。自臣之祖，以无大援于晋国〔7〕，世隶于栾氏，于今三世矣，臣故不敢不君。今执政曰‘不从君者为大戮’，臣敢忘其死而叛其君，以烦司寇[8]。”

【注释】

〔1〕栾怀子：栾盈。出：出奔。　〔2〕执政：指晋国执政正卿范宣子。栾子之臣：栾氏党徒。　〔3〕辛俞：栾盈的家臣。行：从，跟从栾怀子出逃。　〔4〕大令：即上文禁止家臣跟随出逃的命令。〔5〕三世：三代。家：指大夫。君之：视之如君。　〔6〕再世：两代。主之：视之如主人。　〔7〕大援：指坚实的靠山，有力的后盾。〔8〕烦：劳烦，麻烦。

【译文】

栾盈逃往楚国，晋国的执政范宣子禁止栾氏的家臣跟从逃往，跟从栾氏的一律处斩，并陈尸示众。栾氏的家臣辛俞却跟从栾盈出逃，被官吏拘捕，交给了晋平公。平公说：“国家明令禁止，为什么要违反它？”辛俞回答说：“我是在遵守命令，怎么敢违反它呢？执政说‘不要追随栾氏，要效忠君主’，这是明确规定必须效忠君主。我听说：‘连续三代做大夫的家臣，就要像对待君主那样事奉大夫，两代以下，要事奉大夫如主人。’事奉君主要以死效命，事奉主人要勤于职守，这是君主明确的教令。自我祖父开始，因为在晋国没有坚实的靠山，世代跟随栾氏，到如今已经有三代了，我故而不敢不待栾氏如同君主一般。现在执政官员说‘不效忠君主的要被处死’，我哪里冒死来背叛我的君主，来麻烦司法官对我动刑呢？”

公说，固止之[1]，不可，厚赂之[2]，辞曰：“臣尝陈辞矣，心以守志，辞以行之，所以事君也。若受君赐，是堕其前言[3]。君问而陈辞，未退而逆之[4]，何以事君?”君知其不可得也，乃遣之。

【注释】

〔1〕固：坚决，一再。 〔2〕赂：以财物收买。 〔3〕堕：毁坏。 〔4〕逆：违背，背弃。

【译文】

平公听了很高兴，一再劝阻他不要跟随栾氏外逃，辛俞执意不肯，利用高官厚禄来笼络他，辛俞推辞说：“我已经讲过了，要用忠心来坚守志向，要言出必行，这是事奉君主的基本要求。如果我接受了您的赏赐，那就就自食前言。您问而我慷慨陈词，还没退下就违背了它，那还拿什么来事奉您呢?”平公明白难以挽留，于是便把他放了。

叔向母谓羊舌氏必灭

叔鱼生[1]，其母视之，曰：“是虎目而豕喙[2]，鸢肩而牛腹[3]，溪壑可盈[4]，是不可餍也[5]，必以贿死[6]。”遂不视。杨食我生[7]，叔向之母闻之，往，及堂，闻其号也，乃还，曰：“其声，豺狼之声，终灭羊舌氏之宗者，必是子也。”

【注释】

〔1〕叔鱼：羊舌鲋，叔向的同母弟弟，晋国大夫。叔鱼是其字。

〔2〕喙（huì）：嘴。 〔3〕鸢肩：肩耸如鹰。鸢，鹰。牛腹：腹大如牛腹。 〔4〕盈：满。 〔5〕餍（yàn）：本义是吃饱，引申为满足。〔6〕贿：财物。 〔7〕杨食我：叔向的儿子，名伯石。叔向的封邑在杨，故称杨食我。

【译文】

叔鱼出生时，他的母亲看了之后，说："这孩子长着虎眼猪嘴，鹰肩牛腹，溪壑还可以填满，他的贪欲没有满足的时候，将来一定会为财货而死。"于是便不亲自教养他。杨食我出生的时候，叔向的母亲听说后前去探望，才到堂前，听到婴儿的嚎哭声就回去了，说："这哭声像豺狼一般，最终使羊舌氏家族毁灭的，一定是这个孩子。"

叔孙穆子论死而不朽

鲁襄公使叔孙穆子来聘[1]，范宣子问焉[2]，曰："人有言曰'死而不朽'，何谓也？"穆子未对。宣子曰："昔匄之祖[3]，自虞以上为陶唐氏[4]，在夏为御龙氏[5]，在商为豕韦氏[6]，在周为唐、杜氏[7]。周卑，晋继之，为范氏，其此之谓也？"对曰："以豹所闻，此之谓世禄，非不朽也。鲁先大夫臧文仲[8]，其身殁矣[9]，其言立于后世，此之谓死而不朽。"

【注释】

〔1〕鲁襄公：鲁国国君，名午，鲁成公之子。叔孙穆子：名豹，

鲁国正卿。 〔2〕范宣子：士匄。 〔3〕匄：范宣子自称。祖：祖先，远祖。 〔4〕虞：指舜帝，相传为有虞部落的首领，史称虞舜。陶唐氏：指尧帝，尧最初居于陶，后封在唐，史称陶唐氏。 〔5〕御龙氏：陶唐氏的后代，传说夏代时刘累学养龙，以事孔甲，孔甲赐姓为御龙氏。 〔6〕豕韦氏：尧的后代，在商时为豕韦氏。 〔7〕唐、杜：二国名。豕韦氏在商代末年改国号为唐，周成王灭唐后迁至杜，称杜伯。 〔8〕先：对已故人的称呼。臧文仲：姬姓，臧氏，名辰，谥文，因其排行第二，故死后又称臧文仲。春秋时期鲁国正卿。 〔9〕殁:死。

【译文】

鲁襄公派叔孙穆子来晋国友好访问，范宣子向他咨询说："百姓有句话叫'死而不朽'，这是什么意思啊?"穆子没有作答。范宣子说："过去我的远祖，在舜帝之前为陶唐氏，在夏朝时为御龙氏，在商朝为豕韦氏，在周朝为唐、杜氏。周王朝衰落之后，晋国接替它为诸侯盟主，为范氏。'死而不朽'大概说的就是这种情况吧?"穆子回答说："根据我听过的说法，这叫做世代享有禄位，并非死而不朽。鲁国前大夫臧文仲，他人虽死了，但其言论还被后世传颂，这才叫做'死而不朽。'"

訾祏死范宣子勉范献子

訾祏死〔1〕，范宣子谓献子曰〔2〕："鞅乎！昔者吾有訾祏也，吾朝夕顾焉〔3〕，以相晋国〔4〕，且为吾家〔5〕。今吾观女也，专则不能，谋则无与也，将若之何?"对曰："鞅也，居处恭，不敢安易，敬学而好仁，和于政而好其道，谋于众不以贾好，私志虽衷[6]，不敢谓是也，必长者之由。”宣子曰：“可以免身[7]。”

【注释】

〔1〕訾祏（zǐ shí）：春秋时期晋国大夫，范宣子的家臣。〔2〕献子：范献子，名鞅，范宣子之子。〔3〕顾：问，咨询。〔4〕相：辅助。〔5〕为：治理。〔6〕私志：个人想法。衷：善，好。〔7〕免身：自身免于祸难。

【译文】

家臣訾祏死了，范宣子对儿子范献子说：“鞅啊！从前我身边有訾祏为谋士，我每天都要咨询他，来辅佐晋国，同时治理咱们家族。现在我看你，独挡一面还不行，又没有可以商谋的人，你将怎么办呢?”献子说：“我啊，平日处事要恭敬谨慎，不敢苟且，不图安逸，认真学习而爱好仁义，遵循正道妥善理政，有事和大家一起谋划，而不是以此讨好，自己的想法即便是很好，但也不敢自以为是，一定要遵从长者的意见。”宣子说：“这样可以免于祸难了。”

师旷论乐

平公说新声[1]，师旷曰[2]：“公室其将卑乎[3]！君之明兆于衰矣[4]。夫乐以开山川之风也[5]，以耀德于广远也[6]。风德以广之，风山川以远之，风物以听之，修诗以咏之，修礼以节之。夫德广远而有时节，是以远服而迩不迁[7]。”

【注释】

〔1〕平公：晋平公。说：通“悦”，喜欢。新声：指郑、卫等地流行的民间音乐，这些音乐不符合礼乐规范。 〔2〕师旷：晋国乐师，名旷。 〔3〕公室：指晋国。其：难道。卑：衰微。 〔4〕明：通“萌”，萌发。 〔5〕开：通。风：风化。 〔6〕耀：彰明。〔7〕远、迩：指远处的人和近处的人。

【译文】

晋平公喜欢一种民间新出的通俗乐曲，师旷说：“晋国大概要衰落了吧！国君的喜好已经出现衰败的兆头了。音乐能沟通各地的风化，可以把德教传播到广阔辽远的地方。宣扬德行来推广音乐，交流各地风化使音乐传播到远方，让万物都受到音乐的感化，作诗来咏唱它，制礼来节制它。德教传播到广远的地方，使劳作遵照时节，举动符合礼节，因此远处的人来降服，近处的人不迁移。”

叔向谏杀竖襄

平公射鴳[1]，不死，使竖襄搏之[2]，失。公怒，拘将杀之。叔向闻之，夕，君告之。叔向曰：“君必杀之。昔吾先君唐叔射兕于徒林[3]，殪[4]，以为大甲，以封于晋。今君嗣吾先君唐叔[5]，射鴳不死，搏之不得，是扬吾君之耻者也。君其必速杀之，勿令远闻。”君忸怩，乃趣赦之[6]。

【注释】

〔1〕鴳（yàn）：一种小鸟，即今天的鹌鹑。〔2〕竖襄：宫中的近侍小臣，名襄。搏：捕捉。〔3〕唐叔：唐叔虞，周武王幼子，是周代晋国的始祖，周成王的弟弟。兕：犀牛。徒林：林名。〔4〕殪（yì）：杀死。〔5〕嗣：继承。〔6〕忸怩（niǔ ní）：羞愧不安状。趣：马上，赶紧。

【译文】

晋平公射鹌鹑，没有死，派竖襄去捉，结果让它跑了。平公大怒，拘捕了竖襄并要杀掉他。叔向听说这件事，晚上求见平公，平公将事情的经过告诉了叔向。叔向说："您一定要把他杀掉。过去我们先君唐叔在徒林射犀牛，把它射死，用它的皮做了一副大铠甲，因此被封在晋国。如今您继承先君唐叔的君位，鹌鹑没射死，派人捉也没捉到，这是张扬您的耻辱啊。君主还是尽快把他杀掉，不要让这件事传到远处。"平公羞愧不安，于是马上赦免了竖襄。

叔向论比而不别

叔向见司马侯之子[1]，抚而泣之，曰："自此其父之死，吾蔑与比而事君矣[2]！昔者此其父始之，我终之，我始之，夫子终之，无不可。"籍偃在侧[3]，曰："君子有比乎？"叔向曰："君子比而不别。比德以赞事[4]，比也。引党以封己[5]，利己而忘君，别也。"

【注释】

〔1〕司马侯：汝叔齐，晋国大夫。 〔2〕蔑：没有。比：并肩，共同。 〔3〕籍偃：籍游，晋国的上军司马。 〔4〕赞：助。〔5〕引：持。封：厚。

【译文】

叔向见到司马侯的儿子，抚摸着他哭着说："自从他父亲死了，再没有和我并肩协作事奉国君的人了。过去他父亲在前面倡导，最终由我来完成；我在前面倡导，就由他父亲完成，事情没有不成功的。"这时籍偃刚好在旁边，说："君子也可以结伙吗？"叔向回答说："君子并肩协作，但不成朋党。同德同心，遇事互相协助，这叫做'比'。联络党朋以自重，谋求私利而抛弃君主，这叫做'别'。"

叔向与子朱不心竞而力争

秦景公使其弟鍼来求成〔1〕，叔向命召行人子员〔2〕。行人子朱曰〔3〕："朱也在此。"叔向曰："召子员。"子朱曰："朱也当御〔4〕。"叔向曰："肸也欲子员之对客也〔5〕。"子朱怒曰："皆君之臣也，班爵同〔6〕，何以黜朱也〔7〕？"抚剑就之。叔向曰："秦、晋不和久矣，今日之事幸而集〔8〕，子孙飨之〔9〕。不集，三军之士暴骨〔10〕。夫子员导宾主之言无私，子常易之。奸以事君者，吾所能御也。"拂衣从之，人救之〔11〕。平公闻之曰："晋其庶乎！吾臣之所争者大。"师旷侍，曰："公室惧卑〔12〕，其臣不心竞而力争。"

【注释】

〔1〕秦景公：秦国国君，名石（据《春秋分纪》载），秦桓公的长子。鍼(qián)：秦景公弟弟，名鍼，字伯车。求成：请求缔结友好盟约。〔2〕行人：掌管外交事务的官员。子员：外交官员名。〔3〕子朱：外交官员名。〔4〕当御：值班。〔5〕肸（xī）：羊舌肸，即叔向。〔6〕班爵同：等级爵位一样。〔7〕黜：退。〔8〕集：成，成功。〔9〕飨：通“享”，享受，受用。〔10〕暴骨：暴露尸骨。此指战死疆场。〔11〕救：止，阻止。〔12〕惧：恐怕。卑：衰落。

【译文】

秦景公派他的弟弟鍼来晋国缔结友好盟约，叔向派人召唤外交官子员。外交官子朱说：“我子朱在这里。”叔向坚持说：“召唤子员前来。”子朱说：“现在是我子朱在值班。”叔向说：“我想让子员来接待来宾。”子朱愤怒地说：“我和子员都是君主的臣子，等级爵位一样，为什么不让我接待呢？”说着拔剑挺身要和叔向动武。叔向说：“秦、晋两国关系不和已经很长时间了，今天的缔结盟约有幸能够成功，子孙都能从中受益。如果结盟不成功，全军将士将战死疆场。子员如实为宾主两国传答话语，不以自己的想法随意改动，而你却经常随意更改原意。一个用奸邪手段来事奉君主的人，我是加以提防的。”说着提起衣襟准备搏斗，众人阻止了他们。平公听到了这件事，说：“晋国大概要兴盛了吧！我的臣子所争论的问题都是国家大事。”师旷在身边陪侍，说：“晋国公室恐怕要衰微了，大臣不竞争才智而是动武搏斗。”

叔向论忠信而本固

诸侯之大夫盟于宋[1]，楚令尹子木欲袭晋军[2]，曰："若尽晋师而杀赵武[3]，则晋可弱也。"文子闻之，谓叔向曰："若之何？"叔向曰："子何患焉。忠不可暴，信不可犯，忠自中，而信自身，其为德也深矣，其为本也固矣，故不可抈也[4]。今我以忠谋诸侯，而以信覆之，荆之逆诸侯也亦云[5]，是以在此。若袭我，是自背其信而塞其忠也。信反必斃[6]，忠塞无用，安能害我？且夫合诸侯以为不信，诸侯何望焉。为此行也，荆败我，诸侯必叛之，子何爱于死[7]，死而可以固晋国之盟主，何惧焉？"

【注释】

〔1〕诸侯之大夫盟于宋：鲁襄公二十七年（前546），晋楚等诸侯国为停息相互攻伐而在宋签订盟约。 〔2〕子木：楚国令尹，名屈建，子木是其字。 〔3〕赵武：赵文子，晋国正卿。 〔4〕抈(yuè)：动摇。 〔5〕荆：楚国的别称。逆：迎接。 〔6〕斃：倒台，垮台。 〔7〕爱：吝惜。

【译文】

诸侯国的大夫在宋国举行盟会，楚国令尹子木打算袭击晋军，说："如果全歼晋军，杀了赵武，那么就可以削弱晋国实力了。"赵武听说了这件事，对叔向说："该怎么办呢？"叔向回答说："你有什么好担心的。不可以侵暴忠诚，因而不可以陵犯信义。忠诚发自内心，信义源于自我，它们作为道德非常深厚，作为根基非常坚固，所以是不可动摇的。如今我们抱着忠诚的态度为诸侯考虑，用守信义来证实我们的忠诚，楚国在迎接诸侯时也说了同样的话，因此各诸侯国得以在这里结盟。如果楚国袭击我们，那是自己背弃了信义而置身于不忠诚的境地。背弃信义一定会倒台，自陷于不忠诚境地诸侯就不为所用，怎么能来危害我们呢？况且会盟诸侯却不讲信义，那诸侯们还仰赖什么呢？楚国真要袭击我们，如果打败了我们，诸侯们也一定会背叛他们，你何必吝惜生命，如果舍了性命可以巩固晋国的盟主地位，又有什么可害怕的呢？”

是行也，以藩为军〔1〕，攀辇即利而舍〔2〕，候遮扞卫不行〔3〕，楚人不敢谋，畏晋之信也。自是没平公无楚患。

【注释】

〔1〕以藩为军：军队以篱笆为壁垒，以示不设防备。藩，篱笆。〔2〕攀：引。辇：车。利：便利。舍：驻扎。　〔3〕候遮：瞭望、隐蔽。扞卫：放哨捍卫。

【译文】

在这次诸侯盟会中，晋军以藩篱为壁垒，把战车牵引到便利的地方扎营，白天不用瞭望和掩护，夜间不设岗哨捍卫，楚国最终没敢算计晋军，是因为畏惧晋军的信义。从这以后直到平公去世，晋国再也没有受到楚国的滋扰。

叔向论务德无争先

宋之盟，楚人固请先歃[1]。叔向谓赵文子曰："夫霸王之势，在德不在先歃，子若能以忠信赞君[2]，而裨诸侯之阙[3]，歃虽在后，诸侯将载之[4]，何争于先？若违于德而以贿成事，今虽先歃，诸侯将弃之，何欲于先？昔成王盟诸侯于岐阳[5]，楚为荆蛮，置茅蕝[6]，设望表[7]，与鲜卑守燎[8]，故不与盟。今将与狎主诸侯之盟[9]，唯有德也，子务德无争先，务德，所以服楚也。"乃先楚人。

【注释】

〔1〕楚人：指楚令尹子木。固：坚持。歃：歃血。古代结盟时，结盟人要口含牲血，以表诚信，这叫做歃血。 〔2〕赞：辅佐。 〔3〕裨：补助，补救。阙：通"缺"，缺失，不足。 〔4〕载：拥戴。 〔5〕成王：周成王。岐阳：岐山的南面，岐山在今陕西岐山县东北。 〔6〕茅蕝（jué）：古代滤酒时用的茅草。 〔7〕望表：祭祀山川时所立的木制牌位。 〔8〕鲜卑：古代东北方的少数民族。燎：庭燎，庭院中点燃的柴薪。 〔9〕狎：交替，轮番。

【译文】

在宋国的诸侯盟会上，楚国坚持要求最先歃血。叔向对赵文子说："诸侯霸主的威势，在于德行的高下，而不在于谁先歃血，你如果能以忠信来辅佐君主，补救诸侯的不足，歃血即使在后，各国的诸侯还是会拥戴你，何必非要争先歃血呢？如果违背忠信美德，而靠财物收买来达到目的，如今即使先歃血，最终诸侯还是会背弃他，何必一定要先歃血呢？从前周成王在岐山之南会集诸侯，楚国还只是荆蛮之国，只负责做些摆放茅草，设立望表，和鲜卑一道看守庭院中点燃的火堆等工作，因此还没有资格参与盟会。现在却能和我们晋国交替着组织诸侯盟会，只是因为楚国注重修德的缘故。你要致力于修德，没有必要去争谁先歃血，只有致力于修德，才能使楚国折服。”于是便让楚国先歃血。

赵文子请免叔孙穆子

虢之会〔1〕，鲁人食言〔2〕，楚令尹围将以鲁叔孙穆子为戮〔3〕，乐王鲋求货焉〔4〕，不予。赵文子谓叔孙曰：“夫楚令尹有欲于楚，少懦于诸侯〔5〕。诸侯之故，求治之，不求致也。其为人也，刚而尚宠，若及，必不避也。子盍逃之？不幸，必及于子。”对曰：“豹也受命于君〔6〕，以从诸侯之盟，为社稷也。若鲁有罪，而受盟者逃，鲁必不免，是吾出而危之也。若为诸侯戮者，鲁诛尽矣，必不加师，请为戮也。夫戮出于身实难，自他及之何害？苟可以安君利国，美恶一心也〔7〕。”

【注释】

〔1〕虢之会：指鲁昭公元年（前541）诸侯国在东虢举行的会盟。盟会上提出停战和解主张。　〔2〕鲁人食言：鲁国违背盟约，盟会还

没结束，季武子就开始攻打莒国。莒人将鲁国告上盟会。〔3〕令尹围：楚恭王之子，名围。叔孙穆子：即叔孙豹。〔4〕乐王鲋：乐桓子，晋国大夫。货：财物。〔5〕少懦于诸侯：认为诸侯怯懦弱小，没把诸侯放在眼里。〔6〕豹：叔孙穆子之名。〔7〕美恶：指生死。一心："心"为衍文。参见《公序本》。

【译文】

在虢地盟会期间，鲁国季武子违背盟约攻打莒国，楚国的令尹围将要杀掉鲁国的代表叔孙穆子，晋国大夫乐王鲋向叔孙穆子索要财物以免罪，穆子不给。赵文子对叔孙穆子说："楚国的令尹围有篡位的野心，没把诸侯放在眼里。诸侯会盟之事，是要解决问题，并不是要求到会就可以了。令尹围的为人，刚愎自用而自我尊宠，如果落在他手里，肯定难以躲避。你为什么不逃走呢？如果发生不幸，必定会危及到你。"叔孙穆子回答说："我接受国君的命令，前来参加诸侯盟会，是为了国家安危。如果鲁国犯了过错，而参加盟会的代表逃走了，那鲁国一定不能免于被讨伐的厄运，这样我的出奔就会使国家陷于危难。如果诸侯把我杀了，他们对鲁国也就没有什么好诛伐的了，一定不会再兴兵讨伐了，请让他们杀了我吧。由于自身犯罪被杀，那确实难堪，如果是受到他人连累被杀，又有什么妨害呢？如果可以保国君平安而对国家有利，生与死都是一样的。"

文子将请之于楚，乐王鲋曰："诸侯有盟未退，而鲁背之，安用齐盟[1]？纵不能讨，又免其受盟者，晋何以为盟主矣，必杀叔孙豹。"文子曰："有人不难以死安利其国[2]，可无爱乎[3]！若皆恤国如是，则大不丧威，而小不见陵矣〔4〕。若是道也果〔5〕，可以教训，何败国之有！吾闻之曰：'善人在患〔6〕，弗救不祥；恶人在位，不去亦不祥。'必免叔孙。"固请于楚而免之。

【注释】

〔1〕齐：一，统一。　〔2〕不难以死安利其国：不把"以死安利其国"当作难事。　〔3〕爱：怜惜。　〔4〕大：指大诸侯国。小：指小诸侯国。见陵：被侵凌，遭受侵凌。　〔5〕果：得以实现。〔6〕在患：有难，遭受患难。

【译文】

赵文子将向楚国请求不要杀掉叔孙穆子，乐王鲋说："诸侯举行盟会，还没散去，而鲁国就违背它，那还要缔结盟约干什么呢？即便不能出兵讨伐鲁国，却又要赦免鲁国的与会代表，那晋国还怎么做诸侯盟主呢？一定要杀了叔孙豹。"文子说："有人不惜以死捍卫国家安危和利益，这样的人可以不怜惜吗？如果臣子都能像他一样爱护国家，那么大国就不会丧失威严，小国也不会受到侵犯。如果这种做法得以推行，就可以教训百姓，哪会有什么败亡之国呢！我听说：'好人有难，不救他不吉利；恶人当道，不除掉他也不吉利。'一定要赦免叔孙豹。"赵武子坚决向楚国求情，最终楚国赦免了叔孙豹。

赵文子为室张老谓应从礼

赵文子为室〔1〕，斫其椽而砻之〔2〕，张老夕焉而见之，不谒而归[3]。文子闻之，驾而往，曰："吾不善，子亦告我，何其速也？"对曰：天子之室，斫其椽而砻之，加密石焉[4]；诸侯砻之；大夫斫之；士首之[5]。备其物，义也；从其等，礼也。今子贵而忘义，富而忘礼，吾惧不免[6]，何敢以告。"文子归，令之勿砻也。匠人请皆斫之，文子曰："止。为后世之见之也，其斫者，仁者之为也；其砻者，不仁者之为也。"

【注释】

〔1〕为室：建房子。　〔2〕斫：砍。椽：置于檩上支撑屋顶的木条。砻（lóng）：磨。　〔3〕谒：告，拜见。　〔4〕密石：纹理细密的磨石。　〔5〕首之：指仅砍掉椽头，不加细琢。　〔6〕不免：指难以免除祸难。

【译文】

赵文子建造房屋，砍削椽子后又进行打磨，张老傍晚去文子家，看见后没有拜见文子就回去了。文子听说了这件事，驾车前去见张老，说："我有错误，你也应当告知我，为什么走得这么快呢？"张老回答说："天子的宫室，房椽砍削后要打磨，然后再用密纹石细磨；诸侯宫室的房椽粗磨就可以了；大夫家的房椽细加砍削而不需打磨；士的房子只要砍掉椽头就可以了。置备东西得当，这就是义；遵从尊卑的等级，这就是礼。如今你显贵了却不守义，富足了却不遵礼，我怕你难逃祸患，怎么敢告诉你呢。"文子回家后，让匠人停止打磨房椽。木匠请求把打磨了的全部砍掉，文子说："别砍了。让后人能够看到，那些砍削的，仁义的人做的；那些打磨的，是不仁的人做的。”

赵文子称贤随武子

赵文子与叔向游于九原〔1〕，曰：“死者若可作也〔2〕，吾谁与归?”叔向曰：“其阳子乎〔3〕!”文子曰：“夫阳子行廉直于晋国，不免其身，其知不足称也〔4〕。”叔向曰：“其舅犯乎!”文子曰：“夫舅犯见利而不顾其君，其仁不足称也。其随武子乎〔5〕！纳谏不忘其师，言身不失其友，事君不援而进，不阿而退〔6〕。”

【注释】

〔1〕九原：当作“九京”，晋国的墓地。　〔2〕作：起来，活过来。　〔3〕其：大概。阳子：晋国太傅阳处父。　〔4〕称：称道，赞扬。　〔5〕随武子：范武子，范文子的父亲。范武子有封邑在随，故又称随武子。　〔6〕援：攀附。阿：曲从，奉承。

【译文】

赵文子和叔向一同到九京游玩，文子说：“死了的人如果可以活过来，我们跟谁在一起呢?”叔向回答说：“大概是阳子吧!”文子说：“阳子在晋国以德行廉洁正直著称，然而自身难免于祸患，他的智慧不值得赞扬。”叔向说：“那就是晋文公的舅舅子犯吧!”文子说：“子犯见利忘义，连自己的君主都不顾，他的仁义不值得赞扬。应该是随武子吧！他接受进谏不忘记自己的老师，谈及自身不遗漏自己的朋友，事奉君主不攀附权贵而举荐贤人，不阿谀奉承而辞退不贤的人。”

秦后子谓赵孟将死

秦后子来奔[1]，赵文子见之，问曰：“秦君道乎[2]？”对曰：“不识[3]”。文子曰：“公子辱于敝邑，必避不道也[4]。”对曰：“有焉。”文子曰：“犹可以久乎？”对曰：“鍼闻之，国无道而年谷和熟，鲜不五稔[5]”。文子视日曰：“朝夕不相及，谁能俟五！”文子出，后子谓其徒曰：“赵孟将死矣[6]！夫君子宽惠以恤后，犹恐不济[7]。今赵孟相晋国，以主诸侯之盟，思长世之德，历远年之数，犹惧不终其身，今忨日而潋岁[8]，怠偷甚矣[9]，非死逮之，必有大咎[10]。”冬，赵文子卒。

【注释】

〔1〕秦后子：秦景公的弟弟，名鍼。鲁昭公元年（前541）为避害出奔到晋国。 〔2〕秦君：秦景公。 〔3〕不识：不知。 〔4〕不道：无道君主，指秦景公。 〔5〕鲜：少。稔：谷熟。谷一年一熟，故而一稔也就是一年。 〔6〕赵孟：赵文子。 〔7〕济：成，行。 〔8〕忨（wán）：贪爱，苟安。潋：荒废。 〔9〕怠偷：懈怠偷安。 〔10〕咎：灾祸。

【译文】

秦后子来投奔晋国，赵文子接见了他，问道：“秦君行君道吗？”后子回答说：“不知道。”文子说：“公子屈尊到晋国来，一定是为了逃避无道的君主吧！”后子回答：“有这方面原因。”文子说：“秦国还能支持多久呢？”后子回答说：“我听说，国君不行君道但五谷丰收，很少有五年之内就垮台的。”文子看看太阳的影子说：“朝不保夕，谁能等五年呢！”文子出去后，后子对他的仆从说：“赵孟的死期就要到了！君子宽厚慈惠而考虑将来，还恐怕不够。如今赵孟辅佐晋国，来主持诸侯的盟会，即使尽心考虑如何建立长久的功德，使它能维持到更长远的时间，还怕不能终其天年；现在他贪图安逸，荒废时日，也太过懈怠苟且了，即便是没有灭身之灾，也一定有大难临头。”这年冬天，赵文子便死了。

叔向均秦楚二公子之禄

秦后子来仕，其车千乘[1]。楚公子干来仕[2]，其车五乘。叔向为太傅，实赋禄，韩宣子问二公子之禄焉[3]，对曰：“大国之卿，一旅之田，上大夫，一卒之田[4]。夫二公子者，上大夫也，皆一卒可也。”宣子曰：“秦公子富，若之何其钧之[5]？”对曰：“夫爵以建事，禄以食爵，德以赋之，功庸以称之[6]，若之何以富赋禄也！夫绛之富商[7]，韦藩木楗以过于朝[8]，唯其功庸少也，而能金玉其车，文错其服，能行诸侯之贿，而无寻尺之禄[9]，无大绩于民故也。且秦、楚匹也，若之何其回于富也[10]。”乃均其禄[11]。

【注释】

〔1〕仕：做官。乘：古代四马一车为一乘。 〔2〕公子干：楚恭王的庶子，名比，也称公子比。鲁昭公元年（前541）楚公子围杀害楚王郏敖，公子干出奔至晋国。 〔3〕韩宣子：韩起，接替赵文子为晋国的卿，谥号“宣”。 〔4〕一旅之田：五百顷。五百人为一旅，此借用于称田地。一卒之田：一百顷。一百人称一卒。 〔5〕钧：通“均”。 〔6〕称（chèn）：相称，符合。 〔7〕绛：晋国都城，在今山西侯马市。 〔8〕韦藩：用熟皮革遮蔽的车子。木楗（jiàn）：木制肩舆，即类似担架的一种轿子。韦昭注“韦藩，蔽前后。木楗，木檐也。言无功庸，虽富不得服尊服过于朝”。 〔9〕寻：古代八尺为一寻。 〔10〕回：偏袒。 〔11〕均：等。禄：俸禄。

【译文】

秦后子来晋国做官，随身带来的车子有一千多辆。楚国的公子干来晋国做官，随身而来的车子只有五辆。叔向做太傅，负责核定俸禄，韩宣子向他请示这二位公子俸禄的事情，叔向回答说：“大国的卿，俸禄为五百顷的田赋收入，上大夫的俸禄为一百顷田赋的收入。两位公子都是大国的上大夫，每人一百顷田赋的俸禄就可以了。”宣子说：“秦公子非常富有，为什么两人的俸禄相同呢？”叔向回答说：“按照职务设置爵位，根据爵位授予俸禄，根据德行的高下予以调节，使功德与俸禄相符合，怎么能根据富有程度来核定俸禄呢？国都绛城的富商，乘坐穿用熟皮革遮蔽的木制肩舆经过朝廷，因为他们没有功劳，虽然他们能够乘坐金玉装饰的车子，穿上华美的衣服，用丰厚的礼物结交诸侯，但连微薄的俸禄也没有得到，这是因为他们对百姓没有大功劳。况且秦国、楚国是地位相同的国家，怎么能因为富有而偏袒呢？”于是授予两位公子一样的俸禄。

郑子产来聘

郑简公使公孙成子来聘〔1〕，平公有疾，韩宣子赞授客馆。客问君疾，对曰："寡君之疾久矣，上下神祇无不遍谕〔2〕，而无除。今梦黄熊入于寝门，不知人杀乎，抑厉鬼邪！"子产曰："以君之明，子为大政，其何厉之有？侨闻之，昔者鲧违帝命〔3〕，殛之于羽山〔4〕，化为黄熊，以入于羽渊〔5〕，实为夏郊〔6〕，三代举之〔7〕。夫鬼神之所及，非其族类，则绍其同位〔8〕，是故天子祀上帝，公侯祀百辟，自卿以下不过其族。今周室少卑〔9〕，晋实继之，其或者未举夏郊邪？"宣子以告，祀夏郊，董伯为尸〔10〕，五日，公见子产〔11〕，赐之莒鼎〔12〕。

【注释】

〔1〕郑简公：郑国国君，名嘉，郑僖公之子。公孙成子：子产，名侨，郑国正卿。"成"是其谥号。　〔2〕神祇：天神地祇。祇（qí），地神。谕：告。　〔3〕鲧：大禹的父亲。　〔4〕殛（jí）：杀死。羽山：相传为舜诛鲧的地方，在今山东郯城东北。　〔5〕羽渊：羽山下的深潭。　〔6〕郊：郊祀。　〔7〕三代：指夏、商、周三代。〔8〕绍：继承。　〔9〕少：通"稍"，逐渐。卑：衰微。　〔10〕董伯：晋国大夫。　〔11〕公：晋平公。　〔12〕莒鼎：莒国制造的鼎。据《左传·昭公七年》记载，晋侯曾赐郑相子产莒国产的两个方鼎。

【译文】

郑简公派子产来晋国访问，晋平公病了，由韩宣子引导安排馆舍。客人询问平公的病情，韩宣子回答说："我们国君的病已经很长时间了。天地神灵都祭祀祷告过了，但病还是没有去除。现在梦见黄熊闯入他的卧室，不知道是有人为杀戮呢，还是恶鬼在作祟呢？"子产说："以贵国君的贤明，又有您执掌国家政事，哪有什么恶鬼作祟？我听说，从前鲧违背了天帝的命令，被处死在羽山，变为黄熊，钻进了羽山下的深潭里，夏禹时成为郊祭的对象，夏、商、周三代都进行祭祀。与鬼神相关联的，不是他的同类，就是继承他地位的人，因此天子祭祀天帝，公侯祭祀诸侯的神灵，从卿以下所祭祀的不过他的亲族。如今周王室渐趋衰微，晋国实际上接替周王室成就了霸主地位，大概是因为没有举行郊祀吧？"宣子把子产的话告诉了晋平公，于是便举行了郊祀，由大夫董伯为尸接受祭祀，五天之后，平公病愈接见了子产，并赐给他莒鼎。

叔向论忧德不忧贫

叔向见韩宣子〔1〕，宣子忧贫，叔向贺之。宣子曰："吾有卿之名，而无其实，无以从二三子〔2〕，吾是以忧，子贺我何故？"

【注释】

〔1〕韩宣子：名起，谥号曰"宣"，史称韩宣子，春秋后期晋国正

卿。　〔2〕从：过从，交往。二三子：指晋国诸卿大夫。

【译文】

叔向前去拜见韩宣子，宣子正为贫困的事发愁，叔向向他表示祝贺。韩宣子说："我只具有正卿的头衔，却没有正卿的经济实力，难以与卿大夫们往来过从，我正为这事发愁，你反而祝贺我，这是什么缘故呢？"

对曰："昔栾武子无一卒之田[1]，其宫不备其宗器[2]，宣其德行，顺其宪则[3]，使越于诸侯，诸侯亲之，戎、狄怀之[4]，以正晋国，行刑不疚[5]，以免于难。及桓子骄泰奢侈[6]，贪欲无艺[7]，略则行志，假贷居贿，宜及于难，而赖武之德[8]，以没其身。及怀子改桓之行[9]，而修武之德，可以免于难，而离桓之罪[10]，以亡于楚。夫郤昭子[11]，其富半公室，其家半三军，恃其富宠，以泰于国[12]，其身尸于朝[13]，其宗灭于绛。不然，夫八郤，五大夫三卿，其宠大矣。一朝而灭，莫之哀也，唯无德也。今吾子有栾武子之贫，吾以为能其德矣[14]，是以贺。若不忧德之不建，而患货之不足，将吊不暇[15]，何贺之有？"

【注释】

〔1〕栾武子：栾书，晋国正卿。　〔2〕宗器：祭祀用的礼器。〔3〕宪则：法规。　〔4〕怀：归附。　〔5〕疚：病。　〔6〕桓子：栾桓子，栾书的儿子栾黡。　〔7〕无艺：无极，无度。　〔8〕武：指栾武子。　〔9〕怀子：栾怀子，栾黡的儿子栾盈。桓：指栾桓子。〔10〕离：蒙受，遭受。　〔11〕郤昭子：郤至。　〔12〕泰：骄纵奢

侈。〔13〕尸：陈尸示众。〔14〕能其德：能够拥有和他一样的德行。〔15〕不暇：来不及。

【译文】

叔向回答说："过去栾武子田产不足百顷，家里祭祀的礼器都置备不齐，可是他能发扬德行，遵循法规，使名声远扬到各诸侯国，诸侯亲附他，戎、狄归顺他，并以此安定晋国，严明法纪，所以避免了祸难。到他儿子桓子的时候，骄纵奢侈，贪婪无度，违犯法令，肆意妄为，借贷牟利，囤积财物，应该遭受祸难，却依靠着他父亲武子的德荫，才得以全身而终。到了怀子，一改桓子的恶行，学习武子修养德性，本该能免于祸难，但是受他父亲桓子罪恶的牵连，最终亡命楚国。那个郤昭子，他的财富足有晋国王室的一半，他的将士占了全军的二分之一，他依仗着的富足的财物和君主宠幸，在晋国过着骄纵奢侈的生活，结果落得个自己被杀，在朝廷陈尸示众，宗族也在绛城被灭掉。如果不是这样，郤氏八人，五位在大夫之列，三位做卿，他们受到的恩宠已经够大了。可是一旦被灭族，没有人哀怜他们，这是因为他们没有德行啊。现在你像栾武子当年那样清贫，我认为你也能拥有他一样的美德，所以我祝贺你。如果你不为自己不能立德去忧虑，而只担心财物不足，我哀悼还来不及，又有什么要祝贺的呢?"

宣子拜稽首焉，曰："起也将亡[1]，赖子存之，非起也敢专承之，其自桓叔以下嘉吾子之赐[2]。"

【注释】

〔1〕起：韩宣子，名起，此是自称。〔2〕桓叔：晋穆侯之子，

名成师，号桓叔，因封在曲沃，也称曲沃桓叔。嘉：感激。

【译文】

韩宣子下拜叩头，说："我韩起就要灭亡的时候，是您救了我，这个恩德不是我韩起一个人敢单独承受的，恐怕自先祖桓叔以下，世代都要感激您的恩赐。"

卷十五　晋语九

叔向论三奸同罪

士景伯如楚[1]，叔鱼为赞理[2]。邢侯与雍子争田[3]，雍子纳其女于叔鱼以求直。及断狱之日，叔鱼抑邢侯[4]，邢侯杀叔鱼与雍子于朝。韩宣子患之，叔向曰："三奸同罪，请杀其生者而戮其死者。"宣子曰："若何？"对曰："鲋也鬻狱[5]，雍子贾之以其子[6]，邢侯非其官也而干之[7]。夫以回鬻国之中[8]，与绝亲以买直[9]，与非司寇而擅杀，其罪一也。"邢侯闻之，逃。遂施邢侯氏，而尸叔鱼与雍子于市。

【注释】

〔1〕士景伯：士弥牟，晋国主管刑法的官。杜预注曰"士景伯，晋理官"。　〔2〕叔鱼：羊舌鲋，叔向的弟弟。赞：辅助，此指代替。理：审理案件。　〔3〕邢侯、雍子：二人均为晋国大夫。邢侯，楚申公巫臣的儿子，巫臣出奔到晋，晋把邢地封给他。雍子，原为楚国大夫，投奔晋，晋把鄐地封给他。文中所说的争田即是指争鄐地边界。〔4〕抑：压制。此指枉判败诉。　〔5〕鲋（fù）：羊舌鲋，字叔鱼，晋国大夫。鬻狱：指受贿乱法。　〔6〕贾：买，收买。子：此指女

儿。〔7〕干：犯，扰乱。〔8〕回：邪僻。鬻：出卖。〔9〕直：胜，胜诉。

【译文】

士景前往楚国，叔鱼暂时代他审理案件。邢侯和雍子因为争夺田地引起诉讼，雍子嫁女给叔鱼以求胜诉。等判决的那天，叔鱼徇私枉法判邢侯败诉，邢侯在朝堂上把叔鱼和雍子杀了。韩宣子对这件事深感忧虑，叔向说："三个奸人罪过相同，请把活着的处死，把死掉的陈尸示众。"宣子问："为什么要这样处置？"叔向回答说："叔鱼受贿乱法，雍子嫁女贿赂法官，邢侯不是法官却擅自动用刑罚。以不正当手段出卖国家的法规，和抛弃亲人来换取胜诉，和不是法官而擅自执行杀戮，他们的罪过都是一样的。"邢侯听到这个消息，赶紧逃跑了。于是就处罚了邢侯的亲属，并在市场上把叔鱼和雍子陈尸示众。

中行穆子帅师伐狄围鼓

中行穆子帅师伐狄[1]，围鼓[2]。鼓人或请以城叛，穆子不受。军吏曰："可无劳师而得城，子何不为？"穆子曰："非事君之礼也。夫以城来者，必将求利于我。夫守而二心，奸之大者也；赏善罚奸，国之宪法也。许而弗予，失吾信也；若其予之，赏大奸也。奸而盈禄，善将若何？且夫狄之憾者以城来盈愿[3]，晋岂其无？是我以鼓教吾边鄙贰也[4]。夫事君者，量力而进，不能则退，不以安贾贰[5]。"令军吏呼城，儆将攻之[6]，未傅[7]而鼓降。中行伯既克鼓，以鼓子苑支来[8]。令鼓人各复其所，非僚勿从。

【注释】

〔1〕中行穆子：晋卿，名荀吴，中行偃的儿子，又称中行伯，谥号“穆”。狄：白狄，此指鲜虞国，在今河北境内。〔2〕鼓：国名，是白狄的一支。在今河北晋县境。〔3〕憾：恨。盈愿：满足愿望。〔4〕鄙：边邑。贰：怀有二心。〔5〕贾：买。〔6〕儆（jǐng）：告诫，警告。〔7〕傅：接触，这里指开战。〔8〕苑支：鸢鞮，鼓国国君。

【译文】

中行穆子带领军队征伐狄人，包围了鼓国。鼓国中有人请求献出城池变节降晋，穆子没有接受。他的军官说：“不用兴师动众就可以获得城邑，您为什么不接受？”穆子回答说：“这不符合臣子事奉君主的礼节。那些献城来叛降的人，一定是想从我们这里获得利益。镇守城池而怀有叛离之心，这是最大的奸邪。奖赏忠良，惩罚奸邪，这是国家的根本大法。如果答应他们献城投降而不给奖赏，会让我们丧失信誉；如果给他们奖赏，就是奖赏大奸之人。奸邪之人如果得到高官厚禄，那又将如何对待忠良的人呢？况且狄人中心怀怨恨的人拿城池来满足愿望，晋国难道就没有这种人吗？如果我接受了鼓人的叛降，这就是用鼓人的事例来教导我们边疆的守卫怀有二心啊。事奉君主的人，要根据自己的才智为君主效劳，能力达不到就隐退，不能以国家安危为代价来收买叛国之人。”于是就让将士对城高呼，警告他们马上就要进攻，结果还未开战，鼓国就投降了。中行穆子战胜了鼓国之后，便带着鼓国国君苑支回到晋国。命令鼓人各安其职，不是鼓君的亲信禁止跟从前往。

鼓子之臣曰夙沙釐[1]，以其孥行，军吏执之[2]，辞曰："我君是事，非事土也。名曰君臣，岂曰土臣？今君实迁，臣何赖于鼓？"穆子召之，曰："鼓有君矣[3]，尔心事君，吾定而禄爵。"对曰："臣委质于狄之鼓[4]，未委质于晋之鼓也。臣闻之：委质为臣，无有二心。委质而策死，古之法也。君有烈名[5]，臣无叛质。敢即私利以烦司寇而乱旧法[6]，其若不虞何[7]！"穆子叹而谓其左右曰："吾何德之务而有是臣也？"乃使行。既献，言于公[8]，与鼓子田于河阴[9]，使夙沙釐相之。

【注释】

〔1〕夙沙釐：鼓国的大臣。　〔2〕执：抓获，拘捕。　〔3〕君：指鼓国的新君沙陀。〔4〕委质：原指呈献礼物，表示忠诚信实。此指做臣子。委，放下。质，通"贽"，礼物。　〔5〕烈名：显赫的声名。〔6〕即：就，为了。旧法：古法，自古以来的法规。　〔7〕不虞：出乎意料，此指没有想到的事情。　〔8〕公：指晋顷公，名去疾，晋昭公之子，春秋时期晋国国君。　〔9〕河阴：晋国黄河以南地区。

【译文】

鼓国国君有个叫夙沙釐的臣子，带领妻小跟从鼓君，军官拘捕了他，他辩解说："作为臣子我是事奉君主的，不是事奉国土的。名称为君主的臣子，难道能叫国土的臣子吗？现在君主迁徙了，我还呆在鼓国干什么呢？"穆子召见他，说："鼓国已经立了新君，你如果忠心事奉新君，我会给你定爵授禄。"夙沙釐回答说："我是狄族鼓国的臣子，而不是晋国鼓国的臣子。我听说：向君主献礼做了臣子，就不能再有离叛之心。委身做臣子，就要至死效忠，这是自古以来的法规。君主有显赫的声名，臣子没有背叛君主的道理。我哪里敢为了私利而触犯古法来烦劳法官定罪呢？如果都这样，晋国又将如何处理意料不到的祸患呢？”穆子感叹地对随从人员说：“我如何修德才能拥有这样忠贞的臣子呢？”于是就让夙沙厘跟随鼓子同行。穆子汇报了战功之后，把这件事告诉了晋顷公，顷公便将黄河以南的田地赏赐鼓子，让夙沙厘辅佐鼓子治理。

范献子戒人不可以不学

范献子聘于鲁〔1〕，问具山、敖山〔2〕，鲁人以其乡对〔3〕。献子曰：“不为具、敖乎？”对曰：“先君献、武之讳也〔4〕。”献子归，遍戒其所知曰：“人不可以不学。吾适鲁而名其二讳〔5〕，为笑焉〔6〕，唯不学也。人之有学也，犹木之有枝叶也。木有枝叶，犹庇荫人〔7〕，而况君子之学乎？”

【注释】

〔1〕范献子：范鞅，名鞅，范宣子之子，晋国卿大夫。　〔2〕具山、敖山：鲁国的两座山名。　〔3〕乡：乡名。指二山所在的地名。〔4〕献、武之讳：鲁献公名具，鲁武公名敖。讳，名讳，尊、长者的名字。　〔5〕适：到……去。名：称呼。　〔6〕为笑：被人嘲笑。〔7〕庇荫：遮蔽。

【译文】

范献子到鲁国访问，问到具山和敖山，鲁国接待人员用两山所在地名来作答。献子说：“不是叫具山和敖山吗？”鲁人回答说：“那两个山名是我们先君鲁献公、鲁武公的名讳啊。”献子回国后，告诫他所认识的每个人说：“人不可以不好好学习礼法。我到鲁国去了一趟就称呼他们两位先君的名讳，被人嘲笑不懂礼法，这只因为我没有好好学习啊。人有学问，就好比树木有枝叶一样。树木有了枝叶，还可以遮阳庇护人，更何况是君子的学问呢？”

董叔欲为系援

董叔将娶于范氏[1]，叔向曰：“范氏富，盍已乎[2]！”曰：“欲为系援焉[3]。”他日，董祁愬于范献子曰[4]：“不吾敬也。”献子执而纺于庭之槐[5]。叔向过之[6]，曰：“子盍为我请乎？”叔向曰：“求系，既系矣；求援，既援矣。欲而得之，又何请焉？”

【注释】

〔1〕董叔：晋国大夫。范氏：指范祁，范宣子的女儿，范献子的妹妹。〔2〕盍：何不。已：止。〔3〕系援：攀附。〔4〕董祁：董叔的妻子，即范宣子的女儿祁，因嫁给董叔，故称董祁。愬：同“诉”。〔5〕纺：捆绑。〔6〕过：拜访。

【译文】

董叔将要娶范献子的妹妹做妻子，叔向劝谏说：“范氏是富贵人家，这门亲事还是算了吧！”董叔回答说：“我正想靠着婚姻关系来攀附范家呢。”有一天（结婚之后），范祁对范献子诉苦说：“董叔对我不敬。”献子便把董叔抓起来捆绑后吊在院子里的槐树上。叔向前去拜望他，董叔说：“你何不给我求求情呢？”叔向说：“你想要缔结婚姻，现在已经缔结上了；你想要攀援权贵，现在已经攀援上了。你想要的都得到了，还有什么要请求的呢？”

赵简子欲有斗臣

赵简子曰〔1〕：“鲁孟献子有斗臣五人〔2〕。我无一，何也？”叔向曰：“子不欲也。若欲之，肸也待交捽可也〔3〕。”

【注释】

〔1〕赵简子：赵鞅，原名鞅，后名志父，谥号“简”。史称赵简子，春秋末年晋国正卿。　〔2〕孟献子：仲孙蔑，春秋中期鲁国大夫。斗臣：勇士。　〔3〕肸：叔向的名。交捽（zuó）：对抗，敌对。此指搏斗。

【译文】

赵简子问道：“鲁国孟献子手下有五个勇士，我一个也没有，这是什么原因呢？”叔向回答说：“这是因为你不想要啊。如果你想要，就是肸我都准备去搏斗呢。”

阎没、叔宽谏魏献子无受贿

梗阳人有狱[1]，将不胜，请纳赂于魏献子[2]，献子将许之。阎没谓叔宽曰[3]：“与子谏乎！吾主以不贿闻于诸侯，今以梗阳之贿殃之[4]，不可。”二人朝，而不退。献子将食，问谁于庭，曰：“阎明、叔褒在。”召之，使佐食[5]。比已食[6]，三叹。

【注释】

〔1〕梗阳：魏氏封邑，在今山西清源南。狱：诉讼。　〔2〕魏献子：名舒，晋国正卿。　〔3〕阎没：名明，晋国大夫。叔宽：名褒，晋国大夫。　〔4〕殃：玷污。　〔5〕佐食：陪同用餐。　〔6〕比：至，到。已：完毕。

【译文】

一个梗阳人有场官司，将要败讼，要用财物贿赂魏献子，魏献子想要答应他。他的部属阎没对叔宽说：“咱们一块劝谏吧！我们的主人以不受贿赂在诸侯中享有盛誉，如今因为梗阳人的贿赂而玷污了好名声，那是绝对不行的。”两人上朝，退朝后留在那里不走。魏献子要吃饭的时候，问谁在院子里，侍从回答说：“阎明、叔褒两人在院子里。”魏献子召唤他俩过来，陪自己一起吃饭。一顿饭的时间，两人先后三次叹息。

既饱，献子问焉，曰：“人有言曰：‘唯食可以忘忧。’

吾子一食之间而三叹[1]，何也？”同辞对曰[2]：“吾小人也，贪。馈之始至[3]，惧其不足，故叹。中食而自咎也[4]，曰：岂主之食而有不足？是以再叹。主之既已食，愿以小人之腹，为君子之心，属餍而已[5]，是以三叹。”献子曰：“善。”乃辞梗阳人。

【注释】

〔1〕一食：一顿饭。〔2〕同辞：异口同声。〔3〕馈：指赠饭。〔4〕咎：责备。〔5〕属：正值，恰好。餍（yàn）：满足，吃饱。

【译文】

吃饱饭后，魏献子问到这件事，说：“人们有句俗话说：‘只有吃饭可以忘记忧愁。’你们吃了一顿饭却先后三次叹息，这是什么缘故呢？”两人异口同声地回答说：“我们都是些小人，很贪心。您馈赠的食物刚端上来时，害怕不够吃，所以叹息。吃到一半的时候，禁不住自责起来，说：主人赐给的食物，怎么会不够吃呢？所以第二次叹息。等您吃完之后，我们但愿我们的胃口，和您的心思一样，只要吃饱就可以了，所以才第三次叹息。”魏献子说：“说得很好。”于是辞却了梗阳人的行贿。

董安于辞赵简子赏

下邑之役[1]，董安于多[2]。赵简子赏之，辞，固赏之[3]，对曰：“方臣之少也，进秉笔，赞为名命，称于前世，立义于诸侯，而主弗志[4]。及臣之壮也，耆其股肱以从司马[5]，苛慝不产[6]。及臣之长也，端委𫐓带以随宰人[7]，民无二心。今臣一旦为狂疾，而曰‘必赏女’，与余以狂疾赏也[8]，不如亡！”趋而出，乃释之。

【注释】

〔1〕下邑之役：指鲁定公十三年（前497），邯郸大夫赵午的舅舅荀寅与其婿范吉射，因赵简子杀赵午而作乱，简子逃到自己的封邑晋阳，家臣董安于力战，才得解围。下邑，晋国地名，在今山西太原南晋源镇。 〔2〕董安于：赵简子的家臣。多：多有战功。 〔3〕固：坚持，坚决。 〔4〕主：指赵简子。志：记住，记着。 〔5〕耆：致，招致。股肱：辅佐君上的得力人员。 〔6〕苛慝：暴虐邪恶。产：生。 〔7〕端委：古代礼服。端，玄端，黑赤色的礼服；委，委貌，礼帽。𫐓（bì）：皮制的蔽膝。宰人：周代冢宰的属官，掌王家内外事务。卿大夫总管家务的家臣，也称宰人。 〔8〕狂疾：疯病。

【译文】

在下邑战斗中，董安于多有战功。赵简子奖赏他，他却推辞不要，赵简子坚持要奖赏他，他回应说：“当我年轻的时候，在朝中负责文字撰写工作，辅佐行礼不辱使命，在前朝很受称赞，在诸侯中也有一定的威信，然而您却不记得。当我进入壮年的时候，招揽得力的人员跟随司马治理军务，杜绝了军中暴虐邪恶事情的发生。等我年纪大了，穿上礼服，带着礼帽，跟随宰官治理民事，百姓非常信服。现在我一下子像得了疯病似的参加战斗，却说‘一定要奖赏你’，这是奖赏我的疯病，还不如赶紧逃亡！”说完便小跑着出去了，于是赵简子放弃了对董安于的赏赐。

赵简子以晋阳为保鄣

赵简子使尹铎为晋阳[1]。请曰："以为茧丝乎？抑为保鄣乎[2]？"简子曰："保鄣哉！"尹铎损其户数[3]。简子戒襄子曰[4]："晋国有难，而无以尹铎为少，无以晋阳为远，必以为归。"

【注释】

〔1〕尹铎：赵简子的家臣。为：治理。晋阳：赵氏的封邑，在今山西太原南。 〔2〕茧丝：这里指赋税。抑：或者。鄣：同"障"。〔3〕损：减少。户数：指每户所缴的赋税的多少。 〔4〕襄子：赵襄子，名无恤，赵简子之子。

【译文】

赵简子派尹铎治理晋阳。尹铎请示说："是让晋阳提供赋税呢？还是使它成为您可靠的保障？"简子说："当然是保障！"尹铎便减少了户税的数目。简子告诫他的儿子襄子说："晋国如果有了祸难，你不要认为尹铎年轻，也不要觉得晋阳偏远，一定要到那儿避难。"

邮无正谏赵简子无杀尹铎

赵简子使尹铎为晋阳，曰："必堕其垒培[1]。吾将往焉，若见垒培，是见寅与吉射也[2]。”尹铎往而增之。简子如晋阳，见垒，怒曰：“必杀铎也而后入。”

【注释】

〔1〕堕：毁坏。垒培：垒壁。指军营里的围墙。〔2〕寅：荀寅，赵午的舅舅。吉射：范吉射，荀寅的女婿。

【译文】

赵简子派遣尹铎去治理晋阳城，临行告诫他说：“去了之后一定要把军营里的围墙拆毁。我将要到那儿去查看，如果看见围墙还在，那就等于看到了荀寅和范吉射。”尹铎到晋阳后非但没有拆毁，反而加高了围墙。赵简子到晋阳，见到了围墙，愤怒地说：“一定要杀了尹铎我再进城。”

大夫辞之，不可，曰：“是昭余仇也[1]。”邮无正进[2]，曰：“昔先主文子少衅于难[3]，从姬氏于公宫[4]，有孝德以出在公族[5]，有恭德以升在位，有武德以羞为正卿[6]，有温德以成其名誉，失赵氏之典刑[7]，而去其师保[8]，基于其身，以克复其所。及景子长于公宫[9]，未及教训而嗣立矣，亦能纂修其身以受先业[10]，无谤于国，顺德以学子，择言以教子，择师保以相子。今吾子嗣位，有文之典刑[11]，有景之教训[12]，重之以师保，加之以父兄，子皆疏之，以及此难[13]。夫尹铎曰：‘思乐而喜，思难而惧，人之道也。委土可以为师保[14]，吾何为不增？’是以修之，庶曰可以鉴而鸠赵宗乎[15]！若罚之，是罚善也。罚善必赏恶。臣何望矣！”

【注释】

〔1〕昭：彰显，炫耀。 〔2〕邮无正：邮良，字伯乐，晋国大夫。 〔3〕文子：赵文子，即赵武，赵简子的祖父。衅于难：遭受祸患。 〔4〕姬氏：庄姬，赵文子的母亲，晋景公的女儿。 〔5〕公族：指公族大夫。 〔6〕羞：晋升。 〔7〕典刑：法规，常法。〔8〕师保：古代辅导教育帝王和王室子弟的官员，有师有保，合称“师保”。 〔9〕景子：赵成，赵文子的儿子，赵简子的父亲。〔10〕纂：继续。 〔11〕文：指赵文子。 〔12〕景：指赵景子。〔13〕疏：疏忽。此难：指荀寅和范吉射作乱。 〔14〕委土：堆土，此指加高围墙。 〔15〕庶曰：几乎可以说。鉴：借鉴。鸠：安定。

【译文】

大夫们进行劝阻，简子不同意，说：“这是在炫耀我的仇敌啊。”邮无正进见，说：“过去先主赵文子年轻时遭遇灭门灾祸，跟随母亲姬氏在晋宫中长大，因为富有孝敬的德行而出任公族大夫，富有恭顺的德行而位列为卿，富有勇武的德行而晋升为正卿，富有温良的德行而成就了美好的声名，虽然他没有赵氏的常法可以学习，又没有得到师保的教诲，但是依靠着自身的努力，却能恢复先人的地位。到您的父亲景子，也在公宫中长大，还没来得及接受师保的教导，就继承了先主的爵禄，他也能加强道德修养来继承先人的德业，国中没有人对他不满，又能遵循德行来引导儿子，选择善言来教育儿子，挑选好师保来辅导儿子。如今您继承了卿位，有祖父赵文子的常法可以学习，有父亲景子的教诲可以参考，再加上师保的教诲，加上族内父兄的引导，而您却把这些都忽略了，才遭受到荀寅和范吉射作乱的祸难。尹铎说：‘想到欢乐的事就高兴，想到危难的事就恐惧，这是人之常情。围墙可以作师保来保护、教导我，我为什么不把它增高呢？’因此他修高了围墙，这样几乎可以说是一个借鉴而能够安定赵氏宗族啊！如果要惩罚尹铎，那就是惩罚善举。处罚善举就必定奖赏恶行，那我们这些臣子还有什么指望呢！”

简子说〔1〕，曰：“微子〔2〕，吾几不为人矣！”以免难之赏赏尹铎。初，伯乐与尹铎有怨〔3〕，以其赏如伯乐氏，曰：“子免吾死，敢不归禄。”辞曰：“吾为主图，非为子也。怨若怨焉。”

【注释】

〔1〕说：通“悦”，高兴。　〔2〕微子：没有你。　〔3〕伯乐：邮无正，伯乐是其字。

【译文】

简子听了非常高兴，说：“如果没有你，我差点干了件不是人做的荒唐事了！”于是就用免主于难的功劳来奖赏尹铎。当初，邮无正和尹铎结下了怨恨，尹铎带着赵简子的奖赏到邮无正那里，说：“您救了我的命，怎敢不把这奖赏送给你呢。”邮无正推辞说：“我这是为君主考虑，不是为了你。怨恨还是怨恨。”

铁之战赵简子等三人夸功

铁之战〔1〕，赵简子曰：“郑人击我，吾伏弢咯血〔2〕，鼓音不衰。今日之事，莫我若也。”卫庄公为右[3]，曰：“吾九上九下，击人尽殪[4]。今日之事，莫我加也。”邮无正御，曰：“吾两鞁将绝[5]，吾能止之。今日之事，我上之次也。”驾而乘材，两鞁皆绝。

【注释】

〔1〕铁之战：指鲁哀公二年（前493），赵简子率军拦阻齐国给晋国的范吉射运粮的队伍，双方在铁丘进行的战役。铁：卫地名，在今河南濮阳北。 〔2〕弢（tāo）：藏弓的袋子。衉（kè）：吐血。〔3〕卫庄公：名蒯聩（kuǎi kùi），卫灵公之子。做太子时，谋杀灵公宠幸的夫人南子，失败后逃至晋国，投奔赵鞅门下。右：车右。〔4〕殪（yì）：杀死。 〔5〕鞁（bèi）：古代套车用的器具。此指马肚带。绝：断。

【译文】

铁丘之战后，赵简子说：“郑国军攻打我们时，我趴在弓袋上吐血，但仍坚持不断地敲打战鼓。今天战斗胜利，我的功劳最大。”卫庄公担任战车的护卫，说：“我多次跳上跳下，被我击倒的敌人都毙命了。今天的战局获胜，没有比我的功劳再大的了。”邮无正为赵简子驾御战车，说：“我车子马匹的肚带就要断了，我却能控制它。今天的战事取胜，我的功劳也是很大的。”于是他驾车轧过一根横木，瞬间两根马肚带一起断开了。

卫庄公祷

卫庄公祷[1]，曰：“曾孙蒯聩以谆赵鞅之故[2]，敢昭告于皇祖文王[3]、烈祖康叔[4]、文祖襄公[5]、昭考灵公[6]，夷请无筋无骨[7]，无面伤，无败用，无陨惧，死不敢请。”简子曰：“志父寄也[8]。”

【注释】

〔1〕祷：祷告，祈祷。 〔2〕谆：辅佐。赵鞅：初名鞅，后名志父，谥号简。史书中多称之赵简子。 〔3〕皇祖：君主的祖父或远祖。此指远祖。文王：周文王。 〔4〕烈祖：指建立功业的祖先。古多称开国君王。康叔：周文王的儿子，卫国的始祖。 〔5〕文祖：指有文德之祖。襄公：指卫襄公，卫庄公的祖父。 〔6〕考：对死去父亲的称呼。灵公：指卫灵公，蒯聩之父。 〔7〕夷：伤，创伤。 〔8〕志父：指赵简子。

【译文】

卫庄公祷告，说：“曾孙蒯聩由于辅佐赵鞅的原因，斗胆向皇祖文王、烈祖康叔、文祖襄公、先父灵公祈祷，请保佑我不要让我断骨伤筋，不要损伤我的脸面，不要打败仗，不要跌落车下，至于生死，就不敢奢望祖宗保佑了。”赵简子说：“拜托你也一块为我祈祷一下吧。”

史黯谏赵简子田于蝼

赵简子田于蝼[1]，史黯闻之[2]，以犬待于门。简子见之，曰：“何为?”曰：“有所得犬，欲试之兹囿。”简子曰：“何为不告?”对曰：“君行臣不从，不顺。主将适蝼而麓不闻[3]，臣敢烦当日[4]。”简子乃还。

【注释】

〔1〕田：通“畋”，打猎。蝼：晋君的园囿。　〔2〕史黯：史墨，晋国的太史，时为赵简子的史官。　〔3〕麓：主管苑囿的官员。〔4〕当日：值班。

【译文】

赵简子要到晋君的园囿蝼地打猎，史黯听说了这件事，牵着一条狗在园门外面等赵简子。赵简子看见他，问道：“这是干什么？”史黯回答说：“我新得了条狗，想到这园囿中试一下。”简子说：“那你为什么不事先向我禀告呢？”史黯回答说：“君主出行，臣下不跟着，那是不符合礼法的。如今您将要到蝼地园囿打猎，而掌管园囿的麓官却不知道这件事，所以我怎敢麻烦当班的人员呢。”于是赵简子就回去了。

少室周知贤而让

少室周为赵简子之右[1]，闻牛谈有力[2]，请与之戏，弗胜，致右焉[3]。简子许之，使少室周为宰[4]，曰：“知贤而让，可以训矣[5]。”

【注释】

〔1〕少室周：赵简子的家臣。右：车右。　〔2〕闻：听说。牛谈：赵简子的另一个家臣。　〔3〕致右：辞去车右的职务。

〔4〕宰:家宰，卿大夫家中总领家务的家臣。　〔5〕训：此指法则、榜样。

【译文】

少室周为赵简子驾车，听说牛谈很有力气，要求和他比划一下，没有胜牛谈，就将车右的职务让给了牛谈。赵简子答应了这件事，便任命少室周为家里的总管，说："知道别人贤于自己而能让位，这就足以作为学习的榜样了。"

史黯论良臣

赵简子曰："吾愿得范、中行之良臣〔1〕。"史黯侍〔2〕，曰："将焉用之?"简子曰："良臣，人之所愿也，又何问焉?"对曰："臣以为不良故也。夫事君者，谏过而赏善，荐可而替否〔3〕，献能而进贤，择材而荐之，朝夕诵善败而纳之。道之以文〔4〕，行之以顺，勤之以力，致之以死〔5〕。听则进，否则退。今范、中行氏之臣不能匡相其君〔6〕，使至于难；君出在外，又不能定，而弃之，则何良之为？若弗乘，则主焉得之？夫二子之良，将勤营其君，复使立于外，死而后止，何日以来？若来，乃非良臣也。"简子曰："善。吾言实过矣。"

【注释】

〔1〕范：范吉射。中行：中行寅，即荀寅。二人均为赵简子的仇

敌。〔2〕侍：侍从。〔3〕荐：进献，推举。替：废除，去除。〔4〕道：通“导”，引导。〔5〕致之以死：以死效命。〔6〕匡：匡正。相：辅助。

【译文】

赵简子说：“我想得到范吉射、中行寅手下的贤良臣子。”史黯侍从，说：“将用他们做什么？”简子说：“贤良的臣子是每个君主所想得到的，又有什么要问的呢？”史黯回答说：“我觉得他们不能算是良臣，所以才有此一问。事奉君主的人，对君主的过失要劝谏，对君主的善行鼓励，进献好的，去除不好的，推举引荐有才能的贤人，根据才能的高下推荐职务，早晚拿善恶成败的例子来告诫君主。贤良臣子要以文德来引导君主，让君主遵行正道，竭尽全力为君主效劳，豁出生命来捍卫君主。君主听从劝谏，就事奉他，不听从劝谏，就辞职隐退。如今范氏、中行氏手下的臣子，不能匡正辅助自己的君主，让他惨遭祸难；君主在外出逃，不仅不能安定他，反而抛弃他，那么他们又算得上什么良臣呢？如果他们不抛弃自己的君主，那么君主又如何能得到他们呢？如果他们真是良臣，就该勤力为君主谋划，使君主在国外立足，至死方休，如果是这样，什么时候能到你这儿来呢？倘若来投靠你，那也就不是贤良臣子了。”赵简子说：“说得好，我的话确实错了。”

赵简子问贤于壮驰兹

赵简子问于壮驰兹曰[1]：“东方之士孰为愈[2]？”壮驰

兹拜曰："敢贺！"简子曰："未应吾问，何贺？"对曰："臣闻之：国家之将兴也，君子自以为不足；其亡也，若有余。今主任晋国之政而问及小人〔3〕，又求贤人，吾是以贺。"

【注释】

〔1〕壮驰兹：晋国大夫。 〔2〕孰：谁。愈：贤能。 〔3〕主：春秋时，卿大夫的家臣称其为主。任：执掌。

【译文】

赵简子问壮驰兹说："东方的士人中哪一个更贤能呢？"壮驰兹下拜行礼说："祝贺您！"简子说："你还没回答我的问题，祝贺什么呢？"壮驰兹回答说："我听说：一个国家将要兴盛的时候，君子自以为还有许多不足的地方；一个国家将要衰亡的时候，便觉得自己不可一世。如今您执掌晋国的政务，却向我这样的小人询问，又求访贤能之士，我因此祝贺您。"

赵襄子使新稚穆子伐狄

赵襄子使新稚穆子伐狄〔1〕，胜左人、中人〔2〕，遽人来告〔3〕，襄子将食，寻饭有恐色〔4〕。侍者曰："狗之事大矣，而主之色不怡〔5〕，何也？"襄子曰："吾闻之：德不纯而福禄并至，谓之幸〔6〕。夫幸非福，非德不当雍〔7〕，雍不为幸，吾是以惧。"

【注释】

〔1〕赵襄子：赵简子的儿子赵无恤，谥号襄，史称赵襄子，晋国正卿。新稚穆子：新稚狗，晋国大夫。“穆”是其谥号。 〔2〕左人、中人：狄国的两个城邑，在今河北唐县附近。 〔3〕遽人：驿卒，即驿站传送消息和命令的人。 〔4〕寻饭：指抟饭，将饭捏成团。寻，当作专，通“抟”。 〔5〕怡：高兴。 〔6〕幸：侥幸。 〔7〕雍：和谐，和乐。

【译文】

赵襄子派新稚穆子征伐狄人，攻占了左人、中人两个地方，传信的人来汇报了这件事，赵襄子正要吃饭，把手里的饭捏成团，面带恐慌之色。侍从人员说：“新稚狗获胜是大喜事，而您却面带不悦，是什么原因呢？”赵襄子答道：“我听说：德行不纯厚，而福禄却一齐到来，这叫做侥幸。侥幸不是福，没有德行的人难以享受和睦快乐，和睦快乐不是侥幸得来的，我因此感到恐慌。”

智果论智瑶必灭宗

智宣子将以瑶为后〔1〕，智果曰〔2〕：“不如宵也〔3〕。”宣子曰：“宵也佷〔4〕。”对曰：“宵之佷在面，瑶之佷在心。心佷败国，面佷不害。瑶之贤于人者五，其不逮者一也〔5〕。美鬓长大则贤〔6〕，射御足力则贤，伎艺毕给则贤〔7〕，巧文辩惠则贤，强毅果敢则贤。如是而甚不仁。以其五贤陵人，而以不仁行之，其谁能待之？若果立瑶也，智宗必灭。”弗听。智果别族于太史为辅氏[8]。及智氏之亡也，唯辅果在。

【注释】

〔1〕智宣子：名甲，晋国正卿。瑶：即智伯，名瑶，智宣子之子。〔2〕智果：晋国大夫。〔3〕宵：智宣子的庶子，名宵。〔4〕佷(hěn)：毒辣，凶残。〔5〕逮：及，赶得上。〔6〕长大：指身材高大。〔7〕伎：通“技”，技艺。毕：都，全部。给：精通。〔8〕别族：另立一族，和智宣子一族断绝关系。太史：官名，掌管起草文书，记载史事等。

【译文】

智宣子要把儿子智瑶确立为继承人，智果说：“不如立智宵。”宣子说：“智宵性格凶残。”智果回答说：“智宵凶残在外表，智瑶的凶残在内心。内心凶残将会败坏国家，表面凶残没有多大害处。智瑶与别人比有五点优长，却有一点不如别人的。须发美观，身材高大是一个长处；擅长射箭驾车，力气过人是一个长处；各种技艺无所不通是一个长处；巧于文辞，善辩聪慧是一个长处；刚毅果敢是一个长处。具备这么多长处却很不仁义。用这五种优长去欺凌别人，而去做不仁义的事，谁又能宽容他呢？如果真的立智瑶继承爵位，智氏家族一定被毁灭。”智宣子不听劝告。智果于是到太史那里另立一族，改姓为辅氏，和智宣子一族断绝宗亲关系。等到智氏灭亡时，只有辅果一支因改姓得以保全。

士茁谓土木胜惧其不安人

智襄子为室美[1]，士茁夕焉[2]。智伯曰：“室美夫!”

对曰："美则美矣，抑臣亦有惧也。"智伯曰："何惧?"对曰："臣以秉笔事君。志有之曰：'高山峻原，不生草木[3]。松柏之地，其土不肥。'今土木胜，臣惧其不安人也。"室成，三年而智氏亡。

【注释】

〔1〕智襄子：智伯，襄是其谥号。为室：建造房屋。〔2〕士茁：智伯的家臣。夕：傍晚。焉：于之，兼语词。即"到襄子家去"。〔3〕高山峻原，不生草木：言处势太高、太显，草木都不安心生长。峻原，陡峭的陆地。

【译文】

智襄子建造房屋，装饰得很漂亮，士茁傍晚到襄子那里去。智伯说："这房子漂亮吗?"士茁回答说："漂亮确是漂亮，但是我还是有些忧惧。"智伯说："有什么好忧惧的呢?"士茁回答说："我掌管文书为您效劳。史志上有句话说：'山过高、陆地过于陡峭，就不长草木。松柏生长的地方，土地往往都很瘠薄。'如今房屋过于华美了，我担心它不能让人安享啊。"房屋建成，三年后智氏就灭亡了。

智伯国谏智襄子

还自卫，三卿宴于蓝台[1]，智襄子戏韩康子而侮段规[2]。智伯国闻之[3]，谏曰："主不备，难必至矣。"曰："难将由我，我不为难，谁敢兴之!"对曰："异于是。夫郤氏有车辕之难[4]，赵有孟姬之谗[5]，栾有叔祁之愬[6]，范、中行有亟治之难[7]，皆主之所知也。《夏书》有之曰[8]：'一人三失，怨岂在明？不见是图。'《周书》有之曰[9]：'怨不在大，亦不在小。'夫君子能勤小物，故无大患。今主一宴而耻人之君相，又弗备，曰'不敢兴难'，无乃不可乎？夫谁不可喜，而谁不可惧？蚋蚁蜂虿[10]，皆能害人，况君相乎！"弗听。自是五年，乃有晋阳之难[11]。段规反，首难，而杀智伯于师，遂灭智氏。

【注释】

〔1〕还自卫：智伯讨伐郑国，返回途中经过卫国。三卿：指智襄子、韩康子、魏桓子。蓝台：晋国地名。　〔2〕韩康子：韩庄子之子，名虎。段规：魏桓子的相。　〔3〕智伯国：晋国大夫。　〔4〕车辕之难：指郤犨和长鱼矫争田，郤氏把长鱼矫抓了起来，并将其父母妻子绑在车辕上，后长鱼矫受到晋厉公的宠幸，设计杀害了三郤。〔5〕赵：指赵同、赵括。孟姬：赵文子之母庄姬。庄姬和赵婴私通，赵婴的哥哥赵同、赵括把他放逐，庄姬向晋景公进谗言，把赵同、赵括杀了。　〔6〕栾有叔祁之愬：指栾盈的母亲叔祁与人私通，栾盈不满，叔祁便向她父亲范宣子诉说栾盈欲作乱，后阳毕向晋平公献策，灭了栾氏。　〔7〕范：范吉射。中行：中行寅。亟治之难：亟治是范皋夷的封邑，皋夷不受范吉射的宠爱，想在族中作乱，因中行寅和范吉射关系密切，皋夷就设法驱逐他们二人，最后灭掉了范氏和中行氏。〔8〕《夏书》：指《尚书·夏书·五子之歌》。　〔9〕《周书》：指《尚书·周书·康诰》。　〔10〕蚋（ruì）：古同"蜹"，蚊子类的小虫。虿（chài）：蝎子类的毒虫。　〔11〕晋阳之难：指周贞定王十六年（前453）智伯联合韩、魏攻赵，赵襄子退保晋阳，三家围之，后韩、魏又

与赵联合共灭智伯，瓜分了他的土地，史称三家分晋。

【译文】

从卫国返回晋国途中，智襄子、韩康子、魏桓子三位卿在蓝台宴饮，智襄子戏弄韩康子还侮辱魏桓子的相段规。智伯国听说了这件事，劝谏说："您如果不加提防的话，灾难一定就要临头了。"智襄子说："有没有祸难我说了算，我不制造祸难，谁还敢对我发难！"智伯国说："不是这样的。郤氏灭族于车辕之难，赵氏死于孟姬谗言之下，栾盈丧命于母亲叔祁的诉说，范氏、中行氏在亟治被杀害，这些都是您所熟知的。《夏书》上有这样的话，说：'一个人多次犯下过错，怨恨哪里会摆在明处？要在没有显露时就加以提防。'《周书》上有这样的话，说：'怨恨不在于大，也不在于小。'君子能为小事情劳心，所以也就没有大的忧患。现在您一次宴饮就羞辱了人家的君主和国相，又不加提防，还说他们'不敢发难'，这样恐怕不可以吧？谁不可以让人高兴，谁又不可以让人害怕呢？即使蚊子、蚂蚁、黄蜂、蝎子等小昆虫都能害人，何况是君主和国相呢！"智襄子没有听从智伯国的劝告。五年之后，便发生了晋阳之难。段规回国后，率先发难，在军中杀死智伯，继而灭掉了智氏一族。

晋阳之围

晋阳之围，张谈曰[1]："先主为重器也[2]，为国家之难也，盍姑无爱宝于诸侯乎？"襄子曰："吾无使也。"张谈曰：

"地也可[3]。"襄子曰："吾不幸有疾[4]，不夷于先子[5]，不德而贿。夫地也求饮吾欲，是养吾疾而干吾禄也。吾不与皆斃。"襄子出，曰："吾何走乎？"从者曰："长子近[6]，且城厚完。"

【注释】

〔1〕张谈：也称孟谈，赵襄子的家臣。 〔2〕先主：指赵襄子的父祖辈。重器：指国家的贵重礼器。韦昭注"重器，圭璧钟鼎之属"。〔3〕地：赵襄子的家臣。 〔4〕疾：指失误，缺失。 〔5〕不夷：不及，赶不上。夷，平。先子：指赵襄子的父亲赵简子。 〔6〕长子：晋国地名，在今山西长子西南。

【译文】

晋阳被围前夕，张谈说："先主置备的贵重的礼器，就用于解救国家危难的，何不姑且拿出财宝，向诸侯求助呢？"襄子说："我没有使者可派遣。"张谈说："地就可以做使者。"襄子说："不幸的是我德行不足，不及我的先人，不能修德却要贿赂诸侯请求支援。地这个人只会迎合我的贪欲，这是滋养我的坏毛病而求取我的俸禄啊。我不能跟他一块垮台。"襄子打算出奔，说："我该到哪里去呢？"随从人员说："长子城离这里近，而且城墙厚实完好。"

襄子曰："民罢力以完之[1]，又斃死以守之，其谁与我？"从者曰："邯郸之仓库实[2]。"襄子曰："浚民之膏泽以实之[3]，又因而杀之，其谁与我？其晋阳乎！先主之所属也[4]，尹铎之所宽也，民必和矣。"乃走晋阳，晋师围而灌之，沈灶产蛙[5]，民无叛意。

【注释】

〔1〕罢：通“疲”，疲惫。 〔2〕邯郸：晋国地名，在今河北邯郸市。 〔3〕浚（jùn）：压榨，剥削。 〔4〕属：通“嘱”，嘱咐。〔5〕沈：淹没。

【译文】

襄子说：“百姓竭尽全力修筑了它，又让他们拼命守卫它，还有谁会帮助我呢？”随从人员说：“邯郸的粮仓和府库很充实。”襄子说：“榨取了民脂民膏来充实粮仓府库，现在又因为这些东西使他们面临杀戮，谁还肯帮助我呢？还是去晋阳吧！那是先主赵简子嘱咐逃难的地方，尹铎政令宽和，百姓一定能团结一心。”于是便逃到了晋阳。晋军将晋阳围住，并掘开汾水灌城，水淹没了百姓家的炉灶，生了虾蟆，百姓仍没有背叛的意思。

卷十六 郑语

史伯为桓公论兴衰

桓公为司徒[1]，甚得周众与东土之人[2]，问于史伯曰[3]：“王室多故[4]，余惧及焉，其何所可以逃死?”史伯对曰：“王室将卑，戎、狄必昌，不可偪也[5]。当成周者[6]，南有荆蛮、申、吕、应、邓、陈、蔡、随、唐[7]；北有卫、燕、狄、鲜虞、潞、洛、泉、徐、蒲[8]；西有虞、虢、晋、隗、霍、杨、魏、芮[9]；东有齐、鲁、曹、宋、滕、薛、邹、莒[10]；是非王之支子母弟甥舅也，则皆蛮、荆、戎、狄之人也。非亲则顽，不可入也。其济、洛、河、颍之间乎[11]！是其子男之国，虢、郐为大[12]，虢叔恃势[13]，郐仲恃险[14]，是皆有骄侈怠慢之心，而加之以贪冒。君若以周难之故，寄孥与贿焉，不敢不许。周乱而弊，是骄而贪，必将背君，君若以成周之众，奉辞伐罪，无不克矣。若克二邑，邬、弊、补、舟、依、黑𩫏、历、华[15]，君之土也。若前华后河，右洛左济，主芣、騩而食溱、洧[16]，修典刑以守之，是可以少固。”

【注释】

〔1〕桓公：名友，周厉王少子。为周司徒，封于郑（今陕西华县东），是春秋时期郑国的第一代国君，史称郑桓公。 〔2〕东土：指陕西以东地区。韦昭注“东土，陕以东也”。 〔3〕史伯：指周太史伯阳。 〔4〕多故：多事，多灾多难。 〔5〕卑：衰微。昌：强盛。偪：靠近。 〔6〕成周：西周的东都洛邑，在今河南洛阳。〔7〕申：古国名，姜姓。据说是伯夷的后代，周宣王时东迁至谢，建立申国，在今河南南阳。吕：古国名，姜姓。据说是四岳的后代所建，在今河南南阳西。应：古国名，姬姓，周武王儿子的封国。在今河南平顶山新华区滍阳镇。邓：古国名，曼姓，在今河南邓县一带。陈：古国名，妫姓，在今河南淮阳一带。蔡：古国名，姬姓。始封之君为周武王的弟弟叔度，在今河南上蔡西南。随：古国名，姬姓，在今湖北随县。唐：古国名，姬姓，在今湖北随县西北唐县镇。 〔8〕狄：北狄，北方的狄族。鲜虞：姬姓古国，白狄的一支，在今河北境内。潞：隗姓古国，赤狄的一支，在今山西潞城东北。洛、泉、徐、蒲：都是隗姓古国，赤狄的分支。 〔9〕虞：古国名，姬姓，始封之君是虞仲的后代，在今山西平陆北。虢：古国名，姬姓，分为东虢、西虢、北虢。此指西虢，在今陕西宝鸡东。隗：古国名，姬姓，在今湖北秭归东。霍：古国名，姬姓，始封之君为周武王的弟弟叔处，在今山西霍县西南。杨：古国名，姬姓，在今山西洪洞东南。魏：古国名，姬姓，在今山西芮城北。芮：古国名，姬姓，在今陕西大荔朝邑城南。〔10〕滕：古国名，姬姓。始封之君为周文王的儿子错叔绣，为侯爵，在今山东省滕州市西南。薛：古国名，任姓。据说是夏代车正奚仲的后代所建，居于薛，在今山东省枣庄市薛城区。邹：古国名，曹姓。据说是颛顼后代挟所建立，在今山东费、邹一带。莒：古国名，己姓。始封之君为兹舆期，春秋初迁都于莒，在今山东莒县一带。〔11〕济：济水。洛：洛水。河：黄河。颍：颍水。 〔12〕郐（kuài）：古国名，妘姓，据说是祝融的后代所建，在今河南密县东南。

〔13〕虢叔：指虢国的国君。〔14〕郐仲：指郐国的国君。〔15〕邬、弊、补、舟、依、䵑、历、华：邻近虢、郐的八个城邑。邬、弊、舟、䵑，公序本作鄢、蔽、丹、黩。䵑，邑名，或本作"𬰅"。〔16〕芣、騩（fú guī）：芣山和騩山。溱：溱水，在今河南密县东南流与洧水相合。洧：洧水，即今河南双洎河。

【译文】

郑桓公担任周幽王的司徒，很能得西周民众和京畿以东百姓的心，他向史伯咨询说："周王室多有灾难，我担心波及到我，到哪里逃避可以免于一死呢？"史伯回答说："周王室就要衰微了，戎、狄必定会昌盛起来，不可以靠近它们。在周都城洛邑周围，南方有楚蛮、申、吕、应、邓、陈、蔡、随、唐等国；北方有卫、燕、狄、鲜虞、潞、洛、泉、徐、蒲等国；西方有虞、虢、晋、隗、霍、杨、魏、芮等国；东方有齐、鲁、曹、宋、滕、薛、邹、莒等国；这些国家不是周王的宗族分支、母弟甥舅等亲戚，就是蛮、夷、戎、狄之类少数民族的国家。不是亲族就是顽民，这些地方不能去。还是去济水、洛水、黄河、颍水一带吧！这一地带都是些子爵、男爵类的国家，其中以虢国和郐国最为强大，虢叔靠着有利地势，郐仲凭着位置险要，他们都有骄纵奢侈懈怠轻慢的思想，又都很贪婪。您因为要躲避周王室的祸难，想把妻子、财物安置在那里，他们不敢不答应。周王室混乱凋敝，虢叔郐仲他们骄纵贪婪，必然会背叛您，到时候如果您带着洛邑的百姓，以天子的名义去讨伐他们的罪恶，没有不成功的。如果战胜了这两个国家，那么邬、弊、补、舟、依、䵑、历、华等小国，就都变成了您的国土了，如果前面有华邑，后面有黄河，右有洛水，左有济水，主祭芣山和騩山，饮用溱、洧两河的水，遵循常法来守护疆土，这样就可以稍微稳固一些了。”

公曰：“南方不可乎？”对曰：“夫荆子熊严生子四人[1]：伯霜、仲雪、叔熊、季紃[2]。叔熊逃难于濮而蛮[3]，季紃是立，薳氏将起之[4]，祸又不克。是天启之心也，又甚聪明和协，盖其先王。臣闻之，天之所启，十世不替[5]。夫其子孙必光启土，不可偪也。且重、黎之后也[6]，夫黎为高辛氏火正[7]，以淳耀敦大，天明地德，光照四海，故命之曰‘祝融’[8]，其功大矣。

【注释】

〔1〕熊严：楚国国君，芈姓，熊氏，名严。 〔2〕伯霜：熊霜，熊严的大儿子，楚国国君。仲雪：熊雪，熊严的次子。叔熊：即熊堪，熊严的第三子。熊霜死后，三弟争立，熊雪死，熊堪逃难至濮。季紃(xún)：熊紃，熊严的小儿子。 〔3〕濮：古代少数民族，分布于江汉之南。 〔4〕薳（wěi）氏：楚国大夫。 〔5〕替：废黜。 〔6〕重、黎：相传是颛顼的两位大臣。重任南正之官，掌管祭祀天神；黎任火正之官，掌管民事。两人被认为是楚的祖先。 〔7〕高辛氏：帝喾，号高辛氏，是尧的父亲。火正：古代掌火之官。 〔8〕祝融：帝喾时火官黎的别称，因他为掌火之官，能光融天下，故称祝融。

【译文】

桓公说：“去南方避难不可以吗？”史伯回答说：“楚子熊严有四个儿子，他们是：伯霜、仲雪、叔熊、季紃。叔熊到濮地逃难成了蛮夷之人，季紃被立为国君，薳氏将要重拥立叔熊为国君，又发生祸难没有成功。这是上天在开启季紃的心智啊，他又聪明而能与臣民同心协力，功德超过先王。我听说，上天所开导的人，他的后人十代之内不会被废弃。他的子孙必然会大开疆土，不可以靠近。况且他们是重、黎的后人，黎是高辛氏的火正，由于他淳厚博大，拥有日月般的光明和大地般厚重的美德，光芒照耀四海，所以将他命名为‘祝融’，他的功业很大了。

“夫成天地之大功者，其子孙未尝不章，虞、夏、商、周是也[1]。虞幕能听协风[2]，以成乐物生者也。夏禹能单平水土[3]，以品处庶类者也。商契能和合五教[4]，以保于百姓者也。周弃能播殖百谷蔬[5]，以衣食民人者也。其后皆为王公侯伯。祝融亦能昭显天地之光明，以生柔嘉材者也[6]，其后八姓于周未有侯伯[7]。佐制物于前代者，昆吾为夏伯矣[8]，大彭、豕韦为商伯矣[9]。当周未有。

【注释】

〔1〕虞：指舜帝，姚姓，名曰重华，号有虞氏。　〔2〕虞幕：虞舜的祖先。协风：和风。　〔3〕单：大。平：治理。　〔4〕商契：传说中商的始祖，帝喾的儿子。和合：协调，协和。五教：指父义、母慈、兄友、弟恭、子孝。　〔5〕周弃：指后稷，名弃，周朝的始祖。曾在尧舜时代做农官，教民耕种农作物。　〔6〕柔：润。嘉材：五谷材木。嘉，善。　〔7〕其后八姓：祝融的后裔分为八姓，即己、董、彭、秃、妘、曹、斟、芈等，史书称为“祝融八姓”。　〔8〕昆吾：祝融的孙子，己姓，名樊，封在昆吾。　〔9〕大彭、豕韦：祝融的孙子，彭姓，封在大彭和豕韦。

【译文】

“凡是成就经天纬地大功的人，他的子孙后代没有不显赫的，虞、夏、商、周四代都是如此。舜的祖先虞幕能听辨和风，培育万物茁壮生长。夏禹能彻底治理水患，使万物各得其所。商契能调和五教，安抚百姓。周弃能种植各种谷物和蔬菜，为百姓供给衣食所需。他们的后人都做了王公诸侯。祝融也能彰显天地的光明，培育滋润优质的五谷材木，他的后人有八个姓在周朝没做侯伯的。在前代执掌政事的，昆吾为夏朝侯伯，大彭、豕韦为在商朝侯伯。在周朝还没有。

"己姓昆吾、苏、顾、温、董[1]，董姓鬷夷、豢龙[2]，则夏灭之矣。彭姓彭祖、豕韦、诸稽[3]，则商灭之矣。秃姓舟人[4]，则周灭之矣。妘姓邬、郐、路、偪阳[5]，曹姓邹、莒，皆为采卫[6]，或在王室，或在夷、狄，莫之数也。而又无令闻，必不兴矣。斟姓无后。融之兴者[7]，其在芈姓乎？芈姓夔越不足命也[8]。蛮芈蛮矣[9]，唯荆实有昭德，若周衰，其必兴矣。姜、嬴、荆芈[10]，实与诸姬代相干也[11]。姜，伯夷之后也[12]；嬴，伯翳之后也[13]。伯夷能礼于神以佐尧者也，伯翳能议百物以佐舜者也。其后皆不失祀而未有兴者，周衰其将至矣。"

【注释】

〔1〕昆吾、苏、顾、温、董：都是己姓古国。　〔2〕鬷（zōng）夷、豢龙：都是董姓的古国。　〔3〕彭祖、豕韦、诸稽：都是彭姓古国。　〔4〕舟人：秃姓的古国。　〔5〕邬、郐、路、偪阳：都是妘姓古国。　〔6〕采：指采服，离王都二千五百里的地区。卫：指卫服，离王都三千里的边远地区。　〔7〕融：祝融。　〔8〕夔越：芈

姓古国。〔9〕蛮芈：指楚国叔熊逃难至濮而从蛮俗。〔10〕姜：齐国的国姓。嬴：秦国的国姓。芈：楚国的国姓。〔11〕代：更替。干：违犯，触犯。〔12〕伯夷：炎帝的后代，尧时任秩宗，掌宗庙祭祀。〔13〕伯翳：伯益，相传善于畜牧和狩猎，被舜任为虞官，是嬴姓各族的祖先。

【译文】

"己姓的昆吾、苏、顾、温、董，董姓的鬷夷、豢龙，在夏朝就亡国了。彭姓的彭祖、豕韦、诸稽，在商代就亡国了。秃姓的舟人，在周代就亡国了。妘姓的邬、郐、路、偪阳各国，曹姓的邹、莒小国，都在采服、卫服等荒远地区，有的在王室附近，有的在偏远的夷、狄，没人说得清。而他们又没有美好的名声，一定不会兴起了。斟姓后继无人。祝融的后代如能复兴，大概是在芈姓吧？芈姓的夔越难以担负起这一使命。处在蛮地的芈姓已经蛮化了，只有楚国富有美德，如果周朝衰落了，楚国一定会兴盛。姜姓、嬴姓和楚国的芈姓，他们和姬姓交相干犯。姜姓，是伯夷的后人；嬴姓，是伯益的后人。伯夷能以礼事神来辅佐尧帝，伯益能使事物各得其宜来辅佐舜帝。他们的后人都没有断绝祭祀，却没有谁兴盛的，周朝的衰亡大概就要到来了。"

公曰："谢西之九州〔1〕，何如？"对曰："其民沓贪而忍，不可因也。唯谢、郏之间〔2〕，其冢君侈骄〔3〕，其民怠沓其君〔4〕，而未必周德〔5〕；若更君而周训之，是易取也，且可长用也。"

【注释】

〔1〕谢：周宣王舅舅申伯的封国，在今河南唐河南。〔2〕郏：

古邑名，在今河南郏县。〔3〕冢君：对君主的敬称。〔4〕怠沓：懈怠轻慢。〔5〕周：忠信。

【译文】

桓公说："谢国西面的九个州，怎么样？"史伯回答说："那里的百姓轻慢贪婪而又残忍，不能依靠他们。只有谢国和郏地之间的几个国家，他们的国君奢侈骄纵，百姓对待君王懈怠轻慢，还不具备忠信这样的德行；如果换个君主用忠信理念来教导他们，那这些地方就很容易获取，并且可以长久住下去。"

公曰："周其弊乎〔1〕？"对曰："殆于必弊者也〔2〕。《泰誓》曰〔3〕：'民之所欲，天必从之。'今王弃高明昭显〔4〕，而好谗慝暗昧〔5〕；恶角犀丰盈〔6〕，而近顽童穷固〔7〕。去和而取同。夫和实生物，同则不继。以他平他谓之和，故能丰长而物归之；若以同裨同〔8〕，尽乃弃矣。故先王以土与金木水火杂，以成百物。是以和五味以调口，刚四支以卫体〔9〕，和六律以聪耳〔10〕，正七体以役心〔11〕，平八索以成人〔12〕，建九纪以立纯德〔13〕，合十数以训百体〔14〕。出千品，具万方，计亿事，材兆物，收经入，行姟极〔15〕。故王者居九畡之田〔16〕，收经入以食兆民，周训而能用之，和乐如一。夫如是，和之至也。于是乎先王聘后于异姓，求财于有方，择臣取谏工而讲以多物，务和同也。声一无听，物一无文，味一无果，物一不讲。王将弃是类也而与剸同〔17〕，天夺之明，欲无弊，得乎？"

【注释】

〔1〕弊：凋敝，衰落。 〔2〕殆：差不多，大概。 〔3〕《泰誓》：指《尚书·周书·泰誓》。 〔4〕王：指周幽王。 〔5〕谗慝：邪恶奸佞。暗昧：愚昧，昏庸。 〔6〕角犀：额角与头发接交处隆起，有如伏犀。古人认为这是显贵贤明之相。这里借指贤明者。〔7〕顽童：愚钝无知的人。穷固：穷凶顽恶。 〔8〕裨：增添，补助。 〔9〕四支：四肢。支，通“肢”。 〔10〕六律：指十二律中阳声之律，即黄钟、大簇、姑洗、蕤宾、夷则六种音律。 〔11〕七体：韦昭注“七体，七窍也”，即人体的眼、耳、口、鼻七孔。〔12〕八索：指人的首、腹、足、股、目、口、耳、手八个部分。〔13〕九纪：指人的心、肺、肝、脾、肾、胃、肠、胆、膀胱等内脏。〔14〕十数：指王、公、大夫、士、皂、隶、僚、仆、台十等人。百体：指百官。 〔15〕姟（gāi）：数大到极点。古代以万万兆为一姟。〔16〕九畡：中央和八极合称为九畡，指九州辽阔的土地。畡（gāi），古同“垓”。 〔17〕与：赞同，喜欢。刬（zhuān）：同“专”，单一，相同。

【译文】

桓公说：“周朝恐怕要衰败了吧？”史伯回答说：“差不多是要衰败了。《尚书·泰誓》中说：‘老百姓想要的，上天必定会听从。’如今周幽王抛弃光明有德的君子，而喜欢奸邪阴险的小人；厌恶贤明正直的人，却亲近愚钝顽恶的人。排除异己而取用苟同自己的人。和谐才能推进事物成长，同一就难以促进发展。把不同的东西相互调和使之平衡叫做和谐，因而能使万物丰富发展并归于统一；如果相同的东西相互作用，用完之后就什么也没有了。故而先王使土和金、木、水、火相互作用，而化生出万物。因此调和五味来迎合人的口感，强健四肢来保护身体，协和六音使耳朵聪颖，摆正七窍来为心服务，协调人体八个部分保证人的正常活动，立九脏来树立纯厚的德行，用十个等级来训导百官。于是就出现了上千个种类，产生了上万种方法，计算上亿的事物，掌管万亿的财物，获取万兆的收入，干了数不清的事情。因此君王占有九州的土地，收取赋税来养育万民，用忠信思想教导他们，让他们和乐如一家。像这样，就算是和谐的极致了。因此先王婚聘要从异姓的家族中选取女子，求取财货要着眼于四方各地，选择敢于进谏的人为官，衡量各种意见的高下，努力实现和谐而不是苟同。只有一种声音无法悦耳，只有一种颜色不成文采，只有一种味道不成美味，只有一种事物无法衡量。周幽王却要抛弃这些和谐的事物，而喜欢这些单一相同的东西。上天使他丧失了明智，想不衰败，能办得到吗？"

"夫虢石父谗谄巧从之人也[1]，而立以为卿士，与刬同也；弃聘后而立内妾[2]，好穷固也；侏儒戚施[3]，实御在侧，近顽童也；周法不昭，而妇言是行，用谗慝也[4]；不建立卿士，而妖试幸措[5]，行暗昧也。是物也，不可以久。且宣王之时有童谣[6]，曰：'檿弧箕服[7]，实亡周国。'于是宣王闻之，有夫妇鬻是器者，王使执而戮之。府之小妾生女而非王子也，惧而弃之。此人也，收以奔褒[8]。天之命此久矣，其又何可为乎？

【注释】

〔1〕虢石父：虢国的国君，名石父。谗谄：谗毁和谄谀。〔2〕后：指申后，周幽王的王后。内妾：指褒姒。　〔3〕戚施（qī

shī)：驼背的残疾人。〔4〕谗慝：邪恶奸佞。〔5〕幸：佞幸之人。措：安置。〔6〕宣王：指周宣王。〔7〕檿（yǎn）弧：山桑木做的弓。箕服：箕草编的箭囊。〔8〕褒：古国名，姒姓，在今陕西勉县东南。

【译文】

"虢石父是个搬弄是非、阿谀奉承、巧取媚从的人，幽王却让他做卿士，这是喜欢苟同顺从自己的人；废弃申后而立内妾褒姒，是喜欢穷凶顽恶的人；把侏儒、驼背等残障之人招揽在身边作乐，这是亲近愚钝无知的人；朝廷法纪不明，却唯妇人的话是从，这是听用邪恶奸佞的人；不任用贤明的卿士，却将佞幸的小人安置在身边，这是做事愚昧、昏庸。这些行为，都难以长久的。况且在周宣王时就流传着一首童谣，说：'山桑做的木弓，箕草做的箭袋，将要灭亡周朝。'那时宣王听了这首童谣，正好有夫妇二人在卖这些器物，宣王就让人抓捕并羞辱他们。王府里一个小妾生了个女儿但不是周王的孩子，她因为害怕被发觉就把这个女婴抛弃了。那对夫妇便收养了女婴，投奔了褒国。上天亡周的意愿已经很久了，难道还可以做什么来改变它吗？

"《训语》有之曰〔1〕：'夏之衰也，褒人之神化为二龙，以同于王庭，而言曰："余，褒之二君也。"夏后卜杀之与去之与止之〔2〕，莫吉。卜请其漦而藏之〔3〕，吉。乃布币焉而策告之〔4〕，龙亡而漦在，椟而藏之，传郊之。'及殷、周，莫之发也。及厉王之末〔5〕，发而观之，漦流于庭，不可除也。王使妇人不帏而譟之〔6〕，化为玄鼋〔7〕，以入于王府。

府之童妾未既龀而遭之[8]，既笄而孕[9]，当宣王时而生。不夫而育，故惧而弃之。

【注释】

〔1〕《训语》：指《周书·训语》。 〔2〕夏后：夏代君王，此指夏桀。 〔3〕漦（chí）：涎沫，即唾液。 〔4〕布：摆放。币：礼币，指玉帛之类的东西。 〔5〕厉王：周厉王。 〔6〕帏：帐子、幔幕，此指下裳的正幅。谍：通“噪”，大声喧哗，呼喊。 〔7〕玄鼋：蜥蜴。韦昭注“鼋，或为‘蚖’。蚖，蜇蜴，象龙”。 〔8〕龀（chèn）：古同“龀”，换牙。孩童一般七岁开始换牙。 〔9〕笄：指十五岁成年。古代女子十五岁举行加笄礼，盘发加簪，以示成年。

【译文】

“《周书·训语》上记载说：‘夏朝衰亡的时候，褒国的神灵化成两条龙，一起盘旋在周王宫廷，并声称说：“我们，是褒国的两位君主。”夏王卜问是杀掉它们、放走它们还是扣留它们，兆相显示这三种做法都不吉利。占卜请把龙的唾液收藏起来，结果显示吉利。于是就摆放玉帛礼币，撰写简策书文向龙祷告，龙跑了而留下了唾液，于是用柜子把它收藏起来，并在郊外祭祀它。’到了商代、周代初年，都没有打开过。等到周厉王末年，打开了看一看，结果唾液流满宫廷，无法清除。周厉王便让宫中妇人赤裸下体大声喊叫，唾液竟然变成了一只蜥蜴，钻进了王府。王府里一个还未换牙的童妾，撞上了它，等她长到十五岁时就怀了孕，在宣王时产下婴儿。因为没有丈夫就生了孩子，因而非常害怕，就把婴儿丢弃了。

“为弧服者方戮在路，夫妇哀其夜号也，而取之以逸，逃于褒。褒人褒姁有狱[1]，而以为入于王，王遂置之，而嬖是女也[2]，使至于为后而生伯服[3]。天之生此久矣，其为毒也大矣，将使候淫德而加之焉。毒之酋腊者[4]，其杀也滋速[5]。申、缯、西戎方强[6]，王室方骚，将以纵欲，不亦难乎？

【注释】

〔1〕褒姁：褒国国君。 〔2〕嬖（bì）：宠爱。是女：这个女子，即褒姒。 〔3〕伯服：周幽王与褒姒所生的儿子。 〔4〕酋腊：毒性很强的酒。 〔5〕滋：增益，更加。 〔6〕缯：姒姓古国，在今河南方城一带。西戎：古代对西北戎族的总称。

【译文】

"卖桑木弓和箭袋的夫妇正在路上遭受羞辱，由于可怜那女婴夜里嚎哭，就带着她逃到了褒国。褒国君主褒姁犯了罪过，就把她（即褒姒）献给了周王，周王便放了褒姁，并且十分宠爱褒姒，立她为王后并生下了伯服。上天酝酿这个祸害已经很久了，它的毒害本来就很大了，再趁周王失德而留下这个女人。毒性越强的酒，它害人也就越快。申国、缯国和西戎国势正强，周王室又骚动不安，幽王还要放任欲望，想不衰败不也很困难吗？

"王欲杀太子以成伯服[1]，必求之申，申人弗畀[2]，必伐之。若伐申，而缯与西戎会以伐周[3]，周不守矣！缯与西戎方将德申，申、吕方强，其隩爱太子亦必可知也[4]，王师若在，其救之亦必然矣。王心怒矣，虢公从矣，凡周存亡，不三稔矣[5]！君若欲避其难，其速规所矣，时至而求用，恐无及也！”

【注释】

〔1〕成：成就。　〔2〕必求之申：指周幽王要立伯服为太子，废掉正后申侯之女及太子宜臼。结果，宜臼逃奔申国，所以要申国交出太子宜臼。畀：给，交出。　〔3〕缯：古国名，姒姓，封于夏代，约在今河南省南阳市北。会：联合。　〔4〕隩爱：疼爱，怜爱。〔5〕稔（rěn）：庄稼成熟。指一年。

【译文】

“幽王打算杀掉太子宜臼，来成就伯服，就一定会让申国交出太子，申国要是不交，幽王肯定会讨伐申国。如果讨伐申国，到时缯国和西戎就会联手攻伐周幽王，周王朝就垮台了。缯国与西戎正要借机向申国示好，正值申国、吕国正国力强盛，它们对太子的怜爱也是可想而知的。幽王的军队如果攻打申国，它们出兵救助申国也是必然的。幽王内心愤怒，虢公必定顺从，周朝的灭亡，不会超出三年了。您要是想避开这场灾难，要尽快谋划好逃亡的地方，到时候再想办法，恐怕就来不及了！”

公曰：“若周衰，诸姬其孰兴[1]？”对曰：“臣闻之，武实昭文之功[2]，文之祚尽，武其嗣乎[3]！武王之子，应、韩不在[4]，其在晋乎！距险而邻于小[5]，若加之以德，可以大启[6]。”公曰：“姜、嬴其孰兴[7]？”对曰：“夫国大而有德者近兴，秦仲、齐侯[8]，姜、嬴之隽也[9]，且大，其将兴乎?”公说，乃东寄帑与贿，虢、郐受之，十邑皆有寄地〔10〕。

【注释】

〔1〕诸姬：各姬姓诸侯国。其：大概。 〔2〕武：周武王。文：周文王。 〔3〕嗣：继续，继承。 〔4〕应：应侯。韩：韩侯。都是周武王的后代。 〔5〕距：通“据”，据守。 〔6〕大启：指大大开拓疆土。启，开拓。 〔7〕姜：指齐国。姜为齐国国姓。嬴：指秦国。嬴为秦国国姓。 〔8〕秦仲：秦国国君，秦公伯之子，周宣王时任大夫。齐侯：指齐庄公，名购。 〔9〕隽（jùn)：同“俊”，俊杰。〔10〕十邑：韦昭注“十邑，谓虢、郐、邬、蔽、补、舟、依、騬、历、华也”。

【译文】

桓公说：“假如周朝衰落了，各姬姓诸侯中谁会兴盛起来?”史伯回答说：“我听说，周武王将周文王的功德发扬光大，文王的福祚到了尽头，武王大概会继承吧！武王的子嗣，应侯和韩侯都不在了，大概只有晋国了吧！晋国依据险要地势，又和小国毗邻，如果再实行德政，就可以广开疆土。”桓公说：“姜姓和嬴姓的诸侯中谁会兴盛起来?”史伯回答说：“国力强大而推行德政的国家差不多都能兴盛，秦仲和齐侯，是姜姓、嬴姓中的俊才，况且国力强大，大概他们将要兴盛了吧?”桓公听了非常高兴，于是把妻儿和财货寄放在东方虢国、郐国，他们接受了，如此一来，虢、郐、邬、蔽、补、舟、依、騬、历、华十邑便都有桓公托身之地。

平王之末秦晋齐楚代兴

幽王八年而桓公为司徒，九年而王室始骚[1]，十一年而毙[2]。及平王之末[3]，而秦、晋、齐、楚代兴，秦景、襄于是乎取周土[4]，晋文侯于是乎定天子，齐庄、僖于是乎小伯[5]，楚蚠冒于是乎始启濮[6]。

【注释】

〔1〕骚：动乱。　〔2〕十一年：指周幽王十一年，即前771年。毙：死。　〔3〕平王：周平王。末：末年。　〔4〕景：当作“庄”。秦庄公，嬴姓，名其。襄：秦襄公。　〔5〕庄：指齐庄公，姜姓，吕氏，名购。僖：齐僖公，名禄甫，齐前庄公之子。　〔6〕蚠（fén）冒：楚国国君，楚王季纠的孙子，名熊眴。

【译文】

周幽王八年，任命郑桓公为司徒，九年周王室开始发生动乱，十一年周幽王和郑桓公都死了。到了平王末年，秦国、晋国、齐国、楚国相继兴起，秦庄公、秦襄公伺机占有周王室的土地。在这个时候，晋文侯在洛邑安定了周平王，齐庄公、齐僖公成为诸侯中小的霸主，楚王蚠冒开辟了南蛮的濮地。

卷十七　楚语上

中叔时论傅太子之道

庄王使士亹傅太子箴[1]，辞曰："臣不才，无能益焉[2]。"王曰："赖子之善善之也。"对曰："夫善在太子，太子欲善，善人将至；若不欲善，善则不用。故尧有丹朱[3]，舜有商均[4]，启有五观[5]，汤有太甲，文王有管、蔡[6]。是五王者，皆有元德也[7]，而有奸子。夫岂不欲其善，不能故也。若民烦，可教训。蛮、夷、戎、狄，其不宾也久矣[8]，中国所不能用也。"王卒使傅之。

【注释】

〔1〕庄王：指楚庄王，名旅，楚穆王之子。士亹（wěi）：楚国大夫。傅：辅导，教导。太子箴：楚庄王之子，名箴，即后来的楚恭王。〔2〕益：增益，帮助。　〔3〕丹朱：尧的儿子，名朱，因居丹水，故名丹朱。相传他傲慢荒淫，所以尧禅位于舜。　〔4〕商均：舜的儿子，名均，封在商，故名商均。相传他昏庸无能，所以舜禅位于禹。〔5〕启：禹的儿子，传说中夏朝首位君王。五观：启的儿子，行事荒唐，不理政务，失去王位。　〔6〕管、蔡：管叔鲜和蔡叔度，周文王

的儿子，周武王的弟弟。武王去世，成王年幼，周公摄政，两人不服，和商纣王的儿子武庚一起发动叛乱，后被周公平定。〔7〕元德：大德。〔8〕宾：宾服，顺服。

【译文】

楚庄王让士亹教导太子箴，士亹推辞说："我才能不够，不能对太子有所教益。"庄王说："用您的才德教导他。"士亹回答说："是否变好关键在太子自己，太子向善，有才德的人就会到来；如果太子不向善，有才德的人也无所可用。因而尧帝才会有丹朱，舜帝有商均，夏启有五规，商汤有太甲，周文王有管叔、蔡叔那样的不成器的儿子。这五位君王，都有大德，却生养了邪恶的儿子。难道他们不愿意让儿子向善，只是做不到罢了。如果百姓动乱，可以加以训导。蛮、夷、戎、狄等荒蛮国家，他们不宾服已经很久了，中原国家没办法使他们听从。"庄王最终还是让士亹来教导太子。

问于申叔时〔1〕，叔时曰："教之春秋，而为之耸善而抑恶焉〔2〕，以戒劝其心；教之世，而为之昭明德而废幽昏焉〔3〕，以休惧其动〔4〕；教之诗，而为之导广显德，以耀明其志；教之礼，使知上下之则；教之乐，以疏其秽而镇其浮〔5〕；教之令，使访物官〔6〕；教之语，使明其德，而知先王之务用明德于民也；教之故志，使知废兴者而戒惧焉；教之训典，使知族类〔7〕，行比义焉〔8〕。

【注释】

〔1〕申叔时：楚国大夫。〔2〕耸：扬。抑：贬黜。〔3〕幽

昏：昏庸的人。〔4〕休：嘉奖，鼓励。动：行动，行为。〔5〕疏：洗涤，清除。镇：压制。〔6〕访：了解。物官：百官的职守。〔7〕族类：宗族，指宗族的发展衍生。〔8〕比：符合。

【译文】

又向申叔时询问，申叔时说："教他天文和人事，给他讲解扬善黜恶的道理，来戒勉他的心；教他了解先王的世系传承，给他讲明有德行的人显扬、昏庸的人要被废黜的规律，来鼓励和约束他的行为；教他诗歌，引导他学习先王的美好德行，来指引开阔他的志向；教他学习礼法，让他明白尊卑上下的规矩；教他学习音乐，来洗涤他身心的污秽，去除性格的轻浮；教他学习法令，让他了解百官的职能责任；教导他学习先王的遗训，让他能彰明美德，知道先王以德待百姓的道理；教他学习过去的历史，使他懂得历代成败兴衰的规律而引起警戒；教他学习先王的训典，使他了解宗族的发展衍生，使其行为符合道义。

"若是而不从，动而不悛〔1〕，则文咏物以行之，求贤良以翼之〔2〕。悛而不摄〔3〕，则身勤之，多训典刑以纳之，务慎惇笃以固之〔4〕。摄而不彻〔5〕，则明施舍以导之忠，明久长以导之信，明度量以导之义，明等级以导之礼，明恭俭以导之孝，明敬戒以导之事，明慈爱以导之仁，明昭利以导之文，明除害以导之武，明精意以导之罚，明正德以导之赏，明齐肃以耀之临。若是而不济〔6〕，不可为也。

【注释】

〔1〕悛（quān）：悔改。〔2〕翼：辅佐。〔3〕摄：稳固。

〔4〕惇笃：淳厚笃实。　〔5〕彻：通达。　〔6〕济：成功，可行。

【译文】

“如果这样还不听从教导，行为不端却不知悔改，那就以文辞咏物言志来劝导他，求助贤良的人来帮助他。有所改正但不稳定，那就不辞辛劳身体力行来带动他，多用常规来教育改变他，努力谨慎地运用淳厚笃实的品德来巩固他。稳固了但还不通达，那就阐明施舍的意义，引导他讲求忠恕；阐明保持长久的道理，引导他讲求诚信；阐明度量的原则，引导他处事得当；阐明尊卑等级差异，引导他遵守礼仪；阐明恭顺勤俭的重要，引导他孝敬长者；阐明恭敬警戒的意义，引导他认真做事；阐明慈惠仁爱的含义，引导他实行讲求仁义；阐明修饰的好处，引导他修养文德；阐明铲恶除暴的意义，引导他讲求勇武；阐明专心一意的重要，引导他慎重实施惩罚；阐明待人要无所偏私，引导他正确行使赏赐；阐明专一严肃原则，使他明于处事。如果这样教导还不行的话，那就不可以再教导了。

“且夫诵诗以辅相之，威仪以先后之，体貌以左右之[1]，明行以宣翼之[2]，制节义以动行之，恭敬以临监之，勤勉以劝之，孝顺以纳之，忠信以发之，德音以扬之，教备而不从者，非人也。其可兴乎！夫子践位则退[3]，自退则敬，否则赧[4]。”

【注释】

〔1〕体貌：指以礼相待。　〔2〕宣：周遍。　〔3〕夫子：指太子。　〔4〕赧（nǎn）：脸红，羞愧。

【译文】

“吟咏《诗经》来辅佐他，用具体礼仪来支配他，以礼相待来影响他，身体力行来引导他，制订节义来约束他，恭顺虔敬地监督观察他，勤心尽力地劝勉他，以孝敬恭顺之心对待他，用忠诚信义来启发他，用好声誉来激发他，教导如此完备还不听从的话，那就是一个无法教育的人了。难道还可以教育好吗？那太子即位您就要退居幕后，自己主动退居还显得体面，否则就会很难堪。”

子囊议恭王之谥

恭王有疾〔1〕，召大夫曰：“不穀不德〔2〕，失先君之业，覆楚国之师〔3〕，不穀之罪也。若得保其首领以殁〔4〕，唯是春秋所以从先君者〔5〕，请为‘灵’若‘厉’〔6〕。”大夫许诺。

【注释】

〔1〕恭王：指楚恭王，名审，楚庄王之子。恭是其谥号。〔2〕不穀：君王自谦用辞。穀，善。〔3〕覆楚国之师：指晋、楚鄢陵之战，楚国战败。覆：败，使……覆灭。〔4〕殁：死，终老。〔5〕春秋：古代的春季、秋季的禘祭、尝祭。从先君：指跟从先君神灵受祭。〔6〕灵：据《谥法》曰“乱而不损曰灵”。若：或者。厉：《谥法》曰“杀戮无辜曰厉”。

【译文】

楚恭王患病，召见大夫们说：“我德行不足，丢失了先君的霸业，覆灭了楚国的军队，这都是我的罪过。如果我能够全身而终，因为要在春、秋二季在祖庙跟随先君受祭，请给我一个‘灵’或者‘厉’谥号吧。”大夫们答应照办。

王卒，及葬，子囊议谥[1]。大夫曰：“王有命矣[2]。”子囊曰：“不可。夫事君者，先其善不从其过[3]。赫赫楚国[4]，而君临之，抚征南海[5]，训及诸夏，其宠大矣。有是宠也，而知其过，可不谓‘恭’乎[6]？若先君善，则请为‘恭’。”大夫从之。

【注释】

〔1〕子囊：公子贞，楚国的令尹，楚恭王的弟弟。 〔2〕命：遗命，遗嘱。 〔3〕先其善不从其过：指议定谥号时要首先考虑君王的善举，不要仅依据过失盖棺定论。 〔4〕赫赫：显著盛大的样子。〔5〕南海：指南方各国。 〔6〕恭：据《谥法》“知错能改曰恭”。

【译文】

恭王去世，到该下葬的时候，令尹子囊和大家议定谥号。大夫们说：“君王已经定下了。”子囊说：“不可以。事奉君王的人，要把他的善举放在首位，而不要依照他的过失议定谥号。威武强大的楚国，君王治理它，征服抚慰了南方各国，教令传达至中原各国，他的尊荣够大了。有这般尊荣，而且能认识自己的过失，难道不可以称之为‘恭’吗？如果把君王的善举放在首位，就请给他‘恭’的谥号吧。”大夫们听从了他的意见。

屈建祭父不荐芰

屈到嗜芰[1]。有疾，召其宗老而属之[2]，曰：“祭我必以芰。”及祥[3]，宗老将荐芰[4]，屈建命去之[5]。宗老曰：“夫子属之。”子木曰：“不然。夫子承楚国之政[6]，其法刑在民心而藏在王府，上之可以比先王，下之可以训后世，虽微楚国，诸侯莫不誉[7]。其祭典有之曰：国君有牛享，大夫有羊馈，士有豚犬之奠，庶人有鱼炙之荐[8]，笾豆、脯醢则上下共之[9]，不羞珍异，不陈庶侈[10]。夫子不以其私欲干国之典。”遂不用。

【注释】

〔1〕屈到：楚国的卿，名子夕。嗜：喜好。芰（jì）：菱角。〔2〕宗老：指宗人，大夫家里掌管祭祀的家臣。属：通“嘱”，嘱咐。〔3〕祥：祭名，人死后十三个月而祭叫“小祥”，二十五个月而祭叫“大祥”。此指大祥。〔4〕荐：进献。〔5〕屈建：屈到的儿子，名子木，楚国大夫。〔6〕承：受，引申为执掌。〔7〕誉：称赞。〔8〕享、馈、奠、荐：词异而义同，均为进献的意思。〔9〕笾豆：古代祭祀时盛果品的竹器和盛肉的木器。脯醢：果干和肉酱。〔10〕羞：进献。庶侈：众多。

【译文】

屈到爱吃菱角。他患病时，召来掌管祭祀的家臣嘱咐说：“祭祀我的时候，一定要用菱角做贡品。”到了除服祭时，家臣要摆放菱角供奉，屈建命令撤掉它。家臣说："您父亲嘱托要用菱角。"屈建说："不是这样的。先父执掌楚国的政权，他制定的法纪印在百姓的心中，收藏在君王府库里，向上可以比同于先王，向下可以训示后人，即使不依仗楚国，诸侯们也没有不交相赞誉的。祭祀的法规上有这样的话，说：祭祀国君时要用牛，祭祀大夫时用羊，祭祀士时用小猪和狗，祭祀一般人时用烤鱼，竹筵、木盘及盛放的果干和肉酱，则从君王到百姓都可以有。不能进献珍贵稀见的东西，不需要摆放过多的物品。先父也不能因为自己的嗜好而忤逆国家的法规。"于是就没有用菱角。

蔡声子论楚材晋用

椒举娶于申公子牟〔1〕，子牟有罪而亡，康王以为椒举遣之〔2〕，椒举奔郑，将遂奔晋。蔡声子将如晋〔3〕，遇之于郑，飨之以璧侑〔4〕，曰："子尚良食〔5〕，二先子其皆相子〔6〕，尚能事晋君以为诸侯主。"辞曰："非所愿也。若得归骨于楚，死且不朽。"声子曰："子尚良食，吾归子。"椒举降三拜〔7〕，纳其乘马，声子受之。

【注释】

〔1〕椒举：伍举，伍子胥的祖父，楚国大夫。因封邑在椒，故称椒举。申公子牟：王子牟，曾为申公。　〔2〕康王：楚康王，名昭，楚共王之子。遣：安排。　〔3〕蔡声子：公孙归生，名子家，蔡国大

夫。〔4〕飨：用酒食招待客人。侑（yòu）：通“宥”，劝人吃喝。〔5〕尚：还是。良食：好好吃饭。〔6〕二先子：椒举的父亲和声子的父亲。相：助。〔7〕降：下堂。三拜：拜谢了三次。

【译文】

椒举娶了申公子牟的女儿，子牟犯了罪逃走了，楚康王认为是椒举徇私放了他，椒举出奔到郑国，又打算到晋国逃难。蔡声子要到晋国去，在郑国遇上了椒举，拿着璧玉劝他用餐，说：“你还是先好好吃饭，我们的先人都会帮助你的，你还可以去事奉晋君，帮助他成为诸侯的盟主。”椒举辞谢说：“这不是我希望的。如果我能回到楚国，到死不会忘记君王的恩德。”声子说：“您还是先好好吃饭，我想办法让你回到楚国。”椒举下堂拜了三拜，并将四匹马送给声子，声子收下了。

还见令尹子木〔1〕，子木与之语，曰：“子虽兄弟于晋，然蔡吾甥也，二国孰贤?”对曰：“晋卿不若楚，其大夫则贤，其大夫皆卿材也。若杞梓、皮革焉〔2〕，楚实遗之，虽楚有材，不能用也。”子木曰：“彼有公族甥、舅，若之何其遗之材也?”对曰：“昔令尹子元之难〔3〕，或谮王孙启于成王〔4〕，王弗是，王孙启奔晋，晋人用之。及城濮之役，晋将遁矣，王孙启与于军事，谓先轸曰：‘是师也，唯子玉欲之〔5〕，与王心违，故唯东宫与西广实来〔6〕。诸侯之从者，叛者半矣，若敖氏离矣〔7〕，楚师必败，何故去之!’先轸从之，大败楚师，则王孙启之为也。

【注释】

〔1〕子木：屈建。〔2〕杞梓：杞木和梓木，都是贵重的木材。

〔3〕子元之难：指鲁庄公二十八年（前664）子元想引诱楚文王的夫人息妫和他私通，入王宫时被捕，后被申公斗班杀死。子元，王子善，又称公子元，楚武王的儿子，楚文王的弟弟。　〔4〕王孙启：子元的儿子。　〔5〕子玉：成得臣，字子玉，楚国的令尹，城濮之战中的楚军统帅。　〔6〕东宫：楚太子的卫队。西广：楚军编制分为东广、西广。广，楚军兵车十五辆为一广。　〔7〕若敖氏：令尹子玉的家族。

【译文】

声子回国后前去拜见令尹子木，子木和他交谈，说："晋国虽然是你的兄弟之邦，但蔡君也是我们楚国的外甥，晋楚两国谁更强一些呢？"声子回答说："从卿的角度来看，晋国比不上楚国，但大夫却比楚国贤能，晋国的大夫都是卿相之才。如同杞木、梓木和皮革一般，都是楚国送给晋国的，虽然楚国培养了这些人才，却不能为己所用。"子木说："他们有自己公族和甥、舅，为什么还要送人才给他们呢？"声子回答说："从前令尹子元遭难时，有人向成王说子元的儿子王孙启的坏话，成王不能判定是非，王孙启就投奔晋国，晋国给他安排了职务。到城濮战役时，晋军将要撤退，王孙启当时也参与军事指挥，对先轸说：'这次出兵，只是子玉的愿望，他和楚王的意见不一致，故而前来参战的只有东宫和西广两支军队。随从而来的诸侯，多半有背离之心，就是子玉的同族若敖氏都离弃了他，楚军一定会失败，为什么要撤退呢！'先轸听从他的意见没有撤退，果然大败楚军，这都是王孙启所为。

"昔庄王方弱〔1〕，申公子仪父为师〔2〕，王子燮为傅〔3〕，使师崇、子孔帅师以伐舒〔4〕。燮及仪父施二帅而分其室。师还至，则以王如庐〔5〕，庐戢黎杀二子而复王〔6〕。或谮析公臣于王[7]，王弗是，析公奔晋，晋人用之。实谗败楚，使不规东夏[8]，则析公之为也。

【注释】

〔1〕庄王：楚庄王。方弱：指年少。《礼记·曲礼上》“二十曰弱，冠”。　〔2〕子仪父：斗克，申公斗班的儿子，楚国大司马。子仪是他的字，父是尊称。师：太师。　〔3〕王子燮：楚国公子。傅：太傅。　〔4〕师崇：潘崇，楚国太师。子孔：成嘉，字子孔，楚国令尹。舒：国名，偃姓，在今安徽舒城、庐江境内。　〔5〕庐：楚国地名，又称中庐，在今湖北宜城境内。　〔6〕戢黎：庐邑的大夫。〔7〕析公臣：楚国大夫。　〔8〕不规：指丢失。东夏：指楚国东面的蔡、沈两国。

【译文】

“从前楚庄王年少时，申公子仪父为太师，王子燮为太傅，曾让师崇和子孔带领军队前去征伐舒国。王子燮和仪父给师崇和子孔两人施加罪名，并瓜分了他们的家产。军队返回楚国，他们带着庄王逃至庐城。庐城大夫戢黎把王子燮和仪父杀了，并将庄王护送回都城。有人向庄王说析公臣的坏话，庄王不能判定是非，析公也逃到晋国，晋国也给他安排了职务。这些谗言致使楚国遭受惨败，并失掉了东夏，这都是析公臣所为。

“昔雍子之父兄谮雍子于恭王[1]，王弗是，雍子奔晋，晋人用之。及鄢之役[2]，晋将遁矣，雍子与于军事，谓栾书曰：‘楚师可料也，在中军王族而已。若易中下，楚必歆之。若合而臽吾中[3]，吾上下必败其左右，则三萃以攻其王族[4]，必大败之。’栾书从之，大败楚师，王亲面伤，则雍子之为也。

【注释】

〔1〕雍子：楚国大夫。恭王：楚恭王。 〔2〕鄢之役：鄢陵之战。 〔3〕合：集中，汇集。臽：古同“陷”，掐住。 〔4〕三萃：集中三军。萃，汇聚。

【译文】

“从前雍子的父兄向楚恭王说雍子的坏话，恭王不能正确处理，雍子便跑到晋国，晋国同样为他安排了职务。到鄢陵战役时，晋军将要撤退，雍子当时参与军事指挥，对栾书说：‘楚军实力可以推知，它的主力只有中军的王族亲兵罢了。假如我们把中军和下军调换位置，楚军欣然上当。如果它们集中力量掐住我们的中军，我们上下两军一定能打败他们的左右两军，然后我们集三军力量攻打他们的王族中军，一定会大败楚军。’栾书听从了他的意见，果然大败楚军，恭王眼睛也被射伤，这都是雍子所为。

“昔陈公子夏为御叔娶于郑穆公〔1〕，生子南〔2〕。子南之母乱陈而亡之〔3〕，使子南戮于诸侯。庄王既以夏氏之室赐申公巫臣〔4〕，则又畀之子反〔5〕，卒于襄老〔6〕。襄老死于邲〔7〕，二子争之，未有成。恭王使巫臣聘于齐，以夏姬行，遂奔晋。晋人用之，实通吴晋。使其子狐庸为行人于吴〔8〕，而教之射御，导之伐楚。至于今为患，则申公巫臣之为也。

【注释】

〔1〕公子夏：陈宣公的儿子，御叔的父亲。郑穆公：名兰，郑文公之子。　〔2〕子南：御叔的儿子，即夏徵舒，子南是他的字。〔3〕子南之母：郑穆公的女儿夏姬。她嫁给御叔，御叔早死，她与陈灵公等私通，子南杀死灵公，后楚庄王率领诸侯讨伐子南而灭陈。〔4〕夏氏之室：指夏姬。申公巫臣：屈巫，字子灵，楚国大臣。〔5〕畀：送给，赏给。子反：公子侧，楚国司马。　〔6〕襄老：楚庄王时连尹，为主射之官。　〔7〕邲：指邲之战。　〔8〕狐庸：巫臣的儿子。

【译文】

"从前陈公子夏给儿子御叔娶了郑穆公的女儿，并生下子南。子南的母亲夏姬祸乱陈国，并最终致使陈亡国，使子南被诸侯所杀。楚庄王先把夏姬赐给申公巫臣，继而又赏给了子反，最后又送给了襄老。襄老在邲地战死，巫臣和子反两人都争着要夏姬，最终没有结果。恭王派巫臣到齐国聘问，巫臣带着夏姬一同前往，借机逃到晋国。晋国给他安排了职务，使吴国和晋国建立了良好的关系。巫臣让他的儿子狐庸做晋国驻吴国的外交官，并且教吴人射箭驾车，引导吴国攻打楚国。直到现在还依然是楚国的祸患，这都是申公巫臣所为。

"今椒举娶于子牟，子牟得罪而亡，执政弗是，谓椒举曰：'女实遣之。'彼惧而奔郑，缅然引领南望〔1〕，曰：'庶几赦吾罪〔2〕。'又不图也，乃遂奔晋，晋人又用之矣。彼若谋楚，其亦必有丰败也哉。"子木愀然〔3〕，曰："夫子何如，召之其来乎？"对曰："亡人得生，又何不来为。"子木曰："不来，则若之何？"对曰："夫子不居矣，春秋相事，以还轸于诸侯。若资东阳之盗使杀之[4]，其可乎？不然，不来矣。”子木曰：“不可。我为楚卿，而赂盗以贼一夫于晋[5]，非义也。子为我召之，吾倍其室。”乃使椒鸣召其父而复之[6]。

【注释】

〔1〕缅然：遥远的样子。　〔2〕庶几：差不多，也许。赦：免。〔3〕愀（qiǎo）然：容色改变的样子。　〔4〕资：出资买通。东阳：楚地名。　〔5〕赂：收买。贼：暗杀。　〔6〕椒鸣：椒举的儿子。

【译文】

“如今椒举只因为娶了子牟的女儿，子牟犯罪逃跑了，执政人员不能判定是非，就对椒举说：‘是你放跑了他。’椒举因为惧怕才出逃到郑国，远远地伸着脖子向南张望，说：‘楚王或许会赦免了我的罪过。’楚国如果再不妥善处理这件事，椒举就会投靠晋国，晋国又将重用他了。他如果想要谋取报复楚国，那又必然会给楚国造成惨痛的失败。”子木听了容颜改色，忧虑地说：“他现在怎么样，召唤他，他能回来吗？”声子回答说：“逃亡的人获得重生，又怎么会不来呢。”子木说：“如果他不回来，那该怎么办呢？”声子回答说：“椒举不呆在楚国了，他要一年到头奉命出使聘问，往来奔波于诸侯之间。如果买通东阳大盗去杀他，这样可以吗？不这样做，他是不会回来的。”子木说：“不能这样做。我身为楚国的卿，却买通大盗到晋国去暗杀一个人，这不合乎道义。还是您帮我召他回来，我给他加倍的家产。”于是声子就让椒鸣把他的父亲召回国，并恢复了他的职务。

伍举论台美而楚殆

灵王为章华之台[1]，与伍举升焉[2]，曰："台美夫!"对曰："臣闻国君服宠以为美，安民以为乐，听德以为聪，致远以为明。不闻其以土木之崇高、彤镂为美[3]，而以金石匏竹之昌大、嚣庶为乐[4]；不闻其以观大、视侈、淫色以为明，而以察清浊为聪。

【注释】

〔1〕灵王：楚灵王，初名围，后改名虔，楚共王之子，杀了侄儿楚郏敖自立为楚王。章华：楚国地名，当在今湖北监利离湖上。

〔2〕伍举：椒举。升：登。

〔3〕彤：涂丹漆。镂：雕刻花纹。

〔4〕金：钟。石：石磬。匏：笙。竹：箫管。嚣：喧哗。

【译文】

楚灵王修建了章华台，与伍举一起登上去，说："章华台多美啊!"伍举回答说："我听说国君以受到百姓的尊宠为美，以保障百姓安宁为快乐，把听从有德之言看作聪，把使远人归附看作明。没听说谁把土木楼台的高大和建筑的雕琢粉饰看作美，把钟磬笙箫等乐器多和声音喧哗嘈杂看作快乐；也没听说谁把观赏宏大场面、看到奢靡东西、沉迷于美好姿色看作目明，而是把能分辨音乐的清浊看作耳聪。

"先君庄王为匏居之台[1]，高不过望国氛[2]，大不过容宴豆[3]，木不妨守备[4]，用不烦官府，民不废时务，官不易朝常。问谁宴焉，则宋公、郑伯[5]；问谁相礼，则华元、驷骓[6]；问谁赞事，则陈侯、蔡侯、许男、顿子[7]，其大夫侍之。先君以是除乱克敌，而无恶于诸侯。今君为此台也，国民罢焉[8]，财用尽焉，年谷败焉[9]，百官烦焉，举国留之，数年乃成。愿得诸侯与始升焉，诸侯皆距无有至者[10]。而后使太宰启疆请于鲁侯[11]，惧之以蜀之役[12]，而仅得以来。使富都那竖赞焉[13]，而使长鬣之士相焉[14]，臣不知其美也。

【注释】

〔1〕庄王：指楚庄王，名侣，春秋时期楚国国君，春秋五霸之一。匏居：台名。 〔2〕氛：气象，情势。 〔3〕豆：盛食品的高脚盘。〔4〕妨：妨害。 〔5〕宋公：指宋文公，名鲍，宋昭公之庶弟。郑伯：指郑襄公，名坚，郑灵公庶弟。 〔6〕华元：宋国的卿。驷骓：即公子骓，郑穆公的儿子，名騑。 〔7〕陈侯：指陈成公，名午，陈灵公之子。蔡侯：指蔡文公，名申。许男：指许昭公，名锡我。顿子：顿国的君主。 〔8〕罢：通“疲”，疲敝。 〔9〕年谷：指年景，收成。败：歉收。 〔10〕距：通“拒”，拒绝。 〔11〕启疆：楚国的卿。鲁侯：指鲁昭公。 〔12〕蜀之役：指鲁成公二年（前590）楚国攻伐鲁国直到蜀地的战役。鲁国恐惧，因此派人和楚国结盟。〔13〕富：容貌好。都：美好。那：俊美。竖：竖子，小臣。〔14〕长鬣：长须。

【译文】

“我们先君楚庄王修建的匏居台，高度仅能够观望国家吉凶的气象，台大仅够放得下宴会用的高脚盘，木材用料不妨害国家的守备，财用支出不给官府增添负担，百姓不耽误农时，官员不打乱正常工作秩序。问谁参加庄王的宴会，那是宋公和郑伯；问谁辅助行礼，那是华元和驷騑；问谁帮助安排宴会事务，那是陈侯、蔡侯、许男和顿国子，他们的大夫们在各自君主身边陪侍。先君就凭着这些铲除祸乱，战胜敌国，却没有引来诸侯的反感。如今您修建这座高台，使得国家凋敝、百姓疲惫，府库财用亏空，年景不好，百官为之奔劳，举国上下都忙着修建它，耗了好几年才建好。希望有诸侯来庆贺，和他们一起首次登上高台，可是诸侯们都拒绝没有一个来的。后来派太宰启疆去请鲁侯，并用蜀地之战威胁他，他才勉强前来。又叫俊美娴雅的少年辅佐宴会事务，长鬅美须的士人导引朝见，我不知道这有什么美。

“夫美也者，上下、内外、小大、远近皆无害焉，故曰美。若于目观则美，缩于财用则匮，是聚民利以自封而瘠民也[1]，胡美之为？夫君国者[2]，将民之与处；民实瘠矣，君安得肥？且夫私欲弘侈[3]，则德义鲜少[4]；德义不行，则迩者骚离而远者距违[5]。天子之贵也，唯其以公侯为官正[6]，而以伯子男为师旅[7]。其有美名也，唯其施令德于远近[8]，而小大安之也。若敛民利以成其私欲，使民蒿焉忘其安乐[9]，而有远心，其为恶也甚矣，安用目观？

【注释】

〔1〕瘠民：使百姓贫瘠、贫困。 〔2〕君国：做国家君主。〔3〕弘侈：大而多。 〔4〕鲜（xiǎn）少：很少。 〔5〕迩：近。

骚离：骚动叛离。距违：抗拒；违拗。距，通“拒”。〔6〕官正：官吏之长。韦昭注“正，长也”。〔7〕师旅：古代军队编制。这里是指统率军队。〔8〕令德：美好德行。〔9〕蒿：消耗。

【译文】

“所谓美，是指对上下、内外、大小、远近都没有妨害，所以才叫美。如果用眼睛看起来是美的，财用却匮乏，这是搜刮民财使自己富有却让百姓贫困，有什么美呢？当国君的人，要与百姓共处，百姓贫瘦了，国君怎么能肥呢？况且私欲太大太多，就会使德义鲜少；德义不能实行，就会使近处的人骚动叛离，远方的人抗拒违命。天子的尊贵，正是因为他把公、侯当作官长，让伯、子、男统率军队。他享有美名，正是因为他把美德布施给远近的人，使大小国家都得到安定。如果聚敛民财来满足自己的私欲，使百姓耗尽财力失去安乐从而产生叛离之心，那作恶就大了，用眼看上去好看又有什么用呢？

“故先王之为台榭也，榭不过讲军实[1]，台不过望氛祥[2]。故榭度于大卒之居[3]，台度于临观之高。其所不夺穑地[4]，其为不匮财用，其事不烦官业[5]，其日不废时务，瘠硗之地[6]，于是乎为之；城守之木，于是乎用之；官僚之暇[7]，于是乎临之；四时之隙，于是乎成之。故《周诗》曰[8]：‘经始灵台[9]，经之营之。庶民攻之，不日成之。经始勿亟，庶民子来。王在灵囿[10]，麀鹿攸伏[11]。’夫为台榭，将以教民利也，不知其以匮之也。若君谓此台美而为之正，楚其殆矣！”

【注释】

〔1〕讲：讲习，演示。军实：军事。　〔2〕氛祥：显示凶兆或祥瑞的云气。　〔3〕大卒：君王的兵士。　〔4〕夺：占用。穑地：农田。　〔5〕烦：扰乱。官业：官府里的事务，公务。韦昭注“业，事也”。　〔6〕瘠硗（qiāo）：土地坚硬不肥沃。　〔7〕暇：闲暇。〔8〕《周诗》：指《诗经·大雅·灵台》。　〔9〕灵台：周代台名，故址在今陕西西安西北。　〔10〕灵囿：天子畜养鸟兽的园林。〔11〕麀（yōu）鹿：母鹿。攸：通“悠”，悠然。伏：伏卧。

【译文】

“因此先王建造台榭，榭只是用以讲习军事，台只是用以观望云气。故而榭只要能够在上面检阅兵士，台只要能够满足登临观望的需要就行了。它的建造用地不占用农田，所费财用不会导致国家匮乏，工程开展不烦扰官员的政务，所用工时不妨害农业生产。选取坚硬贫瘠的土地营建它，用修建城防余下的木材来建造它，让官员在处理公务之余前去督办，抽出四季农闲的时间来建成它。所以《诗经·大雅·灵台》上说：‘开始筹建灵台，经营它，修建它。百姓都来修建它，没几天就修好了。开始建造时不急迫，百姓像子女听从父母召唤一样都来了。周王来到灵台所在园林，母鹿悠然地躺在地上。’建造台榭，是要为百姓谋取福利，没听说修建它是让百姓匮乏的。如果您认为这高台很美，觉得这件事是正确的，楚国大概就危险了！”

左史倚相儆申公子亹

左史倚相廷见申公子亹〔1〕，子亹不出，左史谤之，举伯以告[2]。子亹怒而出，曰："女无亦谓我老耄而舍我[3]，而又谤我！"左史倚相曰："唯子老耄，故欲见以交儆子[4]。若子方壮，能经营百事，倚相将奔走承序，于是不给[5]，而何暇得见？昔卫武公年数九十有五矣[6]，犹箴儆于国[7]，曰：'自卿以下至于师长士[8]，苟在朝者，无谓我老耄而舍我，必恭恪于朝，朝夕以交戒我[9]；闻一二之言，必诵志而纳之，以训导我。'在舆有旅贲之规[10]，位宁有官师之典[11]，倚几有诵训之谏，居寝有亵御之箴[12]，临事有瞽史之导，宴居有师工之诵。史不失书，矇不失诵，以训御之，于是乎作《懿》戒以自儆也[13]。及其没也，谓之睿圣武公。"子实不睿圣，于倚相何害。《周书》曰[14]：'文王至于日中昃[15]，不皇暇食[16]。惠于小民，唯政之恭。'文王犹不敢骄。今子老楚国而欲自安也，以御数者[17]，王将何为？若常如此，楚其难哉！"子亹惧，曰："老之过也。"乃骤见左史[18]。

【注释】

〔1〕左史：官名，春秋时晋楚两国所设官职。倚相：左史名。申公子亹（wěi）：申公史老，楚国的长老。　〔2〕谤：指责，批评。举伯：楚国大夫。　〔3〕女：通"汝"，你。老耄：年老。耄（mào），年老，八九十岁的年纪。　〔4〕儆：告诫。　〔5〕不给：难以供给，忙不过来。　〔6〕卫武公：卫国国君，名和，卫釐侯之子。〔7〕箴：箴言。此指告戒。　〔8〕师长：指大夫。士：众士。〔9〕交戒：不断告诫。　〔10〕旅贲：官名。《周礼·夏官·旅贲氏》"掌执戈盾，夹王车而趋，左八人，右八人，车止则持轮"。此指随车

负责护卫的人。 〔11〕宁（zhù）：《尔雅》曰“门屏之间谓之宁”。〔12〕亵御：近侍。亵，近。 〔13〕《懿》：指《诗经·大雅·抑》，据称是卫武公写来自警的诗篇。 〔14〕《周书》：指《尚书·周书·无逸》。 〔15〕文王：指周文王，名昌。昃：太阳偏西。 〔16〕皇：通“遑”，闲暇。 〔17〕御：抵制。数：数落，批评。 〔18〕骤：马上，立刻。

【译文】

左史倚相要在朝廷与申公子亹见面，子亹不肯出来相见，倚相批评他这种做法不对，举伯把这件事告诉了子亹。子亹愤怒地出来，说：“你无非是觉得我老了而抛弃我，而且还批评我！”左史倚相说：“只因为您年纪大了，所以我才要见您来告诫您。假如您正值壮年，能妥善办理各种事务，我倚相将奔走奉命办事，这样恐怕还忙不过来，哪有闲暇和您见面呢？过去卫武公九十五岁高龄了，还告诫国人，说：‘自卿而下直到大夫和众士，只要是在朝任职的，不要觉得我老了而抛弃我，在朝廷一定要恭敬谨慎从事，每天要不断告诫我；哪怕听到一两句有益的话，也一定要诵读记住并转达给我，以此来训导我。’在车上有护卫勇士的规劝，在朝中有官长的法典的制约，靠着几案有诵训官的谏言，在寝室之中有近侍的箴言，办理政事有瞽史的指导，宴饮居处有乐工的诵诗讽谏。史官坚持以书进谏，乐师坚持诵歌讽谏，用来训导帮助他，于是他作了《抑》这首戒诗来警戒自己。等到他死去之后，后人称他为睿智圣明的武公。您实在达不到睿智圣明的境地，对我倚相有什么害处。《尚书·周书·无逸》中说：‘周文王到日头偏西，还没有空闲吃饭。恩惠布施到普通百姓，恭敬地处理政务。’即使这样，周文王还是不敢骄怠。如今您在楚国以老者自居，想自求安逸，拒绝听取别人的劝谏，倘若是君王又将会怎样呢？如果长久这样，楚国就难以治理了！”子亹听了非常害怕，说：“这是我的错啊。”于是马上出来与左史相见。

左史倚相儆司马子期唯道是从

司马子期欲以妾为内子〔1〕，访之左史倚相〔2〕，曰：“吾有妾而愿，欲笄之，其可乎？”对曰：“昔先大夫子囊违王之命谥；子夕嗜芰〔3〕，子木有羊馈而无麦荐〔4〕。君子曰：违而道。谷阳竖爱子反之劳也〔5〕，而献饮焉，以毙于鄢；芋尹申亥从灵王之欲〔6〕，以陨于乾溪。君子曰：从而逆。君子之行，欲其道也，故进退周旋，唯道是从。夫子木能违若敖之欲〔7〕，以之道而去芰荐，吾子经营楚国，而欲荐芰以干之，其可乎？”子期乃止。

【注释】

〔1〕子期：公子结，楚平王之子。内子：卿大夫的嫡妻。〔2〕访：询问。〔3〕子夕：屈到，楚国的卿。嗜：喜欢。〔4〕子木：屈到的儿子。馈：进献。〔5〕谷阳竖：子反的内臣。子反：公子侧，楚国大将。鲁成公十六年（前575）鄢陵之战中，楚恭王眼睛被射伤，打算召子反再战，子反的内臣谷阳竖给子反酒喝，子反喝得烂醉，楚恭王于是放弃再战，率军连夜逃遁，子反也因此自杀。〔6〕芋尹申亥：申无宇的儿子。鲁昭公十三年（前529）乾溪战役时，申亥将楚灵王安顿在家中，后灵王吊死在申亥家，申亥就让自己的两

个女儿为灵王殉葬，来报答灵王的恩德。〔7〕若敖：屈到。

【译文】

司马子期想把爱妾扶正立为妻，去征求左史倚相的意见，说："我有个妾忠厚本分，我想把她立为正妻，能行吗?"倚相回答说："从前已故大夫子囊违背了楚恭王遗命为其改换了谥号；子夕喜欢吃菱角，他的儿子子木用羊而不用菱角来祭祀他。君子评价说：这些做法违反命令却合乎道义。谷阳竖怜惜子反的辛劳，而让他饮酒，结果子反在鄢地自杀而死；芋尹申亥顺从楚灵王的欲望，致使灵王命丧乾溪。君子评论说：这些做法顺从君长的愿望却违背道义。君子做事，就要合乎道义，因而进退周旋，都要遵从道义。子木能不迎合父亲子夕的欲望，依据礼法而不用菱角祭祀，您治理楚国的政事，却想和用菱角祭祀那样违犯道义，难道可以吗?"子期于是就放弃了立妾为妻的想法。

卷十八　楚语下

子常问蓄货聚马斗且论其必亡

斗且廷见令尹子常[1]，子常与之语，问蓄货聚马[2]。归以语其弟，曰："楚其亡乎[3]！不然，令尹其不免乎[4]。吾见令尹，令尹问蓄聚积实，如饿豺狼焉，殆必亡者也。夫古者聚货不妨民衣食之利，聚马不害民之财用，国马足以行军，公马足以称赋[5]，不是过也[6]。公货足以宾献，家货足以共用[7]，不是过也。夫货、马邮则阙于民[8]，民多阙则有离叛之心，将何以封矣[9]。

【注释】

〔1〕斗（dòu）且：楚国大夫。廷：在朝廷上。子常：名囊瓦，子囊的孙子，当时为楚国的令尹。　〔2〕蓄：囤积，储备。聚：聚敛。〔3〕其：恐怕，大概。　〔4〕不免：指不免于难，难以逃避祸难。〔5〕称：符合，相称。　〔6〕不是过：即"不过是"，不超过这个标准。　〔7〕宾：馈赠。家：指大夫之家。共用：供给所需。〔8〕邮：过失，此指超过、过量。阙：困乏，贫乏。　〔9〕封：此指存国、立国。

【译文】

斗且在朝廷上见到令尹子常，子常与他交谈，问及蓄积财物和马匹的事。斗且退朝回来告诉他弟弟，说："楚国大概要亡国了吧！如果不亡国，令尹子常恐怕也逃脱不了祸难。我见到令尹的时候，令尹询问积聚财物的事情，就像饥饿的豺狼一样急切，恐怕楚国将要败亡。古代积蓄财物不妨害百姓的衣食供给，聚敛马匹不损害百姓的财用，国家征集马匹能够满足军事需求，公卿征集戎马足以承担应交的兵赋，一般不会超过这个标准。公卿的财物能够满足馈赠进献需要，大夫家的财物能够供给家用，不会超过这个标准。如果财物和马匹聚敛过多会使百姓困乏，百姓太过困乏就会产生叛离之心，这样还拿什么来立国呢？

"昔斗子文三舍令尹〔1〕，无一日之积，恤民之故也〔2〕。成王闻子文之朝不及夕也〔3〕，于是乎每朝设脯一束、糗一筐〔4〕，以羞子文〔5〕。至于今秩之〔6〕。成王每出子文之禄，必逃，王止而后复〔7〕。人谓子文曰：'人生求富，而子逃之，何也？'对曰：'夫从政者，以庇民也。民多旷者，而我取富焉，是勤民以自封也，死无日矣。我逃死，非逃富也。'故庄王之世〔8〕，灭若敖氏〔9〕，唯子文之后在，至于今处郧〔10〕，为楚良臣。是不先恤民而后己之富乎？

【注释】

〔1〕斗子文：斗谷於菟，字子文，斗伯比的儿子，曾为楚国令尹。舍：放弃。　〔2〕无一日之积：言身无长物，没有积蓄。恤：体恤，

怜惜。〔3〕成王：楚国国君，名恽，楚文王之子。朝不及夕：指生活贫穷，吃了早饭没了晚饭。〔4〕脯：肉干。糗（qiǔ）：干粮。〔5〕羞：赠送，送给。〔6〕秩：惯例，这里指作为惯例。〔7〕止：指不再送东西给子文。复：回来。〔8〕庄王：楚国国君，名旅（又作吕或侣），楚穆王之子。〔9〕若敖氏：斗子文的家族。鲁宣公四年（前605）子文的侄子斗椒叛乱，楚庄王把若敖氏灭掉了。当时子文的孙子克黄出使齐国，回国后向楚王请罪，庄王顾念子文有功于楚，便赦免了克黄。〔10〕郧（yún）：楚国地名，在今湖北安陆。楚昭王时，封子文的后代为郧公。

【译文】

"从前斗子文三次辞掉令尹显职，家里连一天的储粮都没有，这是因为他顾怜百姓的缘故。楚成王听说子文一日三餐都成问题，所以每次子文朝见时都备好一把肉干、一筐粮食，把它们送给子文。一直到现在还把这作为对待令尹的惯例。成王每次要发给子文俸禄，子文一定会逃避，等成王停止这样做，他才肯回来。有人对子文说：'人活着都想追求富贵，可您却逃避它，这是为什么呢？'子文回答说：'当政者要庇护百姓。百姓都很穷困，但我却获取富贵，这是劳苦百姓而富足自我，这样就离死亡不远了。我这样做是在逃避死亡，而不是逃避富贵。'因而楚庄王时斗椒叛乱，若敖氏家族被灭，只有子文的后代克黄一支幸免于难，直到今天还居住在郧地，做着楚国的良臣。这难道不是先顾念百姓然后才自己富有吗？

"今子常，先大夫之后也〔1〕，而相楚君无令名于四方〔2〕。民之羸馁，日已甚矣〔3〕。四境盈垒，道殣相望，盗贼司目，民无所放〔4〕。是之不恤，而蓄聚不厌，其速怨于民多矣[5]。积货滋多，蓄怨滋厚，不亡何待。夫民心之愠也[6]，若防大川焉，溃而所犯必大矣。子常其能贤于成、灵乎[7]？成不礼于穆[8]，愿食熊蹯[9]，不获而死。灵不顾于民，一国弃之，如遗迹焉。子常为政，而无礼不顾甚于成、灵，其独何力以待之！”期年[10]，乃有柏举之战[11]，子常奔郑，昭王奔随[12]。

【注释】

〔1〕先大夫之后：子常是子囊的孙子，而子囊是楚恭王时的令尹。故称子常是先大夫之后。 〔2〕令名：好名声。 〔3〕羸馁：瘦弱饥饿，羸弱受饥。甚：严重。 〔4〕盈：布满。殣（jìn）：饿死。司：通“伺”，伺机。放：依靠。 〔5〕厌：满足。速：招致。 〔6〕愠：愤怒。 〔7〕成、灵：楚成王和楚灵王。 〔8〕穆：楚穆王，名商臣，楚成王之子。 〔9〕熊蹯：熊掌。指楚成王想废世子商臣，商臣率兵围攻成王，成王要求吃了熊掌以后再死，商臣不许，成王被迫自杀。 〔10〕期年：满一年，一年后。 〔11〕柏举之战：指鲁定公四年（前506），蔡昭侯、唐成公联手吴国攻伐楚国，在柏举将楚军打败。柏举，楚国地名，在今湖北麻城东北。 〔12〕随：随国，在今湖北随县。

【译文】

“如今令尹子常，是先大夫子囊的后人，辅佐楚王但在诸侯中没落下好名声。国内百姓羸弱受饥，一天比一天更严重了。四方边境堡垒高筑，路上遍地都是饿死的人，盗贼伺机行动，百姓无所依靠。他不去考虑这些问题，却忙于蓄积财物、聚敛马匹而不知满足，他招致百姓的怨恨太多了。聚敛的财物越多，蓄积的怨恨也就越深厚，不败亡还能等到什么时候。压抑百姓心中的愤怒，就好像修建堤坝拦截大河一样，如果崩溃了，它造成的破坏一定很大。子常的下场还能比成王和灵王好吗？成王对穆王商臣无礼，后被商臣围困，临死前想吃熊掌没有得到允许，结果自杀而死。灵王不顾念百姓生死，举国上下都抛弃了他，如同丢弃脚印一般。子常治理国政，他待人无礼、不顾百姓生死，要比成王、灵王厉害得多，他自己有什么能力抵制住败亡命运呢？”一年后，便发生了柏举之战，子常逃奔郑国，楚昭王投奔了随国。

蓝尹亹避昭王而不载

吴人入楚，昭王出奔〔1〕，济于成臼〔2〕，见蓝尹亹载其孥〔3〕。王曰：“载予。”对曰：“自先王莫坠其国〔4〕，当君而亡之，君之过也。”遂去王。王归，又求见，王欲执之，子西曰〔5〕：“请听其辞，夫其有故。”王使谓之曰：“成臼之役，而弃不穀，今而敢来，何也？”对曰：“昔瓦唯长旧怨〔6〕，以败于柏举，故君及此。今又效之，无乃不可乎？臣避于成臼，以儆君也，庶悛而更乎〔7〕？今之敢见，观君之德也，曰：庶忆惧而鉴前恶乎？君若不鉴而长之，君实有国而不爱，臣何有于死，死在司败矣〔8〕！惟君图之！”子西曰：“使复其位，以无忘前败。”王乃见之。

【注释】

〔1〕入楚：攻入楚国。昭王：楚国国君，名壬，又名轸，楚平王

之子。　〔2〕济：渡河。成臼：指臼水，也名臼成河，在今湖北京山、钟祥一带。　〔3〕蓝尹亹：楚国大夫。孥（nú）：指妻子儿女。〔4〕坠：失去，丢掉。《广雅释诂二》载“坠，逸，失也”。　〔5〕子西：令尹子申，也称公子申，楚平王的儿子，楚昭王的庶兄。〔6〕瓦：囊瓦，子常的名。　〔7〕庶：差不多。悛（quān）：悔改。〔8〕司败：楚国的官名，即司寇，掌管刑狱。

【译文】

吴军侵入楚国，楚昭王仓皇出逃，在成臼渡河之时，看见蓝尹亹正带着妻子儿女渡河。昭王说：“带着我一起过河。”蓝尹亹回答说：“自先王以来没有哪个君主丧失了国家，而您当政却弃国外逃，这是您的过错。”说完便丢下昭王走了。昭王返回楚国之后，蓝尹亹又请求拜见，昭王打算把他拘捕起来，子西劝谏说：“请听听他的解释，也许他这样做是有缘故的。”昭王派人对他说：“成臼之战中，你丢下我不管，如今你还敢来见我，这是为什么？”他回答说：“过去囊瓦当政只会加深积怨，以致在柏举惨遭失败，故而您才落到弃国逃亡的境地。现在您又效法他，这样恐怕不妥吧！我在成臼避开您，是要让您觉悟、反省，您总该有所悔改了吧？如今我斗胆来拜见您，是为了观察您的德行，我告诉自己说：君王总该想想战败的惨痛，把从前的过失作为借鉴了吧？您如果不借鉴教训，反而滋长它，您实在拥有国家而不懂得爱惜它，我又怎么会吝惜一死，也就是死在司法官那儿！希望您考虑一下！”子西说：“恢复他的官职，让我们牢记过去失败的教训。”昭王于是接见了他。

郧公辛与弟怀或礼于君或礼于父

吴人入楚，昭王奔郧，郧公之弟怀将弑王〔1〕，郧公辛止之。怀曰："平王杀吾父〔2〕，在国则君，在外则仇也。见仇弗杀，非人也。"郧公曰："夫事君者，不为外内行，不为丰约举〔3〕，苟君之，尊卑一也。且夫自敌以下则有仇，非是不仇。下虐上为弑，上虐下为讨，而况君乎！君而讨臣，何仇之为？若皆仇君，则何上下之有乎？吾先人以善事君，成名于诸侯，自斗伯比以来〔4〕，未之失也。今尔以是殃之〔5〕，不可。"怀弗听，曰："吾思父，不能顾矣。"郧公以王奔随〔6〕。

【注释】

〔1〕郧公：斗辛，令尹子文之后。怀：斗怀，斗辛的弟弟。〔2〕平王：楚平王，名弃疾，楚昭王之父。吾父：指斗辛的父亲蔓成然。〔3〕丰约：指兴盛和衰败。〔4〕斗伯比：令尹子文的父亲。〔5〕尔：你。殃：败坏。〔6〕随：古国名，与周同为姬姓，后为楚附庸国，被楚国灭掉。

【译文】

吴军侵入楚国，楚昭王出逃到郧地，郧公的弟弟斗怀将要杀掉昭王，郧公斗辛制止了他。斗怀说："昭王的父亲楚平王杀害了我们的父亲，昭王在国都之内是君王，在国都之外就是我们的仇人。见到自己的仇人不杀掉他，那简直不算是人。"

郧公说："事奉君王的人，不能因为在国都内和国都外地方不同就采取不同行为，也不能因为国君的兴盛和衰亡境遇不同而有不同的举动，如果尊他为君王，无论他境况怎样都要始终如一地尊重他。况且只有对敌人才有仇恨，不是敌人就没有什么仇恨可言。孩子、下级残杀官、长叫做弑杀，官、长残杀孩子、下级叫做讨伐，更何况是要杀君王呢！君王诛杀臣子，有什么仇恨可言。如果大家都记恨君王，那还有什么君臣上下的区别呢？我们先人用善行来事奉君王，名闻诸侯，从先祖斗伯比以来，从没有丢弃这个传统。如今你却要因为这件事败坏了这个名声，不可以。"斗怀不听劝告，说："我思念父亲，顾不了那么多了。"于是郧公便带着昭王逃到了随国。

王归而赏及郧、怀，子西谏曰："君有二臣，或可赏也，或可戮也。君王均之〔1〕，群臣惧矣。"王曰："夫子期之二子耶〔2〕？吾知之矣。或礼于君，或礼于父，均之，不亦可乎！"

【注释】

〔1〕均之：均等对待他们。 〔2〕子期：斗辛的父亲蔓成然的字。

【译文】

后来昭王回国对郧公和斗怀都予以赏赐，子西进谏说："您有两个臣子，一个该赏，一个该杀。君王却一样对待他们，群臣便感到害怕了。"昭王说："您说的是子期的两个儿子吗？我知道了。他们一个以礼事君，一个以礼待父，我同等对待他们，不也是可以嘛！"

蓝尹亹论吴将毙

子西叹于朝，蓝尹亹曰："吾闻君子唯独居思念前世之崇替[1]，与哀殡丧，于是有叹，其余则否。君子临政思义，饮食思礼，同宴思乐，在乐思善，无有叹焉。今吾子临政而叹，何也？"子西曰："阖庐能败吾师[2]。阖庐即世，吾闻其嗣又甚焉[3]。吾是以叹。"对曰："子患政德之不修，无患吴矣。夫阖庐口不贪嘉味[4]，耳不乐逸声[5]，目不淫于色，身不怀于安，朝夕勤志，恤民之羸[6]，闻一善若惊，得一士若赏，有过必悛，有不善必惧，是故得民以济其志[7]。今吾闻夫差好罢民力以成私好[8]，纵过而翳谏[9]，一夕之宿，台榭陂池必成[10]，六畜玩好必从。夫差先自败也已，焉能败人。子修德以待吴，吴将毙矣[11]。"

【注释】

〔1〕崇替：指国家的兴废。 〔2〕阖庐：阖闾，吴国国君，名光，吴王诸樊之子。 〔3〕即世：去世。其嗣：指吴王阖闾之子夫差。 〔4〕嘉味：美味佳肴。 〔5〕逸声：靡靡之音。 〔6〕羸：瘦弱。 〔7〕济：成功，实现。 〔8〕罢：通"疲"，疲敝。成：满足。私好：个人喜好。 〔9〕翳：遮蔽，障蔽。 〔10〕陂池：池沼，池塘。 〔11〕毙：垮台。

【译文】

子西在朝堂上叹息，蓝尹亹说："我听说君子只有在独处并思考前代兴废和停殡丧葬的时候，才会叹息，其余的情况则不叹息。君子办理政务时要考虑道义，进餐时要考虑礼仪，参加宴会时要考虑高兴，在高兴时要考虑做善事，没有什么可叹息的。如今您执掌国政却叹息不止，这是为什么呢？”子西说：“吴王阖闾能打败我们的军队，阖闾死后，我听说他的儿子更胜于他。我因而叹息。”蓝尹亹回答说：“您应该担心自己政事德行没有修治，不用担心吴国。阖闾嘴不贪食美味，耳不听靡靡之音，眼睛不沉迷于美色，身体不贪图安逸，每天从早到晚勤于国事，体恤民生疾苦。听到一句善言就很惊喜，得到一位贤士如同受到奖赏，有了过错一定会改正，有不好的举动就会惊惧，因此深得民心，并实现了战胜楚国的愿望。现在我听说夫差喜欢为满足自己的私好，搞得百姓精疲力竭，放纵自己的错误，拒听臣子的劝谏，就是在只住一晚上的地方，也要建好台榭园池，随身准备声色狗马之类的玩物。夫差先把自己搞垮了，又如何能打败别人。您好好修治德行以等待吴国的败亡，吴国就要垮台了。”

王孙圉论国之宝

王孙圉聘于晋[1]，定公飨之[2]，赵简子鸣玉以相[3]，问于王孙圉曰：“楚之白珩犹在乎[4]？”对曰：“然。”简子曰：“其为宝也，几何矣。”曰：“未尝为宝。楚之所宝者，曰观射父，能作训辞，以行事于诸侯，使无以寡君为口实。又有左史倚相，能道训典，以叙百物，以朝夕献善败于寡君，使寡君无忘先王之业；又能上下说于鬼神，顺道其欲恶，使神无有怨痛于楚国。又有薮曰云连徒洲[5]，金木竹箭之所生也[6]。龟、珠、角、齿、皮、革、羽、毛[7]，所以备赋，以戒不虞者也。所以共币帛[8]，以宾享于诸侯者也。若诸侯之好币具，而导之以训辞，有不虞之备[9]，而皇神相之，寡君其可以免罪于诸侯，而国民保焉。此楚国之宝也。若夫白珩，先王之玩也，何宝之焉？

【注释】

〔1〕王孙圉：楚国大夫。 〔2〕定公：晋国国君，名午，晋顷公之子。飨（xiǎng）：设宴款待客人。 〔3〕相：相礼，辅助君王行礼。 〔4〕珩（héng）：系在玉佩上部的横玉，形略似磬而小。〔5〕云连徒洲：云梦泽，也称云土、云杜，在今湖北监利北。〔6〕箭：箭竹，细小坚实，可作箭杆。 〔7〕角：兽角。齿：象牙。革：犀牛皮。毛：旄牛尾。 〔8〕共：通“供”，供给。 〔9〕不虞：意料之外，没有考虑到。

【译文】

王孙圉到晋国访问，晋定公设宴款待他，赵简子佩带着声音悦耳的美玉相礼，问王孙圉说：“楚国的白珩美玉还在吗？”王孙圉回答说：“还在。”简子说：“它是楚国的瑰宝，多长时间了？”王孙圉说：“我们并没有把它看作是瑰宝。楚国所视为瑰宝的，叫观射父，他擅长外交辞令，出使到各诸侯国办理事务，使诸侯抓不到我们国君的不是。还有左史倚相，能根据古代的典籍，来说明各种事物，每天向国君提供成败得失的教训，让国君不要忘记先王的功业；又能取悦天地鬼神，迎合它们的好恶，让神鬼对楚国无所怨恨。楚国还有个大泽叫云连徒洲，这个地方盛产金、木、竹、箭。同时出产龟甲、珍珠、兽角、象牙、虎豹皮、犀牛皮、鸟羽和牦牛尾，这些东西用来供给兵赋，以防备意想不到的祸患。还可以提供币帛等礼物，用来款待进献给诸侯。如果诸侯喜爱这些礼品，又用辞令来疏导，有预防意外事情的准备，又得到天神的护佑，我们国君就可以不用得罪诸侯，而保全国家和百姓了。这些贤才和宝地才是楚国的瑰宝。那块白珩，仅仅是先王的玩物，有什么可宝贵的呢？

"圉闻国之宝六而已。明王圣人能制议百物，以辅相国家，则宝之〔1〕；玉足以庇荫嘉谷〔2〕，使无水旱之灾，则宝之；龟足以宪臧否〔3〕，则宝之；珠足以御火灾〔4〕，则宝之；金足以御兵乱，则宝之；山林薮泽足以备财用，则宝之。若夫哗嚣之美〔5〕，楚虽蛮夷，不能宝也。"

【注释】

〔1〕辅相：辅助治理。宝之：以之为宝。　〔2〕庇荫：庇护，护佑。　〔3〕宪：判定。臧否：指吉凶。　〔4〕御：抵制。　〔5〕哗嚣：指玉器发出的响声。

【译文】

"我听说可以称得上国宝的只有六种而已。英明的君王和圣贤之人，能评定各种事物，以辅佐治理国家，就把他们当作瑰宝；玉器能够护佑五谷丰收，使谷物免于水旱灾害，就把它当作瑰宝；龟甲能够判定凶吉，就把它当作瑰宝；珍珠能够抵御火灾，就把它当作瑰宝；金属能够平定兵乱，就把它当作瑰宝；山林湖泽能够供给财物器用，就把它当作瑰宝。那声响喧哗的美玉，我们楚国虽然是蛮夷落后的地方，也不能把它当作瑰宝啊。”

鲁阳文子辞惠王所与梁

惠王以梁与鲁阳文子〔1〕，文子辞，曰：“梁险而在境，惧子孙之有贰者也〔2〕。夫事君无憾，憾则惧偪，偪则惧贰〔3〕。夫盈而不偪，憾而不贰者，臣能自寿〔4〕，不知其他。纵臣而得全其首领以没〔5〕，惧子孙之以梁之险，而乏臣之祀也〔6〕。”王曰：“子之仁，不忘子孙，施及楚国，敢不从子。”与之鲁阳〔7〕。

【注释】

〔1〕惠王：楚惠王，名章，楚昭王之子。梁：楚国地名，位于楚国北部边境。鲁阳文子：楚平王的孙子，也称鲁阳公。 〔2〕境：边境。贰：怀有二心，背叛。 〔3〕憾：怨恨。偪：威逼。 〔4〕寿：长久。 〔5〕得全其首领以没：终其天年。 〔6〕乏：缺乏，此指断绝。 〔7〕鲁阳：楚国邑名，在今河南鲁山。

【译文】

楚惠王要把北部边境的梁地赐给鲁阳文子，文子推辞不要，说：“梁地势险要而又处于边境，我担忧子孙会产生叛离之心。事奉君王不能有怨恨情绪，有怨恨情绪就会威逼君王，威逼君王就会生离叛之心。志得意满却不威逼君王，有所怨恨却没有离叛之心，我自己能够保证做到，但子孙能否做到就难知了。即使我能够全身而死，还担心子孙依靠梁地的险要而背叛君王，从而被灭族而断绝了对我的祭祀。”惠王说：“您很仁爱，不忘记为子孙后代打算，也为楚国考虑，我怎敢不听从您的意见。”于是就把鲁阳这个地方赐给了他。

叶公子高论白公胜必乱楚国

子西使人召王孙胜〔1〕，沈诸梁闻之〔2〕，见子西曰：“闻子召王孙胜，信乎〔3〕？”曰：“然。”子高曰：“将焉用之？”曰：“吾闻之，胜直而刚，欲置之境〔4〕。”

【注释】

〔1〕王孙胜：指白公胜，楚平王之子太子建之子。 〔2〕沈诸梁：即叶公子高。楚国左司马沈尹戌的儿子。 〔3〕信：真，真实。〔4〕置：安置。境：边境。

【译文】

子西派人招呼王孙胜来，沈诸梁听说这件事，前去拜见子西说：“我听说您要招呼王孙胜来，真有这事吗？”子西说：“真的。”子高问：“您将要用他做什么？”子西说：“我听说，王孙胜率直而刚毅，想让他镇守边境。”

子高曰："不可。其为人也，展而不信[1]，爱而不仁，诈而不智，毅而不勇，直而不衷，周而不淑[2]。复言而不谋身[3]，展也；爱而不谋长，不仁也；以谋盖人[4]，诈也；强忍犯义[5]，毅也；直而不顾，不衷也；周言弃德，不淑也。是六德者，皆有其华而不实者也，将焉用之。彼其父为戮于楚，其心又狷而不洁[6]。若其狷也，不忘旧怨，而不以洁悛德，思报怨而已。则其爱也足以得人，其展也足以复之，其诈也足以谋之，其直也足以帅之，其周也足以盖之，其不洁也足以行之，而加之以不仁，奉之以不义，蔑不克矣[7]。

【注释】

〔1〕展：诚信。　〔2〕衷：衷心。淑：善。　〔3〕复言：践行诺言。　〔4〕盖：掩遮，掩盖。　〔5〕犯：违背，触犯。　〔6〕狷(juàn)：胸襟狭窄，性情急躁。　〔7〕蔑：没有。克：战胜，成功。

【译文】

子高说："不行。王孙胜这个人，貌似诚信却并不可信，看似慈爱却并不仁慈，为人狡诈而不明智，刚毅而不勇武，直率却不衷心，言谈周密但行为不善。践行诺言却不为自身考虑，这叫做展；表面对人慈爱却不为人作长远考虑，这叫做不仁；靠计谋掩盖过别人，这叫做诈；强硬狠心违背信义，这叫做毅；直率而顾忌他人，这叫做不衷；言谈周密却不行仁德，这叫做不淑。他这六种德行，都华而不实，将怎么用他呢。他的父亲在楚国被杀，他胸襟狭窄而内心邪恶。如果他胸襟狭隘，就不会忘过去的怨仇，却又不能用纯洁的心改变邪恶的德行，那么他心中只想着报仇罢了。这样以来，他的慈爱完全可以获得人心，他的诚信完全可以实践他的诺言，他的狡诈完全可以谋划复仇，他的直率完全可以统领众人，他的言语周密完全可以掩盖他的罪恶，他的内心邪恶完全可以采取行动，再加上他不仁不义，那就没有不成功的。

“夫造胜之怨者[1]，皆不在矣。若来而无宠，速其怒也[2]。若其宠之，毅贪无厌，既能得人，而耀之以大利，不仁以长之，思旧怨以修其心，苟国有衅，必不居矣[3]。非子职之，其谁乎？彼将思旧怨而欲大宠，动而得人，怨而有术，若果用之，害可待也[4]。余爱子与司马[5]，故不敢不言。”

【注释】

〔1〕造胜之怨：指陷害白公胜的父亲太子建的事情。太子建要从秦国娶妻，他的老师、太子少师费无忌却劝平王纳娶这个女子，并诬陷太子要叛乱，迫使太子建逃亡郑国。后来他和晋国密谋袭击郑国，为郑人所杀，他的儿子白公胜逃到吴国。 〔2〕速：加速。 〔3〕衅：争端，事端。居：指安守本分。 〔4〕害：祸患。 〔5〕司马：指子西的弟弟子期，任楚国司马。

【译文】

“那些让王孙胜怨恨的人，如今都不在了。如果召来了却得不到宠幸，这样会使他更快地产生怨恨。如果宠幸他，他会贪婪而不知足，得人心后，还会用更大的利益诱惑别人，以助长他们的不仁之心，一心念着旧怨来激发复仇之心，如果国家有难，他肯定会趁乱而动。不是您承担这个责任，还会是谁呢？他将整日想着过去的怨仇，想着得到大的宠幸，做起事来会深得人心，复仇释怨也有策略，如果一定要重用他，祸患不远了。我爱您和子期，所以不能说明其中的利害。”

子西曰：“德其忘怨乎！余善之〔1〕，夫乃其宁〔2〕。”子高曰：“不然。吾闻之，唯仁者可好也，可恶也，可高也，可下也。好之不偪，恶之不怨，高之不骄，下之不惧〔3〕。不仁者则不然。人好之则偪，恶之则怨，高之则骄，下之则惧。骄有欲焉，惧有恶焉，欲恶怨偪，所以生诈谋也。子将若何？若召而下之，将戚而惧〔4〕；为之上者，将怒而怨。诈谋之心，无所靖矣〔5〕。有一不义，犹败国家，今壹五六〔6〕，而必欲用之，不亦难乎？吾闻国家将败，必用奸人，而嗜其疾味，其子之谓乎？

【注释】

〔1〕善：善待，好好对待。　〔2〕宁：安定、稳定。　〔3〕好：宠幸。恶：疏远。高：处于高位。下：处于低位。　〔4〕戚：忧愁，哀怨。　〔5〕靖：安定。　〔6〕壹：一身。五六：指五六种不义的品质。

【译文】

子西说：“用恩德安抚可以让他忘掉旧怨吧！我会好好待他，他就会安定下来。”子高说：“并非如此。我听说，只有德行仁厚的人可以宠幸他，可以疏远他，可以给他以高位，可以让他处在低位。受到宠幸他不会凌逼君上，受到疏远他不会怨恨，处于高位他不会骄傲，处于低位他不会忧惧。不仁德的人就不是这样。受到宠幸他就会威逼人，受到疏远他就会怨恨人，处于高位就会骄傲，处于低位就会忧惧。骄傲就会助长野心，忧惧就会产生怨恨，野心、怨恨和威逼，是产生欺诈和阴谋的原因。您将如何来应付？如果把他召来却给他较低的职务，他将会哀怨而忧惧；对上面的人，他也会愤怒而怨恨。他狡诈和阴险的心，将无法安定下来。具有一种不义的品质，就足以败坏整个国家，而他有五六种不义的品质，如果您一定要用他，不也很危难吗？我听说国家要败亡的时候，一定会重用奸邪的人，而喜欢他们邪恶的味道，大概说的就是您吧？

“夫谁无疾眚[1]！能者早除之。旧怨灭宗，国之疾眚也，为之关龠蕃篱而远备闲之[2]，犹恐其至也，是之为日惕。若召而近之，死无日矣。人有言曰：‘狼子野心，怨贼之人也。’其又何善乎？若子不我信，盍求若敖氏与子干、子皙之族而近之[3]？安用胜也，其能几何？昔齐驺马繻以胡公入于具水[4]，邴歜、阎职戕懿公于囿竹[5]，晋长鱼矫杀三郤于榭，鲁圉人荦杀子般于次[6]，夫是谁之故也，非唯旧怨乎？是皆子之所闻也。人求多闻善败，以监戒也。今子闻而弃之，犹蒙耳也。吾语子何益，吾知逃也已。”

【注释】

〔1〕疾眚（shěng）：病患灾害。　〔2〕关：门闩。龠：锁钥。闲：防御。　〔3〕若敖氏：斗椒。子干、子皙：即公子比和公子黑肱，两人都是楚恭王之子。　〔4〕驺马繻以胡公入于具水：此指驺马

孺杀了胡公，把他的尸体投入具水。骀马孺，齐国大夫。胡公，胡公靖，姜太公之后。具水，即巨洋水，在今山东境内。因胡公虐待骀马孺，故而后来马孺杀了胡公报仇。〔5〕邴歜、阎职戕懿公于囿竹：指鲁文公十八年（前609），齐懿公在申池出游时，被邴歜和阎职杀还，尸体被扔到了竹林里。邴歜、阎职，二人均为齐国大臣。懿公，齐国国君，名商人，齐桓公之子。齐懿公做太子时，与邴歜的父亲争夺田地而失败，即位后，掘开了邴歜父亲的坟墓，并让邴歜的仆人娶了阎职的妻子，故而邴歜、阎职二人杀了懿公。〔6〕鲁圉人荦杀子般于次：指鲁庄公三十二年（前662），庆父派荦杀死了子般。圉人，养马的人。子般，鲁庄公的太子。子般做太子时，曾鞭打过一个叫荦的养马人。后来子般即位，公子庆父和子般的夫人私通，庆父便派荦杀了子般。

【译文】

“谁没有灾祸！有能力的人能及早消除它。因为旧怨而使宗庙毁灭，这是国家的灾患。为防御灾祸，安上关钥、设置篱笆，还怕它到来，为此要整日提心吊胆。如果把他召来并亲近他，那离败亡就没几天了。人们有句俗语说：‘狼子野心，是怀着怨恨的坏人啊。’他又有什么好呢？如果您信不过我，为什么不去和若敖氏和子干、子皙的族人亲近呢？为什么一定要任重用公孙胜呢，他能安稳多久呢？过去齐国的骀马杀了胡公而抛尸具水，邴歜和阎职把鲁懿公杀死在竹林里，晋国的长鱼矫在台榭上杀了三郤，鲁国一个叫荦的养马人在住所杀了子般，这些都是谁造成的呢，难道不都是因为过去的怨恨吗？这些都是您所听到过的。人们都想多了解善恶成败的事例，来自我警戒。如今您听了却不引以为鉴，像蒙了耳朵一样。我给您说这些又有什么用处，我知道只有逃避灾祸了。”

子西笑曰："子之尚胜也。"不从，遂使为白公。子高以疾闲居于蔡[1]。及白公之乱[2]，子西、子期死。叶公闻之，曰："吾怨其弃吾言，而德其治楚国，楚国之能平均以复先王之业者，夫子也。以小怨置大德[3]，吾不义也，将入杀之。"帅方城之外以入[4]，杀白公而定王室，葬二子之族。

【注释】

〔1〕蔡：楚国地名，原是独立小国，后为楚所灭，并入楚地，在今安徽凤台。　〔2〕白公之乱：指鲁哀公十六年（前479），白公胜请求讨伐郑国替父报仇，在子西答应但还没有发兵之时，晋国又攻打郑国，楚国却出兵援助郑国，并和郑国定下盟约，白公胜大怒之下发动叛乱，并杀掉了子西和子期。　〔3〕置：废弃。　〔4〕方城：山名，在楚国北部。

【译文】

子西笑着说："您太高估王孙胜了。"最终没有听从子高的劝告，还是封公子胜为白公。子高托病到蔡地闲居。到白公叛乱时，子西和子期都被杀了。叶公子高听到了这件事，说："我怨恨他没听从我的劝告，但感激他治理楚国，能使楚国恢复先王的功业的人，就是子西。因为小的怨恨而抛弃了大的德行，这样做是我不讲信义，我要进京杀掉白公。"于是就带领着方城山之外的人进城，杀了白公，安定了王室，并将子西和子期及被害的族人埋葬了。

卷十九　吴语

越王勾践命诸稽郢行成于吴

吴王夫差起师伐越[1]，越王勾践起师逆之[2]。大夫种乃献谋曰[3]："夫吴之与越，唯天所授，王其无庸战。夫申胥、华登简服吴国之士于甲兵[4]，而未尝有所挫也。夫一人善射，百夫决拾，胜未可成也。夫谋必素见成事焉，而后履之，不可以授命。王不如设戎，约辞行成，以喜其民，以广侈吴王之心。吾以卜之于天，天若弃吴，必许吾成而不吾足也，将必宽然有伯诸侯之心焉。既罢弊其民[5]，而天夺之食，安受其烬[6]，乃无有命矣。"

【注释】

〔1〕夫差：吴国国君，名夫差，吴王阖庐之子。起师：发兵。〔2〕勾践：越国国君，名勾践，越王允常之子。　〔3〕大夫种：文种，字少禽，越国大夫。　〔4〕申胥：伍子胥，名员，吴国大夫。因吴王把申邑封给他，所以又称申胥。华登：吴国大夫。简：挑选。服：训练。　〔5〕罢弊：使疲敝。罢，通"疲"。弊，通"敝"。〔6〕烬：灰烬，此指残局。

【译文】

吴王夫差发兵征伐越国，越王勾践起兵迎敌。大夫文种献计说："吴国与越国的胜败存亡，只凭上天安排，您不用和它开战。申胥和华登选拔训练有素兵士组编成军队，还没有被打败过。一个人善于射箭，就会有一百个人拿起弓箭效法，这样以来，我们能否取胜，这不好说。凡是谋划大事，一定要预见到成功的把握，然后再去实行，不能拿生命冒险。您不如加紧戒备，同时以谦辞卑语向吴国求和，让吴国的百姓高兴，从而使吴王的野心膨胀。我针对这件事卜问上天，上天如果要抛弃吴国，吴国一定会答应与我们讲和，并且不满足于此，其欲望将逐步膨胀而有称霸诸侯的野心。等到它搞得百姓疲惫困乏，上天又降下灾害夺去它的粮食后，就可以安然地收拾它的残局，吴国就失去上天的支持了。"

越王许诺，乃命诸稽郢行成于吴[1]，曰："寡君勾践使下臣郢不敢显然布币行礼[2]，敢私告于下执事曰[3]：昔者越国见祸，得罪于天王。天王亲趋玉趾[4]，以心孤勾践，而又宥赦之[5]。君王之于越也，緊起死人而肉白骨也[6]。孤不敢忘天灾，其敢忘君王之大赐乎！今勾践申祸无良，草鄙之人，敢忘天王之大德，而思边垂之小怨，以重得罪于下执事？勾践用帅二三之老，亲委重罪，顿颡于边[7]。

【注释】

〔1〕诸稽郢：《史记》作"柘稽"，越国五大夫之一，善言辞。行成：请求和解。　〔2〕显然：公开，公然。布币：进献、分发见面礼

物。〔3〕下执事：指办事人员。〔4〕天王：本是天子的称呼，此称吴王为天王，敬称也。亲趋玉趾：指亲自大驾。玉趾，对其足的美称、敬称。〔5〕宥赦：宽宥赦免。〔6〕繄（yī）：是。起死人、肉白骨：使死人复起，使白骨生肉。言吴国对越国有再造之恩。〔7〕顿颡（sǎng）：礼中很重的一种跪拜方式，屈膝下拜，以额角触地。多表示请罪或投降。

【译文】

越王应允了，便派诸稽郢到吴国请求和解，说："我们国君勾践派我来，不敢贸然献上玉帛表达敬意，只能私下告诉贵国的办事人员说：从前越国遭受祸患，得罪了天王。天王亲自大驾，想要灭掉勾践，却又宽恕赦免了他。天王对于我们越国的恩德，就像使死人复生，让白骨重新长肉一样。勾践不敢忘记上天降下的灾祸，又哪里敢忘记天王对越国的恩赐呢！如今勾践灾祸不断，德行不足，只是个草莽鄙陋之人，怎敢忘记天王的大恩德，而记恨边境上的小怨，以致再次得罪天王的办事人员呢？我率领几位老臣，亲自承认重罪，在边境上叩头请罪。

"今君王不察，盛怒属兵〔1〕，将残伐越国。越国固贡献之邑也，君王不以鞭箠使之〔2〕，而辱军士使寇令焉〔3〕。勾践请盟：一介嫡女〔4〕，执箕帚以晐姓于王宫〔5〕；一介嫡男，奉槃匜以随诸御〔6〕；春秋贡献，不解于王府。天王岂辱裁之？亦征诸侯之礼也。夫谚曰：'狐埋之而狐搰之〔7〕，是以无成功。'今天王既封植越国，以明闻于天下，而又刈亡之〔8〕，是天王之无成劳也。虽四方之诸侯，则何实以事吴？

敢使下臣尽辞，唯天王秉利度义焉！”

【注释】

〔1〕属兵：调集军队。属，韦昭注“属，会也”，会集。〔2〕鞭箠：鞭子。箠（chuí），马鞭。〔3〕寇令：御寇的号令。韦昭注“若御寇之号令”。〔4〕介：个。嫡女：正妻所生的女儿。〔5〕晐（gāi）姓：指把女儿进献给天子。韦昭注：“晐，备也。姓，庶姓。”〔6〕槃：通“盘”，古代洗脸器具。匜（yí）：古代盥洗时舀水用的器具，形状像瓢。〔7〕搰（hú）：挖，掘出。〔8〕刈亡：铲除，灭亡。

【译文】

“如今大王您不细察实情，便大发雷霆，集合军队，将要狠狠地讨伐越国。越国原本就是向吴国纳贡的附庸城邑，大王您不拿鞭子驱使它，而让您的军士执行屈尊御寇的命令呢。勾践请求结盟：献上嫡生女儿一人，拿着畚箕和扫帚在王宫里侍奉您；献上嫡生儿子一人，捧着盘匜跟随佣人一起伺候您；春秋两季向您府库进献贡品，决不懈怠。大王您又何必屈驾来裁制越国呢？我们进献的贡品也是依照天子向诸侯征派贡品的礼制啊。谚语说：‘狐狸埋了东西，自己又把它挖出来，因而没有成功。’如今大王您既然扶植越国，圣明的声名已天下闻名，却又要灭掉它，这样您扶植越国便徒劳无功了。即使四方诸侯想要事奉吴国，吴国又如何让他们信服呢？我斗胆把话说明白，希望您权衡一下其中的利害得失。”

吴王夫差与越荒成不盟

吴王夫差乃告诸大夫曰：“孤将有大志于齐[1]，吾将许越成，而无拂吾虑[2]。若越既改，吾又何求？若其不改，反行，吾振旅焉[3]。”申胥谏曰[4]：“不可许也。夫越非实忠心好吴也，又非慑畏吾兵甲之强也。大夫种勇而善谋[5]，将还玩吴国于股掌之上，以得其志。夫固知君王之盖威以好胜也，故婉约其辞，以从逸王志[6]，使淫乐于诸夏之国[7]，以自伤也。使吾甲兵钝獘[8]，民人离落，而日以憔悴，然后安受吾烬。夫越王好信以爱民，四方归之，年谷时熟，日长炎炎。及吾犹可以战也，为虺弗摧[9]，为蛇将若何？”

【注释】

〔1〕大志：指攻打、征服齐国。 〔2〕而：你们。拂：忤逆。〔3〕反行：从齐国回来。振旅：整顿军队。 〔4〕申胥：伍子胥，吴国大夫。申，为伍子胥的封邑。 〔5〕种：文种，越国大夫。〔6〕从:通“纵”，放纵。 〔7〕诸夏之国：指中原各诸侯国。〔8〕钝獘：也做“钝弊”，残破不锋利。獘，古同弊。 〔9〕虺(huǐ)：小蛇。摧：摧毁，消灭。

【译文】

吴王夫差于是告诉各位大夫说：“我想对齐国用兵，因此我将要应允越国的求和，你们不要忤逆我的意愿。如果越国已经诚心改过，我还有什么可求的？如果越国没有诚心改过，从齐国回来，我再整顿军队征讨它。”伍子胥劝告说：“不能答应与越国讲和。越国并不是真心和我们和好，也不是慑服畏惧我们兵力的强大。越国的大夫文种勇武过人而长于谋划，他将要把吴国玩弄于股掌之间，以实现他灭掉吴国的意志。他原本就知道您崇尚武威，争强好胜，因而就用委婉含蓄的言辞来让您放纵自己的贪念，松懈您的意志，让您去征伐中原各国，以此损伤自身。让我们的军队疲敝，武器损耗，百姓离叛流散，国势日益衰落，然后就稳稳当当地收拾我们的残局。那个越王勾践注重信义，爱护百姓，周围的人都来归顺他，越国五谷丰登，国势蒸蒸日上。趁着我们还可以战胜他赶紧动手，他是小蛇的时候不消灭他，等他长成大蛇该怎么办？”

吴王曰：“大夫奚隆于越，越曾足以为大虞乎〔1〕？若无越，则吾何以春秋曜吾军士〔2〕？”乃许之成。将盟，越王又使诸稽郢辞曰〔3〕：“以盟为有益乎？前盟口血未干，足以结信矣。以盟为无益乎？君王舍甲兵之威以临使之，而胡重于鬼神而自轻也？”吴王乃许之，荒成不盟〔4〕。

【注释】

〔1〕隆：夸大。曾：竟然，难道。大虞：指心腹大患。 〔2〕春秋：指春秋两季举行的阅兵活动。曜：通“耀”，夸耀，炫耀。〔3〕诸稽郢：越国大夫，善于辞令，《史记》中作“柘稽”。辞：推辞。〔4〕荒成不盟：讲和但没有盟誓，或指仅仅讲和而未订立盟约。

【译文】

吴王说：“大夫你又何必夸大越国的实力，越国难道能够成为我们的大隐患吗？如果灭掉了越国，那么我在春秋两季阅兵时，如何来炫耀我们将士的军威呢？”于是便答应与越国讲和。两国将要缔结盟约时，越王又派诸稽郢推辞说：“您认为再进行盟誓有用吗？上次盟誓歃血时留在嘴上的血还没有干，足够表现结盟的诚信了。您认为盟誓没有用吗？如果是这样，您可以放弃武力威慑，亲自到越国役使我们，何必看重鬼神而轻视自己呢？”吴王便同意了他的请求，口头达成协议而没有正式举行盟誓。

夫差伐齐不听申胥之谏

吴王夫差既许越成，乃大戒师徒[1]，将以伐齐。申胥进谏曰：“昔天以越赐吴，而王弗受。夫天命有反，今越王勾践恐惧而改其谋，舍其愆令[2]，轻其征赋，施民所善，去民所恶[3]，身自约也，裕其众庶，其民殷众[4]，以多甲兵。越之在吴，犹人之有腹心之疾也。夫越王之不忘败吴，于其心也侙然[5]，服士以伺吾闲[6]。今王非越是图，而齐、鲁以为忧。夫齐、鲁譬诸疾，疥癣也[7]，岂能涉江、淮而与我争此地哉？将必越实有吴土。”

【注释】

〔1〕戒：整顿。师徒：兵士。　〔2〕愆令：错误的政令。〔3〕恶:指令人厌恶的东西。　〔4〕殷众：数量大，非常多。〔5〕侙（chì）然：忧愁的样子，惊慌不安的样子。　〔6〕服士：操习、训练兵士。闲：间隙，时机。　〔7〕疥癣：均为皮肤方面疾病，此指有关痛痒、但无碍生命的小问题。

【译文】

吴王夫差答应了越国的求和之后，就大规模地整顿军队，将要征伐齐国。伍子胥进谏说：“从前上天把越国赐给吴国，您却不接受。天命有时会逆转，如今越王勾践恐惧上天的惩罚而改变了谋略，废置了过去错误的政令，减轻了百姓的徭役和赋税，实施百姓所喜欢的，革除百姓所厌恶的，自身力行节俭，让百姓富足。因此他的百姓众多，军力军备增强。越国对于吴国来说，好像一个人患上心腹之类的致命疾病。越王没有忘记败给吴国的耻辱，一直耿怀于心，他操练兵士，伺机找我们报仇。如今您不考虑越国问题，却忧心齐国和鲁国的事。如果把齐国和鲁国比作疾病的话，充其量不过是疥癣之类的小毛病，它们哪里能跨过长江和淮河来与我们争夺这块土地？将来一定是越国占有吴国这块土地。

“王其盍亦鉴于人，无鉴于水。昔楚灵王不君[1]，其臣箴谏以不入。乃筑台于章华之上[2]，阙为石郭，陂汉，以象帝舜[3]。罢弊楚国，以闲陈、蔡[4]。不修方城之内，逾诸夏而图东国[5]，三岁于沮、汾以服吴、越[6]。其民不忍饥劳之殃，三军叛王于乾谿[7]。王亲独行，屏营仿偟于山林之中，三日乃见其涓人畴[8]。王呼之曰：‘余不食三日矣’。畴趋而进，王枕其股以寝于地。王寐，畴枕王以墣而去之。王觉而无见也[9]，乃匍匐将入于棘闱[10]，棘闱不纳，乃入芋尹申亥氏焉[11]。王缢，申亥负王以归，而土埋之其室。此志也，岂遽忘于诸侯之耳乎[12]？”

【注释】

〔1〕不君：不行君道。　〔2〕章华：古地名，今湖北省监利县西北。　〔3〕阙：穿，凿。韦昭云“阙，穿也”。石郭：石椁，石制的

外棺。古代君王达贵死后，将尸体放入木质棺材后，通常再放进石质棺椁中，这样既避免木材日久腐烂，也象征着死者的身份。陂汉：引导汉水。以象帝舜：韦昭注“舜葬九疑，其山体水旋其丘，故壅汉江水伎旋石郭，此象之也”。〔4〕罢弊：同“罢敝”，疲惫凋敝。〔5〕东国：指位于中原东面的吴、越两国。〔6〕沮：水名。源出湖北省保康县西南部，南流至江陵县西入长江。汾：水名。源出山西省宁武县，在万荣县西入黄河。〔7〕乾谿：古地名，在今安徽省亳县东南。〔8〕涓人畴：涓人，宫中侍从的近臣。畴，人名。〔9〕觉:睡醒。〔10〕棘：古邑名，在今河南省永城县南。〔11〕芋尹申亥：楚国大夫，芋尹无宇的儿子。〔12〕遽：马上，很快。

【译文】

“您何不也以前人为镜子反思自我，不要仅仅以水作镜子。从前楚灵王不行君道，不听取臣子的规诫劝谏。他在章华修建台榭，凿制石椁，引来汉水，让它环绕石椁，以效法舜的陵墓。他让楚国疲惫凋敝，还伺机灭掉陈国和蔡国。他不好好治理内政，却想越过陈蔡去征服东方的吴越等国，三年之后，才渡过沮河和汾河，以征服吴越两国。他的百姓无法忍受饥饿劳顿的痛苦，三军将士在乾谿发动了叛乱。楚灵王孤身逃走，在山林之中徘徊，三天后才遇到一个名叫畴的侍从近臣。楚灵王招呼他说：‘我三天没吃过东西了。’畴赶忙进前，灵王枕着他的大腿便在地上睡着了。灵王睡着后，畴拿土块给他当枕头，自己抽身走了。灵王睡醒后见不着畴，便爬着想到棘城去，棘城的人不让他进入，最后得以见到芋尹申亥。灵王自缢身亡，申亥就把灵王的尸体背回家中，用土埋在家里。这些记载，难道这么快就被诸侯们忘却了吗？”

“今王既变鲧、禹之功[1]，而高高下下[2]，以罢民于姑苏。天夺吾食，都鄙荐饥[3]。今王将很天而伐齐[4]，夫吴民离矣。体有所倾，譬如群兽然，一个负矢，将百群皆奔，王其无方收也[5]。越人必来袭我，王虽悔之，其犹有及乎？”

【注释】

〔1〕鲧、禹之功：指鲧、禹的治水的功业。 〔2〕高高：指修建台榭。下下：指修建池塘。 〔3〕都：国都。鄙：边邑。荐：频仍，屡次。饥：饥荒。 〔4〕很：违背。韦昭注曰“很，违也”。〔5〕方：法，办法。

【译文】

“如今您改变了鲧和禹治水的功业，大肆修筑台榭、建造池塘，为修姑苏台而弄得百姓疲惫不堪。上天夺去了我们的粮食，国都边邑连年饥荒。现在您违背天意而攻伐齐国，吴国的百姓都要叛离您了。国家将要倾覆，就好像成群的野兽一样，其中一个野兽中箭，整群野兽都会逃窜，大王您恐怕没法收拾局面了。到时越国人一定会来袭击我们，那时即使后悔还来得及吗？”

王弗听。十二年[1]，遂伐齐。齐人与战于艾陵[2]，齐师败绩，吴人有功。

【注释】

〔1〕十二年：吴王夫差继位的第十二年。 〔2〕艾陵：古地名，

在今山东省莱芜市东北。

【译文】

吴王夫差没有听从他的劝谏。夫差十二年，兴兵伐齐国。齐军与吴军在艾陵开战，结果齐军战败，吴国取得胜利。

夫差胜于艾陵使奚斯释言于齐

吴王夫差既胜齐人于艾陵，乃使行人奚斯释言于齐[1]，曰："寡人帅不腆吴国之役，遵汶之上[2]，不敢左右，唯好之故[3]。今大夫国子兴其众庶[4]，以犯猎吴国之师徒[5]，天若不知有罪，则何以使下国胜[6]！"

【注释】

〔1〕行人：古代外交官，主管朝觐聘问之事。奚斯：外交官名。〔2〕不腆：不丰厚，不多。此处谦称兵士不多。遵：沿着。汶：水名。源出山东省莱芜市北，流入济水。〔3〕左右：指肆意妄为。好：指关系友好。〔4〕国子：齐国当权的卿。〔5〕犯猎：侵扰。师徒：将士，军队。〔6〕下国：指吴国，吴王自谦称呼。

【译文】

吴王夫差在艾陵战胜了齐军之后，就派外交官奚斯向齐国解释说："我带着为数不多的吴国军队，沿汶水北上，一路不敢放纵他们，只因为我们两国关系友好的缘故。现在贵国大夫国子调集大军，来侵扰我们的军队，上天如果不认定贵国有罪，那么怎能让我们吴国取胜呢！"

申胥自杀

吴王还自伐齐，乃讯申胥曰[1]："昔吾先王体德明圣，达于上帝，譬如农夫作耦[2]，以刈杀四方之蓬蒿[3]，以立名于荆[4]，此则大夫之力也。今大夫老，而又不自安恬逸，而处以念恶，出则罪吾众，挠乱百度，以妖孽吴国[5]。今天降衷于吴[6]，齐师受服。孤岂敢自多[7]，先王之钟鼓，实式灵之[8]。敢告于大夫。"

【注释】

〔1〕讯：问，此处指诘问、责问。 〔2〕作耦：两人并力协作耕种。 〔3〕刈（yì）：割。蓬蒿：蓬草和蒿草，泛指荒草。 〔4〕荆：指楚国，因其发源于荆山一带，故别称为荆。 〔5〕百度：法规。妖孽：祸乱。 〔6〕今：如今。天：上天。衷：福，善。 〔7〕多：夸奖，夸耀。 〔8〕钟鼓：借指军队。古代行军打仗，以钟鼓指挥进退，故而以钟鼓指代军队。式：用。灵：神灵。

【译文】

吴王夫差从齐国取胜回来，便责问伍子胥说："从前我的先王圣明神武，德行美好，通达天意，如同农夫并力协作耕种一样，割除四方的荒草，打败楚国树立了威名，这些都有你的功劳。现在你年纪大了，却又不能自己享受清闲舒适的生活，在家里尽琢磨些坏主意，在外诱导我的百姓犯罪，扰乱法纪，来祸乱吴国。如今上天降福给吴国，齐国战败顺服。我怎么敢自我夸功，这是由于先王的军队，得到神灵的护佑。我冒昧把这个消息告诉你。”

申胥释剑而对曰：“昔吾先王世有辅弼之臣[1]，以能遂疑计恶[2]，以不陷于大难。今王播弃黎老[3]，而孩童焉比谋[4]，曰：‘余令而不违。’夫不违，乃违也。夫不违，亡之阶也。夫天之所弃，必骤近其小喜[5]，而远其大忧。王若不得志于齐，而以觉寤王心，而吴国犹世[6]。吾先君得之也，必有以取之；其亡之也，亦有以弃之。用能援持盈以没，而骤救倾以时[7]。今王无以取之，而天禄亟至[8]，是吴命之短也。员不忍称疾辟易[9]，以见王之亲为越之擒也。员请先死。”遂自杀。

【注释】

〔1〕世：世代。辅弼：辅佐，辅助。　〔2〕遂疑：决疑。韦昭注“遂，决也”。计恶：衡量得失。　〔3〕播弃：抛弃。黎老：老人。韦昭注“鲐背之耇称黎老”。　〔4〕孩童：指年轻人。　〔5〕骤：疾速，马上。　〔6〕世：存世，继世。　〔7〕骤：屡次。倾：败亡。〔8〕亟（qì）：屡次。　〔9〕员：伍员，申胥的自称。辟易（bì yì）：退避。

【译文】

伍子胥解下佩剑回答说：“从前我们先王世代拥有得力的辅佐大臣，来协助决断疑难，衡量得失，使得吴国免于遭受大难。现在您弃置老臣不用，去和不谙世事的年轻人一起商讨国策，说：‘我的命令不能违背。’这种不违背，却是违背了天意。这种不违背，却是导致亡国的阶梯啊。上天对那些要抛弃的国家，一定会先给它一点在眼前的小欢喜，而把败亡的忧患放在后面。大王您如果伐齐失败，反而能让您内心醒悟，这样吴国还可以延续世系。我们先代君王之所以有所成就，一定有成功的原因；那些丧权亡国的，也有其败亡的原因。凭借贤臣辅佐才能固守成业，而且及时挽救败亡局面。如今您不具备建立功业的条件，可上天却屡屡赐给您福禄，这表示吴国的国祚已经很短了。我不忍心称病退避，而看到您自己也被越国人所擒获，请让我先死！”于是就自杀了。

将死，曰：“以悬吾目于东门，以见越之入，吴国之亡也。”王愠曰〔1〕：“孤不使大夫得有见也。”乃使取申胥之尸，盛以鸱鶇〔2〕，而投之于江〔3〕。

【注释】

〔1〕愠（yùn）：愤怒。　〔2〕鸱鶇（chī yí）：也作“鸱夷”，皮制的口袋，可以盛酒。　〔3〕江：指长江。

【译文】

临死时，伍子胥说：“把我的眼睛挂在东城门上，让我看到越国攻入，吴国灭亡。”吴王愤怒地说：“我不会让他有机会看到这些。”于是派人取来伍子胥的尸体，把它装入皮口袋，投进了长江。

吴晋争长未成勾践袭吴

吴王夫差既杀申胥，不稔于岁〔1〕，乃起师北征。阙为深沟，通于商、鲁之间，北属之沂[2]，西属之济[3]，以会晋公午于黄池[4]。于是越王勾践乃命范蠡、舌庸[5]，率师沿海溯淮以绝吴路。败王子友于姑熊夷[6]。越王勾践乃率中军溯江以袭吴，入其郛，焚其姑苏，徙其大舟。

【注释】

〔1〕稔（rěn）：庄稼成熟。　〔2〕阙：挖掘。商：古地名，在今河南省商丘县，当时属宋国。属：连接。沂：水名，源出山东省沂源县鲁山，南流入苏北平原。　〔3〕济：水名，发源于河南省济源县，在温县附近注入黄河。　〔4〕晋公午：晋定公，名午，晋顷公之子。黄池：古地名，也叫黄亭，在今河南省封丘县西南。鲁哀公十三年（前482），吴王夫差与晋、鲁等国诸侯在此会盟。　〔5〕范蠡、舌庸：均为越国大夫。　〔6〕王子友：吴王夫差的太子。姑熊夷：吴国地名，在都城郊外。

【译文】

吴王夫差杀了伍子胥之后，没等庄稼成熟，就发兵北征。他命令将士挖掘深沟，一直通到宋国和鲁国交接的地方，向北与沂水相接，向西与济水连接，然后与晋定公在黄池会盟。就在这个时候，越王勾践则派遣范蠡和舌庸，带兵沿着海岸逆淮水而上，以切断吴军的退路。在姑熊夷大败吴国的王子友。越王勾践率领中军沿江而上突袭吴国，攻入外城，火烧姑苏台，掠走了吴国的大船。

吴、晋争长未成，边遽乃至[1]，以越乱告。吴王惧，乃合大夫而谋曰："越为不道，背其齐盟[2]。今吾道路修远，无会而归，与会而先晋，孰利[3]？"王孙雒曰[4]："夫危事不齿[5]，洛敢先对。二者莫利。无会而归，越闻章矣[6]，民惧而走，远无正就。齐、宋、徐、夷曰：‘吴既败矣！’将夹沟而移我[7]，我无生命矣。会而先晋，晋既执诸侯之柄以临我，将成其志以见天子。吾须之不能[8]，去之不忍。若越闻愈章，吾民恐叛。必会而先之。”

【注释】

〔1〕边遽：边境警报。遽，传递警报的驿车。 〔2〕齐盟：同盟。韦昭注曰“齐，同也”。 〔3〕修远：遥远。修，远也。会：指盟会。 〔4〕王孙雒：吴国大夫。 〔5〕不齿：不按年辈排序。〔6〕闻：声名。章：显著。 〔7〕移：旁击。 〔8〕须：等待。

【译文】

吴国和晋国争当诸侯盟主还没有见分晓，吴国边境报信的驿车就到了，告知越国袭吴叛乱的消息。吴王很害怕，于是召集众大夫商讨对策，说：“越国叛乱，背弃盟约。现在我们远征在外，不参加盟会就回国，或者参加盟会而把盟主让给晋国，哪个有利？”王孙雒说：“事情紧急，不按年辈排序，我斗胆先说。我认为这两种方法都不好。如果不参加盟会就回国，越国的名声就会大起来，百姓也会害怕而远逃，远远逃离而没有地方可投靠。齐、宋、徐、夷等国家也会说：‘吴国已经败了！’将从两侧攻击我们，到时我们就完了。如果前去参加盟会却让晋国做了盟主，晋国掌握了诸侯霸主的权力来监督我们，并将志得意满地去朝见周天子。到时候我们既不能长时间逗留，又不忍心离开。如果越国的名声进一步提高，我们的百姓恐怕会叛乱。我们一定要参加盟会而且要当上盟主。”

王乃步就王孙雒曰[1]："先之，图之将若何？"王孙雒曰："王其无疑，吾道路悠远，必无有二命[2]，焉可以济事。"王孙雒进，顾揖诸大夫曰[3]："危事不可以为安，死事不可以为生，则无为贵智矣。民之恶死而欲富贵以长没也，与我同。虽然，彼近其国，有迁；我绝虑，无迁[4]。彼岂能与我行此危事也哉？事君勇谋，于此用之。今夕必挑战，以广民心[5]。请王励士，以奋其朋势，劝之以高位重畜，备刑戮以辱其不励者，令各轻其死[6]。彼将不战而先我，我既执诸侯之柄，以岁之不获也，无有诛焉，而先罢之，诸侯必说[7]。既而皆入其地，王安挺志，一日惕，一日留[8]，以安步王志。必设以此民也，封于江、淮之间，乃能至于吴。"吴王许诺。

【注释】

〔1〕步：移步。就：靠近。　〔2〕其：还是。疑：迟疑，犹豫。命：出路。　〔3〕顾：环视，环顾。　〔4〕迁：变动，此指回旋余地。绝虑：指路途遥远。　〔5〕广：宽，宽慰。　〔6〕重畜：财物宝器。辱：指惩罚。励：激励。　〔7〕柄：权柄，权利。诛：责求。说：通"悦"，高兴。　〔8〕挺：宽。惕：急速行走。留：缓慢行走。

【译文】

吴王走近王孙雒说："要争当盟主，该怎么办？"王孙雒回答说："您还是不要再犹豫，我们远离国土，一定没有别的办法了，只有尽快决定才能取得成功。"王孙雒进前，环顾一周，向诸大夫作揖说："遭遇危急不能转为平安，面对死亡不能开辟生路，那就不能算智慧过人了。晋国的百姓害怕死亡而贪图富贵长寿，这和我们一样。即使这样，晋军离国家很近，有退转的余地；我们离国家路途遥远，没有回旋的可能。我们是置于死地而后生，晋国怎么能和我们进行危险的较量呢？事奉君王要勇而有谋，现在正是施展的时候。今天晚上一定要挑战晋国，来宽慰军心。请君王您激励将士，振奋士气，用高官厚禄来鼓励大家，准备刑戮来惩治那些不奋力作战的人，让将士都不惧怕死亡。那样晋国就不敢对我们开战，而把盟主之位让给我们，我们做了诸侯霸主后，便借口年景不好，免除诸侯贡赋，让他们先回国，诸侯们肯定会很高兴。等到他们都回国以后，您就可以安心了，一天走得快些，一天走得慢些，安然实现回国的计划。一定要安置好那些出了力的将士，把他们分封在江淮一带，这样才能顺利返回吴国。”吴王夫差同意了王孙雒的建议。

吴欲与晋战得为盟主

吴王昏乃戒，令秣马食士[1]。夜中，乃令服兵擐甲[2]，系马舌，出火灶，陈士卒百人，以为彻行，百行[3]。行头皆官师[4]，拥铎拱稽[5]，建肥胡[6]，奉文犀之渠[7]。十行一嬖大夫[8]，建旌提鼓，挟经秉枹[9]。十旌一将军，载常建鼓[10]，挟经秉枹。万人以为方阵，皆白裳、白旂、素甲、白羽之矰，望之如荼[11]。王亲秉钺[12]，载白旗以中阵而立。左军亦如之，皆赤裳，赤旟、丹甲、朱羽之矰，望之如火。右军亦如之，皆玄裳、玄旗、黑甲、乌羽之矰，望之如墨。为带甲三万，以势攻，鸡鸣乃定。既陈〔13〕，去晋军一里。昧明〔14〕，王乃秉枹，亲就鸣钟鼓、丁宁、錞于、振铎〔15〕，勇怯尽应，三军皆哗钔以振旅〔16〕，其声动天地。

【注释】

〔1〕吴王：指吴王夫差。昏：黄昏，傍晚。秣（mò）：喂牲口。〔2〕服：持，拿。兵：武器。擐（huàn）甲：穿上盔甲。〔3〕彻行：指以百人为一行的队列。彻，通。〔4〕官师：相当于士一级的官吏。〔5〕拥：抱。铎：大铃，形如铙、钲而有舌。拱：持，拿着。稽：棨戟（qǐ jǐ），有缯衣或油漆的木戟。〔6〕建：树立。肥胡：古代一种窄长的旗子。韦昭注“肥胡，幡也”。〔7〕奉：拿着。文犀之渠：有纹理的犀牛皮做的盾。韦昭注“文犀之渠，谓楯也。文犀，犀之有文理者”。〔8〕嬖（bì）大夫：先秦时官名，即下大夫。〔9〕挟：带着，拿着。经：韦昭注“经，兵书也”。〔10〕常：画有日月的旗子。韦昭注“日月为常”。〔11〕白旂：白色的画着交龙图形的旗子。素甲：白色盔甲。韦昭注“素甲，白甲”。矰（zēng）：短箭。荼（tú）：指茅草的白花。〔12〕钺：大斧。〔13〕陈：通“阵”，布阵。〔14〕昧（mèi）明：拂晓，天还没亮。〔15〕丁宁：也称为钲，用铜做的，形似钟而狭长，在行军时敲打。韦昭注“丁宁，谓钲也，军行鸣之，与鼓相应”。錞于：也称金錞，为军乐用器，与鼓角相应。〔16〕哗钔：欢呼；喧哗。

【译文】

吴王夫差黄昏时就发布命令，让将士吃饱饭并喂足马匹。夜半时刻命令将士穿上盔甲，拴住马舌，用军灶里的火照明，百人排成一行，共排成一百行。每行领头的均为官师，抱着大铃，举着木戟，一旁树着窄长的旗子，手里持着犀牛皮做的盾牌。每十行设下大夫一名，树起旌旗，提着战鼓，带着兵书，拿着鼓槌。一百行设将军一名，竖起画有日月图案的旗子，支起战鼓，将军带着兵书，拿着鼓槌。一万人组成一个方阵，将士都穿着白色的下衣，打着白色的旗子，穿着白色的盔甲，背着白羽毛制作的短箭，远远望去如同白色的茅草花。吴王亲自手握大斧，一旁树着白色军旗立于方阵中间。左军阵列与中军一样，但将士穿着红色的下衣，打着红色的旗子，穿着红色的盔甲，背着红羽毛制作的箭，远远望去如同鲜红的火焰。右军阵列与中军一样，但将士穿着黑色的下衣，打着黑色的旗子，穿着黑色的盔甲，背着黑羽毛制作的箭，远远望去如同乌黑的墨团。三军共计有披戴铠甲的将士三万人，凭着气势进攻，鸡叫时就布好阵列，当时离晋军只有一里路程。天还没亮，吴王就拿起鼓槌亲自击响战鼓，敲响了铜钲、金镎和金铎，三军上下一起响应，大声欢呼，整军出发，喊声震动天地。

晋师大骇不出，周军饬垒[1]，乃令董褐请事[2]。曰："两君偃兵接好[3]，日中为期。今大国越录，而造于弊邑之军垒[4]，敢请乱故。"吴王亲对之曰："天子有命，周室卑约，贡献莫入[5]，上帝鬼神而不可以告，无姬姓之振也。徒遽来告[6]。孤日夜相继，匍匐就君[7]。君今非王室不平安是忧，亿负晋众庶[8]，不式诸戎、狄、楚、秦；将不长弟，以力征一二兄弟之国[9]。孤欲守吾先君之班爵[10]，进则不敢，退则不可。今会日薄矣[11]，恐事之不集[12]，以为诸侯笑。孤之事君在今日，不得事君亦在今日。为使者之无远也，孤用亲听命于藩篱之外。"

【注释】

〔1〕饬垒：整治军垒。 〔2〕董褐：晋国大夫。请：询问。韦昭注“请，问也”。 〔3〕偃兵：息兵停战。接好：和好。 〔4〕越录：超越次第。此指违反约定。录，《字汇补·金部》“录，第也”。造：到。弊：通“敝”。 〔5〕卑约：衰微。贡献：进贡物品。〔6〕姬姓：指周天子同姓诸侯。振：救援。徒遽：韦昭注“徒，步也；遽，传车也”。 〔7〕俑匐：竭尽全力。就：近，赶到。 〔8〕亿负：安然凭恃。亿，安。负，恃，依靠。 〔9〕长弟：指长幼。兄弟之国：指同姓之国。 〔10〕先君之班爵：夫差先君的爵位。此处夫差强调他的先君是诸侯盟主。 〔11〕薄：逼近。 〔12〕集：成，成功。

【译文】

晋军大惊，不敢出战，在军营周围修治营垒，并派董褐前去询问情况，说：“两国君主约定停战言和，以正午为期。如今贵国违反约定，大军开到我们的军营外，敢问其中原因?”吴王亲自回答说：“周天子下达命令，称周王室衰微，诸侯不进献纳贡，连祭祀天地鬼神的祭品都供不上，同时姬姓的诸侯也不予以救援。步行的乘车的把这个命令告知我，我便日夜兼程，全力赶到晋君这儿。现在晋君不为王室的困难担忧，凭恃晋国的兵多将广，却不去讨伐对王室无礼的戎狄、楚、秦等国；还违背长幼的礼节，武力攻伐同姓的兄弟国家。我想要守住我先君的爵位，要超过先君我不敢奢求，但也不能比先君差。如今盟期快到了，我担心事情没有成功而让诸侯耻笑。我是事奉晋君，还是战胜晋君而做诸侯盟主，都在今天。使者你就在眼前，我将亲自在军营外听候你们的消息。”

董褐将还，王称左畸曰：“摄少司马兹与王士五人[1]，坐于王前。”乃皆进，自刭于客前以酬客[2]。董褐既致命，乃告赵鞅曰[3]：“臣观吴王之色[4]，类有大忧，小则嬖妾、嫡子死[5]，不则国有大难；大则越入吴。将毒[6]，不可与战。主其许之先，无以待危，然而不可徒许也。”赵鞅许诺。

【注释】

〔1〕称：呼，召唤。左畸（jī）：军旅的左部。摄：执，抓住。少司马：官名。兹：人名。　〔2〕自刭：自刎，割脖子自杀。酬客：谢客，向客人谢罪。　〔3〕赵鞅：即赵简子，晋国正卿。　〔4〕色：脸色。　〔5〕嬖（bì）妾：爱妾。嫡子：与庶子对称，即正妻所生之子，多指嫡长子。　〔6〕毒：凶猛，残忍。

【译文】

董褐将要回去复命，吴王召唤左部的军官说：“把少司马兹和五个士卒抓来，坐在我面前。”于是六个人一齐上前，在董褐面前自杀谢罪。董褐向晋君复命后，便告诉赵鞅说：“我观察吴王的脸色，可以看出他好像有很大的忧虑，事情小一点也许是他的爱妾或嫡子死了，要不就是国内有动乱；再严重一点也许是越国已侵入吴国。这种情况下吴君将会变得非常凶残，不可与他们开战。您还是暂且答应让他当盟主，不要等着冒险，可也不能白白答应他。”赵鞅接受了他的建议。

晋乃令董褐复命曰：“寡君未敢观兵身见[1]，使褐复命曰：‘曩君之言[2]，周室既卑，诸侯失礼于天子，请贞于阳卜[3]，收文、武之诸侯。孤以下密迩于天子[4]，无所逃罪，讯让日至[5]，曰：昔吴伯父不失，春秋必率诸侯以顾在余一人。今伯父有蛮、荆之虞，礼世不续，用命孤礼佐周公[6]，以见我一二兄弟之国，以休君忧。今君掩王东海，以淫名闻于天子，君有短垣，而自逾之，况蛮、荆则何有于周室？夫命圭有命[7]，固曰吴伯，不曰吴王。诸侯是以敢辞。夫诸侯无二君，而周无二王，君若无卑天子，以干其不祥，而曰吴公，孤敢不顺从君命长弟！'”吴王许诺，乃退就幕而会。

【注释】

〔1〕观兵：展示军威，动用武力。身见：亲自出面。〔2〕曩(nǎng)：从前。〔3〕阳卜：古人用火烧龟甲以预测祸福。〔4〕密迩：亲近。〔5〕讯让：责备，责问。〔6〕周公：周王室的太宰。〔7〕命圭：古代天子授给诸侯大臣的玉制品。

【译文】

晋国于是派董褐去复命说："我们国君不敢和您兵戎相见，也不敢亲自面见您，派我来复命说：'先前您称，周室已经衰落，诸侯们无礼于天子，您要用龟甲占卜加以纠正，恢复周文王、周武王时期诸侯们礼敬周王的状态。我们晋国是天子近亲，有不可推卸的责任，并不断受到天子的责问，说：从前吴国的先君严守君臣之礼，一年四季都会率领诸侯来朝见我。现在的吴君因为有蛮荆方面的忧患，不能继续履行朝聘之礼，于是命我辅助周太宰，并召集同姓的兄弟侯国相见，来解除君王的忧虑。如今您称王于东海，僭越之名天子已经有所耳闻，您虽知礼仪法度，却自己僭越了它，更何况是蛮荆各国，他们对周室还讲什么礼仪可讲呢？周天子在赐给吴君的玉圭上有命令，称吴君为吴伯，而不是吴王。因此诸侯才敢不尊奉吴国。诸侯不能有两个盟主，周王室也不能有两个君王，您假如不轻侮天子，干犯礼法，而改称吴公，我们晋国怎敢不顺从您的命令让您先歃血呢！'"吴王同意了，于是退兵然后进入幕帐参加盟会。

吴公先歃，晋侯亚之[1]。吴王既会，越闻愈章[2]，恐齐、宋之为己害也，乃命王孙雒先与勇获帅徒师[3]，以为过宾于宋，以焚其北郛焉而过之[4]。

【注释】

〔1〕亚之：次之。 〔2〕闻：声名。章：显著。 〔3〕勇获：吴国大夫。徒师：步兵。 〔4〕过宾：过客。郛（fú）：外城。

【译文】

吴王最先歃血，晋侯紧随其后。吴王主持了盟会之后，越国的声名就更大了，吴王害怕齐、宋两国危害自己，于是派王孙雒和勇获先带领步兵，以途径宋国为名，烧掉了宋都北面的外城然后才过境。

夫差退于黄池使王孙苟告于周

吴王夫差既退于黄池[1]，乃使王孙苟告劳于周[2]，曰："昔者楚人为不道，不承共王事，以远我一二兄弟之国。吾先君阖庐不贳不忍[3]，被甲带剑，挺铍搢铎[4]，以与楚昭王毒逐于中原柏举[5]。天舍其衷，楚师败绩，王去其国，遂至于郢[6]。王总其百执事[7]，以奉其社稷之祭。其父子、昆弟不相能，夫概王作乱[8]，是以复归于吴。今齐侯壬不鉴于楚[9]，又不承共王命，以远我一二兄弟之国。夫差不贳不忍，被甲带剑，挺铍搢铎，遵汶伐博[10]。簦笠相望于艾陵。天舍其衷，齐师还。夫差岂敢自多，文、武实舍其衷。归不稔于岁，余沿江溯淮，阙沟深水，出于商、鲁之间，以彻于兄弟之国。夫差克有成事，敢使苟告于下执事。”

【注释】

〔1〕黄池：古地名，在今河南省封丘县西南。 〔2〕王孙苟：吴国大夫。 〔3〕阖庐：吴王阖闾。贳（shì）：赦免，宽宥。忍：容忍。 〔4〕铍（pī）：一种形如刀的两刃剑。铎：一种大铃，军中用来宣布命令，调度兵士。 〔5〕柏举：古地名。位于楚国境内，其地在今湖北省麻城县。 〔6〕郢：楚国国都，其址在今湖北省江陵市西北。 〔7〕百执事：指百官。 〔8〕夫概：吴王阖闾的弟弟。〔9〕壬：齐简公的名字。 〔10〕汶：水名，详见前注。博：齐国地名，在今山东省泰安市东南。

【译文】

吴王夫差从黄池盟会回来后，便派王孙苟向周天子报功，说：“从前楚国人不尽臣道，不向天子缴纳贡赋，和我们这些姬姓诸侯国关系疏远。我们先君阖闾不能宽恕容忍这种行为，披甲带剑，拿起武器，指挥将士，在柏举和楚昭王展开激战。上天降福给吴国，最终楚军大败，楚昭王仓皇外逃，吴军攻入楚国郢都。阖闾召集楚国的百官，恢复了他们对社稷的祭祀。因为阖闾和弟弟夫概不能和睦相处，夫概在国内发动叛乱，故而阖闾才回到吴国。如今齐侯壬不借鉴楚国的教训，也不向天子缴纳贡赋，与我们这些姬姓诸侯国关系疏远。我夫差不能宽恕容忍这种行为，也披甲带剑，拿起武器，指挥将士沿着汶水北上攻打博邑，将士们在艾陵带着簦笠冒雨与齐军苦战。上天护佑吴国，结果齐军大败。我夫差哪里敢自己夸功，这是周文王、周武王赐给吴国福佑啊。回国后没等庄稼成熟，我又沿长江溯淮河而上，挖掘深沟，直通宋国和鲁国，来沟通兄弟侯国。我夫差做了这些大事，特派王孙苟报告给您的手下官员。”

周王答曰：“苟，伯父令女来[1]，明绍享余一人，若余嘉之[2]。昔周室逢天之降祸，遭民之不祥[3]，余心岂忘忧恤，不唯下土之不康靖[4]。今伯父曰：戮力同德[5]。’伯父若能然，余一人兼受而介福[6]。伯父多历年以没元身[7]，伯父秉德已侈大哉[8]！”

【注释】

〔1〕苟：王孙苟。伯父：古代天子称同姓大国诸侯年长者为伯父。〔2〕绍：继承。若：表示语气。嘉：夸奖，赞许。　〔3〕不祥：指周景王的庶子王子朝篡位，周敬王出奔之事。　〔4〕忧恤：忧虑，忧患。下土：指地方诸侯。康靖：安宁。　〔5〕戮力：通力合作，尽力。　〔6〕介福：大福。介，大。　〔7〕元身：谓美德之身。〔8〕秉德：保持美德。侈：广。

【译文】

周敬王回答说："王孙苟，伯父让你来，表明他能够继承吴国先君的传统而拥戴我，我觉得这样很好。过去周王室遭逢上天降下的灾祸，又有王子朝篡位作乱，我心里怎能忘却忧患，不仅是担忧各地诸侯不安宁。现在伯父说：'和我同心和力。'伯父如果真能如此，我真是备受他的福佑啊。希望他延年益寿，他的德行真伟大啊！"

勾践灭吴夫差自杀

吴王夫差还自黄池，息民不戒〔1〕。越大夫种乃唱谋曰〔2〕："吾谓吴王将遂涉吾地，今罢师而不戒以忘我，我不可以怠〔3〕。日臣尝卜于天〔4〕，今吴民既罢，而大荒荐饥〔5〕，市无赤米，而囷鹿空虚〔6〕，其民必移就蒲蠃于东海之滨〔7〕。天占既兆，人事又见，我蔑卜筮矣〔8〕。王若今起师以会，夺之利，无使夫悛。夫吴之边鄙远者，罢而未至，吴王将耻不战〔9〕，必不须至之会也〔10〕，而以中国之师与我战〔11〕。若事幸而从我，我遂践其地，其至者亦将不能之会也已，吾用御儿临之〔12〕。吴王若愠而又战，奔遂可出。若不战而结成，王安厚取名而去之。"越王曰："善哉！"乃大戒师，将伐吴。

【注释】

〔1〕息民：指使兵士休息。不戒：不加戒备。　〔2〕种：指越国大夫文种。唱：通"倡"，倡议。　〔3〕罢：通"疲"，疲敝。下文

"罢"意与此同。怠：懈怠，放松。〔4〕日：往日，过去。〔5〕荐饥：连年饥荒。荐，频仍，屡次。〔6〕赤米：一种劣质米。韦昭注"赤米，米之奸者"。囷鹿（qūn）：粮仓。〔7〕蒲嬴：蚌蛤之类的东西。滨：近水的地方。〔8〕见：通"现"，出现。蔑：不用，用不着。〔9〕耻不战：以不战为耻。〔10〕须：等待。〔11〕中国：指国都。〔12〕御儿：古地名，在今浙江省嘉兴市一带，当时为越国北部边境地区。

【译文】

吴王夫差从黄池回来，就休兵不动而放松戒备。越国大夫文种于是倡议说："我以为吴王回国后将会攻打我们，如今他却休兵不动，放松戒备，好像忘了我们，但我们不能因此而懈怠。过去我曾经向上天卜问，现在吴国的百姓已经疲敝困乏，而且连年灾荒，市场上连粗米都买不到，粮仓也空了，吴国的百姓必定会迁徙到东海边拣蛤蚌充饥。上天已有了征兆，百姓疲敝困乏的状况也出现了，我用不着再用卜筮占问了。大王您如果现在发兵和吴国开战，争取有利时机，不让它有机会改变战略。吴国边远地方的士卒，因为疲敝不堪而不能及时赶来，吴王会把避而不战看成是耻辱，他一定不会等到远兵会合，就带着国都现有的兵士与我们开战。倘若事情真能像我们想的那样，我们就可以攻入吴地，边远地方的吴国兵即使赶来，也没法再和吴军会合了，我们可以派御儿的驻军对付他们。吴王如果恼怒再度开战，就要疲敝奔命，必败无疑。如果停战讲和，您就可以稳取厚利和美名再放了他。"越王说："这很好！"于是就命令军队，准备攻打吴国。

楚申包胥使于越[1]，越王勾践问焉，曰："吴国为不道，求残我社稷宗庙[2]，以为平原[3]，弗使血食[4]。吾欲与之徼天之衷[5]，唯是车马、兵甲、卒伍既具，无以行之。请问战奚以而可？”包胥辞曰：“不知。”王固问焉[6]，乃对曰：“夫吴，良国也[7]，能博取于诸侯。敢问君王之所以与之战者？”王曰：“在孤之侧者，觞酒、豆肉、箪食，未尝敢不分也。饮食不致味，听乐不尽声，求以报吴。愿以此战。”包胥曰：“善则善矣，未可以战也。”

【注释】

〔1〕申包胥：王孙包胥，楚国大夫。　〔2〕残：破坏，摧毁。〔3〕平原：平地。　〔4〕弗使血食：指祖先得不到祭祀，即国家灭亡。血食，指祭祀。因祭祀必要宰杀牺牲作为供品，故以血食代称祭祀。　〔5〕徼：求取。衷：福佑。　〔6〕固：再三，坚决。〔7〕良国：强盛的国家，强国。

【译文】

楚国大夫申包胥奉命到越国访问，越王勾践问他，说：“吴国不行仁道，想要灭掉我们国家，拆毁我们的宗庙，把它夷为平地，让我们祖先神灵绝祀。我想和它一起求得上天降福，看上天会护佑谁。只是车马、武器和兵士已准备好了，还没有机会动用。请问具备什么条件才能战胜吴国？”申包胥推辞说：“不知道。”越王坚持追问他，申包胥才回答说：“吴国，是个强国，能够深得诸侯的信服。冒昧地问一下，您凭什么跟吴国开战？”越王说：“在我身边的人，凡是杯里的酒，碗里的肉，篮里的饭，我都要和他们一起享用。我吃饭不求美味佳肴，也不迷恋动听的音乐，一心求得报复吴国。希望凭着这些战胜吴国。”申包胥说：“好是很好，仅凭这些还不能和吴国开战。”

王曰：“越国之中，疾者吾问之，死者吾葬之，老其老，慈其幼，长其孤〔1〕，问其病〔2〕，求以报吴。愿以此战。”包胥曰：“善则善矣，未可以战也。”王曰：“越国之中，吾宽民以子之，忠惠以善之〔3〕。吾修令宽刑，施民所欲，去民所恶，称其善〔4〕，掩其恶，求以报吴，愿以此战。”包胥曰：“善则善矣，未可以战也。”王曰：“越国之中，富者吾安之，贫者吾与之，救其不足〔5〕，裁其有余，使贫富皆利之，求以报吴。愿以此战。”包胥曰：“善则善矣，未可以战也。”

【注释】

〔1〕长：抚育。　〔2〕病：指疾苦。　〔3〕忠惠：忠诚仁爱。〔4〕称：赞扬。　〔5〕救：赈济。

【译文】

越王又说：“在越国境内，我慰问生病的，帮助埋葬死去的人，我尊重老人，爱护幼儿，抚育孤儿，询问百姓疾苦，一心想着报复吴国，希望凭这些和吴国开战。”申包胥说：“好是很好，可仅凭这些还不足以战胜吴国。”越王说：“在越国境内，我宽厚待民，对他们如自己的子女一样，忠诚仁爱地善待他们。我修治法令，放宽刑法，百姓所想要的就实施，百姓所厌恶的就去除，称赞百姓的善举，掩遮忽略百姓的恶行，一心想以此报复吴国，希望凭这些能和吴国开战。”申包胥说：“好是很好，可仅凭这些还不能战胜吴国。”越王说：“在越国境内，我们安定富人，接济穷人，赈济不足，调剂富余，使穷人和富人都从中获利，一心想以此报复吴国，希望凭这些能和吴国开战。”申包胥说：“好是很好，可仅凭这些还不能战胜吴国。”

王曰：“越国南则楚，西则晋，北则齐，春秋皮币、玉帛、子女以宾服焉〔1〕，未尝敢绝〔2〕，求以报吴，愿以此战。”包胥曰：“善哉，蔑以加焉〔3〕，然犹未可以战也。夫战，智为始，仁次之，勇次之。不智，则不知民之极，无以铨度天下之众寡〔4〕；不仁，则不能与三军共饥劳之殃；不勇，则不能断疑以发大计。”越王曰：“诺。”

【注释】

〔1〕宾服：归顺，服从。　〔2〕绝：断，间断。　〔3〕蔑：无。〔4〕铨度：衡量测度。韦昭注“铨，称也”。

【译文】

越王说：“越国南面是楚国，西面是晋国，北面是齐国，一年四季，我都给他们进献财货、玉帛和青年男女，表示臣服，从来没有间断过。一心想以此报复吴国，希望凭这些能和吴国开战。”申包胥说：“已经很好了，无以复加了。然而仅凭这些还不能战胜吴国。战争，首要是智谋，其次是仁义，再次才是勇敢。没有智谋，就不了解民心向背，也就没办法衡量双方的力量众寡；不讲仁义，就不能与三军将士共同承受饥饿劳累的痛苦；不勇敢，就不会果断地解决疑虑，来决定大计。”

越王说："好的。"

越王勾践乃召五大夫[1]，曰："吴为不道，求残吾社稷宗庙，以为平原，不使血食。吾欲与之徼天之衷，唯是车马、兵甲、卒伍既具，无以行之。吾问于王孙包胥，既命孤矣；敢访诸大夫[2]，问战奚以而可？勾践愿诸大夫言之，皆以情告[3]，无阿孤[4]，孤将以举大事。"大夫舌庸乃进对曰："审赏则可以战乎？"王曰："圣[5]。"大夫苦成进对曰："审罚则可以战乎？"王曰："猛。"大夫种进对曰："审物则可以战乎[6]？"王曰："辩。"大夫蠡进对曰："审备则可以战乎？"王曰："巧。"大夫皋如进对曰："审声则可以战乎[7]？"王曰："可矣。"

【注释】

〔1〕五大夫：指越国的五位重臣，他们是舌庸、苦成、文种、范蠡、皋如。　〔2〕访：询问，咨询。　〔3〕情：实情。　〔4〕阿：阿谀曲从。　〔5〕圣：此指通达。　〔6〕物：指行军作战时旗帜的颜色。只有明辨这些颜色，才能下上有序，纪律严明。　〔7〕声：指行军作战中指挥进退的鼓钲之声。只有审明这些声音，才能知进退。

【译文】

越王勾践于是召见舌庸、苦成、文种、范蠡、皋如五位大夫，说："吴国不行仁道，想要灭掉我们国家，拆毁我们的宗庙，把它夷为平地，让我们祖先神灵绝祀。我想和吴国一起祈求上天降福，看上天赐给谁福佑。我已准备好了车马、武器和士兵，只是还没有机会。我向申包胥求教这件事，他已给了我教诲。我再冒昧咨询各位大夫，请问凭着什么条件才能够战胜吴国？我希望各位大夫说说这件事，都要说真话，不要阿谀曲从我。我将要和吴国开战。”大夫舌庸进前回答说：“审慎地实施奖赏就可以开战了吧？”越王说：“这是个通达的办法。”大夫苦成上前回答说：“审慎地实施惩罚就可以开战了吧？”越王说：“这样可以让士兵无比勇猛。”大夫文种上前回答说：“审慎地辨识军旗的颜色就可以开战了吧？”越王说：“这样做可以让士兵辨别旗帜而统一步调。”大夫范蠡进前回答说：“审慎地安排守备就可以开战了吧？”越王说：“这样考虑是很巧妙周全的。”大夫皋如进前回答说：“审慎地指挥进退的金鼓声就可以开战了吧？”越王说：“可以了。”

王乃命有司大令于国曰[1]：“苟任戎者，皆造于国门之外[2]。”王乃命于国曰：“国人欲告者来告，告孤不审[3]，将为戮不利，及五日必审之，过五日，道将不行[4]。”王乃入命夫人。王背屏而立，夫人向屏[5]。王曰：“自今日以后，内政无出，外政无入[6]。内有辱，是子也；外有辱，是我也。吾见子于此止矣。”王遂出，夫人送王，不出屏，乃阖左阖[7]，填之以土。去笄侧席而坐，不扫[8]。

【注释】

〔1〕有司：指掌管拟制、传达君王命令的官员。　〔2〕任戎：参军。造：到……去。　〔3〕审：审慎，此指如实。　〔4〕道：办法。〔5〕屏：寝门内屏。　〔6〕内政：指内宫之事。外政：指朝堂政务。〔7〕阖：关闭。左阖：左边的门户。韦注“闭阳、开阴，示幽也”。

〔8〕不扫：不洒扫庭院。

【译文】

越王于是命令管事的人对国人传令说："如果愿意参军打仗的，都到国都门外集合。"越王于是在国都门前下达命令说："你们有好的想法就来报告。报告情况不实将受到处罚，在五天内要慎重考虑，超过五天你的办法将不被采用了。"越王于是又进宫向夫人下达命令。越王背靠屏风站着，夫人面向屏风。越王说："从现在开始，内宫事务不许出宫，外面的政务不许进宫。内宫的事务出了差错，是你的责任；外面的政务出了差错，是我的责任。我只能在内宫里见你。"越王于是走出后宫，夫人送他，到屏风为止，便关闭左侧的门户，用土填上，摘下头上的首饰，独席而坐，此后不再洒扫庭院。

王背檐而立，大夫向檐。王命大夫曰："食土不均，地之不修〔1〕，内有辱于国，是子也；军士不死〔2〕，外有辱，是我也。自今日以后，内政无出，外政无入，吾见子于此止矣。"王遂出，大夫送王不出檐，乃阖左阖，填之以土，侧席而坐〔3〕，不扫。

【注释】

〔1〕食土：分配土地。修：治理，垦殖。　〔2〕死：指以死效命，拼死作战。　〔3〕侧席：单独一席。韦昭注"侧犹特也"。

【译文】

越王背对屋檐站着，大夫面向屋檐。越王向大夫下令说："土地分配不均，耕地治理不好，国家的内政出现差错，是你们的责任；将士不以死效命，国家对外事宜出现问题，是我的责任。从今天开始，国家内政不出国门，对外的事务不入国内，我只能在这里见到你们。”越王于是离开朝堂，大夫们送他，至屋檐而止，便关闭左边的门户，用土填上，独席而坐，自此不再洒扫庭院。

王乃之坛列〔1〕，鼓而行之，至于军，斩有罪者以徇〔2〕，曰：“莫如此以环瑱通相问也〔3〕。”明日徙舍〔4〕，斩有罪者以徇，曰：“莫如此不从其伍之令。”明日徙舍，斩有罪者以徇，曰：“莫如此不用王命〔5〕。”明日徙舍，至于御儿〔6〕，斩有罪者以徇，曰：“莫如此淫逸不可禁也〔7〕。”

【注释】

〔1〕之：到。坛列：土坛。　〔2〕军：指军营。韦昭注“军，所军之地也”。徇：对众宣示，示众。　〔3〕环瑱：环，耳环。瑱，冠冕上的塞耳之玉。韦昭注“环，金玉之环。瑱，塞耳也”。通：韦昭注“通，行赂以乱军”。相问：指收受贿赂。韦昭注“问，遗也”。〔4〕徙舍：更换营地。　〔5〕用：遵守。　〔6〕御儿：古地名。春秋时在越国北境，与吴国相邻，在今浙江桐乡西南。　〔7〕淫逸：放任自流。

【译文】

越王于是又到了郊外的土坛，击鼓出发，来到军营，杀了犯罪的人，当众宣告说：“不准谁像他们这样收受金玉饰物，扰乱军纪。”第二天军队更换营地，杀了犯罪的人，当众宣告说：“不准谁像他这样不服从军令。”第三天军队又转移了营地，杀了犯罪的人，当众宣告说：“不准谁像他这样不听从君王的命令。”第四天军队驻扎在御儿这个地方，杀了有罪的人，当众宣告说：“不准谁像他这样放纵自流。”

王乃命有司大徇于军，曰：“有父母耆老而无昆弟者[1]，以告。”王亲命之曰：“我有大事，子有父母耆老，而子为我死，子之父母将转于沟壑，子为我礼已重矣。子归，殁而父母之世[2]。后若有事，吾与子图之。”明日徇于军，曰：“有兄弟四五人皆在此者，以告。”王亲命之曰：“我有大事，子有昆弟四五人皆在此，事若不捷[3]，则是尽也[4]。择子之所欲归者一人。”明日徇于军，曰：“有眩瞀之疾者[5]，以告。”王亲命之曰：“我有大事，子有眩瞀之疾，其归若已。后若有事，吾与子图之。”明日徇于军，曰：“筋力不足以胜甲兵[6]，志行不足以听命者归，莫告。”

【注释】

〔1〕耆老：年老。耆，古称六十岁曰耆。昆弟：兄弟。昆，兄。〔2〕殁（mò）：死。而：你。〔3〕捷：成功，取胜。〔4〕尽：指全部丧命。〔5〕眩瞀（xuàn mào）：眼睛昏花，看不清楚东西。〔6〕筋力：体力。甲兵：武器，此指打仗。

【译文】

越王又命令管事的官员向全军宣告，说：“有父母年老而家中没有兄弟的，要报告官长。”越王亲自对他们说：“我要对吴开战，你们家中父母年老，如果为我丧命，你们的父母将无人照料，你们为我所尽的礼已经很重了。你们回家吧，好好为父母养老送终。今后如果国家有事，我再跟你们一起谋划。”

第二天又向全军宣告，说：“有兄弟四五人都在队伍中的，要报告官长。”越王亲自对他们说：“我要对吴作战，你们兄弟四五人都在队伍里，如果战败，就可能全部丧命，你们当中选一个想回去的，让他回家。”第三天又向全军宣告说：“有眼睛昏花，看不清楚东西的，要报告官长。”越王亲自对他们说：“我要与吴国开战，你们眼睛不好，还是回去吧。今后如果国家有事，再跟你们一起谋划。”第四天又向全军宣告说：“有身体虚弱，不能打仗的，智力低下听不懂命令的，回家去吧，不必报告官长。”

明日，迁军接和[1]，斩有罪者以徇，曰：“莫如此志行不果。”于是人有致死之心。王乃命有司大徇于军，曰：“谓二三子归而不归[2]，处而不处，进而不进，退而不退，左而不左，右而不右，身斩，妻子鬻[3]。”于是吴王起师，军于江北[4]，越王军于江南。越王乃中分其师以为左右军，以其私卒君子六千人为中军[5]。明日，将舟战于江，及昏，乃令左军衔枚溯江五里以须，亦令右军衔枚逾江五里以须。夜中，乃命左军、右军涉江鸣鼓中水以须[6]。

【注释】

〔1〕迁军：调集军队。和：又作“龢”，和谐，协调。韦昭注“上下皆龢”。　〔2〕二三子：指众将士。　〔3〕鬻：卖。　〔4〕军：驻军，驻扎。　〔5〕私卒：诸侯的宗族亲军。　〔6〕须：待命。

【译文】

第五天，全军集合转移，杀了有罪的人，当众宣告说：

“不准谁像他这样胆小怕事，不敢杀敌。”于是军中人人都有以死效命的决心。越王又命令管事的官员向将士宣告，说：“你们中有该回去的不回去，该留下的没留下，该前进的不前进，该撤退的不撤退，该向左的不向左，该向右的不向右的，都要被处死，妻子和子女也要被卖掉。”此时，吴王兴兵，驻扎在吴淞江北岸，越王军队驻扎在吴淞江南岸。越王于是将队伍分为左右两军，把他的宗族六千士兵组编成中军。第二天，将在江上进行船上作战，到黄昏时分，越王便命令左军衔枚，沿江上行五里听候军令；又命令右军衔枚，沿江下行五里听候军令。夜半时分，命令左右两军一起击鼓渡江，在水中央待命。

吴师闻之，大骇〔1〕，曰：“越人分为二师，将以夹攻我师。”乃不待旦〔2〕，亦中分其师，将以御越。越王乃令其中军衔枚潜涉〔3〕，不鼓不噪以袭攻之。吴师大北〔4〕。越之左军、右军乃遂涉而从之，又大败之于没，又郊败之，三战三北，乃至于吴。越师遂入吴国，围王台〔5〕。吴王惧，使人行成，曰：“昔不谷先委制于越君，君告孤请成，男女服从。孤无奈越之先君何，畏天之不祥，不敢绝祀〔6〕，许君成，以至于今。今孤不道，得罪于君王，君王以亲辱于弊邑。孤敢请成，男女服为臣御。”越王曰：“昔天以越赐吴，而吴不受；今天以吴赐越，孤敢不听天之命，而听君之令乎？”乃不许成。

【注释】

〔1〕骇（hài）：惊惧。　〔2〕旦：天明。　〔3〕枚：古代行军

时，士卒口衔用以防止喧哗的器具，形如筷子。潜涉：偷渡。〔4〕大北：指大败。　〔5〕王台：指吴王夫差修建的姑苏台。〔6〕绝祀：断绝祭祀，即亡国。

【译文】

吴军听到鼓声非常惊惧，说："越军分为两支要夹击我们了。"便不等天明，也将队伍分成两军，来抵抗越军。越王于是命令中军衔枚偷偷渡江，不击鼓，不喧哗，突袭吴军，结果吴军大败。这时越国的左、右两军乘机渡江袭击，又在没这个地方大败吴军。最后，在吴的国都郊外再次击败吴军。吴军三战三败，越军直达吴国都城。于是越军进入吴都，包围了吴王的姑苏台。吴王大惊，派人向越国求和，说："从前我听从越君的命令，越君要与我讲和，献上宫中男女供我驱使。我碍于我们两国先君的友好关系，害怕上天降下灾祸，不敢断绝越国的宗庙祭祀，于是便同意与越君讲和，一直到今天。现在我忤逆天道，得罪了君王，君王亲自屈驾来到我们国家。我斗胆请求与您讲和，宫中男女都听凭君王驱使。"越王说："从前上天将越国赐给吴国，但吴国不接受。如今上天把吴国赐给越国，我怎敢不听从上天的命令，而去听你的命令呢?"于是便没有答应与吴国讲和。

因使人告于吴王曰："天以吴赐越，孤不敢不受。以民生之不长，王其无死！民生于地上，寓也，其与几何？寡人其达王于甬句东〔1〕，夫妇三百，唯王所安，以没王年。"夫差辞曰："天既降祸于吴国，不在前后〔2〕，当孤之身〔3〕，实失宗庙社稷。凡吴土地人民，越既有之矣，孤何以视于天下！”夫差将死，使人说于子胥曰[4]：“使死者无知，则已矣；若其有知，吾何面目以见员也[5]！”遂自杀。

【注释】

〔1〕甬句东：甬东，在今浙江省沿海舟山群岛。 〔2〕前后：指夫差的先君和继承者。 〔3〕当：值。孤：夫差自称。 〔4〕说：指告祭。 〔5〕员：伍子胥名。

【译文】

于是派人告诉吴王说：“上天将吴国赐给越国，我不敢不接受。人的生命短暂，吴王还是不要死。人活在世上，不过是一个寄宿的过客，能有多少时日？我将吴王安置在甬句东养老，挑选三百对夫妇，供吴王驱使，侍候吴王终生。”夫差推辞说：“上天降下大祸给吴国，不前不后，正值我执政的时候，国家的宗庙社稷实际上是毁在我手中。吴国的土地和百姓，越国已经全都占有了，我没有颜面活在世上！”夫差临死前，派人去告祭伍子胥说：“假使死去的人没有知觉，也就罢了；假使人死后还有知觉，我还有什么脸去见你啊！”说完便自杀了。

越灭吴，上征上国[1]，宋、郑、鲁、卫、陈、蔡执玉之君皆入朝。夫唯能下其群臣[2]，以集其谋故也。

【注释】

〔1〕上：指向北，北上。上国：指中原各国。 〔2〕下：指待人谦谨。

【译文】

越王灭掉了吴国，又北上征服了中原各国。宋、郑、鲁、卫、陈、蔡等国的国君都拿着圭璧等玉器来朝拜。这是因为勾践能谦虚地对待群臣，广泛吸取他们聪明才智的缘故。

卷二十　越语上

勾践灭吴

越王勾践栖于会稽之上[1]，乃号令于三军曰："凡我父兄昆弟及国子姓[2]，有能助寡人谋而退吴者，吾与之共知越国之政[3]。"大夫种进对曰："臣闻之贾人，夏则资皮，冬则资絺[4]，旱则资舟，水则资车，以待乏也。夫虽无四方之忧，然谋臣与爪牙之士[5]，不可不养而择也。譬如蓑笠[6]，时雨既至必求之。今君王既栖于会稽之上，然后乃求谋臣，无乃后乎？"勾践曰："苟得闻子大夫之言，何后之有。"执其手而与之谋。

【注释】

〔1〕栖：指兵败退居。会稽：山名，在今浙江省绍兴市东南。〔2〕国子姓：与越王同姓的宗亲。　〔3〕知：掌管，处理。〔4〕贾人：商贩。资：积蓄，储备。絺（chī）：细葛布做的衣服。　〔5〕爪牙：古代并无贬义，指得力的助手。此处与"谋臣"并用，特指武将。〔6〕蓑笠：蓑衣和笠帽。

【译文】

越王勾践兵败据守会稽山，于是传令三军说："但凡我的父老兄弟和同姓的宗亲，只要有能帮我谋划并击退吴国军队的，我愿和他共同执掌越国的政权。"大夫文种上前回答说："我从商贩那儿听说，夏天要多积蓄皮货，冬天要多储备细麻布，旱季要多准备船只，雨季要多储备车马，这样做是要等这些东西稀缺时赢利。即便是没有四方侵扰的忧患，但是谋略文臣和勇武将帅，是不能不培养选拔的。这就像蓑衣和笠帽，雨季到了就一定会用得着它。如今君王兵败据守会稽山，这才想起寻求谋臣，不也是太迟了吗？"勾践说："如果有幸听到您的高论，又有什么晚的呢。"说着拉起他的手便和他谋划起来。

遂使之行成于吴[1]，曰："寡君勾践乏无所使，使其下臣种，不敢彻声闻于天王[2]，私于下执事曰[3]：寡君之师徒不足以辱君矣。愿以金玉、子女赂君之辱；请勾践女女于王，大夫女女于大夫，士女女于士。越国之宝器毕从[4]，寡君帅越国之众，以从君之师徒，唯君左右之[5]。若以越国之罪为不可赦也，将焚宗庙，系妻孥[6]，沈金玉于江[7]，有带甲五千人将以致死，乃必有偶。是以带甲万人事君也，无乃即伤君王之所爱乎？与其杀是人也，宁其得此国也，其孰利乎？"

【注释】

〔1〕行成：请求和解。　〔2〕彻声：大声。天王：原指天子，这里是对吴王的敬称。　〔3〕下执事：指办事人员。　〔4〕毕：全部。

从：听凭调用，此指献出。　〔5〕左右：调遣，调用。　〔6〕孥（nú）：子女。　〔7〕沈（chén）：同“沉”，沉入。

【译文】

于是派文种到吴国请求和解，说：“我们国君勾践缺乏合适的人派遣，就让下臣我前来，不敢直接与吴王面谈，私下里跟办事人员说：我们国君的将士不足以让吴王屈尊前来讨伐。我们愿意献上金玉、美女给吴王赔罪；请让越王勾践的女儿做吴王的女仆，大夫的女儿做吴国的大夫的女仆，士的女儿做吴国的士的女仆。越国的珍宝重器全部献出，我们国君带着越国的将士，跟在吴王军队后面，听从吴王调用。如果贵国不能宽恕越国的罪过，那我们越国上下将烧毁宗庙，和妻儿百姓武装起来，把金银玉器沉入江中，我们有披盔带甲的五千兵士以死抗争，那就必定以一敌二。这样就相当于一万披甲的士兵为国君效命，这恐怕会伤了吴王所爱的将士吧？你们与其与越国人拼杀，还不如让这个国家臣服，两者哪个对吴国更有利呢？”

夫差将欲听与之成，子胥谏曰：“不可。夫吴之与越也，仇雠敌战之国也[1]。三江环之[2]，民无所移，有吴则无越，有越则无吴，将不可改于是矣。员闻之[3]，陆人居陆，水人居水。夫上党之国[4]，我攻而胜之，吾不能居其地，不能乘其车。夫越国，吾攻而胜之，吾能居其地，吾能乘其舟。此其利也，不可失也已，君必灭之。失此利也，虽悔之，必无及已。”

【注释】

〔1〕仇雠：仇恨多，积怨深厚。敌战：敌对战斗，正面作战。

〔2〕三江：指钱塘江、吴淞江和浦阳江。 〔3〕员：伍子胥自称。
〔4〕上党之国：这里泛指中原地区各诸侯国。

【译文】

夫差将要听从文种的话跟越国讲和，伍子胥劝谏说："不可以讲和。吴国和越国，是积怨深厚的敌对国家。钱塘江、吴淞江和浦阳江三条大江环绕着吴越两国，百姓没有地方可以迁移，有吴就没有越，有越就没有吴，这种状况是没法改变的。我听说，陆上的人习惯在陆地生活，水边的人习惯在水边生活。那些中原地区各国，即使攻打并战胜了它们，我们也没法居住在它们的土地上，也没法乘坐它们的车子。但是越国，如果攻打并战胜它，我们就能居住在它的土地上，也可以乘坐它的船只。这是灭掉越国的好处，不能错失良机，君王一定要灭掉越国。失掉这个有利时机，以后即使后悔，也一定来不及了。"

越人饰美女八人纳之太宰嚭〔1〕，曰："子苟赦越国之罪，又有美于此者将进之。"太宰嚭谏曰："嚭闻古之伐国者，服之而已。今已服矣，又何求焉？"夫差与之成，而去之。勾践说于国人曰〔2〕："寡人不知其力之不足也，而又与大国执雠〔3〕，以暴露百姓之骨于中原，此则寡人之罪也。寡人请更〔4〕。"于是葬死者，问伤者，养生者，吊有忧，贺有喜，送往者，迎来者，去民之所恶，补民之不足。然后卑事夫差，宦士三百人于吴〔5〕，其身亲为夫差前马。勾践之地，南至于句无，北至于御儿〔6〕，东至于鄞，西至于姑蔑〔7〕，广运百里〔8〕。

【注释】

〔1〕饰：打扮。太宰：官名，相当于正卿。嚭（pǐ）：人名，伯

姓，原本楚人，逃难到吴国。〔2〕说：解说，解释。〔3〕执雠：结仇。〔4〕更：改正错误。〔5〕宦：仆隶。〔6〕句无：古地名，在今浙江省诸暨县南。御儿：古地名，在今嘉兴县。〔7〕鄞（yín）：古地名，在今浙江鄞县。姑蔑：古地名，在今浙江省衢县北。〔8〕广运百里：方圆百里。东西为广，南北为运。

【译文】

越国人把打扮好的八个漂亮女人献给吴国的太宰嚭，说："您如果能帮助赦免了越国的罪，还有比这更漂亮的女子献给您。"于是太宰嚭向吴王进谏说："我听说古代征伐一个国家，让它顺服就可以了。现在越国已经顺服了，还要让它怎么样呢？"于是夫差跟越国达成和解，并打发文种回国。勾践向国人解释说："我自不量力，却又和吴国结仇，以致惨遭失败而让百姓曝尸荒野，这都是我的罪过。我请求改正错误。"于是就厚葬战死的人，慰问受伤的人，供养活着的人，吊唁有丧事的人，恭贺有喜事的人，送别离开的人，迎接迁来的人，去除百姓所厌恶的东西，补足百姓觉得不够的事情。然后再以卑弱的态度事奉夫差，并派出三百多士人到吴国充当仆隶，他本人也成为夫差的马前卒。当时勾践管辖的区域，南面到句无，北面到御儿，东面到鄞，西面到姑蔑，仅有方圆一百里。

乃致其父母昆弟而誓之曰[1]："寡人闻，古之贤君，四方之民归之，若水之归下也。今寡人不能，将帅二三子夫妇以蕃[2]。"令壮者无取老妇，令老者无取壮妻。女子十七不嫁，其父母有罪；丈夫二十不娶，其父母有罪。将免者以告[3]，公令医守之。生丈夫[4]，二壶酒，一犬；生女子，二壶酒，一豚。生三人，公与之母[5]；生二人，公与之饩[6]。当室者死，三年释其政[7]；支子死，三月释其政[8]。必哭泣葬埋之，如其子。令孤子、寡妇、疾疹、贫病者，纳宦其子。其达士，洁其居，美其服，饱其食，而摩厉之于义。四方之士来者，必庙礼之。勾践载稻与脂于舟以行，国之孺子之游者，无不餔也，无不歠也[9]，必问其名。非其身之所种则不食，非其夫人之所织则不衣，十年不收于国，民俱有三年之食。

【注释】

〔1〕致：召集，招致。　〔2〕蕃：生息，繁殖。　〔3〕免：通“娩”，分娩，生孩子。　〔4〕丈夫：指男孩。　〔5〕母：指乳母。〔6〕饩（xì）：指粮食。　〔7〕当室者：指家中嫡长子。释：免除。政：指赋税徭役。　〔8〕支子：庶子。　〔9〕餔（bū）：给饭吃，供给饭食。歠（chuò）：同“啜”，给水喝，供给饮水。

【译文】

勾践召来父老兄弟，向他们立誓说：“我听说，古代的圣贤君主，四方的百姓前来归顺他，就像水向低处流一样。如今我达不到这个程度，但还是要带你们一起多生儿养女，来使我们的人口繁衍。”于是下令壮年男子不准娶年老妇女，老年男子不准娶壮年妻子。女子十七岁不嫁人，就要定她的父母的罪；男子二十岁不娶妻，也要定他的父母的罪。家中有快要生孩子的就要上报，公家会派医生护理孕妇。生了男孩，公家就赏两壶酒、一条狗；生了女孩，公家就赏两壶酒、一头小猪。一次生三胞胎，公家还会配给乳母；如果生了双胞胎，公家会提供食物。家中嫡长子死了，免除他们三年的徭役；其他儿子死了，免除他们三个月的徭役。有死亡的，勾践一定要亲自哭着埋葬死者，就像对待自己的孩子一样。命令凡是鳏夫、寡妇、有病和贫弱的家庭，由公家收养他们的孩子并为他们在官府谋求差事。对那些有突出才干的人，给他们安排整洁的居所，让他们穿上漂亮的衣服，为他们提供美味饮食，磨练他们，让他们崇尚道义。对各地前来投奔的贤士，一定要在庙堂里以礼相待。勾践还坐船装载粮食和肥肉出行，遇到流浪在外的年轻人，都要给吃的，给喝的，一定要询问他们的名字。不是他自己种出的粮食不吃；不是他夫人织的布不穿。国内整整十年没有收取百姓赋税，百姓家里都存有足以食用三年的粮食。

国之父兄请曰："昔者夫差耻吾君于诸侯之国，今越国亦节矣〔1〕，请报之。"勾践辞曰："昔者之战也，非二三子之罪也，寡人之罪也。如寡人者，安与知耻？请姑无庸战〔2〕。"父兄又请曰："越四封之内〔3〕，亲吾君也，犹父母也。子而思报父母之仇，臣而思报君之雠，其有敢不尽力者乎？请复战。"勾践既许之，乃致其众而誓之曰〔4〕："寡人闻古之贤君，不患其众之不足也，而患其志行之少耻也。今夫差衣水犀之甲者亿有三千〔5〕，不患其志行之少耻也，而患其众之不足也。今寡人将助天灭之。吾不欲匹夫之勇也，欲其旅进旅退也〔6〕。进则思赏，退则思刑，如此则有常赏。进不用命，退则无耻，如此则有常刑。"

【注释】

〔1〕节：节奏，此指国力恢复，发展步入正轨。　〔2〕姑：暂

且。庸：通“用”。〔3〕四封之内：指举国上下。〔4〕致：使之来，召集。〔5〕亿：古代计数一亿为十万。有：通“又”。〔6〕旅进旅退：共同进退，步调一致。

【译文】

越国的父老兄弟请求说：“过去夫差让您在诸侯面前受辱，现在越国国力有所恢复，我们请求找吴国报仇！”勾践辞谢说：“过去的战争失败，不是你们的过错，都是我的罪过。像我这样的人，不值得你们和我一起受辱，请你们暂且不要提打仗的事。”父兄们又请求说：“越国上下，都爱戴您，就像对自己的父母一样。子女想要替父母报仇，臣下想要替君主报仇，难道有敢不尽全力的！我们请求再和吴国打一仗。”勾践答应了请求，便召集大家立誓说：“我听说古代的圣贤君主，不担心将士少，而担心他们的志向品行不高尚。现在夫差有全副武装的将士十万三千人，但他不担心将士的志向品行不高尚，反而担心他的将士不足。现在我要帮助上天消灭它。我们需要的不是逞匹夫之勇的兵士，要的是大家步调一致，共同进退。要前进时要想到奖赏，想后退时要想到刑罚，这样就能受到赏赐。前进时不听号令，后退时不觉羞耻，这样就会受到惩罚。”

果行，国人皆劝[1]，父勉其子，兄勉其弟，妇勉其夫，曰：“孰是君也，而可无死乎？”是故败吴于囿[2]，又败之于没[3]，又郊败之。夫差行成，曰：“寡人之师徒，不足以辱君矣。请以金玉、子女赂君之辱。”勾践对曰：“昔天以越予吴，而吴不受命；今天以吴予越，越可以无听天之命，而听君之令乎？吾请达王甬句东，吾与君为二君乎[4]。”夫差对曰:“寡人礼先壹饭矣[5],君若不忘周室,而为弊邑宸宇[6],亦寡人之愿也。君若曰:吾将残汝社稷,灭汝宗庙。’寡人请死,余何面目以视于天下乎!越君其次也[7]。”遂灭吴。

【注释】

〔1〕劝:勉励。〔2〕囿:指笠泽。后人一般用作吴江县或吴淞江的别称。〔3〕没:地名,位置不详。〔4〕达:送。甬句:甬江和句章,两者均是越国地名。二君:指共同做越国国君。此是婉拒吴王求和之词。〔5〕礼先壹饭:是说在礼节上自己年岁稍长。壹饭,犹言一顿饭,喻指极短的时间。〔6〕宸宇:房檐,屋檐。〔7〕次:军队临时驻扎,此指占领。

【译文】

越国军队出发的时候,国人都相互劝勉。父亲鼓励儿子,哥哥鼓励弟弟,妻子鼓励丈夫,说:“谁会像咱们国君这样仁惠啊,怎么能不以死效命呢?”因此先在囿地挫败吴军,接着又在没地击败吴军,最后在吴国都郊再次大败吴军。夫差派人求和,说:“我的将士,不值得您亲自讨伐,请让我们献上金玉美女给您赔罪。”勾践回答说:“从前上天把越国赐给吴国,而吴国却没有接受;现在上天又把吴国给了越国,越国怎么能不听天命,而听您的命令跟您讲和呢?请允许我把您安顿在甬句东,我和您一起做越国的君主吧。”夫差回答说:“按礼我比你年龄稍长,您如果没有忘记周王室的情谊,而给吴国一席立足之地,这是我所希望的。您如果说:‘我将灭了你的社稷,拆毁你的宗庙。’我请求以死殉国,我哪还有颜面来面对天下人啊!您还是带领军队占领吴国吧。”于是越国就灭了吴国。

卷二十一　越语下

范蠡进谏勾践持盈定倾节事

越王勾践即位三年而欲伐吴。范蠡进谏曰[1]：“夫国家之事，有持盈，有定倾，有节事[2]。”王曰：“为三者，奈何?”对曰：“持盈者与天[3]，定倾者与人，节事者与地。王不问，蠡不敢言。天道盈而不溢，盛而不骄，劳而不矜其功[4]。夫圣人随时以行，是谓守时。天时不作，弗为人客[5]；人事不起，弗为之始。今君王未盈而溢，未盛而骄，不劳而矜其功，天时不作而先为人客，人事不起而创为之始，此逆于天而不和于人。王若行之，将妨于国家，靡王躬身[6]。”王弗听。

【注释】

〔1〕范蠡：越国大夫，字少伯。　〔2〕持盈：保持国家强盛的局面。定倾：在危难时刻匡扶国家。节事：妥善处理日常政务。〔3〕与：赞同，顺从。　〔4〕矜：夸耀。　〔5〕人客：指作别人的客人。此指攻击别的国家。　〔6〕靡：损害，伤及。躬身：自身。

【译文】

越王勾践登上王位三年后就打算征伐吴国。范蠡进谏说："治理国家有三件大事要做好：国家强盛时要想办法加以维持，国家面临覆灭威胁时要想办法安定社稷，平时处理政务要得当。"越王问："要做到这三个方面，应该怎么办呢？"回答说："要维持国家强盛局面就一定要顺从天道，要扭转社稷覆灭的威胁就一定要顺从人道，要妥善地处理国家政务就一定要顺从地道。如果您不问我，我还不敢说。天道要求人满盈却不会外溢，气盛但不骄横，辛苦但不夸耀功劳。圣人顺应时令行事，这叫做守时。上天还没有征兆，不要主动出击；别人不挑起祸端，不要首先发难。如今您实力不够就觉得不得了，国势还没强盛，就骄傲起来；没有劳苦，却夸耀自己的功劳；上天没有征兆，就想主动攻击别国；对方没有挑起事端，自己却首先发难。这种做法忤逆天意，而且不和人心。您如果这样做，将会危害国家，伤到您自身。"越王不听范蠡的劝告。

范蠡进谏曰："夫勇者，逆德也[1]；兵者，凶器也；争者，事之末也。阴谋逆德，好用凶器，始于人者，人之所卒也[2]。淫佚之事[3]，上帝之禁也。先行此者，不利。"王曰："无是贰言也，吾已断之矣[4]！"果兴师而伐吴，战于五湖[5]，不胜，栖于会稽[6]。王召范蠡而问焉，曰："吾不用子之言，以至于此，为之奈何？"范蠡对曰："君王其忘之乎？持盈者与天，定倾者与人，节事者与地。"王曰："与人奈何？"对曰："卑辞尊礼，玩好女乐，尊之以名，如此不已，又身与之市[7]。"王曰："诺。"

【注释】

〔1〕逆：违反，悖逆。　〔2〕卒：最终。　〔3〕淫：过分。佚：放纵，放荡。　〔4〕贰言：异议。此指上文范蠡劝谏的话。断：决定。　〔5〕五湖：今天的太湖。　〔6〕栖：据守，滞留。〔7〕身：亲自。市：好处，利益。

【译文】

范蠡又进谏说："蛮勇，与仁德相违背；武器，是不吉祥的东西；争斗是处理问题最次的方式。玩弄阴谋忤逆德行，喜欢动用兵器，首先攻击别人的人，最终将受到伤害。做事情放纵过分，上天也会禁止的。首先挑起事端的人，没有什么好处。"越王说："不要再有什么不同意见了，我已经决定了！"越王于是带兵征伐吴国，在五湖展开大战，结果被打败，退守到会稽山。越王召见范蠡而询问他，说："我不听你的劝告，才落到这步田地，现在我该怎么办呢？"范蠡回答说："您难道忘了吗？维持强盛局面要顺从天道，扭转危局安定社稷要顺从人道，处理政事得当要顺从地道。"越王问："顺从人道，该如何做呢？"范蠡回答说："事奉吴王要言辞谦卑，礼节恭顺，再献上宝物和女乐，尊称他为天王，向他求和。如果这样还不行，君王就要亲自侍奉他。"越王说："好的。"

乃命大夫种行成于吴〔1〕，曰："请士女女于士，大夫女女于大夫，随之以国家之重器。"吴人不许。大夫种来而复往，曰："请委管籥〔2〕，属国家〔3〕，以身随之，君王制之〔4〕。"吴人许诺。王曰："蠡为我守于国。"对曰："四封之内，百姓之事，蠡不如种也。四封之外，敌国之制，立断之事，种亦不如蠡也。”王曰：“诺。”令大夫种守于国，与范蠡入宦于吴[5]。

【注释】

〔1〕行成：讲和，求和。　〔2〕委：交出。管籥（yuè）：锁和钥匙。籥同钥。　〔3〕属：托付。　〔4〕制：裁制，安排。　〔5〕入宦：入宫为仆隶。此指前往吴国侍奉吴王夫差。

【译文】

于是让大夫文种前往吴国请求和解，说：“请让我们士人的女儿给贵国的士做女仆，大夫的女儿给贵国的大夫做女仆，同时将我们国家礼器宝物一并献上。”吴国没有应允。文种返国后又回到吴国，说：“请允许我们交出国库的锁钥，把整个国家托付给贵国，越王也亲自来贵国，听候吴王发落。”吴王答应了越国的求和。越王对范蠡说：“你替我在国内好好镇守。”范蠡回答说：“治理越国内政，处理百姓事宜，我比不了文种。处理国外事端，应对敌国挑衅，果断作出决定，文种赶不上我。”越王说：“好吧。”于是便让文种在国内镇守，自己带着范蠡到吴国侍奉吴王夫差。

三年，而吴人遣之归[1]。及至于国，王问于范蠡曰：“节事奈何?”对曰：“节事者与地。唯地能包万物以为一，其事不失。生万物，容畜禽兽[2]，然后受其名而兼其利。美恶皆成，以养其生。时不至，不可强生；事不究，不可强成。自若以处[3]，以度天下。待其来者而正之[4]，因时之所宜而定之。同男女之功，除民之害，以避天殃[5]。田野开辟，府仓实，民众殷[6]。无旷其众，以为乱梯[7]。时将有反，事将有间[8]，必有以知天地之恒制[9]，乃可以有天下之成利。事无间，时无反，则抚民保教以须之[10]。”

【注释】

〔1〕吴人：指吴王夫差。　〔2〕容畜：容纳养育。　〔3〕自若：镇定自如。　〔4〕正：匡正。　〔5〕天殃：天降的祸殃。　〔6〕殷：富裕，富足。　〔7〕旷：旷废。梯：阶梯。　〔8〕间：罅隙，漏洞。〔9〕恒制：常法。　〔10〕须：等待。

【译文】

过了三年，吴王让越王他们回国。回到越国后，越王便咨询范蠡说：“妥善处理政事，应该怎样做呢?”回答说：“妥善处理政事应遵循地道。因为只有大地才能容纳万物，让它们成为一体，确保事事不失时令。大地滋生万物，畜养飞禽走兽，然后享受了滋养万物的好名声，获取了丰厚的利益。东西无论好坏，都能得以生长，用它来养活人的生命。如果时机不成熟，不能强制使它生长；事情发展火候不到，也不能勉强行事。泰然自处，考察天下政局变化趋势。等待有利时机来匡正变乱，抓住适宜的时机安定国家。君王要与百姓同耕织，为百姓消除祸害，以此避开上天降下的灾殃。还要开垦荒田，充实粮仓和府库，让百姓生活富足。不要让百姓旷废本业，而使之成为导致祸乱的阶梯。天时将会有所转变，事情也会有隙可乘，只有深刻了解天地之道，才可以获取天下事情成功的有利条件。如果吴国的事情还没有间隙可乘，天时还没有转变，君王您还是好好安抚和教育百姓，等待复仇时机到来吧。”

王曰："不谷之国家[1]，蠡之国家也，蠡其图之！"对曰："四封之内，百姓之事，时节三乐[2]，不乱民功[3]，不逆天时，五谷睦熟，民乃蕃滋[4]，君臣上下交得其志[5]，蠡不如种也。四封之外，敌国之制，立断之事，因阴阳之恒，顺天地之常，柔而不屈，强而不刚，德虐之行[6]，因以为常；死生因天地之刑，天因人，圣人因天；人自生之，天地形之，圣人因而成之。是故战胜而不报，取地而不反；兵胜于外，福生于内；用力甚少，而名声章明，种亦不如蠡也。"王曰："诺。"令大夫种为之。

【注释】

〔1〕不谷：也作"不穀"，古代君王自谦用语。 〔2〕三乐：指春、夏、秋三季的农务。韦昭注"三乐，三时之务，使之劝事乐业也"。 〔3〕民功：指农事。 〔4〕蕃滋：繁殖增益。 〔5〕交：相互，都。 〔6〕德：奖赏。虐：惩罚。

【译文】

越王说："我的国家，也就是你范蠡的国家，你还是好好谋划一下！"范蠡答道："治理越国内政，处理百姓事宜，按时节安排春、夏、秋三季的生产，不扰乱农事，不违背天时，使五谷丰收，百姓繁衍生息，使君臣上下都如愿以偿：在这些方面我比不了文种。处理与国外关系，应付敌国制裁，决断军国大事，遵从阴阳变化规律，顺应天地运行的常法，做到柔弱而不屈服，坚强而不刚愎，奖赏和惩罚的实施，都要以此为常法；生杀予夺也要根据天地运行的规律，天遵从人的意愿，圣人遵从天的指示；人自然出生了，天地赐给了他形体，圣人按照天地运行规律使他长大成人。因此战胜敌人而让它没有机会报复，占有敌国的土地而不让它收回，军队在国外打了胜仗，越国上下得福；力量很小，名声却很大：在这些方面，文种却比不上我范蠡。”越王说：“好吧。”于是便让文种治理国内政务。

范蠡劝勾践无蚤图吴

四年〔1〕，王召范蠡而问焉，曰：“先人就世〔2〕，不穀即位。吾年既少，未有恒常，出则禽荒，入则酒荒〔3〕。吾百姓之不图，唯舟与车。上天降祸于越，委制于吴〔4〕。吴人之那不穀〔5〕，亦又甚焉。吾欲与子谋之，其可乎？”对曰：“未可也。蠡闻之，上帝不考〔6〕，时反是守，强索者不祥。得时不成，反受其殃。失德灭名，流走死亡。有夺，有予，有不予，王无蚤图〔7〕。夫吴，君王之吴也，王若蚤图之，其事又将未可知也。”王曰：“诺。”

【注释】

〔1〕四年：指越王勾践由吴国回国后的第四年，即前486年。〔2〕先人：指勾践的父亲越王允常。就世：去世。　〔3〕禽荒、酒荒：指沉迷于畋猎、饮酒。荒，因过分沉溺于某事而废弃了正业。〔4〕委制：顺服并接受统治。　〔5〕那：对，对待。韦昭注“那，於也”。　〔6〕考：成全。　〔7〕蚤：通“早”。

【译文】

越王勾践回国的第四年，召见范蠡向他询问说："先王去世，我继承王位。当时我年轻，性情不稳定，在外迷恋于田猎，在家沉溺于饮酒。从没考虑治理百姓的事，只知道坐车乘船到处游乐。结果上天降下灾祸，让越国顺服吴国受其管制。吴国人对待我也太过分了。我打算和同你商量报仇的事，现在可以吗？"范蠡回答说："现在还不行。我听说，如果上天不成全我们，就要等待时运转变再行动。时机不到强取不吉祥。时机到了不抓住时机成就大事，反而要遭受灾难。这样就会失去威德、败坏声名，甚至被流放、逃亡以致死掉。上天时而剥夺，时而给予，有时又不肯给，您还是不要过早地打算向吴国报仇。那吴国，早晚都是您的，您要是过早动手，事情进展如何就不好说。"越王说："好吧。"

蠡谓人事至而天应未至

又一年〔1〕，王召范蠡而问焉，曰："吾与子谋吴，子曰'未可也'。今吴王淫于乐而忘其百姓，乱民功，逆天时；信谗喜优，憎辅远弼〔2〕，圣人不出，忠臣解骨〔3〕；皆曲相御，莫适相非，上下相偷〔4〕，其可乎？"对曰："人事至矣，天应未也，王姑待之。"王曰："诺。"

【注释】

〔1〕又一年：指越王勾践回国的第五年，即前485年。〔2〕优：

倡优，伶优，以歌舞杂技娱人的艺人。辅、弼：指辅佐君王的左右重臣。〔3〕解骨：解体。此指人心叛离，涣散。〔4〕偷：苟且偷安。

【译文】

又过了一年，越王召见范蠡询问他说："以前我和您商量找吴国报仇，你说还不行。现在吴王沉迷于声色，置百官于不顾，扰乱百姓的农事，违逆天时；听信谗言，宠幸伶优，厌恶疏远那些直言进谏的辅国重臣，使得圣贤之士退隐不出，忠良之臣都人心叛离。他身边的人都曲意逢迎，颠倒是非，君臣都苟且偷安，现在可以报复吴国了吗?"范蠡说："人事方面机会成熟了，但上天的征兆还没有出现，您还是姑且等一下吧。"越王说："好吧。"

范蠡谓先为之征其事不成

又一年〔1〕，王召范蠡而问焉，曰："吾与子谋吴，子曰'未可也'。今申胥骤谏其王〔2〕，王怒而杀之，其可乎?"对曰："逆节萌生〔3〕，天地未形，而先为之征〔4〕，其事是以不成，杂受其刑。王姑待之。"王曰："诺。"

【注释】

〔1〕又一年：指越王勾践回国的第六年，即前484年。〔2〕申胥：伍子胥，吴国大夫。骤：屡次。〔3〕逆节：指吴王杀害忠良臣子，行为有失君道。〔4〕征：征兆，兆头。

【译文】

又过了一年，越王召见范蠡询问他说："以前我和您商讨找吴国报仇的事，您说还不行。现在吴国大夫伍子胥因为多次劝谏吴王，吴王盛怒之下杀了他，现在可以对吴国开战了吗？"范蠡回答说："吴王暴虐不仁的行为才萌发，天地还没有显示吴国灭亡的征兆，如果我们过早征伐它，事情恐怕难以成功，还会和它一起受罚。您还是姑且等一下吧。"越王说："好吧。"

范蠡谓人事与天地相参乃可以成功

又一年〔1〕，王召范蠡而问焉，曰："吾与子谋吴，子曰'未可也'。今其稻蟹不遗种〔2〕，其可乎？"对曰："天应至矣，人事未尽也，王姑待之。"王怒曰："道固然乎，妄其欺不穀耶？吾与子言人事，子应我以天时；今天应至矣，子应我以人事，何也？"范蠡对曰："王姑勿怪。夫人事必将与天地相参〔3〕，然后乃可以成功。今其祸新民恐，其君臣上下，皆知其资财之不足以支长久也〔4〕，彼将同其力，致其死，犹尚殆〔5〕。王其且驰骋弋猎，无至禽荒〔6〕；宫中之乐，无至酒荒；肆与大夫觞饮〔7〕，无忘国常。彼其上将薄其德，民将尽其力，又使之望而不得食，乃可以致天地之殛〔8〕，王姑待之。"

【注释】

〔1〕又一年：指越王勾践回国的第七年，即前483年。　〔2〕稻

蟹：吃稻的蟹。韦昭注“稻蟹，谓蟹食稻也”。不遗种：指发生灾荒蟹吃光稻苗，连稻种都没留下。〔3〕参：三。古人认为天时地利人和三者配合，事情才能成功。〔4〕支：维持。〔5〕殆：危险。〔6〕弋猎：射猎，狩猎。〔7〕觞饮：执杯而饮，畅饮。〔8〕殛（jí）：诛杀，杀死。此指（亡国的）惩罚。

【译文】

又过了一年，越王召见范蠡询问他说：“以前我和你商讨向吴国寻仇，你说还不行。现在吴国发生灾荒，蟹子把稻苗都吃光了，连来年的稻种都成问题，现在咱们可以对吴国开战了吗?”范蠡答道：“上天的征兆已经出现了，但人事方面还不成熟，您还是再等等吧。”越王愤怒地说：“按道理原本就是这样的吗？还是你妄加推测欺骗我呢？我和您讨论人事，您回答说需要再三等待天时不到；现在天时到了，您又说人事不具备，这是什么原因?”范蠡回答说：“您暂且不要怪罪我。人事要和天地三者相结合，然后才能够获得成功。现在吴国刚发生灾荒，百姓都怀有惊惧之心，吴国君王臣民都知道本国的财物维持不多久，他们一定会戮力同心，拼死抵抗我们，因此现在与吴国开战，还是很危险。您还是暂且外出骑马射猎，但不要过于沉溺于打猎；可以在宫中饮酒取乐，但不要过分沉迷于酒色；可以和大夫们开怀畅饮，但不要忘记国家大事。这样以来，吴国将会放松警惕，不修德政，百姓将被折腾得疲惫不堪，让他们对统治者心怀怨恨而又吃不饱肚子，那时我们才可以执行天地的惩罚，去征伐吴国了。您暂且再等一下吧。”

范蠡乘轻舟以浮于五湖

反至五湖[1]，范蠡辞于王曰[2]：“君王勉之，臣不复入越国矣。”王曰：“不穀疑子之所谓者何也？”对曰：“臣闻之，为人臣者，君忧臣劳，君辱臣死。昔者君王辱于会稽，臣所以不死者，为此事也。今事已济矣[3]，蠡请从会稽之罚。”王曰：“所不掩子之恶，扬子之美者，使其身无终没于越国。子听吾言，与子分国。不听吾言，身死，妻子为戮。”范蠡对曰：“臣闻命矣。君行制，臣行意。”遂乘轻舟以浮于五湖[4]，莫知其所终极[5]。王命工以良金写范蠡之状而朝礼之[6]，浃日而令大夫朝之[7]，环会稽三百里者以为范蠡地，曰：“后世子孙，有敢侵蠡之地者，使无终没于越国，皇天后土、四乡地主正之[8]。”

【注释】

〔1〕五湖：指现在的太湖。　〔2〕辞：辞别。　〔3〕济：成功。〔4〕浮：泛游。　〔5〕终极：最后的归宿。　〔6〕写：摹写，描绘。〔7〕浃（jiā）日：十天。古代以干支纪日，从甲至癸为一轮，正好十天。　〔8〕地主：指地方军政首长。正：通“证”，证明，作证。

【译文】

越王灭吴返国走到五湖，范蠡向越王辞行说：“您好好治理国家吧，我不再回越国了。”越王不解地说：“我不懂您这样说是什么意思？”范蠡回答说：“我听说，当人臣子的，君王有忧虑的事，臣子就要奔走效劳；君王遭受耻辱，臣子就要以死拼命。从前您受辱被困在会稽，当时我之所以没以死拼命，就是为了报仇而消灭吴国。现在复仇事情已经成功了，请让我补受会稽之辱的惩罚。”越王说：“如果有谁不原谅您的缺点，不赞扬您的好处，他在越国一定不得善终。您听我的话，咱们共同管理国家。您要是不听我的话，性命不保，妻儿也要遭到杀戮。”范蠡回答说：“您的命令我知道了。您执行您的法令，我按照我的想法做事。”于是便坐着小船在五湖之上泛游，没有人知道他最后的去处。于是越王让工匠用上等金属铸造了范蠡的像，每天加以礼拜，每十天也让大夫们礼拜一次，同时把会稽山周围三百里地方封给范蠡，发誓说：“后代子孙，谁敢侵占范蠡封地，就让他在越国不得善终，天地神灵和四方的官员都来作证。”

附录

国语解叙

三国　吴　韦昭

昔孔子发愤于旧史，垂法于素王。左丘明因圣言以摅意，托王义以流藻，其渊源深大，沉懿雅丽，可谓命世之才、博物善作者也。其明识高远，雅思未尽，故复采录前世穆王以来，下讫鲁悼、智伯之诛，邦国成败、嘉言善语、阴阳律吕、天时人事、逆顺之数，以为《国语》。其文不主于经，故号曰“外传”。所以包罗天地、探测祸福、发起幽微、章表善恶者，昭然甚明，实与经艺并陈，非特诸子之伦也。遭秦之乱，幽而复光，贾生、史迁颇综述焉。及刘光禄于汉成世始更考校，是正疑缪。至于章帝，郑大司农为之训注，解疑释滞，昭晰可观，至于细碎，有所阙略。侍中贾君敷而衍之，其所发明，大义略举，为已憭矣，然于文间时有遗忘。建安、黄武之间，故侍御史会稽虞君、尚书仆射丹阳唐君，皆英才硕儒、洽闻之士也，采摭所见，因贾为主而损益之。观其辞义，信多善者，然所理释，犹有异同。昭以末学，浅暗寡闻，阶数君之成训，思事义之是非，愚心颇有所觉。今诸家并行，是非相贸，虽聪明疏达识机之士知所去就，然浅闻初学犹或未能祛过。窃不自料，复为之解，因贾君之精实，采虞、唐之信善，亦以所觉增润补缀，参之以《五经》，检之以《内传》，以《世本》考其流，以《尔雅》齐其训，去非要，存事实，凡所发正三百七事。又诸家纷错，载述为烦，是以时有所见，庶几颇近事情，裁有补益。犹恐人之多言，未详其故，欲世览者必察之也。

——据《四部备要》排印清代士礼居翻刻宋代明道本《国语解》

国语补音序录

宋　宋庠

按班固《艺文志》种别六经，其春秋家有《国语》二十一篇，注："左丘明著。"至汉司马子长撰《史记》，遂据《国语》《世本》《战国策》以成其书。当汉世，《左传》秘而未行，又不立于学官，故此书亦弗显，惟上贤达识之士好而尊之，俗儒弗识也。逮东汉，《左传》渐布，名儒始悟向来《公》《谷》肤近之说，而多归左氏。及杜元凯研精训诂，木铎天下，古今真谬之学一旦冰释，虽《国语》亦从而大行，盖其书并出丘明。自魏、晋以后，书录所题，皆曰《春秋外传国语》，是则《左传》为内，《国语》为外，二书相辅，以成大业。凡事详于内者略于外，备于外者简于内，先儒孔晁亦以为然。自郑众、贾逵、王肃、虞翻、唐固、韦昭之徒并治其章句，申之注释，为六经流亚，非复诸子之伦。自余名儒硕士好是学者不可胜纪。历世离乱，经籍亡逸，今此书惟韦氏所解传于世，诸家章句遂无存者。然观韦氏所叙，以郑众、贾逵、虞翻、唐固为主而增损之，故其注备而有体，可谓一家之名学。惟唐文人柳子厚作《非国语》二篇，捃摭左氏意外微细以为诋訾，然未足掩其鸿美。左篇今完然与经籍并行无损也，庸何伤于道。因略记前世名儒传学姓氏别之。

后汉大司农郑众，字仲师。作《国语章句》，亡其篇数。

汉侍中贾逵，字景伯。作《左氏春秋》及《国语解诂》五十一篇；《左传》三十篇，《国语》二十一篇。《隋志》云：二十卷。唐已亡。

魏中领军王肃，字子雍。作《春秋外传国语章句》一卷。《隋志》云：梁有，二十二卷。《唐志》亦云，二十二卷。

吴侍御史虞翻，字仲翔。注《春秋外传国语》，二十一卷。

吴尚书仆射唐固，字子正。注《春秋外传国语》二十一卷。

吴中书仆射、侍中、高陵亭侯韦昭，字弘嗣。注《春秋外传国语》二十一卷。《隋志》云，二十二卷。《唐志》，二十一卷，与今见行篇次同。

晋五经博士孔晁，注《春秋外传国语》二十卷。《唐志》，二十一卷。

右按：古今卷第多不同，或云二十一篇，或二十二，或二十卷，然据《班志》最先出，贾逵次之，皆云二十一篇，此实旧书之定数。其后或互有损益，盖诸儒章句烦简不同，析简并篇，自名其学，盖不足疑也。要之《艺文志》为审矣。又按：先儒未有为《国语》音者，盖外、内《传》文多相涉，字音亦通故也。然近世传《旧音》一篇，不着撰人名氏，寻其说，乃唐人也。何以证之？据解“犬戎树敦”，引鄯州羌为说。夫改“善”为“鄯”，“国”为“州”，自唐始耳。然其音简陋，不足名书，但其间时出异闻，义均鸡肋。庠因暇辄记其所阙，不觉盈篇。今因旧本而广之，凡成三卷。其字音反切，除存本说外，悉以陆德明《经传释文》为主。亦将稽旧学，除臆说也。惟陆音不载者则以《说文》字书、《集韵》等附益之，号曰《国语补音》。其间阙疑，请俟鸿博，非敢传之达识，姑以示儿曹云。

国语正义序

清　董增龄

太史公《自序》"左丘失明，厥有《国语》"，《汉书·艺文志》"《国语》二十一篇，左丘明著"，汉儒之说彰矣。隋刘光伯、唐陆淳、柳宗元始有异议，摭拾异同，毛举细故，后人遂指《鲁语》"皇华五善"语，言"六德"文与《左》违；《内传》谓鲁哀十七年楚灭陈，鲁哀二十二年越灭吴，《外传》谓吴既灭之后，尚有陈、蔡之君执玉朝越；黄池之会，《内传》先晋人，《外传》先吴人；《周语》自穆王至幽王，《郑语》独载桓、武而庄公以下无闻，皆《春秋》以前事，以傅会刘、柳之说。然弘嗣明言《国语》之作，其文不主于经，则固不必以经为限矣，至内、外《传》同出一人而文有异同，试以《史记》例之。《郑世家》以友为宣王庶弟，《年表》又以友为宣王母弟；黄池之会《晋世家》谓长吴，《吴世家》又谓长晋。迁一人之说，其不同如此。至《内传》，则成十六年苗贲皇曰"请分良以击其左右，而三军萃于王族"，襄二十六年声子述苗贲皇曰"吾乃四萃于其王族"，是左氏各承晋楚两史旧文，慎以阙疑，不敢参以臆断也；又成十六年"塞井夷灶"二语属之士匄，襄二十六年又属之苗贲皇。《内传》一书如此，又何疑《外传》、《内传》

之有参差乎？班氏《艺文志》言《公羊传》十一卷，《公羊外传》五十篇，《谷梁传》十一卷，《谷梁外传》二十一篇，则作传者必有《外传》以曲畅其支派。《国语》之为《左氏外传》正同一例。《公》、《谷》二家外传已逸，安知彼之《外传》不与其《内传》亦有牴牾乎？故弘嗣断以为出左氏之手。

《内传》之出，献自北平侯张苍，《外传》不知何时始出。贾子《新书·礼容下篇》载单靖公、单襄公事，皆采《国语》，则《国语》之出亦当在汉文帝之世。《儒林传》载贾生治《春秋左氏传》，今又兼述《国语》，则贾生亦以《内传》、《外传》之同出《左氏》也。班氏《艺文志》既载《国语》二十一篇，又载《新国语》五十四篇，刘向所分，则汉时《国语》有两本，今所传二十一篇与班《志》合。然《公羊疏》第六卷引《国语》曰“懿始受谮而烹哀公”，《公羊疏》第二十一卷引《国语》曰“专诸膳宰，僚嗜炙鱼，因进鱼而刺之”，《史记·夏本纪》裴骃《集解》引《国语》曰“敷浅原一名博阳山，在豫章”，《水经·河水》注引《国语》曰“华岳本一山当河，河水过而曲行，河神巨灵手荡脚蹋开而为两，今掌足之迹仍存”，《水经·瓠子河》注引《国语》曰“曹沫挟匕首劫齐桓公返遂邑”，《史记·补三皇本纪》索隐引《国语》曰“伏羲风姓”，《夏本纪》正义引《国语》曰“满于巢湖”，《邹鲁列传》索隐引《国语》曰“楚人卞和得玉璞”，《礼·祭法》疏引《国语》曰“神农之子名柱，作农官，因名农”，《文选·东京赋》注引《国语》曰“分鲁公以少帛缟莜”，《文选》卢谌《赠刘琨诗》注引《国语》曰“齐大夫子高适鲁，见孔子曰：‘而今而后，知泰山之为高，渊海之为大也。’”今本皆无之，则逸者不少矣。然裴骃引“敷浅原”一条，郦道元引“华岳”一条，《文选》注引“子高”一条，其文与《国语》绝不类，议者疑之。《齐语》一篇皆《管子·小匡篇》之辞，《管子》远出《左氏》之前，必不预知《国语》之文而袭之，窃疑《齐语》全亡，而后人采《小匡》以补之与？说者又谓《越语》下卷，疑非《国语》本文，其与他卷不类。又《国语》叙事，虽不尽有年月，然未尝越次，今上卷已书越灭吴，下卷复从句践即位三年起，他国无此例。

《内传》无范蠡姓名，《外传》止《吴语》一见，在五大夫之列，旅进旅退而已，至此卷乃专载蠡策，若灭吴之事蠡独任之者，殊非事实。《艺文志·兵权谋》有《范蠡》二篇，此殆其一，但搀入当在刘向以前。龄案：孔晁本二十卷，则第二十一卷孔博士已不信其《国语》真文矣。宋公序《补音》本及天圣本两家并行，近曲阜孔氏所刻用《补音》本。今兼收二家之长，而用《补音》本者十之七八云。为之注者，有汉郑众、贾逵，魏王肃，吴虞翻、唐固、韦昭，晋孔晁七家。今唯韦解尚存，然已间有逸者，如《禹贡》疏引韦解云“以文武侯卫为安王宾之，因以为名”，《文选·东京赋》注引韦解云“缟莜，大赤也”，今本皆无之。郑注则他书征引者仅有数条。其余四家贾、王、虞、唐除韦所引外，则《史记》集解、索隐、正义、《诗》疏、《周礼》疏、《春秋左传》疏、《公羊》疏征引为多。孔出韦后，亦见于诸疏及《史记》注。今皆采掇，以补弘嗣之义。

韦解孤行天壤间已千五百余年，未有为之疏者，窃意许叔重、郑康成两君为汉儒宗主，自三国分疆而儒学为之一变，弘嗣生于江南扰攘之秋，抱阙守残，视东汉诸儒已非其时矣，其所解固援经义，而与许、郑诸君有未翕合者，依文顺释，义有难安，况墨守一家之说，殊非实事求是之心，用是采撷诸经旧说，间下己意，非求争胜于青蓝，不敢面谀夫鹿马。检杨氏《谷梁正义》间与范氏之注语具抑扬，则知疏不破注之例，古人亦所不拘。今铨释韦解之外，仍援许、郑诸君旧诂，备载其后，以俟辨章，譬导水而穷其源，非落叶而离其根也。韦解体崇简洁，多阙而不释，《史记》集解、索隐、正义及应劭、如淳、晋灼、苏林、颜师古等家《汉书》注、章怀太子《后汉书》注，凡于马、班正文采取《国语》者，各有发挥，或与韦解两歧，或与韦解符合，同者可助其证佐，异者宜博其旨归，并采兼收以汇古义。錞鼓不同音而皆悦耳，荼火不同色而皆美观也。国邑、水道以《汉·地理志》、《后汉·续郡国志》为主，而参以《水经注》、《元和郡县志》、杜氏《通典》诸家，并列我朝所定府厅州县之名，庶览者了然。至于宫室、器皿、衣裳之制度，则孔、贾诸疏具存，止撷简要，不事详述。

唯是赋性颛愚，疏于搜讨，况草茅孤陋，既不获窥秘府鸿章广资闻见，又不获交四方硕彦共得切磋，固蔽是虞未敢自信。今年逾四十，平日所闻于师友者，恐渐遗忘，是以就已撰集者写录成编。奋螳螂之臂，未克当车；矢精卫之诚，不忘填海。岁在阏逢阉茂，始具简编；时经五稔，草创初成，勉出所业，就正君子。倘披其榛芜，匡其谬误，俾得自知其非，庶免饱食终日无所用心之责，则重拜大贶，感且不朽矣！